数学教师教育丛书

高中数学辨错悟真

汤先键　编著

中国科学技术出版社

·北　京·

图书在版编目（CIP）数据

高中数学辨错悟真/汤先键编著. —北京：中国科学技术出版社，2016. 12
（2020.8重印）

（数学教师教育丛书）

ISBN 978 - 7 - 5046 - 7416 - 6

Ⅰ. ①高…　Ⅱ. ①汤…　Ⅲ. ①中学数学课—教学研究—高中

Ⅳ. ①G633. 602

中国版本图书馆 CIP 数据核字（2017）第 013810 号

策划编辑	王晓义
责任编辑	王晓义
责任校对	凌红霞
责任印制	徐　飞
封面设计	孙雪骊

出版发行	中国科学技术出版社
发　　行	中国科学技术出版社有限公司发行部
地　　址	北京市海淀区中关村南大街 16 号
邮　　编	100081
发行电话	010 - 62173865
传　　真	010 - 62179148
投稿电话	010 - 63581202
网　　址	http://www.cspbooks.com.cn

开　　本	720mm×1000mm　1/16
字　　数	210 千字
印　　张	14. 25
版　　次	2017 年 3 月第 1 版
印　　次	2020 年 8 月第 2 次印刷
印　　刷	三河市兴国印务有限公司

书　　号	ISBN 978 - 7 - 5046 - 7416 - 6/G・725
定　　价	39. 00 元

《数学教师教育丛书》

编　委　会

序

正是因为数学及数学教育的美丽动人才造就了一大批执着于数学教与学方面研究与思考的探索者。汤先键先生就是其中的一位，虽然年届七旬有余，仍然刻苦钻研数学教育中的奥妙。《高中数学辨错悟真》就是作者近几年来探索的结果之一，是先前出版的《高中数学教学问题辨析》的拓展作品。

《高中数学辨错悟真》是汤先生自定的科研课题，是基于现实的高中数学教育教学研究而选择的一项富有挑战性的课题，意境深远。一是在日常的数学教育教学工作中，由于数学教育工作者繁忙的工作，可能梳于对一些数学教学知识的深钻细研，会在某些概念上、方法上、思想上产生一些理解上的差错，需要一位智者提醒我们数学教育工作者留心注意以免犯错误；二是由于每位数学教育工作者个人的经历、认知、思维等方面的差异，在数学概念、数学原理、数学教学等方面存在着一定的理解偏差，而有时浑然不知，的确需要一位学者给我们指出这样那样的一些失误，以免影响数学教育质量；三是由于数学体系、数学问题、数学概念的抽象与艰深，数学教学、数学资源、教学环境的错综复杂与形态多样，会使我们产生一些认知上的误区或盲区，需要认真梳理，展开学术探究与争鸣，以拓展数学教育工作者的学术视野与教学情怀，以免数学教与学的视野受限。正是基于此，汤先生进行了认真的梳理与辨析工作，以一位严谨的数学教育工作者的态度对数学教与学方面的问题进行了探究，为我们奉献了一部值得精读的学术作品。

作为一位学习者，深为汤先生的质疑与批判精神所感动，影响最为深刻的体会有三点。一是误解与正解。《高中数学辨错悟真》共有十篇，从一个失误的教学案例开始到一个久留的"痼疾"结束，深刻地剖析了在数学教育教学中存在的一些误解以及如何得到正解的问题，以具体的案例为切入点，层层深入，挖掘透彻，以理服人，指出误解，给出正解。二是他者与自我。数学教育体系必定是他者与自我共在的一个整体，站在不同的角度透视会有不同的感受与理解，如第五篇频频出错的抽象函数问题，集20多年的资料，梳理了他者在此问题上出错的症结与原因，基于自我的认知，进行了认真的辨析，归纳总结出了六个注意的事项，发人深省。三是桥梁与引领。数学教育在行进的过程中会遇到许多艰难险阻，需要一批执着的学者为我们架起探索的桥梁，汤先生就是这样一位学者，集自己50多年的数学教学经验，就数学教学研究中出现的学术问题进行了批判反思，引领后来者养成一种严谨的治学作风,深入地挖掘数学的本真,掌握数学教育的本质。细读每篇,无论辨析后的深探、回归通性通法,还是对巧构再辨析、改正《高中数学教学问题辨析》一错等都渗透着汤先生深厚的学术功底,引领着我们为了数学教育事业,必须深钻细研,吃深吃透,方能把数学的精髓讲深讲透,才能使数学课堂充满生命的活力。

　　数学教育是充满挑战的事业,不仅需要高超的数学教学技艺,更需要扎实宽厚的数学功底。阅读《高中数学辨错悟真》不仅会警醒我们在数学概念上、原理上、方法上要认识理解到位,而且启示我们在教学研究上要深入钻研,多查资料,多方剖析,形成良好的数学观、教学观,充分认识数学教师的责任与使命,扎扎实实上好每一节课,切实为数学教育事业做出自己力所能及的贡献。汤先生撰写的《高中数学辨错悟真》有许多睿智的见解,须认真阅读,细心品味,方可理解其深刻思想,愿与数学教育工作者一起在学习这部著作的基础上共同探索数学教育的真谛。

张定强

2016 年 4 月于西北师范大学

前　　言

笔者于 2011 年秋完成《高中数学教学问题辨析》40 余万字手写(纸质)初稿时,老伴的病情开始恶化,只得将后续工作全部交由一二作者。至此,年满 70 周岁开始的"辨错悟真知"自定研究项目不得不中断,一心一意服侍老伴,同时完成《数学教学研究》审稿及家务劳作。2012 年 3 月底,老伴终因病重医治无效离世。这之后,为排解忧伤心境,有 20 个月未在家居住,即便回到家,也因要集中完成不在家时累积下来的工作,"辨错悟真"研究仍难恢复,只是粗略翻阅所订期刊,发现个别表层问题后投稿或补充于《高中数学教学问题辨析》,深层问题难以发现。直到 2015 年 5 月底,才沉下心来,开始对数篇重点文章学习、探究,发现其中存在较《高中数学教学问题辨析》所收错例更为严重的问题。例如,一个被有关专家点评为"光辉"课例内竟存在六大错误,硬把"一般周期函数"概念变成了"定义在 R 上的具有最小正周期的'双向周期函数'"概念;又如一篇"对'导数'演绎创新题的探究"文章,从对问题的陈述到所得若干结论,通篇都是错的;再如深入阅读《高中数学问题辨析》"凸函数法证不等式辨"提及过的三篇文章,又发现了更多值得"再辨"的问题。这等等发现,令笔者不得不再次进行专题研究,但当时只打算写几篇文稿投给期刊,并未想到要成书。

2015 年 11 月,原万里中学(现兰州 57 中)1976 届部分毕业生邀我参加 40 周年毕业纪念筹备活动时,谈及上述问题。现甘肃宝迪投资有限责任公司董事长周立新听后深表震惊,当即建议我"将发现的这些问题整理成书""要让更多的在职数学老师看到这些问题,改进教学",并表示承担出书经费。立新董事长是我时任 2 班班主任时的一名品学兼优的学生,数学成绩也很优秀,但因当时未恢复高考,无缘大学学习。毕业后集体到临泽县插队劳动,改革开放伊始即投入房地产行业,凭着其聪敏才智,事业获得成功,成为省内知名企业家。事业有成后,积极回报社会,现已融资数十亿元筹建甘肃省老年公寓等系列项目,并打算在教育方面做些实事,正是在立新董事长的盛情支持下,笔者才赶写了这本书,作为我和立新共同为我国基础教育事业的一点奉献。

本书对十个错误案例在辨析的基础上进行了拓展性研究,可作为在职一线中学教师"提高数学专业功底"的自修或培训参考书,也可作为师范院校数学专业学生的教学参考书目。由于笔者的水平有限,错误在所难免,敬请广大读者在阅读过程中给以进一步辨析,及时指出错误之处。

目　　录

序

前言

第1篇　一个整体失误的教学案例

　　　　——课例：函数的周期性 …………………………………………（ 1 ）

第2篇　一个整体失误的探究

　　　　——对"导数"演绎创新题的探究 …………………………………（ 17 ）

第3篇　三文三种失误

　　　　——同为用"凸函数法"证明不等式 ………………………………（ 32 ）

第4篇　$|a-f(x)|>g(x)$ 恒成立问题的错解分析和统一解法 …………（ 55 ）

第5篇　频频出错的抽象函数问题

　　　　——应注意些什么？ …………………………………………………（ 76 ）

第6篇　辨析后的深探

　　　　——发现 n 次递代不动点个数的结论 ……………………………（105）

第7篇　回归通性通法

　　　　——一个"创新解法"的再讨论 ……………………………………（131）

第8篇　对"巧构"再辨析

　　　　——探讨其正解的多种方法 …………………………………………（154）

第9篇　改止《辨析》一错

　　　　——函数的值域与取值范围 …………………………………………（174）

第10篇　一个久留"痼疾"

　　　　——复合函数反编制问题再综述 ……………………………………（194）

参考文献 ……………………………………………………………………………（215）

后记 …………………………………………………………………………………（217）

第1篇 一个整体失误的教学案例

——课例:函数的周期性[①]

《本色中闪耀着课堂的光辉》[②]点评《课例:函数的周期性》为:"教材处理机智""情境创设合理""角色定位准确""探究气氛热烈""学科特点鲜明"的一堂"本色中闪耀着课堂的光辉"的优秀课例. 笔者仔细研读,却发现这是一堂出现六大失误、结论与概念不符的失败教学案例. 为便于读者探究,现将课例全文(省略括号内的教学说明)抄录于后.

1 课例:函数的周期性

教师(观看教室前墙上贴的"课程表",故意发出惊讶的声音):一学期有二十几周,一百五十多天,为什么这个"课程表"只列出五天的课程?

学生1:从星期一到星期五,每周的课程都是一样的,即重复出现,所以根本没有必要列出这个学期每天的课程.

教师:大家说,这种规律反映的是一种什么现象?

众学生:周期现象.

教师:此类现象多吗?

学生2:太多了,除"课程表"外,日出日落、月圆月缺、潮涨潮落、寒来暑往、人的属相等,都呈现出这种周期性.

教师:可见周期性普遍存在,那么在我们学过的函数中,有没有呈周期性的函数?

众学生:有! 正弦函数、余弦函数.

教师:很好! 我们知道 $y = \sin(x + 2\pi) = \sin x$,就说它是以常数 2π 为周期的函数,那么能不能给一般的周期函数 F 一个定义呢?

学生3:当自变量增加一个值或减少一个值后,函数值重复出现,这就刻画了此函数的周期性.

教师:很好! 但这只是粗略的文字语言,必须用精确的数学符号语言来表述才行.

————————

① 陈静兴. 课例:函数的周期性[J]. 中学数学教学参考,2013(11):28—30.

② 王强芳,程乐根. 本色中闪耀着课堂的光辉[J]. 中学数学教学参考,2013(11):30—31.

学生3:设函数 $f(x)$,若存在常数 a,对于定义域中的任一自变量 x 的值,都有 $f(x+a)=f(a)$ 成立,那么就称 $f(x)$ 为周期函数,a 叫做此函数的周期.

教师:好!有点像了,不过我们习惯上把周期用 T 表示,尽管你们已注意到"任一自变量 x",但我认为精确度还不够.

教师:现在我提出两个非常有趣的问题,请大家进行讨论.

问题1 按照该同学们的定义,应该说"所有函数都是周期函数".

教室里一片哗然.

教师:设任意函数 $f(x)$,$f(x+0)=f(x)$ 是不是都成立?

众学生:是啊!

教师:所以得"所有的函数都是周期函数",且"0 是所有函数的周期"这个结论.

学生3:如果"函数都是周期函数",那么研究周期函数就失去意义了,加上条件"T 是非零常数"这个问题就解决了.

教师:太好了!在数学科学研究中,对问题的本质是逐步认识和完善的.

问题2 设函数 $f(x)=8(x\in R)$,我说"任何实数都是这个函数的周期",对不对?

学生4:既然函数 $f(x)$ 的值恒为8,那么对于任意的 C,都有 $f(x+C)=f(x)=8$ 成立,所以 $f(x)=8$ 是以任意实数 C 为周期的周期函数.

教师:对,不过讨论这样的函数,意义不大,所以在下面的研究中,我们将这种情况排除在外,此时我们再得出周期函数的定义应该怎样表达呢?

学生4:设函数 $f(x)$,若存在非零常数 T,如果对于定义域中的任一自变量 x 的值,都有 $f(x+T)=f(x)$ 成立,那么就称 $f(x)$ 为周期函数,T 叫做此函数的周期.

教师:很好!按照这样的定义,周期函数的周期是否唯一呢?

学生众:不唯一.

教师:请说说理由.

学生4:若非零常数 T 是周期函数 $f(x)$ 的周期,则 $f(x+2T)=f(x+T)=f(x)$,$f(x+3T)=f(x+2T)=f(x+T)=f(x)$,…,所以 kT 都是函数 $f(x)$ 的周期.

教师:这里的 k 如何取值?

学生4:$k\in N^*$.

教师:有不同意见吗?

学生4:不对,应是 $k\in Z$.

教师:请你说说理由.

学生4:比如,今天是星期一,上午第一节课是数学课,那么7天前,7天后,14天前,14天后,…,上午第一节课也都是数学课,$7k$ 天($k\in Z$)就是课程表的周期.

教师:很好! 我们再回到周期函数应有什么样的结论,换一位同学来回答,不能将所有机会都给予你哦!

学生5:若非零常数 T 是周期函数 $f(x)$ 的周期,则 $f(x+kT)=f(x)(k\in Z)$,所以 kT 就是周期函数 $f(x)$ 的周期,故周期函数的周期有无数多个.

教师:如果必须从中选一个代表你会选谁?

学生5:选取其中最小的一个正数为代表.

教师:选得好! 确实是这样,以后凡提到周期函数的周期,指的都是它的最小正周期,同学们可以举个例子吗?

学生6:如正弦函数 $y=\sin(x+2k\pi)=\sin x$ $(k\in Z)$,它的周期是 $2k\pi$ $(k\in Z)$.

学生7:不对! 刚才说过"凡提到周期函数的周期,指的都是它的最小正周期",所以应该说正弦函数的周期是 2π.

教师:如果说"2π 是 $y=\sin x$ 的周期"对不对?

学生7:对!

教师:很好! 对于正弦函数来说,还能找到一个"比 2π 更小的正周期",请看:$\sin\left(\dfrac{\pi}{6}+\dfrac{2\pi}{3}\right)=\sin\dfrac{5\pi}{6}=\sin\dfrac{\pi}{6}$,所以说 $\dfrac{2\pi}{3}$ 也是正弦函数的周期,类似的还有很多,对吗?

学生8:不对! 虽然 $\sin\left(x+\dfrac{2\pi}{3}\right)=\sin x$ 对于 $x=\dfrac{\pi}{6}$ 时成立,但对一切实数 x 却不成立,所以这种说法是错误的.

教师:很好,看来同学们对周期函数定义已有了比较深刻的理解,那么我们能不能利用这个定义解决以下问题呢?

例1 设定义在实数集 R 上的函数 $f(x)$,满足 $f(x+2)=-f(x)$ 对一切实数 x 均成立,请研究:$f(x)$ 是不是周期函数,若是周期函数,找出它的周期.

学生通过研究得到:因 $f(x+2)=-f(x)$,所以 $f(x+4)=f[(x+2)+2]=-f(x+2)=f(x)$,故 $f(x)$ 是周期函数,周期为4.

例2 设定义在实数集 R 上的函数 $f(x)$,满足 $f(x+2)=f(x-1)$ 对一切实数 x 均成立,请研究:

(1) $f(x)$ 是不是周期函数,若是周期函数,找出它的周期;

(2) 设当 $x\in[0,2]$ 时,$f(x)=x-4$,求 $f(10)$ 的值;

(3) 画出函数 $y=f(x)$ 的图象.

学生通过研究,得到:

(1) 因 $f(x+2)=f(x-1)$,所以 $f[(x+1)+2]=f[(x+1)-1]=f(x)$,即 $f(x+3)=f(x)$,故 $f(x)$ 是周期函数,周期为3;

(2) 因为当 $x\in[0,2]$ 时,$f(x)=x-4$,所以 $f(1)=-3$;

又由(1),得 $f(10)=f(7)=f(4)=f(1)=-3$;

(3) 图象略(原文如此).

例3 设 $f(x)$ 是以 2 为周期的周期函数,已知当 $x \in [-1,1]$ 时,$f(x) = 1 - x^2$,则当 $x \in [1,3]$;$x \in [3,5]$;$x \in [-3,-1]$;$x \in [-5,-3]$ 时,$f(x)$ 的表达式分别是什么?

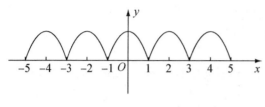

图 1-1 函数 $f(x)$ 的图象

学生经过讨论,觉得用函数的图象(图 1-1)来解更为方便,则知所求函数 $f(x)$ 的表达式依次为:

$$f(x) = 1 - (x-2)^2, x \in [1,3]$$
$$f(x) = 1 - (x-4)^2, x \in [3,5]$$
$$f(x) = 1 - (x+2)^2, x \in [-3,-1]$$
$$f(x) = 1 - (x+4)^2, x \in [-5,-3]$$

教师:利用图象来解确实方便,体现了数形结合的数学思想,但我提出更一般的问题,恐怕就不那么简单了,求当 $x \in [2k-1, 2k+1]$ ($k \in Z$) 时,函数的表达式.

学生9:也不难,所求函数的表达式为:$f(x) = 1 - (x-2k)^2, x \in [2k-1, 2k+1]$ ($k \in Z$).

教师:这充分说明大家的认识、理解和解决问题的能力有了质的飞跃.(结合函数 $y = \sin x$ 等的图象,屏幕显示,略)对于周期函数,只要研究它在一个周期段上的性质,就可以知道它在整个定义域上的性质,从已知到未知,从有限到无限,从个例到全体,体现了数学科学研究的巨大威力和魅力,也证实了研究周期函数的巨大价值.

例4 设定义在实数集 R 上的奇函数 $f(x)$ 是以 5 为周期的周期函数,若 $f(3) = 0$,则方程 $f(x) = 0$ 在区间 $[0,10]$ 上至少有哪些根,写出这些根组成的集合.

学生10:因为 $f(x)$ 是奇函数,且当 $x = 0$ 时有意义,所以 $f(0) = 0$.

又 $f(5) = f(10) = 0$,所以所求集合为 $\{0,5,10\}$.

学生11:条件 $f(3) = 0$ 还没有用到呢!

学生12:对了,还有 $f(7) = 0$.

教师:又"逮着"一个,妙!

学生12:还没有"逮"全,$f(-3) = f(2) = f(7) = 0$,$f(3) = f(8) = 0$.

教师:这下子,全部"落网"了,所以所求集合为——

众学生:为 $\{0,5,10,2,3,7,8\}$.

教师总结:好,完成了以上任务,看来同学们收获不小啊!这节课在同学们的共同努力下,我们研究了函数的周期性的定义及应用,事实表明:只有对定义真正理解了,应用才能自如.

布置作业,宣布下课.

2 辨析:几个反例、几段简析,暴露课例的6个问题

先看两个反例.

反例 1　已知函数 $f_1(x) = \sin x, x \in R^+$，判断 $f_1(x)$ 是否为周期函数？请加以讨论.

反例 2　已知函数 $f_2(x) = \sin x, x \in R^-$，判断 $f_2(x)$ 是否为周期函数？请加以讨论.

显然，对于任意的 $x \in R^+$，有 $x + 2\pi \in R^+$，且由正弦函数性质有 $f_1(x + 2\pi) = f(x + 2\pi) = \sin x = f_1(x)$，$f_1(x)$ 是以 2π 为周期的周期函数；而对于任意的 $x \in R^-$，有 $x - 2\pi \in R^-$，且有：$f_2(x - 2\pi) = \sin(x - 2\pi) = \sin x = f_2(x)$，$f_2(x)$ 是以 -2π 为周期的周期函数.

进一步可知：对于任意的 $k \in N^*$，若 $x \in R^+$，则 $x + 2k\pi \in R^+$，且 $f_1(x + 2k\pi) = f_1(x)$，$2k\pi$ $(k \in N^*)$ 都是 $f_1(x)$ 的周期；若 $x \in R^-$，则 $x - 2k\pi \in R^-$，且 $f_2(x - 2k\pi) = f_2(x)$，$-2k\pi$ $(k \in N^*)$ 都是 $f_2(x)$ 的周期. 在数集 $\{T / T = 2k\pi, k \in N^*\}$ 中，$T_1 = 2\pi$ 为最小的元素；在数集 $\{T / T = -2k\pi, k \in N^*\}$ 中，$T_2 = -2\pi$ 为最大的元素. 又由正弦函数的性质可知：不可能有小于 2π 的正数为 $f_1(x)$ 的周期；也不可能有大于 -2π 的负数为 $f_2(x)$ 的周期，因此可知：$T_1 = 2\pi$ 为 $f_1(x)$ 的最小正周期；$T_2 = -2\pi$ 为 $f_2(x)$ 的最大负周期.

由于对于 $k \in N^*$，当 $x \in (0, 2\pi) \subseteq R^+$ 时，有 $x - 2k\pi \leqslant x - 2\pi < 0$，$x - 2k\pi \notin R^+$，故 $-2k\pi$ $(k \in N^*)$ 都不是 $f_1(x)$ 的周期；而当 $x \in (-2\pi, 0) \subseteq R^-$ 时，有 $x + 2k\pi \geqslant x + 2\pi > 0$，$x + 2k\pi \notin R^-$，故 $2k\pi$ $(k \in N^*)$ 都不是 $f_2(x)$ 的周期.

综上可知：$f_1(x)$ 是以 2π 为最小正周期的周期函数，无任何负周期；$f_2(x)$ 是以 -2π 为最大负周期的周期函数，无任何正周期.

以上讨论充分说明了如下两个问题

（Ⅰ）"对于一般周期函数 $f(x)$ 来说：若非零常数 T 为 $f(x)$ 的一个周期，则 $f(x + kT) = f(x)$ $(k \in Z)$，kT $(k \in Z)$ 都是 $f(x)$ 的周期" 这一命题是假命题. 其实，当 $k = 0$ 时，$kT = 0$，也说明这一命题是假命题，正确的命题应是：

（Ⅰ′）若非零常数 T 是周期函数 $f(x)$ 的一个周期，则对于 $k \in N^*$，有 $f(x + kT) = f(x)$，kT $(k \in N^*)$ 都是函数 $f(x)$ 的周期.

学生 4 开始的回答是正确的，只是在教师的追问下，才出现了错误的结论.

（Ⅱ）"凡提到周期函数的周期，指的都是它的最小正周期" 这一说法也是错误的. 这一说法即是另一个假命题："凡周期函数必存在最小正周期".

不仅反例 2 说明它是假命题（无正周期，当然不存在最小正周期），下述反例也说明了这一点.

反例 3　函数 $f_3(x) = 8$ $(x \in R)$.

这就是被教师"排除"的那个例子. $f_3(x)$ 是以任意一个非零常数为其周期的周期函数. 而非零实数集中不存在最小的正数，故 $f_3(x)$ 无最小正周期.

反例 4　函数 $f_4(x) = \begin{cases} 1 & (x \text{ 为有理数}) \\ 0 & (x \text{ 为无理数}) \end{cases}$

函数 $f_4(x)$ 是以任意一个非零有理数为周期的周期函数. 而非零有理数集中也无最小元素. 故 $f_4(x)$ 无最小正周期.

函数 $f_3(x)$、$f_4(x)$ 都既有正周期,又有负周期,但它们都既无最小正周期,又无最大负周期. 它们都是周期函数中的一个特殊类型,即周期函数类中的一个子类. 因此,课例将 $f_3(x)=8(x\in R)$ 排除在外后,才下周期函数的定义是一种错误,并非明智之举. 周期函数定义中"存在一个非零常数 T"讲的是"存在性",它并不考虑"唯一性". 实际上,T 的存在,具有"无穷性""无数性",这个"无数性"也不排斥"任意性". 不能因为"意义不大",就在研究中将这种"任意性"排除在外,使周期函数的概念丧失其完整性.

由反例1、反例2可见,周期函数的定义域可以是一端有界的. 由此,我们又可发现课例中的两个错误.

(Ⅲ)例题3只给出函数 $f(x)$ 的周期 $T=2$ 和函数 $f(x)$ 在 $x\in[-1,1]$ 时的解析式 $f(x)=1-x^2$,而没有给出函数 $f(x)$ 的定义域. 因此,使此例为缺少条件的、部分区间的函数解析式不可求的病错题.

我们知道,设 $f(x)$ 的定义域为 D,由题设可知 $[-1,1]\subseteq D$. 又由函数 $f(x)$ 的周期为2,知:$x\in D$ 时,$x+2k\in D(k\in N^*)$,因此有 $[-1+2k,1+2k]\subseteq D(k\in N^*)$,又这无穷个区间的并集 $\bigcup_{k=0}^{+\infty}[-1+2k,1+2k]=[-1,+\infty)$. 可知 $[-1,+\infty]\subseteq D$,即函数 $f(x)$ 在 $[-1,+\infty]$ 必有定义. 因此,在区间 $[1,3]$、$[3,5]$,函数 $f(x)$ 的解析式可求. 但是函数 $f(x)$ 在 $(-\infty,-1)$ 或其子集上是否有定义? 这仍是一个未知的问题. 如果 $D=[-1,+\infty]$,则函数在 $[-5,-3]$、$[-3,-1]$ 无定义,当然就不可能求所谓的"解析式"了.

例3的正确命题应给出函数的定义域 D,且要求 $D\supseteq[-5,+\infty]$,例如取 $D=R$,那么,此题就变成可解的问题了.

(Ⅳ)"设 $f(x)$ 是以2为周期的周期函数,且当 $x\in[-1,1]$ 时,$f(x)=1-x^2$,则 $f(x)$ 的表达式为 $f(x)=1-(x-2k)^2,x\in[2k-1,2k+1](k\in Z)$"这也是一个假命题.

由(Ⅲ)的讨论可知:当 $D=[-1,+\infty)$ 时,函数 $f(x)$ 的表达式应为:$f(x)=1-(x-2k)^2,x\in[2k-1,2k+1](k\in N^*)$. 此时,$f(x)$ 在区间 $(-\infty,-1)$ 无定义,谈不上其上有函数 $f(x)$ 的表达式. 课例所给 $(k\in Z)$,是默认函数 $f(x)$ 的定义域为 R 的结果. 因为命题的前提中未给出定义域 D,因此所得结论是不确定的. 这里的两种"结论"只是这"不确定"的结论中的两种极端情况. 又如取 $D=[-5,+\infty)$,则其中 k 的取值应是 $k\in Z$ 且 $k\geqslant-2$.

《本色中闪耀着课堂的光辉》在点评"课例"中谈到"教材处理机智"时说:"陈老师在这方面做了机智的选择,采取了强调变量 x 的任意性,不深入对变量 x 做进一步研究(如周期函数的定义域如何之类的问题),将教学的着力点放在对常数 T 及 kT 的深入探究中,目标明确. 事实上,学生不仅对 T 的'非零性'印象深刻,同时

在对 T 及 kT 之间的关系的探究过程中,更是思想活跃、精彩纷呈."

笔者以为:不深入对变量 x 做进一步研究,并不等于对周期函数的定义域只字不提. 正是因为这种对周期函数定义域的"只字不提"的"机智"处理,才造成了上述四个错误的产生. 表面的"学习活动的集中",并没有使学生真正"对 T 的'非零性'印象深刻",如果真的对"$T \neq 0$"印象深刻,那么就能深刻地认识到"$kT \neq 0$,因此 $k \neq 0$",那么学生 4 在得出"$k \in N^*$"后,就不会因教师的"有不同意见吗?"而改变主意得"$k \in Z$",而是坚持"$k \in N^*$",即使不坚持"$k \in N^*$",也只会改为"$k \in Z$ 且 $k \neq 0$". 课例的"灵活处理",是以牺牲数学学科的科学性为代价的.

下面对其他错误进行分析.

（Ⅴ）对于定义在实数集 R 上的奇函数 $f(x)$,若它也是以非零常数 T 为周期的周期函数,则有 $f(-x) = -f(x)$ 且 $f(x+T) = f(x)$,取 $x = -\dfrac{T}{2}$,则 $f\left(\dfrac{T}{2}\right) = f\left(-\dfrac{T}{2}\right) = -f\left(\dfrac{T}{2}\right)$. 由此可得 $f\left(\dfrac{T}{2}\right) = f\left(-\dfrac{T}{2}\right) = 0$.

由此可知:例 4 在讨论方程 $f(x) = 0$ 在区间 $[0,10]$ 上至少有哪些根时,并没有把应求之根全部"逮着",漏网的有 $f\left(\dfrac{15}{2}\right) = f\left(\dfrac{5}{2}\right) = 0$,"逮着" $x = \dfrac{5}{2}, x = \dfrac{15}{2}$ 后,才能算全都"逮着"了,本题所求集合应为

$$\left\{0, 2, \dfrac{5}{2}, 3, 5, 7, \dfrac{15}{2}, 8, 10\right\}.$$

这个问题我们在第 5 篇"编解抽象函数题时应注意的若干问题"时还要集中谈论,这里不再赘述.

（Ⅵ）若非零常数 T 为周期函数 $f(x)$(解析式未给出)的一个周期,在给出 $f(x)$ 在一个周期长度($|T|$)的区间上的解析式后,一般可求出 $f(x)$ 在整个定义域上的函数解析式. 但所给区间应是半开半闭区间,否则,在区间端点会造成条件多余,这种多余的条件又很可能出现互不相容的问题. 课例例 2、例 3 都是给出的闭区间,这是错误的. 例 3 因 $f(x) = 1 - x^2$ 在闭区间 $[-1,1]$ 端点 $x = \pm 1$ 取值相同 $f(\pm 1) = 0$,未出现条件不相容的问题. 但例 2 就不是这样了.

例 2 在总题干中未给出函数 $f(x)$ 的任何解析(表达)式,第 3 问要求画图是一件不可能完成的事情. 若将第(2)问中的当 $x \in [0,2]$ 时,$f(x) = x - 4$ 移至总题干(设). 由于 $f(x)$ 的周期 $T - 3$,而区间 $[0,2]$ 的长度为 2,小于 3,我们只能求得 $f(x)$ 在集合 $A = \bigcup\limits_{k=-\infty}^{+\infty} [3k, 2+3k]$ 上的函数解析(表达)式,从而作出(或平移图象作出)函数 $y = f(x)$ 在 A 上的图象,但不能画出函数 $f(x)$ 在集合 $B = \bigcup\limits_{k=-\infty}^{+\infty} (2+3k, 3+3k)$ 上的图象. 函数 $f(x)$ 在定义域 R 上的图象照样无法画出.

要想画出图象,只能参照课例例 3 猜测:可能在排印中将闭区间 $[0,3]$ 误排成 $[0,2]$(即将"3"误为"2"了). 若真是这样,前面所说"不相容"问题就出来了:如

$f(3) = f(0) = -4, f(3) = 3 - 4 = -1$, 矛盾, 则例 2 成了条件不相容的病错题. 例 2 的正确命题应是:

例 2′设定义在实数集 R 上的函数 $f(x)$, 满足 $f(x+2) = f(x-1)$ 对一切实数 x 均成立, 且当 $x \in [0,3)$ [或 $x \in (0,3]$] 时, $f(x) = x - 4$, 请研究:

(1) $f(x)$ 是不是周期函数, 若是周期函数, 找出它的周期;

(2) 求 $f(10)$ 的值;

(3) 画出函数 $y = f(x)$ 的图象.

学生得出 (1)、(2) 的答案不会变. 这时可求出函数 $f(x)$ 在 R 上的表达式 $f(x) = x - 3k - 4, x \in [3k, 3k+3)$ [或 $x \in (3k, 3k+3]$] $(k \in Z)$, 从而画出图象. 因此题未要求求出 $f(x)$ 的函数解析 (表达) 式, 故只需先画函数 $y = f(x)$ 在 $[0,3)$ [或 $(0,3]$] 的图象, 再平移 [向左 (右) 每次平移 3 个单位] 得图象如图 1-2. [或交换其虚实点即是给出 $x \in (0,3]$ 所画的图象].

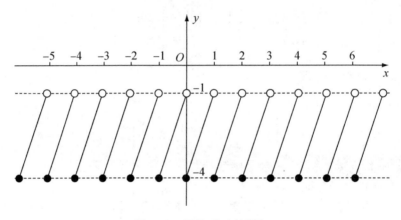

图 1-2　函数 $f(x)$ 的图象

3　问题 (Ⅰ) 至 (Ⅳ) 的错因分析, 兼谈对周期函数教学的修补

教材用属加种差的方法给出周期函数的定义. 这里的属概念即函数, 种差则是与其他函数不同的特殊属性: 存在非零常数 T, 对于定义域 D 内的任意一个实数 x 都有 $f(x+T) = f(x)$ ⊛ 成立. 但在下定义之前, 教材仅给出它的 "背景" 或 "模型" 函数——正、余弦函数. 这两种函数具有更加特殊的属性: 存在非零常数 T, 对于定义域 D 内的任意一个实数 x 都有 $f(x \pm T) = f(x)$ ⊛⊛ 成立. 即它们都是具有 "双周期" 的周期函数, 我们称之为 "双向周期函数", 而按 ⊛ 式定义的一般周期函数, 它可以是这种 "双向周期函数": $f(x+T) = f(x)$ 与 $f(x-T) = f(x)$ 同时成立; 也可能是仅 $f(x+T) = f(x)$ 成立, 但 $f(x-T) = f(x)$ 不成立. 我们称这类周期函数为 "单向周期函数". 因此, "双向周期函数" 只是一般周期函数的一个子集. 同时, 正余弦函数的定义域又都是 R, 且都存在最小正周期, 因此, 正、余弦函数又仅仅是

"双向周期函数"的一个小的子类(双向周期函数的定义域可以不是 R——如反例5,也可能不存在最小正周期——如反例3、反例4).

反例5 函数

$$f(x) = \begin{cases} 1 & x = 2k & (k \in Z) \\ 0 & x = 2k+1 & (k \in Z) \end{cases}$$

是以2为最小正周期、-2为最大负周期的周期函数(双向周期函数),但它的定义域是 Z,不是 R.

正是这种"背景""模型"的特殊性和单一性,使初学者或未读懂一般周期函数定义中⊛式内涵的教师产生如下错觉:定义所指数学对象的全部,就是这种定义在 R 上的,既具有双向周期($\pm T$),又存在最小正周期的周期函数. 纵观《课例:函数的周期性》教学的全过程不难发现,就是这种错觉引领师生得到了错误的结果Ⅰ、Ⅱ、Ⅲ、Ⅳ. 这是一种以偏概全的错误,是一种任教者不理解概念的含义,对周期函数概念所指数学对象的要素缺乏全面分析而产生的错误.

概念学习不能从抽象的定义出发,而应该从具体事例出发,这就要求任教者举好事例——所举事例既要有典型性:概念的本质属性突出,容易被学生感知;又要有丰富性——所举事例或事例组能包含本质特征的不同表现形式. 这样,才能让学生感知、抽象、概括出它们的真正的共同本质属性,从而形成真正的概念认知. 数学概念都是某一类事物的反映,其外延是由许多子类组成的. 所以,概念教学不仅要引导学生"下定义",还要引导学生对概念所指的数学对象进行"划分",下定义是明确概念内涵的逻辑方法,划分则是明确概念外延的逻辑方法. 划分就是将一个概念所指的数学对象按不同属性划分成若干子类. 通过划分,一方面可使概念系统化、完整化,从而建立概念的结构体系;另一方面能获得对概念外延的更深刻的认识,从而夯实研究概念所指数学对象的性质的基础. 所以,教好"划分"是概念教学的重要一环①.

由此审视《课例:函数的周期性》不难发现,它至少存在两大缺陷. 其一,举例缺乏丰富性,即事例单一,不能全面反映周期函数本质特征的不同表现形式.《课例:函数的周期性》仅由正、余弦函数为例让学生感知、抽象、概括. 而 $\sin(x+2\pi)$ $=\sin x$、$\cos(x\pm2\pi)=\cos x$. 一个有经验的教师会意识到,当学生3说"增加一个值或减少一个值"时,他和他的同学们很可能将其中的"或"偷换成"且". 如果学生没有预习教材,很可能感知、抽象、概括出周期函数的本质属性或说关键特征为⊛⊛式,而不是⊛式. 即使因预习得出的是⊛式,也会因正、余弦函数定义在 R 上,对于任意一个 $x \in R$,必有 $x - T \in R$ 而产生这样的认识:"对于 $f(x)$ 定义域 D 内任意一个 x,由于 $f(x+T)=f(x)$ 成立,又有 $x-T \in D$,故可换 x 为 $x-T$ 得 $f(x)=f(x-T)$,即得 $f(x-T)=f(x)$ 也成立." 这两种认识都是对周期函数概念的错误认识或

① 章建跃,陈向兰. 数学教育之取势明道优术[J]. 数学通报,2014(10):1—7 + 封底.

想法. 如果这个任教者又对周期函数概念理解深刻的话,他就会提前补充诸如 $f_1(x)$ 或 $f_2(x)$ 之类的事例;或在追问"你说的'或'是何含义?"让学生讨论,在暴露问题的过程中或其后补充上述反例,以避免错误 Ⅰ、Ⅲ、Ⅳ 的发生;同时,还会想到:学生可能将正、余弦函数都存在最小正周期的性质迁移到一般周期函数上去,因此,不仅不会将 $f(x)=8(x\in R)$ 这类函数排除在研究对象之外后才下定义,而且还会再补充如 $f_4(x)$ 那样的事例以防错误 Ⅱ 的发生.

其二,教学环节不完整,缺少教"划分"(或隐性的教"划分")这一重要教学环节. 对于一个深刻理解周期函数概念又有经验的任教者来说,当学生 4 由 ⊛ 式推导而得到"kT 也是函数 $f(x)$ 的周期"并说"$k\in N^*$"后,绝不会仅用"有不同意见吗?"将学生引回到教学起点(由"课程表"与正弦函数继续讨论),而致使教学走向错误的方向. 应该是:或在学生 4 改口为"$k\in Z$"后再追问:"到底是 $k\in N^*$,还是 $k\in Z$?"并引导学生继续紧扣周期函数的定义,即抓住关键特征 ⊛ 式,结合对前面所举各组事例(若前面未补全各类事例,在这里应继续补全)组织学生进行分类讨论,在让学生通过讨论辨明为什么是 $k\in N^*$ 而不是 $k\in Z$ 的同时,将教学自然而然地引入到教(或隐性的教)"划分"的第一个环节——按"$\forall x\in D$(定义域),$f(x-T)=f(x)$ 是否恒成立"这一标准将周期函数划分(或隐性划分)为双向周期函数和单向周期函数两个子类的过程;或者在学生 4 说"$k\in N^*$"后,教师直接肯定"很好!""为什么是 $k\in N^*$,而不能是 $k\in Z$?"同样,可引入到教"划分"的第一个环节. 在这一环节中,如果再细致点,还可按周期 T 的正、负将单向周期函数细划为右向周期函数和左向周期函数两个小子类. 这一环节是一个较为深入的理解一般周期函数概念内涵和外延的过程,教好这一环,会有效地预防错误 Ⅰ、Ⅲ、Ⅳ 的发生.

同样,对于一个深刻理解周期函数概念又有经验的任教者来说,当学生 5 回答"周期有无数多个"后,绝对不会直接提问"如果必须从中选一个代表你会选谁"而把学生带入"凡周期函数必有最小正周期"的泥潭,而应该是启发学生:"请结合前面所举各事例分析一下,这无数多个周期 kT($k\in N^*$)的正、负号规律和 T 的正、负之间的关系以及 T 的取值的限制情况."(T 正则 kT 正,T 负则 kT 负,T 可以是这无数个周期中的任意一个,T 有时可取任何一个非零实数值或非零有理数值,除了"$T\neq 0$"的限制外,再无任何限制),然后追问:"在这无数多个非零实数 kT 中,你一定能找到一个最小的正数吗?"在学生讨论的基础上适时给出被《课例:函数的周期性》忽视的教材上关于最小正周期的定义:"对于一个周期函数来说,如果在所有的周期中存在着一个最小的正数,就把这个最小的正数叫做最小正周期."从而将教学引入到教(或隐性的教)"划分"的第二环节——按"最小正数是否存在"这一标准将周期函数"划分"(或隐性划分)为存在最小正周期的周期函数和不存在最小正周期的周期函数两个子类. 然后才是追问:"如果一个周期函数存在最小正周期,若是必须从这无数个周期中选一个代表,你会选谁?"这一环节将再次深化学生对周期函数概念的内涵和外延的理解,也杜绝了错误 Ⅱ 的发生.

记 $A = \{$正、余弦函数$\}$, $B = \{$存在最小正周期的双向周期函数$\}$, $C = \{$双向周期函数$\}$, $D = \{$单向周期函数$\}$, $E = \{$周期函数$\}$, ……

《课例:函数的周期性》如果能举好事例,真正教好"下定义"和"划分",并在教学中注意对各种"细节"问题的处理,学生的头脑中必定会贮存诸如:$A \subset B \subset C \subset E = C \cup D$ 等一系列的关系式,逐步明确周期函数的概念,从而建立起周期函数概念的系统化、完整化的结构体系,为继续研究周期函数性质奠定坚实的基础,但遗憾的是,由于《课例:函数的周期性》的任教者自身不理解周期函数概念,因而不能全面地举出事例,只是形式上给出了周期函数的定义,周期函数的真实定义并没有在师生头脑中形成;同时,又多次失去了教"划分"的机会. 因此,系统、完整的周期函数概念的结构体系根本没有建立起来(所建立的只是一个存在最小正周期的双向周期函数的结构体系),反而出现了诸多错误. 因此,可以说:《课例:函数的周期性》的三维教学目标均未达成,其教学效果为负值.

附录:浅谈概念教学——对周期函数概念教学的体会(节选)①

新课标提倡新的数学教育教学理念. 因此,有的教育工作者在探究新的教育教学理念时,一味地推崇西方的教育教学理论,而否定中国传统的数学教育. 但笔者认为:中国的传统教育与西方教育比较,各有利弊得失,没有优劣之分,因此,我们既不能自大保守,又不要盲从西方,还是本着"古为今用、洋为中用"的精神进行改革和自主创新为好. 对于中国传统数学教育,我们只能寻求超越,而不是贬斥与摈弃."我们应该站在传统教育基础上寻求继承和发展的切合点和平衡点,以防止极端的做法."为此,我们节选 20 世纪 90 年代发表的这篇文章,请读者研究如何借鉴这篇文章搞好我们现今的"周期函数概念"教学. 这是附录此文的目的之一. 目的之二则是,此文也不是完美的,内中也存在一些错误,想请读者据周期函数的概念指出这些错误.

(Ⅰ)剖析内涵获得精确的概念

中学生获得概念的基本形式是概念的同化,它是指利用学生认知结构中原有的概念,以定义的方式直接向他们揭示概念的关键特征,从而把新知识纳入已经形成或正在形成的认知结构之中,现行高中代数课本指出:"一般地,对于函数 $y = f(x)$,如果存在一个不为零的常数 T,使得当 x 取定义域内的每一个值时,$f(x + T) = f(x)$ 都成立,那么就把函数 $y = f(x)$ 叫做周期函数,不为零的常数 T 叫做这个函数的周期."又指出"对于一个周期函数来说,如果在所有的周期中存在着一个最小的正数,就把这个最小的正数叫做最小正周期."课本运用了属加种差的定义方法,这里的属概念是函数,种差是指与其他函数不同的 $f(x + T) = f(x)$ 这个特殊属性. 其语言是凝缩的、内容是丰富的,教师的重要任务是在教学过程中将概

---

① 蒋世信. 浅谈概念教学——对周期函数概念教学的体会[J]. 数学通报,1995(3):7—10.

念的清晰、稳定而明确的意义得以展现.

概念的关键特征即概念的内涵越明显,学习越容易. 因此,在概念教学中常采取扩大关键特征的方法促进概念学习. 周期函数概念的关键特征是定义中的种差:对于每一个 $x \in X$,都有 $f(x + T) = f(x)$ (T 是不为零的常数)成立. 教学时可以先扩大到角的旋转导致其终边周期性重复的变化规律,进而指出"正弦函数、余弦函数值是按照一定的规律不断地重复出现的"重要特征. 使学生的注意力不仅集中在函数值的"不断地重复出现"上,更要突出"是按照一定的规律",当明晓这个规律并形成牢固的信念之后,再注意概念的精细差异,将其内涵层层剖析,使潜在的内容得以必要且足够地展现,从而获得概念的真实涵义:

(1)T 是不为零的常数,故 T 值可正可负,譬如,函数 $y = \sin x$ ($x \in R^+$)仅有正周期 2π,4π,$\cdots$;函数 $y = \sin x$ ($x \in R^-$)仅有负周期 -2π,-4π,$\cdots$;函数 $y = \sin x$ ($x \in R$)既有正周期又有负周期 $\pm 2\pi$,$\pm 4\pi$,$\cdots$.

(2)x 取定义域内每一个值;不是 x 取定义域内某一个、某几个或无穷多个值. 譬如,对于 $x = \dfrac{\pi}{6}$,有 $\sin\left(\dfrac{\pi}{6} + \dfrac{2\pi}{3}\right) = \sin\dfrac{\pi}{6}$,但 $\dfrac{2\pi}{3}$ 不是函数 $y = \sin x$ 的周期.

(3)对于定义域内每一个 x 的值加非零常数 T,有 $f(x + T) = f(x)$;不是对定义域中 wx(其中,$w \in R$ 且 $w \neq 0$ 或 1)的值加非零常数 T,有 $f(w\pi + T) = f(wx)$. 譬如,$\sin\left(\dfrac{x}{3} + 2\pi\right) = \sin\dfrac{x}{3}$,但 2π 不是函数 $y = \sin\dfrac{x}{3}$ 的周期,而 $\sin\left(\dfrac{x}{3} + 2\pi\right) = \sin\dfrac{x}{3} = \sin\dfrac{1}{3}(x + 6\pi)$,其周期为 6π. 可见,函数的周期与自变 x 的系数有关;若对任意 $x \in X$,恒有 $f(wx + T) = f(wx)$,则该函数的周期 $T' = \dfrac{T}{w}$(w、T 均为非零常数).

(4)对于定义域内每一个 x 值,加非零常数 T,其函数值不变;不是加非零变数其函数值不变. 譬如,函数 $y = 1$ ($x \in \{2^n, n \in Z\}$),对于任意一个变量 $x = 2^n \in X$,再加同一个变量 2^n ($n \in Z$),总有 $f(2^n + 2^n) = f(2^{n+1}) = 1$,但此函数不符合周期函数的定义,它不是周期函数.

(5)$x \in X$ 且 $x + T \in X$,进而推出 $x + nT \in X$ ($n \in N^*$). 由此可知,定义域至少一端是无界的区间为周期函数的必要条件. 显然,定义域为两端有界的区间的函数如:$y = \sin x$,($x \in [-6\pi, 4\pi]$)不是周期函数.

(6)若 T 为函数的周期,则有 $f(x + nT) = f(x)$ ($n \in N^*$),即 nT 也是该函数的周期(证明从略),特别地,对于周期函数总有:$f(nT) = f(0)$. 利用此等式便于求它的某些特殊函数值,譬如,已知函数 $f(x) = \tan\left(\dfrac{x}{2} - \dfrac{\pi}{3}\right)$,则 $f(10\pi) = f(0) = \tan\left(-\dfrac{\pi}{3}\right) = -\sqrt{3}$.

(7)周期函数未必有最小正周期. 譬如,$y = 5$ ($x \in R$)的周期是任意实数,但不存在最小正周期;而函数 $y = \sin x (x \in R^{-})$ 仅有负周期.

(8)由于周期函数的函数值重复出现,所以任何单调函数均非周期函数.

(Ⅱ)利用外延及无关特征,检验概念变式获得

没有理解概念的意义,仅仅记住语词符号只能是机械学习.虽然教师通过对概念内涵的层层剖析,但仍不能保证学习真正理解和掌握它.因为学习不是"从大量的同类事物的不同例证中独立发现"它们的关键特征而获得概念的.而且,这种用概念形成的方式去获得每一个概念既不可能也没有必要.但是,用概念同化的方式获得概念,由于概念性强而不易被理解.因此,在教学过程中除了教师剖析概念的内涵,还需学生亲自实践,通过对概念的应用即对概念外延的研究,譬如用定义求(或证明)周期函数的周期等问题,来检验是否理解和掌握概念,特别是通过概念的无关特征,变式的提出问题,让同学辨析,进而检验是否真正获得概念的意义.譬如,学生是在掌握了正、余弦函数图象的基础上学习周期函数概念的,结果他们把正、余弦函数图象重复出现的偶有属性迁移至周期函数概念上来,而且把函数值重复出现与函数图象重复出现混同起来.为澄清概念,达到正本清源的目的,笔者编制如下问题供他们分析判断.

问题 1　图象重复出现的函数一定是周期函数吗?

问题 2　周期函数的图象必定是重复出现的吗?

经过分析、讨论,他们认识到函数图象重复出现是某些周期函数的偶有属性,它是周期函数的无关特征,并有反例为证:

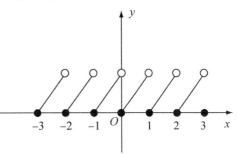

对于问题 1　函数 $y = x - [x]$ $(x \in [-3, +3])$ 的图象重复出现,但它不是周期函数[见Ⅰ(5)],见图 1-3.

对于问题 2　给出函数 $f(x) = \dfrac{1}{2}$,

图 1-3　函数 $y = x - [x]$ 的图象

$x \in X$,其中 $X = \displaystyle\sum_{n=1}^{\infty} \left(\left[-n, -n + \dfrac{1}{n+1} \right] \cup \left[(n-1), (n-1) + \dfrac{n}{n+1} \right] \right).$

$\because$　任取 $x \in \left[-n, -n + \dfrac{1}{n+1} \right]$　$(n \in N)$

$\therefore$　$-(n-1) \leqslant x + 1 \leqslant -(n-1) + \dfrac{1}{n+1} < -(n-1) + \dfrac{1}{(n-1)+1}$

$\therefore$　$x + 1 \in \left[-(n-1), -(n-1) + \dfrac{1}{(n-1)+1} \right] \subset X$,则 $f(x+1) = \dfrac{1}{2}.$

又$\because$　任取 $x \in \left[(n-1), (n-1) + \dfrac{n}{n+1} \right]$　$(n \in N)$

$\therefore$　$n \leqslant x + 1 \leqslant n + \dfrac{n}{n+1} < n + \dfrac{n+1}{(n+1)+1}$

$\therefore \quad x + 1 \in \left[n, n + \dfrac{n+1}{(n+1)+1} \right) \subset X, 则 f(x+1) = \dfrac{1}{2}.$

可见,对于任意 $x \in X$,总有 $f(x+1) = f(x) = \dfrac{1}{2}.$

$\therefore$ 该函数是周期函数且周期 $T = 1$,虽然它的函数值按照一定规律重复出现,可是它的图象(图 1 −4)并不重复出现.

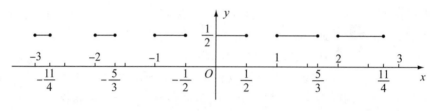

图 1 −4　函数 $f(x) = \dfrac{1}{2}$ 的图象

不仅如此,像著名的狄利克雷函数 $f(x) = \begin{cases} 1 & (当 x 为有理数时) \\ 0 & (当 x 为无理数时) \end{cases}$ 它的周期是非零的任何有理数,可是它的图象无法画出.

由此可知,函数值重复出现与函数图象重复出现不能等同,图象重复出现对周期函数来说,既非充分又非必要条件,只有函数值为非常数值的周期函数,它的图象才具有这样的特征:从定义域内的任意一点 x_0 开始,长度为一个周期的区间上的函数图象至少向一端不断重复出现且延续至无穷,而函数值重复出现是周期函数的必要条件但不是充分条件. 如 I (4)中提到的函数 $y = 1(x \in \{2^n, n \in Z\})$,其函数值即使不断重复出现却不是周期函数.

概念的反例"传递了最有利于辨别的信息",排除无关特征的干扰,可以加深对其本质的认识而促进概念的学习. 随着认知过程的复杂化,通过辨别、假设、检验假设、分化和概括等心理过程,周期函数的概念将变得更加精确. 掌握精确的概念是灵活运用知识的基础,而且稳定而清晰的知识能够牢固地同化学生认知结构中有关方面的"锚桩",从而获得有意义的学习.

(Ⅲ)纵横联系统和深化概念

认识的任务在于抓住事物的本质和规律,概念的初步获得往往是肤浅的,我们不仅注重从内涵和外延两个方面对概念本质属性辨析,还应进行纵向联系,将抽象概念上升至具体概念,继续深入地分析研究,使一般性的认识极大地充实和丰富起来. 特别是把种概念(周期函数)的具体概念如正弦函数、余弦函数、正切函数、余切函数等置于它的上位概念——属概念(函数)的范畴中,将其有关性质如定义域、值域、单调性、奇偶性、周期性、有界性、对称性、最值、极值等逐一进行探讨,使抽象的周期函数概念变得具体、形象、生动,从而对它领悟得更实在、更深刻、更系统. 而且"每一概念都处在和其余一切概念的一定关系中,一定联系中"(列宁语),

因此教师还要随时沟通概念间的横向联系,使其富有迁移性和灵活性,以期"一个概念向另一个概念转化",提高综合运用知识分析和解决问题的能力.例如:函数的对称性与周期性似乎没有必然的联系,如函数 $y = \sin|x|$ 关于 y 轴对称,但它不是周期函数.可是当一个函数具有两条铅直对称轴时,却发生了量变到质变的飞跃,这样的函数已成为周期函数(以下举各类有关事例说明:这些事例既深化了周期函数概念,同时也深化了相关函数概念,相辅相成相得益彰,有利于学生建立融会贯通的良好的认知结构——这里略录).

当然,在概念教学中,绝不能单纯地进行抽象的概念挖掘,要注意典型例题和习题(包括反例)的配备,特别是数学思想和方法如函数思想、数形结合思想、转化的思想、分类的思想等在概念教学中的自然渗透和有机联系,因为数学思想和方法是指导学生进行正确数学思维的指向标,在教学中如果忽视数学思想和方法,追求能力的提高也是不切实际的.

【习题】

请指出附录中出现的错误并给出简单的"辨析".

【参考答案或提示】

(1) I (5)中有"定义域至少一端无界的区间为周期函数的必要条件"的说法不准确,如反例 5,函数 $f_5(x)$ 的定义域为 Z,不存在任何区间.正确的提法应是:周期函数的定义域 X 用数轴上的点集表示,至少是一端无界的.

(2) I (6)中"对于周期函数总有 $f(nT) = f(0)$, $n \in N^*$"这一结论是错误的,如反例 1、反例 2 中的 $f_1(x)$、$f_2(x)$,其定义域 X 内都不含元素"0".正确的结论应是"若非零常数 T 是定义在 X 上的函数 $f(x)$ 的一个周期,且 $0 \in X$.则总有 $f(nT) = f(0)$, $n \in N^*$".

(3) I (7)中"函数 $y = 5(x \in R)$ 的周期是任意实数"不准确.正确的说法应是"函数 $y = 5(x \in R)$ 的周期是任意非零实数".

(4)在证明问题 2 中,当 $x \in X$ 时,有 $x + 1 \in X$ 时有误.这个证明以原点划分为左、右两边的子区间出现的问题是:左段当 $n = 1$,即 $x \in \left[-1, -1 + \dfrac{1}{1+1} \right] = \left[-1, -\dfrac{1}{2} \right]$ 时,推出 $x + 1 \in \left[-(n-1), -(n-1) + \dfrac{1}{(n-1)+1} \right] = [0,1]$ 不是 X 的任何一个子区间,即不能断定 $x + 1 \in X$.因此:"对于 X 中的每一个 x, $f(x+1) = f(x)$ 都成立"并未得到证明.这个证明应分三段:

1) $x \in \left[-n, -n + \dfrac{1}{n+1} \right]$ ($n \in N^*$ 且 $n > 1$)时,如原证.

2) $x \in \left[-1, -1 + \dfrac{1}{1+1} \right] = \left[-1, -\dfrac{1}{2} \right]$ 时, $x + 1 \in \left[0, \dfrac{1}{2} \right] = \left[(1-1), (1-1) + \dfrac{1}{1+1} \right]$ (即原点右边靠原点的第一个子区间),因此也有 $x + 1 \in X$,故 $f(x+1) = \dfrac{1}{2}$.

3) $x \in \left[(n-1),(n-1)+\dfrac{n}{n+1} \right]$ $(n \in N^*)$ 时,也如原证.

最后才能下结论.

原证明没有注意 X 在原点左、右紧临的两个子区间的长度是相等的 $\left(都等于\dfrac{1}{2}\right)$,因此,从 x 属左区间到 $x+1$ 属右区间时,是不能做"放大"区间长度的处理的.

(5)"函数值为非常数值的周期函数,它的图象具有这样的特征:从定义域内的任意一点 x_0 开始,长度为一个周期的区间上的函数图象将至少向一端不断重复出现且延续至无穷."也是一个假命题.

要举反例,只需将问题 2 的反例中的" $f(x)=\dfrac{1}{2}$ "改为" $f(x)=\sin\dfrac{x}{2\pi}$ "即可. 笔者将这个反例"修改"为:

反例 6　函数 $f_5(x)=\sin x,x \in D$,其中 $D = \bigcup\limits_{n=1}^{+\infty} \left[2(n-1)\pi,2(n-1)\pi + \dfrac{2n\pi}{n-1} \right]$

可以证明:$f_5(x)$ 是以 2π 为最小正周期的周期函数,但这个非常值的周期函数的图象如图 1-5 所示. 显然并非"重复出现". 下面证明这个函数的周期性.

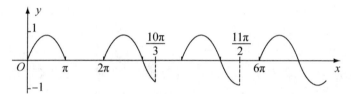

图 1-5　函数 $f_5(x)$ 的图象

由于对于任意的 $x \in R$,由正弦函数的性质有 $\sin(x+2\pi)=\sin x$ 成立,只需证明:对于任意的 $x \in D$,都有 $x+2\pi \in D$.

不妨设 $x \in \left[2(k-1)\pi,2(k-1)\pi + \dfrac{2k\pi}{k+1} \right],k \in N^*$,即 $2(k-1)\pi \leqslant x \leqslant 2(k-1)\pi + \dfrac{2k\pi}{k+1}$,从而有

$$2(k+1-1)\pi \leqslant x+2\pi \leqslant 2(k+1-1)\pi + \dfrac{2k\pi}{k+1}$$

$$< 2(k+1-1)\pi + \dfrac{2(k+1)\pi}{(k+1)+1} \quad (k \in N^*)$$

所以　　$x+2\pi \in \left[2(k+1-1)\pi,2(k+1-1)\pi + \dfrac{2(k+1)\pi}{(k+1)+1} \right]$

由于 $k+1 \in N^*$,故

$$\left[2(k+1-1)\pi,2(k+1-1)\pi + \dfrac{2(k+1)\pi}{(k+1)+1} \right] \subset D$$

所以　$x+2\pi \in D$　（证毕）.

第2篇　一个整体失误的探究

——对"导数"演绎创新题的探究

1　对"导数"演绎创新题的探究

《对"导数"演绎创新题的探究》①全文如下.

纵观近五年高考数学"导数"章节的试题不难发现,试题立意朴实又不失新颖,选材源于教材而又高于教材,着重考查考生对数学本质的理解,宽角度、多视角、有层次地考查了数学理性思维.例如,抽象函数的图象与 x 轴及交点个数的问题,抽象函数的图象与直线的交点问题.下面,笔者就对这个考点演绎的创新题进行探究.

图 2 - 1　曲线与直线有三个交点

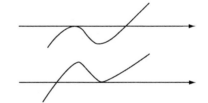

图 2 - 2　曲线与直线有两个交点

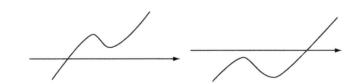

图 2 - 3　曲线与直线有一个交点

1.1　问题的基本图解

由上述图组(图 2 - 1 至图 2 - 4)不难得出,曲线 $y = f(x)$ 与 x 轴(或直线)是否有交点或有几个交点,都与曲线的极值有着紧密的联系.

探究 1　(全国卷)已知函数 $f(x) = x^3 - x$.

(1)求曲线 $y = f(x)$ 在点 $M[t, f(t)]$ 处的切

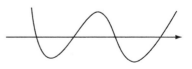

图 2 - 4　直线与曲线有四个交点

①　曹新. 对"导数"演绎创新题的探究[J]. 甘肃教育,2014(8):91.

线方程;

（2）设 $a > 0$，如果过点 (a,b) 可作曲线 $y = f(x)$ 的三条切线，证明：$-a < b < f(a)$.

探究：（1）易知切线方程为：$y = (3t^2 - 1)x - 2t^3$.

（2）如果有一条切线过 (a,b)，则存在 t，使得 $b = (3t^2 - 1)a - 2t^3$. 于是，若过点 (a,b) 可作曲线 $y = f(x)$ 的三条切线，则方程

$$2t^3 - 3at^2 + a + b = 0$$

有三个相异的实数根.

令 $g(t) = 2t^3 - 3at^2 + a + b$，

则 $g'(t) = 6t^2 - 6at = 6t(t - a)$.

当 $t \in (-\infty, 0)$ 和 $(a, +\infty)$ 时，$g'(t) > 0$，即 $g(t)$ 单调递增；当 $t \in (0, a)$ 时，$g'(t) < 0$，即 $g(t)$ 单调递减.

则 $g(t)_{极大值} = a + b$，而 $g(t)_{极小值} = b - f(a)$. 要使 $g(t) = 0$ 有三个相异的实数根，由上述图 2 - 1 可得：$\begin{cases} g(t)_{极大值} = a + b > 0 \\ g(t)_{极小值} = b - f(a) < 0 \end{cases}$ 成立.

化简整理得：$-a < b < f(a)$ 成立.

1.2 得出的重要结论

结论 1　若曲线 $y = f(x)$ 的图象与 x 轴有三个交点，则曲线 $y = f(x)$ 满足条件：

$$\begin{cases} f(x)_{极大值} > 0 \\ f(x)_{极小值} < 0 \end{cases}$$

结论 2　若曲线 $y = f(x)$ 的图象与 x 轴有两个交点，则曲线 $y = f(x)$ 满足条件：

$$\begin{cases} f(x)_{极大值} > 0 \\ f(x)_{极小值} = 0 \end{cases} \quad 或 \quad \begin{cases} f(x)_{极大值} = 0 \\ f(x)_{极小值} < 0 \end{cases}$$

结论 3　若曲线 $y = f(x)$ 的图象与 x 轴有一个交点，则曲线 $y = f(x)$ 满足条件：

$$f(x)_{极大值} < 0 \quad 或 \quad f(x)_{极小值} > 0$$

探究 2　已知函数 $f(x) = \ln x, g(x) = x$.

（1）若 $x > 1$，求证：$f(x) > 2g\left(\dfrac{x-1}{x+1}\right)$；

（2）是否存在实数 k，使方程 $\dfrac{1}{2}g(x^2) - f(1 + x^2) = k$ 有四个不同的实数根? 若存在，求出 k 的取值范围；若不存在，说明理由.

点评：（1）令 $F(x) = f(x) - 2g\left(\dfrac{x-1}{x+1}\right)$

$$= \ln x - \dfrac{2(x-1)}{x+1}$$

则　　　　　$F'(x) = \dfrac{(x-1)^2}{x(x+1)^2}$

当 $x>1$ 时，$F'(x)=\dfrac{(x-1)^2}{x(x+1)^2}>0$

∴　$F(x)$ 在 $x\in[1,+\infty)$ 上是单调递增的，

故　$F(x)>F(1)=0$

∴　$f(x)>2g\left(\dfrac{x-1}{x+1}\right)$.

（2）令

$$h(x)=\dfrac{1}{2}g(x^2)-f(1+x^2)$$

$$=\dfrac{1}{2}x^2-\ln(1+x^2)$$

则由 $h'(x)=\dfrac{x^3-x}{1+x^2}=\dfrac{x(x+1)(x-1)}{1+x^2}=0$

得 $x_1=-1,x_2=0,x_3=1$.

当 $x\in(-\infty,-1)$ 和 $(0,1)$ 时，$h'(x)<0$，即 $h(x)$ 单调递减；当 $x\in(-1,0)$ 和 $(1,+\infty)$ 时，$h'(x)>0$，即 $h(x)$ 单调递增.

故 $h(x)_{极小值}=h(-1)=h(1)=\dfrac{1}{2}-\ln2$，$h(x)_{极大值}=h(0)=0$.

结合图 2-4，当 $\begin{cases}k<h(x)_{极大值}=h(0)\\ k>h(x)_{极小值}=\dfrac{1}{2}-\ln2\end{cases}$ 成立时，方程 $\dfrac{1}{2}g(x^2)-f(1+x^2)=k$

有四个不同的实数根，即 $k\in\left(\dfrac{1}{2}-\ln2,0\right)$.

2　辨析：先看"探究"在陈述"结论"中出现的问题

（1）"交点"与"切点"，高中数学对曲线与曲线（直线）的交点、切点的定义是严格区分的，并统称为"公共点"。但"探究"在由一曲线与 x 轴有一个切点、一个交点的情况总结成结论 2 时却说成"两个交点"，而不是两个公共点，这是不严密的。

（2）"函数""函数的极值"与"曲线""函数的图象"。众所周知，"函数""函数的极值"涉及的是"数""数值"，两个（实）数值之间可以比较大小，但不存在"位置关系"；而"曲线""函数的图象"所涉及的是"形"（图形）、形与形之间可存在一定的位置关系，但不能比较大小。"数""形"之间可由某种关系形成"对应"，但"数"不含"形"，"形"中也不含任何"数值"。但《对"导数"演绎创新题的探究》却是"数""形"不分，三处出现"曲线 $y=f(x)$ 的图象"即"曲线的曲线""图象的图象"这种莫明其妙的词句；三处出现"曲线 $y=f(x)$ 满足（关于函数极值与 0 比较大小的）条件"、一处出现"曲线的极值"这种含混不清的提法。

"函数的图象""函数 $y=f(x)$ 满足条件某某""函数的极值"等在数学中广泛使用的正确用语，《对"导数"演绎创新题的探究》不使用，而偏偏要用上述那种含混不清的语词。这是为什么？笔者难解其意！只能凭猜测：可能是受"探究 1"（全

国卷)中"曲线 $y = f(x)$"的影响而产生的负迁移现象吧."曲线 $y = f(x)$"这种写法并没有错,这里的 $y = f(x)$ 并非函数表达式,而视为二元方程式.据"曲线的方程""方程的曲线"的关系,上述表示法只是将"曲线"具体化,什么样的曲线? 方程 $y = f(x)$ 表示的曲线,因此"曲线 $y = f(x)$"的写法是无可非议的. 但是,将这种写法迁移过来与"图象""极值"连接起来,就变成了"方程 $y = f(x)$ 的曲线的图象""方程 $y = f(x)$ 的曲线的极值"等,显然是错误的了. 上述写法的错误,正是一种负迁移现象. 作为学生可能出现这种问题,但是作为教师,这是一种不能原谅的错误.

下面再看《对"导数"演绎创新题的探究》的"重要结论"(这里假定已将"结论"中的"曲线"改成了"函数"). 该文一开始就说到"抽象函数的图象与 x 轴的交点的个数问题,抽象函数的图象与直线的交点问题",文中图象在先,实例在后,而在其"结论"中,只笼统地提函数 $y = f(x)$,而未限定为某类函数. 因此,完全可以认为,这些"结论"就是抽象函数或说一般函数的结论. 而对于抽象函数来说,这些结论是完全错误的,无须从理论上阐述,只需举出反例即可.

结论 1 的反例

例 1 函数   (1) $f(x) = |x^2 - 1| - 1$

(2) $f(x) = 1 - |x^2 - 1|$.

都有三个零点(即函数与 x 轴有三个公共点),其图象如图 2-5 所示. 但

$$\begin{cases} f(x)_{极大值} = 0 \\ f(x)_{极小值} < 0 \end{cases} \quad 或 \quad \begin{cases} f(x)_{极大值} > 0 \\ f(x)_{极小值} = 0 \end{cases}$$

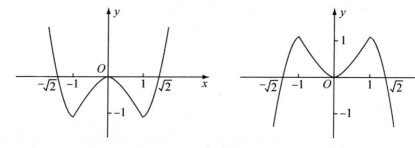

图 2-5   例 1 函数 $f(x)$ 的图象

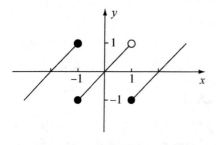

图 2-6   例 2 函数 $f(x)$ 的图象

例 2 函数 $f(x) = \begin{cases} x-2 & (x \geqslant 1) \\ x & (-1 < x < 1) \\ x+2 & (x \leqslant 1) \end{cases}$

有三个零点(图 2-6),但该函数无极值.

结论 2 的反例

例 3 函数   (1) $f(x) = x^2 - 1$

(2) $f(x) = 1 - x^2$

都有两个零点(图 2-7),但前者无极大值,后

者无极小值,且

$$f(x)_{极小值} < 0 \quad 或 \quad f(x)_{极大值} > 0$$

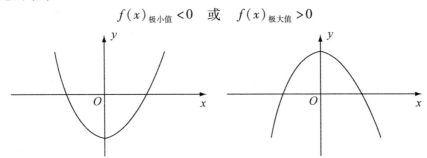

图 2-7 例 3 函数 $f(x)$ 的图象

例 4 函数 $(1) f(x) = |x^2 - 1| - 2$

$(2) f(x) = 2 - |x^2 - 1|$

都有两个零点(图 2-8),但

$$\begin{cases} f(x)_{极大值} < 0 \\ f(x)_{极小值} < 0 \end{cases} \quad 或 \quad \begin{cases} f(x)_{极大值} > 0 \\ f(x)_{极小值} > 0 \end{cases}$$

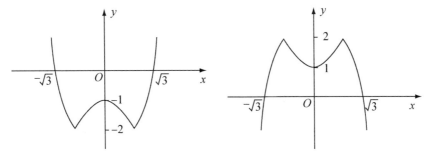

图 2-8 例 4 函数 $f(x)$ 的图象

结论 3 的反例

例 5 函数 $(1) f(x) = \begin{cases} \dfrac{4}{3x} & (x < -1) \\ \dfrac{2}{3}x^2 - 2 & (x \geqslant -1) \end{cases}$

$(2) f(x) = \begin{cases} \dfrac{4}{3x} & (x > 1) \\ -\dfrac{2}{3}x^2 + 2 & (x \leqslant 1) \end{cases}$

都只有一个零点(图 2-9),但前者无极大值,后者无极小值,且

$$f(x)_{极小值} < 0 \quad 或 \quad f(x)_{极大值} > 0$$

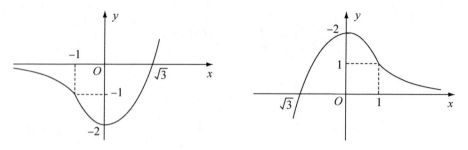

图 2 - 9　例 5 函数 $f(x)$ 的图象

例 6　函数　$(1)\; f(x) = \dfrac{1}{x} - 1$

$(2)\; f(x) = \dfrac{1}{x} + 1$

都只有一个零点(图 2 - 10),但两函数都无极值.

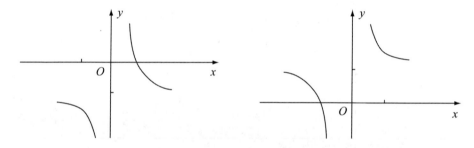

图 2 - 10　例 6 函数 $f(x)$ 的图象

这是一个定义域不为 R 的例子,若要定义域为 R,只需看 $f(x) = x$ 即可.

以上反例不仅否定了上述三个"重要结论",而且也否定了前面的总结论"曲线 $y = f(x)$ 与 x 轴(或直线)是否有交点或有几个交点,都与曲线的极值有着紧密的联系". 而这样的例子要多少有多少,即使不举上述反例. 我们只要看看图 2 - 11:都有多个极小、极大值,且有的极小值大于有的极大值. 极小值、极大值中,都有既小于 0 者,又有大于 0 者,又怎能写成结论 1、2、3 的"条件"呢?

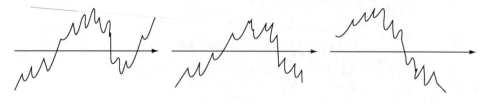

图 2 - 11　多极值函数的图象

3　错因分析

《对"导数"演绎创新题的探究》说穿了就是应用导数解答两道习、试题.

所谓探究 1,主要是把问题转化为求函数(关于 t 的)$g(t) = 3t^3 - 3at^2 + a + b$ 的性质,再利用它的性质求解参数 a、b 之间的关系式. 其主要方法就是求 $g(t)$ 的导数后确定它的单调区间,从而确定它在定义域中是否存在极值,有极值时求出极值点及其极值,有必要时还应探及函数 $g(t)$ 的其他性质. 详写其正确过程应是:求导,$g'(t) = 6t^2 - 6at$ ⟶ 令 $g'(t) = 0$ 得极值点或拐点:$t_1 = 0, t_2 = a$ ⟶ 判断 $g'(t)$ 在区间 $(-\infty, 0)$、$(0, a)$、$(a, +\infty)$ 上的正、负取值情况:在 $(-\infty, 0)$、$(a, +\infty)$,$g'(t) > 0$,在 $(0, a)$,$g'(t) < 0$ ⟶ 确定:$g(t)$ 在 $(-\infty, 0)$、$(a, +\infty)$ 递增,在 $(0, a)$ 递减. 从而知 t_1、t_2 都是极值点(无拐点)且在 $t_1 = 0$ 取极大值,在 $t_2 = a$ 取极小值 ⟶ 求极大、极小值:$g(t)_{极大值} = g(0) = a + b$,$g(t)_{极小值} = g(a) = 2a^3 - 3a^3 + a + b = b - (a^3 - a) = b - f(a)$ ⟶ 列 $g'(t)$,$g(t)$ 随 t 的变化时的变化情况表(讨论汇总表 2 - 1) ⟶ 据汇总表画函数 $p = g(t)$ 的图象 ⟶ 应用图象的直观性研究函数的其他性质.

表 2 - 1　函数 $g(t)$ 随 t 变化情况

t	$(-\infty, 0)$	0	$(0, a)$	a	$(a, +\infty)$
$g'(t)$	+	0	−	0	+
$g(t)$	递增	取极大值 $a + b$	递减	取极小值 $b - f(a)$	递增

应该特别指出的是:若所给问题不含参变数,即汇总表中所列各数值都是常数值,那么函数图象的形状、位置等都是确定的. 这时,函数的其他性质也将更准确地由图象显现出来. 但我们所讨论的函数 $p = g(t)$ 含有参变数 a、b,属求参问题,因此,总汇表内有的数值为参变数,如区间 $(0, a)$、$(a, +\infty)$ 的端点值,两"顶点" $A(0, a + b)$($t = 0$ 时,$g(t)$ 取极大值 $a + b$)、$B(a, b - f(a))$ [$t = a$ 时,$g(t)$ 取极小值 $b - f(a)$] 的坐标,都含有参变量. 函数 $p = g(t)$ 的图象在坐标系 top 中的相对位置不能完全确定,由 A 点的坐标,我们只知道 p 轴(纵轴)过 A 点、B 点等图象上的其他点与 A 点的相对位置也不是确定的. 从汇总表上我们只能得到图象大致形状以及与 p 轴的位置关系如图 2 - 12 所示. t 轴(横轴)的位置无法确定. 但从这个示意图(即总汇表中已知各项)来看:t 轴与函数 $p = g(t)$ 的这个图象必有公共点,其公共点的个数可能是一个、两个或三个,但不可能多于三个. 要 t 轴与这个图象只有一个公共点,观察此图象只需

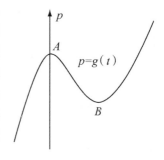

图 2 - 12　函数图象与 p 轴位置

点 A 在 t 轴的下方[即 $g(t)_{极大值}<0$]或点 B 在 t 轴的上方[即 $g(t)_{极小值}>0$],其图象如图 2-13 所示. 要 t 轴与图象有两个公共点,只需 A 或 B 在 t 轴上[即 $g(t)_{极大值}=0$ 或 $g(t)_{极小值}=0$],其图象如图 2-14 所示. 要 t 轴与图象有三个公共点,只需 A 在 t 轴上方[即 $g(t)_{极大值}>0$]且 B 在 t 轴下方[即 $g(t)_{极小值}<0$],其图象如图 2-15 所示. 因为由题设探知方程 $g(t)=0$ 有三个相异实根,即 t 轴与函数 $p=g(t)$ 的图象有三个公共点,因此有:

$$\begin{cases} g(t)_{极大值}=a+b>0 \\ g(t)_{极小值}=b-f(a)<0 \end{cases} \qquad ⊛$$

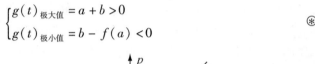

图 2-13 A 点和 B 点在 t 轴下方和上方

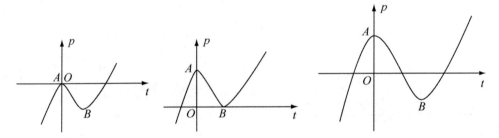

图 2-14 t 轴与图象有两个公共点　　　　图 2-15 t 轴与图象有三个公共点

由上可知:在画出图象图 2-15 之前,我们已经探明了 A、B 的位置关系,即已经确定了不等式组⊛. 而只有探明了 A 在 t 轴上方且 B 在 t 轴下方即探明了不等式⊛才能知道函数 $p=g(t)$ 的图象是图 2-15,并不是图 2-13 或图 2-14,也就是说,我们是在对具体问题[$g(t)=2t^3-3at^2+a+b$]进行具体的分析才得到函数 $p=g(t)$ 的图象如图 2-15(即图 2-1)的,而不是原来就有一个现成的一般(抽象)函数的图象(即图 2-1)放在那里等着我们去应用的.《对"导数"演绎创新题的探究》的"由上述图 2-1 可得"给人的感觉就是:因为有现成的图象(图 2-1),所以才有不等式组⊛. 如果硬要把上述解题过程说成是"对'导数'演绎创新题的探究",那么该文的这种探究也是有瑕疵的,是对学生有误导作用的.

纵观《对"导数"演绎创新题的探究》的"抽象"函数的前三个图象,即图 2-1、图 2-2、图 2-3 不难看出:其实这三个图象就是由上述一元三次函数 $p=g(t)$ 或 $p=h(t)$[其中 $h(t)=-g(x)$]的图象"抽象"出来的,或是把某几个具体的一元三次函数的图象(或某一个经上、下几次平移)作为"抽象函数的图象"的. 而这类函数的图象并不能代表三次函数图象形状的全部. 如 $f(x) = x^3$, $f'(x) = 3x^2$, 令 $f'(x) = 0$, 得 $x = 0$; 当 $x \neq 0$ 时, $f'(x) > 0$, $f(x)$ 在 $(-\infty, 0)$, $(0, +\infty)$ 上都是递增函数, $x = 0$ 只是函数 $f(x) = x^3$ 的一个"拐点", 该函数并无极值点. 因此, 它的图象不同于图 2 – 1、图 2 – 2、图 2 – 3 中的任何一个, 这是众所周知的.

一般地设一元三次函数 $f(x) = ax^3 + bx^2 + cx + d(a \neq 0)$, 则它的导函数

$$f'(x) = 3ax^2 + 2bx + c$$
$$= 3a\left[\left(x + \frac{b}{3a}\right)^2 + \frac{3ac - b^2}{9a^2}\right]$$

当其判别式 $\Delta = (2b)^2 - 12ac = 4(b^2 - 3ac) < 0$ 时, $3ac - b^2 > 0$, 因此,

$a > 0$ 时, $f'(x) \geqslant \dfrac{3ac - b^2}{3a} > 0$, 函数 $f(x) = ax^3 + bx^2 + cx + d(a > 0)$ 是 R 上的增函数. 既无"拐点", 更无极值点.

$a < 0$ 时, $f'(x) \leqslant \dfrac{3ac - b^2}{3a} < 0$, 函数 $f(x) = ax^3 + bx^2 + cx + d(a < 0)$ 是 R 上的减函数, 也是既无"拐点", 更无极值点.

因此, $\Delta < 0$ 时, 三次函数 $f(x) = ax^3 + bx^2 + cx + d(a \neq 0)$ 的图象不可能与图 2 – 1、图 2 – 2、图 2 – 3 中的任何一个相同.

当 $\Delta = 0$ 时, $3ac - b^2 = 0$. 此时,

$$f'(x) = 3a\left(x + \frac{b}{3a}\right)^2.$$

当 $a > 0$ 时, $f'(x) \geqslant 0$, 当且仅当 $x = -\dfrac{b}{3a}$ 时取等号. $x \neq -\dfrac{b}{3a}$ 时, $f'(x) > 0$. 故函数 $f(x) = ax^3 + bx^2 + cx + d(a > 0)$ 在 $\left(-\infty, -\dfrac{b}{3a}\right)$ 与 $\left(-\dfrac{b}{3a}, +\infty\right)$ 上都是增函数.

同样, $a < 0$ 时, 函数 $f(x) = ax^3 + bx^2 + cx + d(a < 0)$ 在 $\left(-\infty, -\dfrac{b}{3a}\right)$、$\left(-\dfrac{b}{3a}, +\infty\right)$ 上都是减函数.

因此, 当 $\Delta = 0$ 时, 函数 $f(x) = ax^3 + bx^2 + cx + d(a \neq 0)$ 只有"拐点" $x = -\dfrac{b}{3a}$, 无极值点. 它的图象也不可能与图 2 – 1、图 2 – 2、图 2 – 3 中任何一个相同.

只有 $\Delta > 0$ 时, $b^2 - 3ac > 0$, 此时, 方程 $f'(x) = 0$ 有两个不同的实数根

$$x_1 = \frac{-b - \sqrt{b^2 - 3ac}}{3a}, \quad x_2 = \frac{-b + \sqrt{b^2 - 3ac}}{3a}$$
$$f'(x) = 3a(x - x_1)(x - x_2).$$

当 $a > 0$ 时, $x_1 < x_2$,

在 $(-\infty, x_1)$ 与 $(x_2, +\infty)$, $f'(x) > 0$, 在 (x_1, x_2), $f'(x) < 0$. 因此, 函数 $f(x) =$

$ax^3 + bx^2 + cx + d (a > 0)$ 在 $(-\infty, x_1)$、$(x_2, +\infty)$ 上都递增,在 (x_1, x_2) 递减. 在 $x = x_1$ 取得极大值 $f(x_1)$,在 $x = x_2$ 取得极小值 $f(x_2)$.

当 $a < 0$ 时,$x_2 < x_1$,

在 $(-\infty, x_2)$ 与 $(x_1, +\infty)$,$f'(x) < 0$;在 (x_2, x_1),$f'(x) > 0$. 因此,函数 $f(x) = ax^3 + bx^2 + cx + d (a < 0)$ 在 $(-\infty, x_2)$ 与 $(x_1, +\infty)$ 都递减,在 (x_2, x_1) 递增. 在 $x = x_2$ 取得极小值 $f(x_2)$,在 $x = x_1$ 取得极大值 $f(x_1)$.

故只有 $\Delta > 0$ 时,函数 $f(x) = ax^3 + bx^2 + cx + d (a \neq 0)$ 的图象才能在图 2 – 1、图 2 – 2、图 2 – 3 中找到对应之图象.

对于三次函数 $f(x) = ax^3 + bx^2 + cx + d (a \neq 0)$ 来说,上述图 2 – 1、图 2 – 2、图 2 – 3 只能代表 $\Delta > 0$ 时它的图象,而对于 $\Delta < 0$、$\Delta = 0$ 都不能代表,那么对于别的函数的图象,图 2 – 1、图 2 – 2、图 2 – 3 就更不能代表了. 由此可见,《对"导数"演绎创新题的探究》仅仅由一类特殊的三次函数的图象就得出一般(抽象)函数的三个图象,从而得出"三个重要结论". 因此,这三个"重要结论"仅仅是一类特殊三次函数(或图象与之相像的一些函数)的有效结论,并不代表一般(抽象)函数的一般规律. 这种以特例的"特例"的性质代替一般事物性质的做法,是典型的以偏概全,而这里的"偏",还不是只偏向事物的一个侧面,而是只看到事物的一个细微的"点",以这个"点"代替事物的整体. 一个瞎子摸到大象的鼻孔就说大象是"两个小洞". 该文就是这样得出结论 1、结论 2 和结论 3 的. 要否定"大象是两个小洞"的结论,并不需要看到整个大象,只要在摸到鼻孔后再摸摸鼻头就可以说"大象不是两个小洞"了,我们的上述"辨析"仅此而已. 同时,我们常说的"以图代证",说的是在论证的过程中,主要以图形为依据,轻视逻辑推理过程. 该文这里更绝,没有丝毫的推理,只是先画几个图就说有这样的结论,这难道不是更为典型的"以图代证"吗?

顺便说明,《对"导数"演绎创新题的探究》的"探究 2"中,函数 $y = h(x)$ 的图象,也只能是通过对 $h(x) = \dfrac{1}{2}x^2 - \ln(1 + x^2)$ 进行具体的分析、研究,即求导,找出导函数 $h'(x)$ 的零点,判断以零点划分的各区间上 $h'(x)$ 的正负,从而得出函数 $h(x)$ 在各区间的单调性和在 $h'(x)$ 的零点是否取极值,取极值时是取极大还是取极小值等性质,并列出汇总表(表 2 – 2)后,才能作出示意图如图

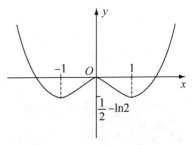

图 2 – 16 函数 $y = h(x)$ 的图象

2 – 16 的. 而不是有一个现成的图 2 – 4 等着我们去"结合". 同样,图 2 – 16(即图 2 – 4)是一类特殊函数的图象. 如一类特殊的一元四次函数(或与一元四次函数的图象类似的函数)的代表图象,而不是一般函数的代表图象,更不是抽象函数问题的什么"基本图解". 况且不少函数就画不出图象,又哪来的"基本图解"?

表 2-2　$h(x)$ 随 x 的变化时的变化情况表

x	$(-\infty, -1)$	-1	$(-1, 0)$	0	$(0, 1)$	1	$(1, +\infty)$
$h'(x)$	$-$	0	$+$	0	$-$	0	$+$
$h(x)$	递减	取极小值 $\dfrac{1}{2} - \ln 2$	递增	取极大值 0	递减	取极小值 $\dfrac{1}{2} - \ln 2$	递增

4　题外的话

写完第 1 篇并在第 2 篇快写完之际,笔者不得不说些题外的话.

《课例:函数的周期性》与《对"导数"演绎创新题的探究》两文都是整体出错. 特别是"探究"的错误极其容易发现,为什么教师会出现这样的低级错误而不自知,并在刊物上发表? 对这样易见的错误,学生没有发现,也发现不了. 那么(核心)期刊的编辑呢? 为其"点赞"的专家呢? 众多阅读期刊的读者、其他教师呢? 为什么都没有发现呢? 为什么不仅无人指出其中哪怕是部分的错误,反而还要给"课例"那么高的评价呢? 这到底说明了我们数学教育中出了什么问题呢?

《数学教育的理论建设》①指出"姜伯驹先生曾经评论:过去几年的课改实践暴露出'我们的教师队伍是多么的薄弱!'""当前十分严重的一个问题:教师除去教辅书以外,基本上不看书";《一种新型的数学教育方式》②指出:"他们(教师)时时督促引导学生学习,自己却不学习,除了'课本''教科书'和'习题集'之外,不读书、不看杂志、不上网查询、不研究、不反思""由专家考察发现,数学教师的大多数""字如蛛蚁,语言能力极差,定义、命题说不清,写不出一个完整的证明,他们的基本功等于零."

《数学教育的理论建设》还指出"在此是否也应引出这样一个结论:'真正薄弱的是我们的理论队伍!'""同样的问题:研究者看不看书? 看不看专业的论著,特别是外文的著作和期刊?""过去几年的课程改革实践暴露出'我们的理论研究队伍是多么的薄弱!'①几乎听不到不同的声音;②'专家引领'表现出了较大的随意性,有时更可以说起到了误导的作用."《张奠宙数学教育随想录》③指出:"君不见,评论一堂课的优劣,只问教师是否创设了现实情境? 学生是否自主探究? 气氛是否活跃? 是否分小组活动? 用了多媒体没有? 至于数学内容,反倒可有可无起来."

笔者在年满 70 周岁始对高中数学错例的探究至今,对上述著名专家们的论述是深有体会、深有感触. 特别是在与当今教育腐败相联系的急功近利的浮躁之气的

①　郑毓信. 数学教育的理论建设[J]. 数学教学,2014(7):1—5.

②　洪双义,杨世明,王光明. 一种新型的数学教育方式:GH[M]. 北京:中国教育出版社,2006:4.

③　张奠宙. 张奠宙数学教育随想录[M]. 上海:华东师范大学出版社,2013.

影响下,教师、专家(包括期刊编辑)的学习状况确实令人担忧. 正是这种学习状况,使当今数学教育工作者的数学教育专业功底,特别是数学功底越来越薄弱. 试想一想,如果我们的教育工作者都爱学习、爱钻研,使自己的数学教育专业水平越来越高的话,教师能拿出上述错误百出的"探究"作为数学教育论文来发表吗? 即使投稿给了期刊,编审者会选用吗? 特别要指出的是:"探究"被刊登的期刊封面标示为"全国中文核心期刊",某省"社科一级期刊""编校质量达标期刊". 这样的期刊理应有强大的编辑阵容,能出现这样的问题,不是编辑责任心不强,就只能归因为编辑功底薄弱,不可能有其他解释了!

如果我们数学教育工作者都爱学习,爱看期刊、论著的话,第一篇"课例"也不会出现那么多的错误,对于有多个错误的"课例"也不可能在当今全国处于一流水平的、教育部主管的"教育类核心期刊"上刊登,更不可能在同期刊登两位专家给出的那么高评价的"课例点评"(专家若能发现错误的话,也不可能撰写那么高的评价文稿去"点赞"). 关于周期函数的教学,早就有期刊上的文献(如第 1 篇附录)供参考. 如果《课例:函数的周期性》任课者提前读过这类文献,就不可能把特殊的"定义在 R 上且存在最小正周期的双向周期函数的性质"当成一般周期函数的性质来教,也就不可能出现错误 Ⅰ、Ⅱ. 若有深究,错误 Ⅲ、Ⅳ 也可避免. 而《课例:函数的周期性》的例 4,只是将 2005 年福建高考理科 12 题中的数学 3、2、6 相应改为 5、3、10;并将"选择"改为"解答". 对福建这道错题有多篇文献辨析过,笔者也在《本刊回应》[1]中谈对抽象函数的"四个注意"中提到它,并且发表在《中学数学教学参考》2006 年 12 期(高中)的《2005 年高考数学福建卷理科第 12 题商榷的再商榷》[2]还指出:对于方程 $f(x)=0$ 在区间 $(0,6)$ 内恰有 5 个解的函数 $f(x)$ 不存在,而恰有 7 个解的函数 $f(x)$ 一定存在要加以证明,并给出了这样的证明(见第 5 篇附录1),只要《课例:函数的周期性》任课者读过上述文稿中任意一篇,就不会在解答时犯试题编"选项"时的错误(Ⅴ). 若见到《2005 年高考数学福建卷理科第 12 题商榷的再商榷》,也不会把"填空"改为"解答"(解答过程中应含"推证",对学生的要求过高,不宜作为初学例题);期刊上也有多篇类似于《课例:函数的周期性》例 2"区间端点"取值不相容问题的辨析文献,阅读其一即可避免错误 Ⅵ 的发生.

以上足以说明:由于我们没有有效的学习,才造成我们数学教育专业水平下降,一些本可避免的错误变成不可避免,使我们的教学效益不高. 也是因为不能有效学习,导致后来者不断重复地犯各种各样的错误,使这些错误长期的保存下来了,进入形形色色的教辅资料、考卷、课例、教师的论文而使用者全然不知内中的问题. 特别是形形色色的错误进入课堂,使学生被动地接受"垃圾知识",严重地干扰

① 汤先键. 本刊回应[J]. 数学教学研究,2010(11):33—35.

② 冯玉香.2005 年高考数学福建卷理科第 12 题商榷的再商榷[J].中学数学教学参考(高中),2006(12):28+30.

了我们的正常数学教育教学. 发现《课例:函数的周期性》的问题后,笔者将其交给部分数学成绩优秀的高三学生或高中毕业生乃至数学教育研究生阅读,让其指出其中的错误,结果无一人能发现六个错误之一. 一位 2015 年考上南开大学数学系、中学时多次获奥数奖的某市重点高中的高才生打保票地说:"我们的老师就是这样教(这节课)的""我敢保证,我们××市的数学优秀生都不可能看出这篇文章里的问题". 把《对"导数"演绎创新题的探究》拿给部分青年数学教师(明确指出该文有多个错误),还是没有人发现其中的错误. 这就不得不令笔者更为担心:是否不少教师都是如《课例:函数的周期性》一样教学"函数的周期性"的呢?! 笔者的这种担心还有如下例证:

《志鸿优化系列丛书·高中优秀教案·数学,人教 A(必修 1)》(南方出版社, 2010 年 7 月 3 版)中,指数函数及其性质的应用第二堂课:指数函数及其性质的应用(1)的例 2 及其推证是:用函数单调性的定义证明指数函数的单调性.

证法一: 设 x_1、$x_2 \in R$ 且 $x_1 < x_2$ 则 $y_2 - y_1 = a^{x_2} - a^{x_1} = a^{x_2}(a^{x_2 - x_1} - 1)$

因为 $a > 1$ 时, $x_2 - x_1 > 0$,所以 $a^{x_2 - x_1} > 1$,即 $a^{x_2 - x_1} - 1 > 0$,又 $\because a^{x_1} > 0$

所以, $y_2 - y_1 > 0$,即 $y_1 < y_2$.

所以,当 $a > 1$ 时, $y = a^x$, $x \in R$ 是增函数.

同理可证,当 $0 < a < 1$ 时, $y = a^x$ 是减函数.

证法二: 设 x_1、$x_2 \in R$ 且 $x_1 < x_2$,则 $y_1 = a^{x_1} > 0$, $y_2 = a^{x_2} > 0$,

$$\frac{y_1}{y_2} = \frac{a^{x_2}}{a^{x_1}} = a^{x_2 - x_1},$$

$\because a > 1$, $x_2 - x_1 > 0$, $\therefore a^{x_2 - x_1} > 1$,即 $\frac{y_2}{y_1} > 1$, $y_1 < y_2$.

$\therefore a > 1$ 时, $y = a^x$ 为增函数,

同理可证:当 $0 < a < 1$ 时, $y = a^{x_1}$ 为减函数.

这节课前仅学过指数函数 $y = a^x (a > 0$ 且 $a \neq 0)$ 定义,仅由具体的指数函数 $y = 2^x$、$y = \left(\frac{1}{2}\right)^x$ 的图象总结过性质: $a > 1$ 且 $x > 0$ 时 $a^x > 1$; $x < 0$ 时, $0 < a^x < 1$; $0 < a < 1$ 且 $x > 0$ 时, $0 < a^x < 1$, $x < 0$ 时 $a^x > 1$. $x = 0$ 时都有 $a^x = 1$. 并未对上述性质进行过证明,因此,这种由具体图象"归纳"出来的性质是不能作为证题的依据的. 而要证明这一性质,又需用到: $a > 1$ 时,函数 $y = a^x (a > 0$ 且 $a \neq 1)$ 在 R 上递增; $0 < a < 1$ 时,函数 $y = a^x (a > 0$ 且 $a \neq 1)$ 在 R 上递减. 因此,上述证明方法即可以看成是"以图代证",又有循环论证之嫌,是错误的. 实际上,在这节课安排用函数单调性定义证明 $y = a^x (a > 1$ 且 $a \neq 1)$ 的单调性,既没有必要,又没有证明的可能性. 因此,这个优秀教案,是一个错误的案例. 但是,据笔者所知,一线不少教师在用这个"优秀教案". 有的教师甚至在公开教学时拿来使用,当学生问到:为什么 $a > 1$ 且 $x_2 - x_1 > 0$ 时, $a^{x_2 - x_1} > 1$,教师不好作答,只好说:上节课不是总结过: $a > 1$ 且 x

>0 时,$a^x > 1$ 吗! 直到在课下讨论时,有人指出这个错误,任教者才觉得:这真是一个问题.

正是我们有效学习不够,才把一些错误的东西带进课堂,误导学生. 这种不计教学内容对错的数学教学,正是《张奠宙数学教育随想录》所指"至于教学内容,反倒可有可无起来."的表现形式之一. 而这种对数学内容的"可有可无"正是当前数学教育中"去数学化"的错误思潮的主要表现形式. 我们在教学中的"对错不辨",正是在助长"去数学化"思潮的蔓延和发展. 如果"任凭'去数学化'的倾向泛滥,教学教育无异于自杀."[1]因此,为了我们的数学教育的健康发展,也是为了我们个人能在数学教育上能有所成就,我们必须加强学习,多读期刊,多看专业论著,让自己真正地投入到数学教育专业研究和探索中来.

【习题】

已知函数

$$f(x) = \begin{cases} x^2 + 6x + 6 & (x < -1) \\ x^2 & (-1 \leqslant x \leqslant \frac{3}{2}) \\ 8x^2 - 32x + \frac{129}{4} & (x > \frac{3}{2}) \end{cases}$$

请画出函数 $y = f(x)$ 的图象;若方程 $f(x) = a$ 恰有 4 个相异实数根,写出 a 的取值范围.

【参考答案或提示】

求导得 $f'(x) = \begin{cases} 2x + 6 & (x < -1) \\ 2x & (-1 < x < \frac{3}{2}) \\ 16x - 32 & (x > \frac{3}{2}) \end{cases}$

令 $f'(x) = 0$,得 $x_1 = -3, x_2 = 0, x_3 = 2$,当 $x \in (-\infty, -3)$、$(-1, 0)$、$\left(\frac{3}{2}, 2\right)$ 时,$f'(x) < 0$,函数 $f(x)$ 递减;当 $x \in (-3, 1)$、$\left(0, \frac{3}{2}\right)$、$(2, +\infty)$ 时,$f'(x) > 0$,函数 $f(x)$ 递增. 因此,函数 $f(x)$ 分别在 $x = -3$、0、2 取得极小值 $f(-3) = -3, f(0) = 0, f(2) = \frac{1}{4}$. 而当 $x = -1$、$\frac{3}{2}$ 时,$f'(x)$ 不存在,但可判断出函数 $f(x)$ 在这两处分别取得极大值 $f(-1) = 1, f\left(\frac{3}{2}\right) = \frac{9}{4}$. 综上,我们可列出函数 $f(x)$ 随 x 变化而变化的情况汇总表 2-3.

---

① 张奠宙.张奠宙数学教育随想录[M].上海:华东师范大学出版社,2013.

表 2－3　函数 $f(x)$ 随 x 变化而变化的情况

x	$(-\infty,-3)$	-3	$(-3,-1)$	-1	$(-1,0)$	0	$\left(0,\dfrac{3}{2}\right)$	$\dfrac{3}{2}$	$\left(\dfrac{3}{2},2\right)$	2	$(2,+\infty)$
$f'(x)$	$-$	0	$+$	无	$-$	0	$+$	无	$-$	0	$+$
$f(x)$	递减	极小值-3	递增	极大值1	递减	极小值0	递增	极大值$\dfrac{9}{4}$	递减	极小值$\dfrac{1}{4}$	递增

由此表所列情况画函数 $y=f(x)$ 的图象如图 2－17 所示. 因为方程 $f(x)=a$ 恰有 4 个相异的实数根,因此函数 $y=f(x)$ 的图象与直线 $y=a$ 有 4 个公共点,观察图 2－17 可知,a 的取值范围应是

$$\left(0,\frac{1}{4}\right)\cup\left(1,\frac{9}{4}\right).$$

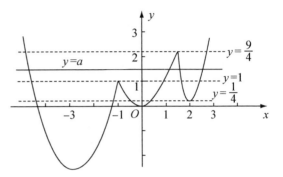

图 2－17　函数 $f(x)$ 的图象

与探究 2 不同的是:这里的 $f(0)<a<f(2)$ 中,$f(0)$、$f(2)$ 都是函数的极小值(探究 2 不等式左端为函数的极小值,而右端为极大值). 而 $f(-1)<a<f\left(\dfrac{3}{2}\right)$ 中的 $f(-1)$、$f\left(\dfrac{3}{2}\right)$ 都是函数的极大值. 这进一步说明:函数的图象只能由对具体的函数作具体的分析而得到,而不是有一个现成的图象等着我们去应用.

第 3 篇　三文三种失误

——同为用"凸函数法"证明不等式

1　背定义式地"证明"不等式

《用凸函数证明一类三角不等式》(简称文[1]①)的"凸函数"定义如下.

定义 1　如果函数在$(a、b)$上连续,对于任意 $x_1、x_2 \in (a,b)$,若有

$$f\left(\frac{x_1 + x_2}{2}\right) \geqslant \frac{f(x_1) + f(x_2)}{2}$$

成立,则称函数 $f(x)$ 在 (a,b) 内是上凸函数(图 3-1).

定义 2　如果函数在 (a,b) 上连续,对于任意 $x_1、x_2 \in (a,b)$,若有

$$f\left(\frac{x_1 + x_2}{2}\right) \leqslant \frac{f(x_1) + f(x_2)}{2}$$

成立,则称函数 $f(x)$ 在 (a,b) 内是下凸函数(图 3-2).

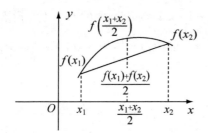

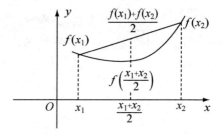

图 3-1　上凸函数　　　　　　图 3-2　下凸函数

说明:(1)从图象上可以看出,上凸函数的两个自变量的算术平均数的函数值不小于其函数的平均值,下凸函数的两个自变量的算术平均数的函数值不大于其函数的平均值.

(2)定义中的不等式可以推广到 n 个自变量,即如果函数 $f(x)$ 在 (a,b) 内是上凸函数,则对于任意的 $x_1,x_2,\cdots,x_n \in (a,b)$,有

$$f\left(\frac{x_1 + x_2 + \cdots + x_n}{n}\right) \geqslant \frac{f(x_1) + f(x_2) + \cdots + f(x_n)}{n}$$

成立.(下凸时不等号方向相反)当且仅当 $x_1 = x_2 = \cdots = x_n$ 时取等号,此不等式称

---

① 胡桂英,曾菊华.用凸函数证明一类三角不等式[J].中学数学教学参考,2006(12):26—27.

为 Jensen 不等式.

例 1 在 $\triangle ABC$ 中,求证:$\sin\dfrac{A}{2}+\sin\dfrac{B}{2}+\sin\dfrac{C}{2}\leqslant\dfrac{3}{2}$

证法 1:

$$\sin\frac{A}{2}+\sin\frac{B}{2}+\sin\frac{C}{2}$$

$$=2\sin\frac{A+B}{4}\cos\frac{A-B}{4}-2\sin^2\frac{A+B}{4}+1$$

$$=2\sin\frac{A+B}{4}\left(\cos\frac{A-B}{4}-\sin\frac{A+B}{4}\right)+1$$

$$\leqslant2\sin\frac{A+B}{4}\left(1-\sin\frac{A+B}{4}\right)+1$$

$$\leqslant2\times\left(\frac{1}{2}\right)^2+1$$

$$=\frac{3}{2}.$$

证法 2:因为函数 $y=\sin x$ 在 $(0,\pi)$ 内是上凸函数,且 $\dfrac{A}{2}$、$\dfrac{B}{2}$、$\dfrac{C}{2}\in(0,\pi)$

所以 $\quad\dfrac{\sin\dfrac{A}{2}+\sin\dfrac{B}{2}+\sin\dfrac{C}{2}}{3}\leqslant\sin\dfrac{\dfrac{A}{2}+\dfrac{B}{2}+\dfrac{C}{2}}{3}=\sin\dfrac{\pi}{6}=\dfrac{1}{2}$

即 $\quad\sin\dfrac{A}{2}+\sin\dfrac{B}{2}+\sin\dfrac{C}{2}\leqslant\dfrac{3}{2}.$

此证法巧妙构建了凸函数 $y=\sin x$,注意其定义域为 $(0,\pi)$!利用 Jensen 不等式很简便地使问题得以解决.

例 2 已知函数 $f(x)=\tan x,x\in\left(0,\dfrac{\pi}{2}\right)$,若 $x_1,x_2\in\left(0,\dfrac{\pi}{2}\right)$,且 $x_1\neq x_2$,求证

$$\frac{1}{2}\left[f(x_1)+f(x_2)\right]>f\left(\frac{x_1+x_2}{2}\right).$$

这是 1994 年全国高考题,利用三角函数的基础知识和三角函数的性质证明此题,虽然方法较多但比较复杂,若利用凸函数给予证明要简单得多.

证法 1:(利用三角函数的基础知识证明)

$$\tan x_1+\tan x_2=\frac{\sin x_1\cos x_2+\cos x_1\sin x_2}{\cos x_1\cos x_2}$$

$$=\frac{\sin(x_1+x_2)}{\cos x_1\cos x_2}$$

$$=\frac{2\sin(x_1+x_2)}{\cos(x_1+x_2)+\cos(x_1-x_2)}$$

因为 $x_1,x_2\in\left(0,\dfrac{\pi}{2}\right)$,且 $x_1\neq x_2$,所以 $2\sin(x_1+x_2)>0$,$\cos x_1\cos x_2>0$,$0<$

$$\cos(x_1 + x_2) + \cos(x_1 - x_2) < 1 + \cos(x_1 + x_2).$$

由此得 $\tan x_1 + \tan x_2 > \dfrac{2\sin(x_1 + x_2)}{1 + \cos(x_1 + x_2)}$.

所以 $\dfrac{1}{2}(\tan x_2 + \tan x_2) > \tan \dfrac{x_1 + x_2}{2}$,

即 $\dfrac{1}{2}[f(x_1) + f(x_2)] > f\left(\dfrac{x_1 + x_2}{2}\right)$ 成立.

证法 2:(利用凸函数证明)

因为函数 $f(x) = \tan x, x \in \left(0, \dfrac{\pi}{2}\right)$ 是下凸函数,设 $x_1, x_2 \in \left(0, \dfrac{\pi}{2}\right)$ 且 $x_1 \neq x_2$,由 Jensen 不等式得

$$\dfrac{1}{2}(\tan x_1 + \tan x_2) > \tan \dfrac{x_1 + x_2}{2}$$

即

$$\dfrac{1}{2}[f(x_1) + f(x_2)] > f\left(\dfrac{x_1 + x_2}{2}\right).$$

例 3 在 $\triangle ABC$ 中,求证:$S_{\triangle ABC} \leqslant \dfrac{\sqrt{3}}{4} \cdot (abc)^{2/3}$(其中,$S_{\triangle ABC}$ 为三角形的面积,a、b、c 为三角形的三边).

分析:此题看上去比较难下手,但考虑面积与边的关系,再适当构建凸函数,利用均值不等式和 Jensen 不等式,同样可以简便证明.

证明:$\because S_{\triangle ABC} = \dfrac{1}{2}ab\sin C = \dfrac{1}{2}ac\sin B = \dfrac{1}{2}bc\sin A$

$\therefore S_{\triangle ABC}^2 = \left(\dfrac{1}{2}\right)^3 a^2 b^2 c^2 \sin A \sin B \sin C$

又函数 $y = \sin x$ 在 $(0, \pi)$ 内是上凸函数,且大于 0,故有

$$\sin A \sin B \sin C \leqslant \left(\dfrac{\sin A + \sin B + \sin C}{3}\right)^2 \leqslant \left(\sin \dfrac{A + B + C}{3}\right)^3 = \dfrac{3\sqrt{3}}{8}$$

$\therefore S_{\triangle ABC}^2 \leqslant \left(\dfrac{1}{2}\right)^3 (abc)^2 \cdot \dfrac{3\sqrt{3}}{8}$

即 $S_{\triangle ABC} \leqslant \dfrac{\sqrt{3}}{4}(abc)^{2/3}$ 成立.

例 4 在圆的内接 n 边形中,试证:正 n 边形的面积最大.

证明:设圆半径为 r,内接 n 边形的面积为 S,各边所对的圆心角分别为 θ_1,$\theta_2, \cdots, \theta_n$,则

$$S = \dfrac{1}{2}r^2(\sin\theta_1 + \sin\theta_2 + \cdots + \sin\theta_n).$$

又函数 $f(x) = \sin x$ 在区间 $(0, \pi)$ 内是上凸函数. 由 Jensen 不等式可得

$$S = \frac{1}{2}r^2(\sin\theta_1 + \sin\theta_2 + \cdots + \sin\theta_n)$$

$$\leqslant \frac{1}{2}r^2 \cdot n \cdot \sin\frac{\theta_1 + \theta_2 + \cdots + \theta_n}{n}$$

$$= \frac{1}{2}r^2 \cdot n \cdot \sin\frac{2\pi}{n}.$$

当且仅当 $\theta_1 = \theta_2 = \cdots = \theta_n$ 时,S 有最大值. 即正 n 边形的面积最大.

例 5　设 P 是 $\triangle ABC$ 内一点,求证 $\angle PAB$、$\angle PBC$、$\angle PCA$ 中至少有一个小于或等于 30°.

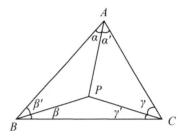

图 3 - 3　$\triangle ABC$

证明: 如图 3 - 3,引进记号 α、β、γ、α'、β'、γ',在 $\triangle PAB$ 中,由正弦定理有:$PA\sin\alpha = PB\sin\beta'$,同理有 $PB\sin\beta = PC\sin\gamma'$,$PC\sin\gamma = PA\sin\alpha'$,

以上三式相乘得

$$\sin\alpha\sin\beta\sin\gamma = \sin\alpha'\sin\beta'\sin\gamma',$$

由 $y = \lg\sin x$ 在 $(0,\pi)$ 内为下凸函数(注:应为上凸函数,可能为排印之误). 所以,

$$\lg(\sin\alpha\sin\beta\sin\gamma)^2$$

$$= \lg\sin\alpha\sin\beta\sin\gamma\sin\alpha'\sin\beta'\sin\gamma'$$

$$= \lg\sin\alpha + \lg\sin\beta + \lg\sin\gamma + \lg\sin\alpha' + \lg\sin\beta' + \lg\sin\gamma'$$

$$\leqslant 6\lg\sin\frac{\pi}{6} = \lg\left(\frac{1}{2}\right)^6$$

得　$\sin\alpha\sin\beta\sin\gamma \leqslant \frac{1}{8}$.

必存在一个角的正弦值不大于 $\frac{1}{2}$,设 $\sin\alpha \leqslant \frac{1}{2}$,当 $\alpha \leqslant 30°$ 时,命题成立;当 $\alpha \geqslant 150°$ 时,必有 $\beta \leqslant 30°$,命题也成立.

辨析: 我们先看以上 5 例中的凸函数证不等式都做了些什么.

例 1　$\because$　$\sin x$ 是 $(0,\pi)$ 内的上凸函数且 $\frac{A}{2}$、$\frac{B}{2}$、$\frac{C}{2} \in (0,\pi)$.

$\therefore$　(关于 $\sin x$ 的三元 Jensen 不等式)$\frac{1}{3}\left(\sin\frac{A}{2} + \sin\frac{B}{2} + \sin\frac{C}{2}\right)$

$$\leqslant \sin\frac{1}{3}\left(\frac{A}{2} + \frac{B}{2} + \frac{C}{2}\right)成立.$$

为什么 $\sin x$ 是 $(0,\pi)$ 内的上凸函数? 证明中没有说.

例 2　$\because$　$\tan x, x \in \left(0,\frac{\pi}{2}\right)$ 是下凸函数,$x_1,x_2 \in \left(0,\frac{\pi}{2}\right)$ 且 $x_1 \neq x_2$,

$\therefore$　(关于 $\tan x$ 的二元 Jensen 不等式)$\frac{1}{2}(\tan x_1 + \tan x_2) > \tan\frac{x_1 + x_2}{2}$ 成立.

为什么 $\tan x, x \in \left(0, \dfrac{\pi}{2}\right)$ 是下凸函数？证明中也没有说.

例 3 ∵ $y = \sin x$ 在 $(0, \pi)$ 内是上凸函数,

∴ （关于 $\sin x$ 的三元 Jensen 不等式）$\dfrac{\sin A + \sin B + \sin C}{3} \leqslant \sin \dfrac{A + B + C}{3}$ 成立.

在这里还是没有说 $\sin x$ 为什么是 $(0, \pi)$ 内的上凸函数.

例 4 ∵ $f(x) = \sin x$ 在区间 $(0, \pi)$ 内是上凸函数.

∴ （关于 $\sin x$ 的 n 元 Jensen 不等式）$\dfrac{\sin\theta_1 + \sin\theta_2 + \cdots + \sin\theta_n}{n} \leqslant$

$\sin \dfrac{\theta_1 + \theta_2 + \cdots + \theta_n}{n}$ 成立.

还是没有说 $\sin x$ 为什么是 $(0, \pi)$ 内的上凸函数.

例 5 ∵ $y = \lg\sin x$ 在 $(0, \pi)$ 内是上凸函数,

∴ （关于 $\lg\sin x$ 的 6 元 Jensen 不等式）$\dfrac{1}{6}(\lg\sin\alpha + \lg\sin\beta + \lg\sin\gamma + \lg\sin\alpha' +$

$\lg\sin\beta' + \lg\sin\gamma') \leqslant \lg\sin \dfrac{\alpha + \beta + \gamma + \alpha' + \beta' + \gamma'}{6}$ 成立.

为什么 $\lg\sin x$ 在 $(0, \pi)$ 内是上凸函数？证明中照样没有说！

把这些"证明"与定义的说明 (2) 对照起来看,这五个"证明"完全是在背诵说明 (2)：

如果函数 $f(x)$ 在 (a, b) 内是上凸函数,则对于 $x_1, x_2, \cdots, x_n \in (a, b)$, 有

$$f\left(\frac{x_1 + x_2 + \cdots + x_n}{n}\right) \geqslant \frac{f(x_1) + f(x_2) + \cdots + f(x_n)}{n}$$

成立,当且仅当 $x_1 = x_2 = \cdots = x_n$ 时取等号.

如果函数 $f(x)$ 在 (a, b) 内是下凸函数,则对于 $x_1, x_2, \cdots, x_n \in (a, b)$, 有

$$f\left(\frac{x_1 + x_2 + \cdots + x_n}{n}\right) \leqslant \frac{f(x_1) + f(x_2) + \cdots + f(x_n)}{n}$$

成立,当且仅当 $x_1 = x_2 = \cdots = x_n$ 时取等.

"证明"中只是将这里的"如果…,有…"改为"∵ …,∴ …"即可.

这种"证明",只需将定义 1、定义 2 中的"如果"与"则"交换位置,然后倒背定义 1、定义 2 即可. 因此可以说,这种"证明"只是在背定义,称之为背定义式的"证明",除背定义外,什么都没有做. 为什么说这种证明是错误的？我们在后面再展开论述,这里暂且放下不提.

2　所"证明"的不等式反了向

《高考题中的凸函数题型及其应用》（简称文 [2]①）所给"凸函数"的定义与文

---

① 方良秋. 高考题中的凸函数题型及其应用 [J]. 数学教学通讯, 2007 (6): 38—40.

[1]所给差不多,仅将开区间(a,b)改为闭区间. 推广中还是按一般定义的格式书写(没有如文[1]那样反过来写):对任意的$x_1,x_2,\cdots,x_n \in [a,b]$,恒有

$$f\left(\frac{x_1+x_2+\cdots+x_n}{n}\right) \geqslant \frac{f(x_1)+f(x_2)+\cdots+f(x_n)}{n},$$

则称$y=f(x)$为$[a,b]$上的上凸函数;当且仅当$x_1=x_2=\cdots=x_n$时上面的不等式取等号(不等式相反时为下凸函数).

文中9例中6例为"凸函数的应用",其中两例为证明题,一题为文[1]的例3,证明中仅将区间$(0,\pi)$改为$[0,\pi]$,最后加上:"当且仅当$A=B=C$时取等号",其他相同. 余下一例即例6.

例6　在非钝角$\triangle ABC$中,证明不等式:

$(1) \cos^2 A + \cos^2 B + \cos^2 C \leqslant 2\sin^2 \dfrac{C}{2}$,

$(2) \sin^2 A + \sin^2 B + \sin^2 C \leqslant 2\cos^2 \dfrac{C}{2}$.

证明:(1)设$f(x) = \cos^2 x$,则$f(x)$是$\left[0,\dfrac{\pi}{2}\right]$上的上凸函数,$A$、$B \in \left[0,\dfrac{\pi}{2}\right]$.

所以　$\dfrac{1}{2}[f(A)+f(B)] \leqslant f\left(\dfrac{A+B}{2}\right)$,即

$$\frac{1}{2}(\cos^2 A + \cos^2 B) \leqslant \cos^2 \frac{A+B}{2}$$

$$= \cos^2 \frac{\pi-C}{2} = \sin^2 \frac{C}{2}$$

所以　$\cos^2 A + \cos^2 B \leqslant 2\sin^2 \dfrac{C}{2}$.

(2)同(1)设$f(x) = \sin^2 x$,可证　$\sin^2 A + \sin^2 B \leqslant 2\cos^2 \dfrac{C}{2}$.

辨析:取$A = \dfrac{\pi}{4}$,$B = \dfrac{\pi}{2}$,则$C = \dfrac{\pi}{4}$,得$\cos^2 A + \cos^2 B = \cos^2 \dfrac{\pi}{4} + \cos^2 \dfrac{\pi}{2} = \left(\dfrac{\sqrt{2}}{2}\right)^2 +$

$0^2 = \dfrac{1}{2}$,$2\sin^2 \dfrac{C}{2} = 2\sin^2 \dfrac{\pi}{8} < 2\sin^2 \dfrac{\pi}{6} = 2 \times \left(\dfrac{1}{2}\right)^2 = \dfrac{1}{2}$.

因此,有$\cos^2 A + \cos^2 B > 2\sin^2 \dfrac{C}{2}$.

原不等式(1)不成立.

实际上,我们用降(升)幂公式与和差化积公式等推导则是:

由题设:$C \in \left(0,\dfrac{\pi}{2}\right)$,$A+B \in \left[\dfrac{\pi}{2},\pi\right)$,$A-B \in \left[0,\dfrac{\pi}{2}\right)$,故$\cos(A+B) \in (-1,$

$0]$,$\left(C = \dfrac{\pi}{2}\text{时取值}0\right)$,$\cos(A-B) \in (0,1]$($A=B$时取值1),因此,

（1）
$$\cos^2 A + \cos^2 B = 1 + \frac{1}{2}(\cos 2A + \cos 2B)$$
$$= 1 + \cos(A+B)\cos(A-B) \geqslant 1 + \cos(A+B)$$
$$= 2\cos^2\frac{A+B}{2} = 2\cos^2\frac{\pi-C}{2} = 2\sin^2\frac{C}{2}$$

我们得到：$\cos^2 A + \cos^2 B \geqslant 2\sin^2\frac{A}{2}$，当且仅当：$A = B$ 或 $C = \frac{\pi}{2}$ 时不等式取等号. 例 6 所给不等式（1）是这个不等式的反向不等式. 因此命题（1）是错误的，当然原证法也是错误的.

（2）
$$\sin^2 A + \sin^2 B = 1 - \frac{1}{2}(\cos 2A + \cos 2B)$$
$$= 1 - \cos(A+B)\cos(A-B) \leqslant 1 - \cos(A+B)$$
$$= 2\sin^2\frac{A-B}{2} = 2\sin^2\frac{\pi-C}{2} = 2\cos^2\frac{C}{2}$$

我们得到 $\sin^2 A + \sin^2 B \leqslant 2\cos^2\frac{C}{2}$，当且仅当 $A = B$ 或 $C = \frac{\pi}{2}$ 时不等式取等号，这即是例 6 的不等式（2），故例 6 的命题（2）没有错，那么上述证明对命题（2）是否是正确的方法？答案也是否定的，即上述证法也都是错误的. 因为用"凸函数法"证明例 6 时，无需用到题设中的隐含条件：$A + B \in \left[\frac{\pi}{2}, \pi\right)$，即 $\cos(A+B) \in (-1, 0]$. 如果将题设中的"非钝角三角形"改变为"非锐角三角形"，并设 C 为最大角. 则此时 $C \in \left[\frac{\pi}{2}, \pi\right)$，$A + B \in \left(0, \frac{\pi}{2}\right)$，故 $\cos(A+B) \in (0, 1)$. 再由降（升）幂公式与和差化积等公式推导，有：

（1）
$$\cos^2 A + \cos^2 B = 1 + \cos(A+B)\cos(A-B)$$
$$\leqslant 1 + \cos(A+B) = 2\cos^2\frac{A+B}{2} = 2\sin^2\frac{C}{2}$$

即 $\cos^2 A + \cos^2 B \leqslant 2\sin^2\frac{C}{2}$ 成立，而

（2）
$$\sin^2 A + \sin^2 B = 1 - \cos(A+B)\cos(A-C)$$
$$\geqslant 1 - \cos(A+B) = 2\sin^2\frac{A+B}{2} = 2\cos^2\frac{C}{2}$$

得 $\sin^2 A + \sin^2 B \geqslant 2\cos^2\frac{C}{2}$，为原不等式的反向不等式.

但是，用"凸函数法"证明，得出的仍是原题给出的两个不等式. 这就说明，武断地说 $f(x) = \cos^2 x$、$f(x) = \sin^2 x$ 是 $\left[0, \frac{\pi}{2}\right]$ 上的凸函数是有问题的. 实际上，我们可以用多种方法探明：这两个函数都不是区间 $\left[0, \frac{\pi}{2}\right]$ 上的凸函数. 详解如下.

（1）特值检验法：取 $x_1 = 0$，$x_2 = \dfrac{\pi}{4}$，$x_3 = \dfrac{\pi}{2}$，则 $\dfrac{x_1 + x_2}{2} = \dfrac{\pi}{8}$，$\dfrac{x_2 + x_3}{2} = \dfrac{3\pi}{8}$，我们得

$$\frac{1}{2}(\cos^2 x_1 + \cos^2 x_2) = \frac{1}{2}\left(1 + \frac{1}{2}\right) = \frac{3}{4}$$

$$\frac{1}{2}(\cos^2 x_2 + \cos^2 x_3) = \frac{1}{2}(1 + 0) = \frac{1}{4}$$

而　$\cos^2 \dfrac{x_1 + x_2}{2} = \cos^2 \dfrac{\pi}{8} > \cos^2 \dfrac{\pi}{6} = \dfrac{3}{4}$

$\cos^2 \dfrac{x_2 + x_3}{2} = \cos^2 \dfrac{3\pi}{8} < \cos^2 \dfrac{\pi}{3} = \dfrac{1}{4}$　有

$$\begin{cases} \dfrac{1}{2}(\cos^2 x_1 + \cos^2 x_2) < \cos^2 \dfrac{x_1 + x_2}{2} \\ \dfrac{1}{2}(\cos^2 x_2 + \cos^2 x_3) > \cos^2 \dfrac{x_2 + x_3}{2} \end{cases}$$

同样得　$\begin{cases} \dfrac{1}{2}(\sin^2 x_1 + \sin^2 x_2) > \sin^2 \dfrac{x_1 + x_2}{2} \\ \dfrac{1}{2}(\sin^2 x_2 + \sin^2 x_3) < \sin^2 \dfrac{x_2 + x_3}{2} \end{cases}$

可见，$\cos^2 x$、$\sin^2 x$ 既不是 $\left[0, \dfrac{\pi}{2}\right]$ 上的上凸函数，又不是 $\left[0, \dfrac{\pi}{2}\right]$ 上的下凸函数.

它们都不是 $\left[0, \dfrac{\pi}{2}\right]$ 上的凸函数.

（2）观察图象：我们知道函数 $y = \cos x$，$x \in$ $[0, \pi]$ 的草图见图 3－4，观察它显然 $y = \cos x$ 不是区间 $[0, \pi]$ 上的凸函数. 而 $\cos^2 x = \dfrac{1}{2} + \dfrac{1}{2}\cos 2x$；$\sin^2 x = \dfrac{1}{2} - \dfrac{1}{2}\cos 2x$. 因此，$y = \cos^2 x$ 与 $y = \sin^2 x$ 在 $\left[0, \dfrac{\pi}{2}\right]$ 上的图象可通过对这个图象进

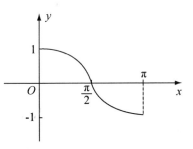

图 3－4　$y = \cos x$ 在 $[0, \pi]$ 的图象

行压缩[横、纵坐标均压缩至原来的 $\dfrac{1}{2}$ 倍(后者再以 x 轴为轴翻转 180°)]，再向上平移 $\dfrac{1}{2}$ 个单位而得(图 3－5、图 3－6)，故它们都不可能是 $\left[0, \dfrac{\pi}{2}\right]$ 上的凸函数.

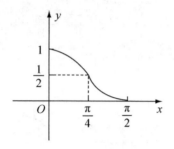

图 3 - 5 $y = \cos^2 x$ 图象

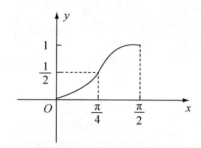

图 3 - 6 $y = \sin^2 x$ 图象

当然,也可用上述方法或直接描点作图得图 3 - 5、图 3 - 6 后再判断.

(3)严格推证:令 $f(x) = \cos^2 x$, $x \in \left[0, \dfrac{\pi}{2}\right]$,则 $f'(x) = -\sin 2x$, $f''(x) =$ $-2\cos 2x$,令 $f''(x) = 0$, $x \in \left[0, \dfrac{\pi}{2}\right]$,得 $x = \dfrac{\pi}{4}$. 当 $x \in \left(0, \dfrac{\pi}{4}\right)$ 时,$\cos 2x > 0$,$f''(x) < 0$,$f(x) = \cos^2 x$ 在 $\left(0, \dfrac{\pi}{4}\right)$ 上凸;$x \in \left(\dfrac{\pi}{4}, \dfrac{\pi}{2}\right)$ 时,$\cos 2x < 0$,$f''(x) > 0$,$f(x)$ 在 $\left(\dfrac{\pi}{4}, \dfrac{\pi}{2}\right)$ 内下凸.

综上可知,$f(x) = \cos^2 x$ 并非 $\left[0, \dfrac{\pi}{2}\right]$ 上的凸函数,当然不是证明中所说的上凸函数.

同理可证得:$f(x) = \sin^2 x$ 在 $\left(0, \dfrac{\pi}{4}\right)$ 内下凸,在 $\left(\dfrac{\pi}{4}, \dfrac{\pi}{2}\right)$ 内上凸,也非 $\left[0, \dfrac{\pi}{2}\right]$ 上的凸函数. 当然也不是证题中所说的上凸函数.

文[2]不作函数图象,也不能由函数 $y = \cos x$ 在区间 $[0, \pi]$ 上的非凸函数性来思考所给函数 $y = \cos^2 x$、$y = \sin^2 x$ 在区间 $\left[0, \dfrac{\pi}{2}\right]$ 上的图象及其凸性;既不去用特值去进行检验,更不去严格地推导证明,单凭主观想象:因为 $\cos x$、$\sin x$ 都是 $\left[0, \dfrac{\pi}{2}\right]$ 上的上凸函数,所以它们的平方也是 $\left[0, \dfrac{\pi}{2}\right]$ 上的上凸函数,这种主观的"想象"直接导致判断和解题上的失误. 那么,一般地,若作出了函数的图象,并从图象上看出了函数 $f(x)$ 就是某区间上的某种凸函数,是否就可以用来证明相关的不等式呢? 答案也是否定的!

3 判断凸性错了,图也画错了

《一类条件不等式探源》(简称文[3]①)指出:六篇文章《数学问题解答 1472》

① 王守义. 一类条件不等式探源[J]. 数学通报,2008(8):61—62 + 封底.

（简称文[4]①）、《一个不等式的初等证明》（简称文[5]②）、《一个不等式推广及猜想》（简称文[6]③）、《数学问题解答 1660》（简称文[7]④）、《一个四元分式不等式》（简称文[8]⑤）、《数学问题解答 1694》（简称文[9]⑥）分别介绍了下列不等式：

若 a、$b > 0$ 且 $a + b = 1$，则

$$\frac{3}{2} < \frac{1}{a^3 + 1} + \frac{1}{b^3 + 1} \leqslant \frac{16}{9} \tag{1}$$

若 a、b、$c > 0$ 且 $a + b + c = 1$，则

$$\frac{1}{1 + a^2} + \frac{1}{1 + b^2} + \frac{1}{1 + c^2} \leqslant \frac{27}{10} \tag{2}$$

若 a、b、c、$d > 0$ 且 $a + b + c + d = 1$，则

$$\frac{1}{1 + a^3} + \frac{1}{1 + b^3} + \frac{1}{1 + c^3} + \frac{1}{1 + d^3} \leqslant \frac{256}{65} \tag{3}$$

若 a_1、a_2、a_3、$a_4 \in R^+$ 且 $a_1 + a_2 + a_3 + a_4 = S$，则

$$\frac{a_1^2}{S - a_1} + \frac{a_2^2}{S - a_2} + \frac{a_3^2}{S - a_3} + \frac{a_4^2}{S - a_4} \geqslant \frac{S^2}{12} \tag{4}$$

若 a、b、c、$d \in R^+$ 且 $a + b + c + d = 1$，则

$$\frac{1}{(1 + a^2)^2} + \frac{1}{(1 + b^2)^2} + \frac{1}{(1 + c^2)^2} + \frac{1}{(1 + d^2)^2} \leqslant \frac{824}{289} \tag{5}$$

若 a、b、$c > 0$ 且 $a + b + c = 1$，则

$$\sqrt[3]{2} + 2 < \sqrt[3]{a + 1} + \sqrt[3]{b + 1} + \sqrt[3]{c + 1} \leqslant \sqrt[3]{36} \tag{6}$$

六篇文章在介绍上述六个不等式的证明时均用到了一些特殊技巧，一般不易想出来。《用磨光法对一个不等式及其推广的再证明》（简称文[10]⑦）用"磨光法"对不等式(2)(3)进行了再证明，证法精妙，一般人也不易想到. 本文将对上述类型条件不等式的根源进行探究，并给出此类问题的一般解法.

解析：不等式(1)(2)(3)(4)(5)(6)的共同特征是：

（Ⅰ）条件形式相同，均为 $x_1, x_2, \cdots, x_n \in R^+$，且 $x_1 + x_2 + \cdots + x_n = S$（$S$ 为定值）形式.

（Ⅱ）不等式中若有" = "，则" = "成立的条件均为 $x_1 = x_2 = \cdots = x_n = \dfrac{S}{n}$.

① 宋庆. 数学问题解答 1472[J]. 数学通报,2004(1).
② 刘宜兵. 一个不等式的初等证明[J]. 中学数学,2006(10).
③ 田彦武. 一个不等式推广及猜想[J]. 中学数学,2007(2).
④ 孙志坤. 数学问题解答 1660[J]. 数学通报,2007(3).
⑤ 陈宝安,安振平. 一个四元分式不等式[J]. 中学数学,2007(7).
⑥ 丁兴春. 数学问题解答 1694[J]. 数学通报,2007(10).
⑦ 杨海林. 用磨光法对一个不等式及其推广的再证明[J]. 中学数学,2007(9).

（Ⅲ）在不等式(1)中，令$f(x) = \dfrac{1}{x^3 + 1}, x \in (0,1)$

在不等式(2)中，令$f(x) = \dfrac{1}{1 + x^2}, x \in (0,1)$

在不等式(3)中，令$f(x) = \dfrac{1}{1 + x^3}, x \in (0,1)$

在不等式(4)中，令$f(x) = \dfrac{x^3}{S - x}, x \in (0,S)$

在不等式(5)中，令$f(x) = \dfrac{1}{(1 + x^2)^2}, x \in (0,1)$

在不等式(6)中，令$f(x) = \sqrt[3]{x + 1}, x \in (0,1)$

则各不等式的结论形式相同，且$f(x)$具有一个共同的特性，即$f(x)$为凸函数，且正是此类不等式成立的根源.

定理 1 已知函数$y = f(x)$在$x \in (a,b)$内可导，设$x_0 \in (a,b)$.

(1)当$f(x)$为上凸函数时，$f(x) \leqslant f'(x_0)(x - x_0) + f(x_0), x \in (a,b)$.

(2)当$f(x)$为下凸函数时，$f(x) \geqslant f'(x_0)(x - x_0) + f(x_0), x \in (a,b)$.

证明：过点$[x_0, f(x_0)]$作曲线$y = f(x)$的切线l，则l的方程为$y = f'(x_0)(x - x_0) + f(x_0)$. 由凸函数的性质知

(1)当$f(x)$为上凸函数时，曲线$y = f(x), x \in (a,b)$在切线l的下方，所以有
$$f(x) \leqslant f'(x_0)(x - x_0) + f(x_0).$$

(2)当$f(x)$为下凸函数时，曲线$y = f(x), x \in (a,b)$在切线l的上方，所以有
$$f(x) \geqslant f'(x_0)(x - x_0) + f(x_0).$$

定理 2 已知$y = f(x), x \in [a,b]$为连续凸函数，则

(1)当$f(x)$为上凸函数时，$f(x) > \dfrac{f(b) - f(a)}{b - a} \cdot (x - a) + f(a)$；

(2)当$f(x)$为下凸函数时，$f(x) < \dfrac{f(b) - f(a)}{b - a} \cdot (x - a) + f(a)$.

由图3-7、图3-8知定理2成立.

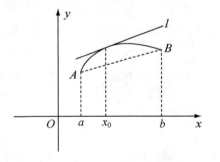 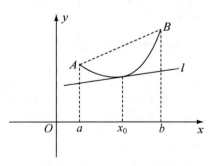

图3-7 $f(x)$为上凸函数   图3-8 $f(x)$为下凸函数

定理 3 设 $y = f(x), x \in (a, b)$ 为凸函数,$x_1, x_2, \cdots, x_n \in (a, b)$,则

(1)当 $f(x)$ 为上凸函数时,

$$\frac{f(x_1) + f(x_2) + \cdots + f(x_n)}{n} \leqslant f\left(\frac{x_1 + x_2 + \cdots + x_n}{n}\right);$$

(2)当 $f(x)$ 为下凸函数时,

$$\frac{f(x_1) + f(x_2) + \cdots + f(x_n)}{n} \geqslant f\left(\frac{x_1 + x_2 + \cdots + x_n}{n}\right).$$

证明:(略)

下面以不等式(1)为例来说明此类不等式的统一证法.

证明: 设 $f(x) = \dfrac{1}{x^3 + 1}, x \in (0, 1)$,由 $y = f(x)$ 图象(图 3 - 9)知,$f(x)$ 为上凸函数.

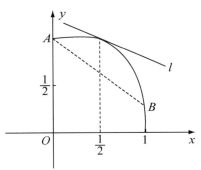

设 $A(0, f(0)), B(1, f(1))$,

则弦 AB 的方程为:$y = -\dfrac{1}{2}x + 1.$

由定理 2 知

$$f(a) > -\frac{1}{2}a + 1$$

$$f(b) > -\frac{1}{2}b + 1$$

所以 $f(a) + f(b) > -\dfrac{1}{2}(a + b) + 2 = \dfrac{3}{2}$

图 3 - 9 $y = f(x)$ 图象

即 $\dfrac{1}{a^3 + 1} + \dfrac{1}{b^3 + 1} > \dfrac{3}{2}$ 成立. $\hspace{2cm}$ (I)

取 $x_0 = \dfrac{1}{2}$,则 $f(x_0) = \dfrac{8}{9}, f'(x_0) = \dfrac{-3x_0^2}{(x_0^3 + 1)} = -\dfrac{16}{27}.$

过点 $\left(\dfrac{1}{2}, \dfrac{8}{9}\right)$ 作曲线 $y = f(x)$ 的切线 l,则 l 的方程为 $y = -\dfrac{16}{27}\left(x - \dfrac{1}{2}\right) + \dfrac{8}{9}.$

由定理 1 知 $f(x) \leqslant -\dfrac{16}{27}\left(x - \dfrac{1}{2}\right) + \dfrac{8}{9}$

所以
$$f(a) \leqslant -\frac{16}{27}\left(a - \frac{1}{2}\right) + \frac{8}{9}$$

$$f(b) \leqslant -\frac{16}{27}\left(b - \frac{1}{2}\right) + \frac{8}{9}$$

故 $f(a) + f(b) \leqslant -\dfrac{16}{27}(a + b - 1) + \dfrac{16}{9} = \dfrac{16}{9}$

即 $\dfrac{1}{a^3 + 1} + \dfrac{1}{b^3 + 1} \leqslant \dfrac{16}{9}$ $\hspace{2cm}$ (II)

综合(I)(II)得不等式(1)成立.

也可由定理 3 直接得 $\dfrac{f(a)+f(b)}{2} \leqslant f\left(\dfrac{a+b}{2}\right)$，即 $\dfrac{1}{1+a^3}+\dfrac{1}{1+b^3} \leqslant \dfrac{16}{9}$.

由于篇幅所限,不等式(2)～(6)的证明本文不再叙述,方法同上.

说明:由定理 2 可将不等式(2)(3)(5)改进为:

$$\frac{5}{2} < \frac{1}{1+a^2}+\frac{1}{1+b^2}+\frac{1}{1+c^2} \leqslant \frac{27}{10} \tag{2}$$

$$\frac{7}{2} < \frac{1}{1+a^3}+\frac{1}{1+b^3}+\frac{1}{1+c^3}+\frac{1}{1+d^3} \leqslant \frac{256}{65} \tag{3}$$

$$\frac{13}{4} < \frac{1}{(1+a^2)^2}+\frac{1}{(1+b^2)^2}+\frac{1}{(1+c^2)^2}+\frac{1}{(1+d^2)^2} \leqslant \frac{824}{289} \tag{5}$$

笔者认为,此类不等式的根源是凸函数的性质,即本文所列三个定理.

辨析:文[3]所论及的上述不等式(1)～(6)分别由文[4]～文[9]以及文[10]证明过,不等式本身是成立的. 那么,文[3]的"凸函数"证法是否正确? 也就是上述不等式(1)～(6)的真正根源一定是文[3]所说的"是凸函数的性质"即文[3]所列三个定理吗? 我们还是从理论上求证一下为好!

文[3]证不等式(1)时所设 $f(x)=\dfrac{1}{x^3+1}, x \in (0,1)$. 我们对其求一、二阶导数得:

$$f'(x) = -\frac{3x^2}{(x^3+1)^2}, \quad f''(x) = \frac{6(2x^3-1)}{(x^3+1)^3}.$$

令 $f''(x)=0$,我们得 $f''(x)$ 在(0,1)有零点 $x_0 = \dfrac{1}{\sqrt[3]{2}}$.

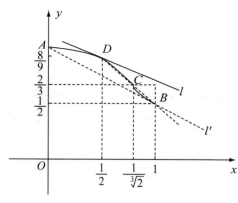

图 3-10 $y=\dfrac{1}{x^3+1}$ 在(0,1)上图象

当 $x \in \left(0, \dfrac{1}{\sqrt[3]{2}}\right)$ 时,$f''(x) < 0$,$f(x) = \dfrac{1}{x^3+1}$ 在 $\left(0, \dfrac{1}{\sqrt[3]{2}}\right)$ 上凸; 当 $x \in \left(\dfrac{1}{\sqrt[3]{2}}, 1\right)$ 时,$f''(x) > 0$,$f(x) = \dfrac{1}{x^3+1}$ 在 $\left(\dfrac{1}{\sqrt[3]{2}}, 1\right)$ 下凸. 至此,我们发现,函数 $y=\dfrac{1}{x^3+1}$ 并非 (0,1) 上的凸函数,它在(0,1)上的图象见图 3-10. 文[3]判断错了函数 $f(x) = \dfrac{1}{x^3+1}$ 的"凸性",也画错了 $y = f(x)$ 的图象. 不等式(1)的"根源"并非文[3]所说的"是凸函数的性质"即文[3]所列的"三个定理".

为什么文[3]能用错误的"证明"证出正确的不等式呢? 我们只需回过头看看

文[3]在证明时都直接用到了函数 $y = f(x)$，即 $y = \dfrac{1}{x^3+1}$ 的哪些性质？文[3]用到了与曲线 $y = f(x)$ 上的三个点：$D\left(\dfrac{1}{2}, \dfrac{8}{9}\right)$、$A(0,1)$、$B\left(1, \dfrac{1}{2}\right)$ 有关的两条直线与曲线 $y = f(x)$ 的位置关系．即过曲线 $y = f(x)$ 上的点 D 的切线 $l: y = -\dfrac{16}{27}\left(x - \dfrac{1}{2}\right) + \dfrac{8}{9}$，过两点 A、B 的直线 $y = -\dfrac{1}{2}x + 1$（所谓的"弦" AB）与曲线段 $y = f(x)$，$x \in (0,1)$ 的位置关系．因为是三个"定点"，故两直线是确定的直线．因此，文[3]的证明不涉及 $x_i(i = 1, 2, \cdots, n)$ 的任意性，即并没有用到一般凸函数的性质证题．我们可以证明，上述直线 l 和直线 AB 与曲线段 $y = \dfrac{1}{x^3+1}$，$x \in (0,1)$ 的特殊位置关系是满足不等式(1)成立的条件的．即可以证明：

(1) $f(x) > -\dfrac{1}{2}x + 1$　　$x \in (0,1)$

(2) $f(x) \leqslant -\dfrac{16}{27}\left(x - \dfrac{1}{2}\right) + \dfrac{8}{9}$　　$x \in (0,1)$

当且仅当 $x = \dfrac{1}{2}$ 时，不等式取等号：$f\left(\dfrac{1}{2}\right) = \dfrac{8}{9}$．

证明：$\because$　　$f(x) = \dfrac{1}{x^3+1}$　　$x \in (0,1)$

$\therefore$　　$f'(x) = -\dfrac{3x^2}{(x^3+1)^2} < 0$　　且　　$f''(x) = \dfrac{6(2x^3-1)}{(x^3+1)^3}$

令 $f''(x) = 0$ 得 $f''(x)$ 在 $(0,1)$ 上的零点：$x_0 = \dfrac{1}{\sqrt[3]{2}}$：

当 $x \in (0, x_0)$ 时，$f''(x) < 0$，故 $f(x)$ 在 $(0, x_0)$ 上凸；
在 $x \in (x_0, 1)$ 时，$f''(x) > 0$，故 $f(x)$ 在 $(x_0, 1)$ 下凸．

点 $C(x_0, f(x_2))$ 即 $C\left(\dfrac{1}{\sqrt[3]{2}}, \dfrac{2}{3}\right)$ 是曲线 $y = f(x)$ 的"拐点"．

由 $f'(x) = -\dfrac{3x^2}{(x^3+1)^2}$ 我们可求得 $f(x) = \dfrac{1}{x^3+1}$，$x \in (0, +\infty)$ 曲线在点 $D\left(\dfrac{1}{2}, \dfrac{8}{9}\right)$ 的切线 l 的斜率 $k_1 = f'\left(\dfrac{1}{2}\right) = -\dfrac{16}{27}$，其方程为：$y = -\dfrac{16}{27}\left(x - \dfrac{1}{2}\right) + \dfrac{8}{9}$；在点 $B\left(1, \dfrac{1}{2}\right)$ 的切线 l' 的斜率 $k_2 = f'(1) = -\dfrac{3}{4}$，其方程为：$y_1 = -\dfrac{3}{4}(x-1) + \dfrac{1}{2}$，即 $y_1 = -\dfrac{3}{4}x + \dfrac{5}{4}$．

设点 $A(0,1)$，则 AB 的斜率 $k_3 = -\dfrac{1}{2}$，其方程为：$y_2 = -\dfrac{1}{2}x + 1$．

$y_1 - y_2 = \frac{1}{4}(1-x)$. 故 $x \in (0,1)$ 时, $y_1 - y_2 > 0$, $y_1 > y_2$.

由上述讨论可知:

(1) 当 $x \in \left[\frac{1}{\sqrt[3]{2}}, 1\right)$ 时, 由定理 1(2) 知: $f(x) > y_1 > y_2 = -\frac{1}{2}x + 1$.

当 $x \in \left(0, \frac{1}{\sqrt[3]{2}}\right)$ 时, 显然有弦 AC 在弦 AB 的上方, 再由定理 2(1) 知 $f(x) > -\frac{1}{2}x + 1$.

这就证明了, 当 $x \in (0,1)$ 时, 都有: $f(x) > -\frac{1}{2}x + 1$.

(2) 当 $x \in \left(0, \frac{1}{\sqrt[3]{2}}\right]$ 时, 由定理 1(1) 知: $f(x) \leqslant -\frac{16}{27}\left(x - \frac{1}{2}\right) + \frac{8}{9}$.

当 $x \in \left(\frac{1}{\sqrt[3]{2}}, 1\right)$ 时, 显然有 l 在弦 CB 的上方, 则由定理 2(2) 可知 $f(x) < -\frac{16}{27}\left(x - \frac{1}{2}\right) + \frac{8}{9}$.

综上可知, $x \in (0,1)$ 时, 都有

$$f(x) \leqslant -\frac{16}{27}\left(x - \frac{1}{2}\right) + \frac{8}{9}.$$

以上讨论, 实际上给出了不等式 (1) 的一个新的证明方法: 由此继续可得

$$-\frac{1}{2}a + 1 < f(a) \leqslant -\frac{16}{27}\left(a - \frac{1}{2}\right) + \frac{8}{9}$$

$$-\frac{1}{2}b + 1 < f(b) \leqslant -\frac{16}{27}\left(a - \frac{1}{2}\right) + \frac{8}{9}$$

故 $$-\frac{1}{2}(a+b) + 2 < f(a) + f(b) \leqslant -\frac{16}{27}(a+b-1) + \frac{16}{9}$$

即 $$\frac{3}{2} < \frac{1}{a^3 + 1} + \frac{1}{b^3 + 1} \leqslant \frac{16}{9}.$$

一般地, 若 $f(x) = \frac{1}{1 + x^m}$ ($m \in N^*$, 且 $m \geqslant 2$), 则

$$f'(x) = -\frac{mx^{n-1}}{(1 + x^m)^2}, f''(x) = \frac{mx^{m-2}[(m+1)x^m - (m-1)]}{(1 + x^m)^3}$$

令 $f''(x) = 0$, 得 $x_0 = \sqrt[m]{\frac{m-1}{m+1}}$. 当 $x \in \left(0, \sqrt[m]{\frac{m-1}{m+1}}\right)$ 时, $f''(x) < 0$, $f(x)$ 在 $\left(0, \sqrt[m]{\frac{m-1}{m+1}}\right)$ 内上凸; 当 $x \in \left(\sqrt[m]{\frac{m-1}{m+1}}, 1\right)$ 时, $f'' > 0$, $f(x)$ 在区间 $\left(\sqrt[m]{\frac{m-1}{m+1}}, 1\right)$ 内下凸.

因此, $f(x)$ 并非 $(0,1)$ 上的凸函数. 不等式 (2) 中所令函数 $f(x) = \frac{1}{1 + x^2}$, $x \in$

$(0,1)$ 是这里 $m=2$ 的情况, $x_0=\dfrac{1}{\sqrt{3}}$; 不等式(3)中所令 $f(x)=\dfrac{1}{1+x^3}$, $x\in(0,1)$ 是

这里的 $m=3$ 的情况, $x_0=\dfrac{1}{\sqrt[3]{2}}$. 因此,不等式(2)(3)都不能用文[3]原证法去证. 下

面,我们用新的证法证明不等式(2)(3)的改进不等式.

证明不等式 $\qquad \dfrac{5}{2}<\dfrac{1}{1+a^2}+\dfrac{1}{1+b^2}+\dfrac{1}{1+c^2}\leqslant\dfrac{27}{10}$ $\qquad(2)$

证明: 令 $f(x)=\dfrac{1}{1+x^2}$ $\quad x\in(0,1)$. 则

$f'(x)=-\dfrac{2x}{(1+x^2)^2}<0$, $f''(x)=\dfrac{2(3x^2-1)}{(1+x^2)^3}$. 令

$f''(x)=0$, 得 $x_0=\dfrac{1}{\sqrt{3}}=\dfrac{\sqrt{3}}{3}$, 在 $\left(0,\dfrac{\sqrt{3}}{3}\right)$, $f''(x)<0$,

$f(x)$ 在 $\left(0,\dfrac{\sqrt{3}}{3}\right)$ 上凸; 在 $\left(\dfrac{\sqrt{3}}{3},1\right)$, $f''(x)>0$,

$f(x)$ 在 $\left(\dfrac{\sqrt{3}}{3},1\right)$ 下凸. 取点 $A(0,1)$, $B\left(1,\dfrac{1}{2}\right)$,

$D\left(\dfrac{1}{3},f\left(\dfrac{1}{3}\right)\right)$ 即 $D\left(\dfrac{1}{3},\dfrac{9}{10}\right)$、$C\left(\dfrac{\sqrt{3}}{3},f\left(\dfrac{\sqrt{3}}{3}\right)\right)$ 即

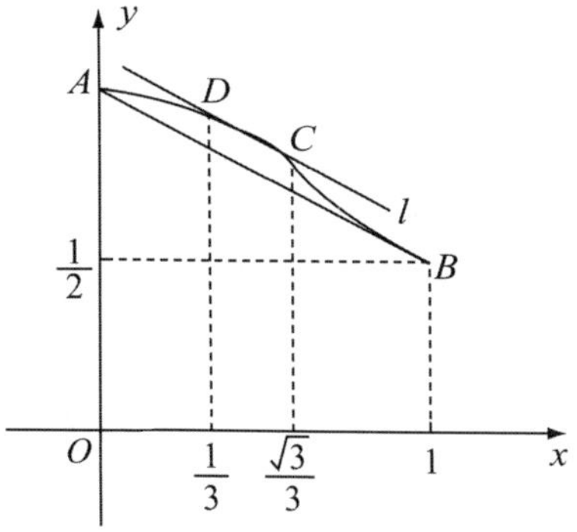

图 3-11 曲线 $y=\dfrac{1}{1+x^2}$ 的切线

$C\left(\dfrac{\sqrt{3}}{3},\dfrac{3}{4}\right)$. 如图 3-11,过点 D 作曲线 $y=\dfrac{1}{1+x^2}$ 的切线 l,则 $k_l=f'\left(\dfrac{1}{3}\right)=-\dfrac{27}{50}l$ 的

方程为 $y=-\dfrac{27}{50}\left(x-\dfrac{1}{3}\right)+\dfrac{9}{10}$.

过 B 作曲线 $y=\dfrac{1}{1+x^2}$, $x\in(0,+\infty)$ 的切线 l',则 $k_{l'}=f'(1)=-\dfrac{1}{2}$, l' 的方程

为 $y=-\dfrac{1}{2}(x-1)+\dfrac{1}{2}$, 即 $y=-\dfrac{1}{2}x+1$. 因此, l' 即直线 AB.

由于 $f(x)$ 在 $\left(0,\dfrac{\sqrt{3}}{3}\right)$ 上凸,由定理 1(2)知:曲线段 $y=\dfrac{1}{1+x^2}$, $x\in\left(0,\dfrac{\sqrt{3}}{3}\right)$ 除点 D

为与 l 的切点外,其余部分都在直线 l 的下方,又显然曲线段 $y=\dfrac{1}{1+x^2}$, $x\in$

$\left[\dfrac{\sqrt{3}}{3},1\right)$ 也在直线 l 的下方,故对于 $x\in(0,1)$ 都有

$$f(x)\leqslant-\dfrac{27}{50}\left(x-\dfrac{1}{3}\right)+\dfrac{9}{10}.$$

由此可知

$$f(a)+f(b)+f(c)\leqslant-\dfrac{27}{50}(a+b+c-1)+\dfrac{27}{10}.$$

当且仅当 $a = b = c = \dfrac{1}{3}$ 时,不等式取等号.

即
$$\frac{1}{1+a^2} + \frac{1}{1+b^2} + \frac{1}{1+c^2} \leqslant \frac{27}{10} \qquad (\text{I})$$

又 $f(x)$ 在 $\left(\dfrac{\sqrt{3}}{3}, 1\right)$ 下凸,AB 为曲线 $y = f(x)$ 在 B 点的切线,故由定理 1(2) 知曲线段 $y = f(x), x \in \left(\dfrac{\sqrt{3}}{3}, 1\right)$ 在直线 AB 的上方,又曲线段 $y = f(x), x \in \left(0, \dfrac{\sqrt{3}}{3}\right]$ 显然在 AB 上方. 故对于 $x \in (0,1)$ 都有
$$f(x) > -\frac{1}{2}x + 1$$

由此可知
$$f(a) + f(b) + f(c) > -\frac{1}{2}(a+b+c) + 3 = \frac{5}{2}$$

即
$$\frac{1}{1+a^2} + \frac{1}{1+b^2} + \frac{1}{1+c^2} > \frac{5}{2} \qquad (\text{II})$$

综合 (I)、(II) 知
$$\frac{5}{2} < \frac{1}{1+a^2} + \frac{1}{1+b^2} + \frac{1}{1+c^2} \leqslant \frac{27}{10}$$

证明不等式
$$\frac{7}{2} < \frac{1}{1+a^3} + \frac{1}{1+b^3} + \frac{1}{1+c^3} + \frac{1}{1+d^3} \leqslant \frac{256}{65} \qquad (3)$$

与证明不等式(1)一样,只是取 D 点为 $\left(\dfrac{1}{4}, f\left(\dfrac{1}{4}\right)\right)$ 即 $D\left(\dfrac{1}{4}, \dfrac{64}{65}\right)$,过 D 的切线 $l: k_l = f'\left(\dfrac{1}{4}\right)$,$l$ 的方程为 $y = f'\left(\dfrac{1}{4}\right)\left(x - \dfrac{1}{4}\right) + \dfrac{64}{65}$. 以下完全与证不等式(1)一样,得
$$-\frac{1}{2}x + 1 < f(x) \leqslant f'\left(\frac{1}{4}\right)\left(x - \frac{1}{4}\right) + \frac{64}{65},$$

当且仅当 $x = \dfrac{1}{4}$ 时,右边的不等式取等号 $f(x) = \dfrac{64}{65}$. 因此得
$$-\frac{1}{2}(a+b+c+d) + 4 \leqslant f(a) + f(b) + f(c) + f(d)$$
$$\leqslant f'\left(\frac{1}{4}\right)(a+b+c+d-1) + \frac{4 \times 64}{65}$$

即
$$\frac{7}{2} < \frac{1}{1+a^3} + \frac{1}{1+b^3} + \frac{1}{1+c^3} + \frac{1}{1+d^3} \leqslant \frac{256}{64}.$$

当且仅当 $a = b = c = d = \dfrac{1}{4}$ 时,右边的不等式取等号.

不等式(5)中令 $f(x) = \dfrac{1}{(1+x^2)^2}, x \in (0,1)$,有

$$f'(x) = -\frac{4x}{(1+x^2)^3}, f''(x) = \frac{4(5x^2-1)}{(1+x^2)^4}$$

令 $f''(x) = 0$，得 $x_0 = \frac{\sqrt{5}}{5}$，当 $x \in \left(0, \frac{\sqrt{5}}{5}\right)$ 时，$f''(x) < 0$，$f(x)$ 在 $\left(0, \frac{\sqrt{5}}{5}\right)$ 内上凸；当 $x \in \left(\frac{\sqrt{5}}{5}, 1\right)$ 时，$f''(x) > 0$，$f(x)$ 在 $\left(\frac{\sqrt{5}}{5}, 1\right)$ 内下凸. $f(x)$ 也不是 $(0,1)$ 上的凸函数，故不等式(5)也不能如文[3]那样证明. 但也不能如我们上述新证法证明不等式(5)的改进不等式. 同时不等式(5)不成立. 应改一个数字，探讨留作习题.

不等式(4)所令函数 $f(x) = \frac{x^3}{S-x}, x \in (0,s)$，其中 s 为常数，有

$$f'(x) = \frac{x^2(3s-2x)}{(s-x)^2}, f''(x) = \frac{6sx(s-x)+2x^3}{(s-x)^3}$$

在 $x \in (0,s)$，恒有 $f''(x) > 0$，故 $f(x)$ 是区间 $(0,s)$ 上的下凸函数.

不等式(6)所令函数 $f(x) = \sqrt[3]{x+1}, x \in (0,1)$，有 $f'(x) = \frac{1}{3}(x+1)^{-\frac{2}{3}}$，$f''(x) = -\frac{2}{9}(x+1)^{5/3}$，在 $(0,1)$，恒有 $f''(x) < 0$ 成立，故 $f(x)$ 是 $(0,1)$ 上的上凸函数.

可知，不等式(4)、不等式(6)是可以用文[3]的方法加以证明的. 由于文[3]没有对不等式(1)～(6)所令函数的凸性问题逐个进行理性探究，仅凭直观感觉就把它们归为"凸函数"一类，才导致对不等式(1)(2)(3)(5)证明的失误. 这再次提醒我们，对于任何数学问题，都应具体问题具体分析，要从细微处弄清它们的联系和区别. 数缺形时少直观，形离数时难入微，只有形、数结合地研究数字问题，我们才能逐步接近问题的本质和真相，从而避免研究中的失误.

4　一个逻辑的循环

现在我们回到第 1 部分的例题 2，即 1994 年全国高考理科第 22 题. 正是这道题引发了用"凸函数法"证明不等式的争论. 当年高考阅卷甘肃省由两所大学分别承办，兰州交通大学承办理科试卷的阅卷计分工作. 每题为一个阅卷组，分别指派一大学数学教师、一中学数学老师为正、副组长. 笔者被聘为本题的副组长，阅卷时就发现考生有类似如下的解法.

如图 3-12，$f(x) = \tan x, x \in \left(0, \frac{\pi}{2}\right)$ 是下凸函数，在正切曲线上任意取两点：$P_1(x_1, \tan x_1)$、

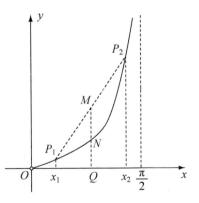

图 3-12　函数 $f(x) = \tan x$ 图象

$P_2(x_2, \tan x_2)$, P_1P_2 的中点是 $M\left[\dfrac{x_1+x_2}{2}, \dfrac{1}{2}\cdot(\tan x_1+\tan x_2)\right]$. 过 M 作 x 轴的垂线

交正切线于点 $N\left(\dfrac{x_1+x_2}{2}, \tan\dfrac{x_1+x_2}{2}\right)$, 交 x 轴于 $Q\left(\dfrac{x_1+x_2}{2}, 0\right)$, 据下凸函数特性:
$|QM| > |QN|$

所以 $\dfrac{1}{2}(\tan x_1+\tan x_2) > \tan\dfrac{x_1+x_2}{2}$,

即 $\dfrac{1}{2}\left[f(x_1)+f(x_2)\right] > f\left(\dfrac{x_1+x_2}{2}\right)$.

这种解法不仅在考生答卷中发现, 并且有其他题组的教师也作出了类似的解答送到本题阅卷组, 说这应该是本题"最简捷, 最漂亮"的解法, 应该给满分. 本题组讨论时, 几乎是所有阅卷教师都同意上述看法, 认为应给满分. 笔者则不同意上述看法, 指出:

目前(1994年), 全国普遍采用的"必修"课本中并未给出"凸函数"定义, 更没有证明过 $f(x)=\tan x, x\in\left(0, \dfrac{\pi}{2}\right)$ 是"下凸函数", 因此, 用凸函数法证此题, 似乎缺乏根据, 违背推理证明必须"有理有据"的原则. 有老师说, 图象就是依据, 众所周知, 图象的画出, 只是描出有限个点, 然后根据这些点的走向光滑连结有限的一部分, 原则上属于一种"不完全归纳法", 由不完全归纳法得出的结论是不可靠的, 是要另行证明的. 我们且不说无限靠近直线 $x=\dfrac{\pi}{2}$ 的图象画不出来, 就说例如区间 $\left[\dfrac{17\pi}{40}, \dfrac{19\pi}{40}\right]$ 内的一段图象, 把它截出来单独看, 是像曲线还是像直线? 直观观察, 更像直线. 如果看成直线段, 题中结论就应有等号. 那么, 怎样解决这个"不等"的问题呢? 我们之所以把这一段也看成曲线段, 也只是凭总体图象的走向"想象"而得. 因此, 单纯的以图代证也是错误的. 对照"下凸函数"的不等式定义与本题不难发现, 本题在本质上就是要证明 $f(x)=\tan x, x\in\left(0, \dfrac{\pi}{2}\right)$ 是下凸函数. 因此, 若承认这种证法是完全正确的, 能给满分的话, 你就得承认, 下述"证法"也是正确的:"因为 $f(x)=\tan x, x\in\left(0, \dfrac{\pi}{2}\right)$ 是下凸函数, 所以 $f(x)=\tan x, x\in\left(0, \dfrac{\pi}{2}\right)$ 是下凸函数", 即自己证明自己也是正确的. ①

笔者以上述理由说服了阅卷老师, 也说服了理科阅卷总负责人, 最后决定:这种"证法"的卷面给本题分值的一半. 阅卷结束后, 笔者发现刊物上有多篇推崇上述解法的文章(如《利用函数的凹凸性证不等式》文[12]②、《理科第(22)题别解》

---

① 汤先键. 对1994年高考22题一种证法的推敲[J]. 数学通报,1995(11):10—11.

② 何胜明,刘永春. 利用函数的凹凸性证不等式[J]. 中学数学,1994(9):27.

文[13]①、《1994 年高考题别解》文[14]②). 这才促使笔者把上述看法写成《对 1994 年高考 22 题一种证法的推敲》文[11],投给《数学通报》.

对于本题的证明,后来解题学专家罗增儒教授将下述"证明过程"收集到《数学解题学引论》③并作了评论.

证明过程:作出函数 $f(x)$ 在 $\left(0, \dfrac{\pi}{2}\right)$ 上的图象如图 3 - 12. 取点 $P_1[x_1, f(x_1)]$、$P_2[x_2, f(x_2)]$、$N\left[\dfrac{x_1 + x_2}{2}, f\left(\dfrac{x_1 + x_2}{2}\right)\right]$,显然弦 $P_1 P_2$ 在弧 $P_1 P_2$ 的上方,故弦 $P_1 P_2$ 中点的高度大于 N 点的纵坐标,得证 $\dfrac{1}{2}[f(x_1) + f(x_2)] > f\left(\dfrac{x_1 + x_2}{2}\right)$.

评析:这里所要证明的不等式,正是凹函数的定义,用凹函数的直观图形来证明不等式成立是一个逻辑循环. 事实上,高中阶段的三角函数图象缺乏精确的数学描述,什么叫做"光滑曲线"? 为什么是"连续"的? 光滑曲线的弯曲部分为什么这样弯而不那样弯? 等等,都只有在学习微积分之后才能弄清楚. 因此,正切函数"图象"只能提供一个形象直观,不能作为论证的依据.

当然,本题不是不能作数、形结合处理,借助于单位圆,可以给出一个简捷的证明.

另证:不妨设 $x_1 < x_2$,在单位圆上分别作 $\tan x_1$、$\tan x_2$ 的函数线 TB、TA,由 $TB < TA$,知 $OB < OA$,如图 3 - 13 所示

再作 $\angle AOB$ 的平分线 OC,由 $\dfrac{BC}{CA} = \dfrac{OB}{OA} < 1$

知 $BC < CA$

并且 $\angle TOC = \dfrac{1}{2}(\angle TOB + \angle TOA) = \dfrac{x_1 + x_2}{2}$.

有 $\tan \dfrac{x_1 + x_2}{2}$ 的函数线为 TC,但

$$TC = TB + BC$$

$$< \dfrac{1}{2}[(TB + BC) + (TB + CA)]$$

$$= \dfrac{1}{2}[TB + (TB + BC + CA)]$$

$$= \dfrac{1}{2}(TB + TA)$$

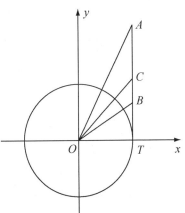

图 3 - 13 单位圆

① 苏万春. 理科第(22)题别解[J]. 中学数学,1994(9):35.

② 段养民,马小为. 1994 年高考题别解[J]. 中学数学教学参考,1994(10/11):87.

③ 罗增儒. 数学解题学引论[M]. 西安:陕西师范大学出版社,2008(9):306—307.

证得
$$\tan\frac{x_1+x_2}{2}<\frac{1}{2}(\tan x_1+\tan x_2)$$

即
$$\frac{f(x_1)+f(x_2)}{2}>f\left(\frac{x_1+x_2}{2}\right).$$

用凹函数的直观图形来证明相关不等式成立是"一个逻辑循环",用凸函数的定义来证明相关的 Jensen 不等式成立更是一个"逻辑的循环". 如文[1]、文[2]那样先给出凸函数的不等式定义,再用来证明相关的 Jensen 不等式成立的方法就是一个"循环论法",是可以以错误的条件得出错误的结论的,文[2]的证明就出现了这种"恶性循环"的情况,更何况两文的证明都仅仅是在"倒背定义". 这种"证明"当然应该归为"错误的证题方法".

对例 2 的后两种证法至少是先画出了函数的图象(图 3 – 13)直观地说明函数的下凸性,还有点"三段论证"的过程. 而文[1]、文[2]既不作图,又将陈述过程"简捷"为"因为这样,所以那样"两段,"三段论证"的影子都没有了. 这能算是"证明"吗? 这不能叫做"证明"! 因此,要想证明所给某 Jensen 不等式成立,就必须先理性地证明相关函数的凸性,然后再根据这种"凸性"说明所给 Jensen 不等式成立. 而要想理性地判明相关函数的凸性,又不能以所给 Jensen 不等式为依据(因为这是一个逻辑循环). 因此可知,要想真正证明所给 Jensen 不等式成立,只能给出凸函数的"导函数定义",通过对相关函数 $f(x)$ 求二阶导函数 $f''(x)$ 并判断 $f''(x)$ 在相关区间内的正、负值恒成立的情况来证明 $f(x)$ 的凸性情况,别无他途. 因此,这只有等到学生学习微积分中的导函数以后才能进行. 一旦用到求导函数的方法,证明所给 Jensen 不等式的过程也就不会如文[1]、文[2]那样说得"简捷""巧妙"了吧!

顺便指出:时至今日,尚有不少教师仍在仅给出凸函数的不等式的定义的情况下,用"凸函数法"证明相关 Jensen 不等式. 其原因是,他们认为:"历年中学奥林匹克数学竞赛及近几年全国各地高考试题,涉及凸函数知识的题目已频繁出现"."凸函数可能成为考查函数各种性质的载体而成为(高考)新热点". 而这种"巧用构造和运用凸函数性质的方法,可以把难题简单化,还能使学生在解决问题过程中感受到数学美和成功感". 这种方法"会起到简捷明了,事半功倍的效果",它是证明一类不等式的"一般解法". 正是这种追求解题中的"简捷明了,事半功倍"的心态,导致这种错误的证法反复出现. 我们应该明确地知道,任何"简捷、事半功倍"的方法,都不能以牺牲数学解题方法的科学性和正确性为代价. 因此,在涉及应用高中未学概念解题时,必须十分小心谨慎,要看准应用这种概念来解题,对于高中数学知识来说是否是科学的,所用方法是否是正确的. 切不可不加论证地随意使用.

【习题】
请讨论文[3]给出的不等式(5)的改进不等式.

【参考答案或提示】

要证　　$\dfrac{13}{4} < \dfrac{1}{(1+a^2)^2} + \dfrac{1}{(1+b^2)^2} + \dfrac{1}{(1+c^2)^2} + \dfrac{1}{(1+d^2)^2} \leqslant \dfrac{824}{289}$　　$(5')$

我们令　　　　　　　　$f(x) = \dfrac{1}{(1+x^2)^2}$　　$x \in (0,1)$

有 $f'(x) = -\dfrac{4x}{(1+x^2)^3}$，$f''(x) = \dfrac{4(5x^2-1)}{(1+x^2)^4}$. 令 $f''(x) = 0$，得 $x = \dfrac{\sqrt{5}}{5}$. 当 $x \in$

$\left(0, \dfrac{\sqrt{5}}{5}\right)$ 时，$f''(x) < 0$，$f(x)$ 在 $\left(0, \dfrac{\sqrt{5}}{3}\right)$ 内上凸；当 $x \in \left(\dfrac{\sqrt{5}}{5}, 1\right)$ 时，$f''(x) > 0$，$f(x)$ 在

$\left(\dfrac{\sqrt{5}}{5}, 1\right)$ 内下凸. 取曲线 $y = f(x)$ 上的点 $A(0,1)$、$B\left(1, \dfrac{1}{4}\right)$、$C\left(\dfrac{\sqrt{5}}{5}, \dfrac{25}{36}\right)$，$D\left(\dfrac{1}{4}, \dfrac{256}{289}\right)$，

得曲线过点 D 的切线方程为：$y = f'\left(\dfrac{1}{4}\right)\left(x - \dfrac{1}{4}\right) + \dfrac{256}{289}$，曲线过点 B 的切线方程为

$y_1 = f'(1)(x-1) + \dfrac{1}{4}$，即 $y_1 = -\dfrac{1}{2}x + \dfrac{3}{4}$. 直线 AB 的方程为：$y_2 = -\dfrac{3}{4}x + 1$，$y_1 -$

$y_2 = \dfrac{1}{4}(x-1)$，$x \in (0,1)$ 时，$y_1 < y_2$，即切线段 $y_1 = -\dfrac{1}{2}x + \dfrac{3}{4}$ 在 AB 线段 $y_2 =$

$-\dfrac{3}{4}x + 1[x \in (0,1)]$ 的下方. （图 3－14）.

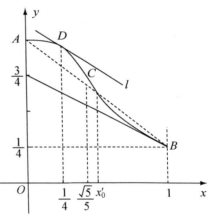

由于 $f(x)$ 在 $x \in \left(\dfrac{\sqrt{5}}{5}, 1\right)$ 下凸，故曲线段

$y = f(x)$，$x \in \left(\dfrac{\sqrt{5}}{5}, 1\right)$ 必与直线段 AB：$y_2 =$

$-\dfrac{3}{4}x + 1$，交于一点 $[x_0', f(x_0')]$，$x_0' \in$

$\left(\dfrac{\sqrt{5}}{5}, 1\right)$. 此时，曲线段 $y = f(x)$，$x \in (x_0', 1)$

必在直线段 $AB[x \in [x_0', 1)]$ 的下方.

图 3－14　曲线 $y = f(x)$ 上的点与切线

　　因此，用证明不等式（1）（2）（3）的上述"新方法"无法证明不等式 $(5')$ 的左端不等式，即不能证明 $\dfrac{13}{4} < \dfrac{1}{(1+a^2)^2} +$

$\dfrac{1}{(1+b^2)^2} + \dfrac{1}{(1+c^2)^2} + \dfrac{1}{(1+d^2)^2}$（读者可尝试看用别的方法能否证明）. 但显然有：

过 D 的切线 l，除 $D\left(\dfrac{1}{4}, \dfrac{256}{289}\right)$ 外，在 $x \in (0,1)$ 内，都在曲线段 $y = f(x)$ 的上方. 因

此有：

$$f(x) \leqslant f'\left(\dfrac{1}{4}\right)\left(x - \dfrac{1}{4}\right) + \dfrac{256}{289}$$

$$f(a) + f(b) + f(c) + f(d) \leq f'\left(\frac{1}{4}\right)(a+b+c+d-1) + \frac{4 \times 256}{289}, 即$$

$$\frac{1}{(1+a^2)^2} + \frac{1}{(1+b^2)^2} + \frac{1}{(1+c^2)^2} + \frac{1}{(1+d^2)^2} \leq \frac{1024}{289},$$

当且仅当 $a = b = c = d = \frac{1}{4}$ 时取等式. 原题及改进不等式都是错误的, 应将 "824"改为"1024".

第4篇　$|a-f(x)|>g(x)$ 恒成立问题的
错解分析和统一解法

1　错例分析

例1　已知不等式 $|a-2x|>x-1$ 在 $x\in[0,2]$ 恒成立. 求实数 a 的取值范围.

错解: 原不等式化为

$$a-2x>x-1 \quad 或 \quad a-2x<-(x-1)$$

即
$$a>3x-1 \quad 或 \quad a<x+1 \tag{1}$$

要使该不等式在 $x\in[0,2]$ 恒成立, 只要

$$a>(3x-1)_{\max}=3\times2-1=5$$

或
$$a<(x+1)_{\min}=0+1=1 \tag{2}$$

所以, a 的取值范围为 $(-\infty,1)\cup(5,+\infty)$.

检验: 解集中不含 $a=\dfrac{3}{2}$. 当 $a=\dfrac{3}{2}$ 时, 不等式变为 $\left|\dfrac{3}{2}-2x\right|>x-1$, 当 $x\in\left[0,\dfrac{3}{4}\right]$ 时, $0\leqslant2x\leqslant\dfrac{3}{2}$, $\dfrac{3}{2}-2x\geqslant0$, 故不等式变为 $\dfrac{3}{2}-2x>x-1$ 即 $x<\dfrac{5}{6}$, 由于 $\dfrac{3}{4}<\dfrac{5}{6}$, 故对于任意的 $x\in\left[0,\dfrac{3}{4}\right]$, 不等式 $x<\dfrac{5}{6}$ 成立, 即 $\left|\dfrac{3}{2}-2x\right|>x-1$ 成立; 而当 $x\in\left(\dfrac{3}{4},2\right]$ 时, $\dfrac{3}{2}<2x\leqslant4$, $\dfrac{3}{2}-2x<0$, 故不等式变为 $-\dfrac{3}{2}+2x>x-1$, 即 $x>\dfrac{1}{2}$, 由于 $\dfrac{3}{4}>\dfrac{1}{2}$, 故对于任意的 $x\in\left(\dfrac{3}{4},2\right]$, 不等式 $x>\dfrac{1}{2}$ 成立, 即 $\left|\dfrac{3}{2}-2x\right|>x-1$ 也成立.

综上知, 对于任意的 $x\in[0,2]$, 不等式 $\left|\dfrac{3}{2}-2x\right|>x-1$ 都成立. 即是说, $a=\dfrac{3}{2}$ 也满足使不等式 $|a-2x|>x-1$ 的条件. 上述解答丢失了 $a=\dfrac{3}{2}$ 这一解, 故解答肯定是错误的.

错因分析: 解决此题的关键一步是"去绝对值": 当 $a-2x\geqslant0$ 时, 有 $|a-2x|=a-2x$; 当 $a-2x\leqslant0$ 时, 有 $|a-2x|=2x-a$. 因此, 当 $x\leqslant\dfrac{a}{2}$ 时, 原不等式变为 $a>3x-1$; $x\geqslant\dfrac{a}{2}$ 时, 原不等式变为 $a<x+1$. 这就清楚了.

(1) 当 $\dfrac{a}{2}\geqslant2$ 时, 对于 $[0,2]$ 时的任意一个 x, 都有 $x\leqslant\dfrac{a}{2}$, 原不等式变为 $a>$

$3x-1$;

(2)当$\frac{a}{2}\leqslant 0$时,对于$[0,2]$中的任意一个x,都有$x\geqslant\frac{a}{2}$,原不等式变为$a<x+1$;

(3)当$0<\frac{a}{2}<2$时,要不等式对任意的$x\in[0,2]$恒成立,必须在$x\in\left[0,\frac{a}{2}\right)$即$0\leqslant x<\frac{a}{2}$时,$a>3x-1$与$x\in\left[\frac{a}{2},2\right]$即$\frac{a}{2}\leqslant x\leqslant 2$时,$a<x+1$同时得到满足.

由此可知:上述错解的原因在于错误地理解不等式$|a-2x|>x-1$在$x\in[0,2]$恒成立的等价条件:在$x\in[0,2]$恒有$a>3x-1$或$a<x+1$.认为这种或恒成立只是对于任意的$x\in[0,2]$,$a>3x-1$恒成立,或者对于任意的$x\in[0,2]$,$a<x+1$恒成立即可,而没有想到还有:对于$[0,2]$内的一部分x,$a>3x-1$都成立的.同时,对于$[0,2]$中的其余所有x,$a<x+1$都成立时,也可使$|a-2x|>x-1$对于任意的$x\in[0,2]$恒成立.因而,在对(1)式中的$a>3x-1$或$a<x+1$不加区别、不加限制地使用的同时,又漏掉了第三种情况[即上述(3)],从而产生了"漏解".这是因分析问题不全面,即不能全面地看问题所导致的错误.

弄清了以上错因,即得到了例1的正解.

正解1

1)当$a\geqslant 4$时,对于任意$x\in[0,2]$,都有$a-2x\geqslant 0$,故原不等式可化为:$a>3x-1$在$x\in[0,2]$恒成立.只需:

$a>(3x-1)_{\max},x\in[0,2]$,得

$a>3\times 2-1=5$且$a\geqslant 4\Rightarrow a>5$.

2)当$a\leqslant 0$时,对于$x\in[0,2]$,都有$a-2x\leqslant 0$,故原不等式可化为:$a<x+1$在$x\in[0,2]$恒成立,只需:

$a<(x+1)_{\min},x\in[0,2]$,得

$a<0+1=1$且$a\leqslant 0\Rightarrow a\leqslant 0$.

3)当$0<a<4$时,要原不等式对于$x\in[0,2]$恒成立,只需$0\leqslant x<\frac{a}{2}(0\leqslant 2x<a\Rightarrow a-2x>0)$时,$a>3x-1$都成立,且$\frac{a}{2}\leqslant x\leqslant 2(a\leqslant 2x\leqslant 4\Rightarrow a-2x\leqslant 0)$时,$a<x+1$都成立,只需:

$a>(3x-1)_{上确界},x\in\left[0,\frac{a}{2}\right)$,且

$a<(x+1)_{\min},x\in\left[\frac{a}{2},2\right]$,得

$a>\frac{3a}{2}-1$且$a<\frac{a}{2}+1(0<a<2)$,从而得到:$0<a<2$.

综上可得到,a的取值范围为$(5,+\infty]\cup(-\infty,0]\cup(0,2)$,即

$$(-\infty,2)\cup(4,+\infty)$$

我们把这种解法写成下述形式：

正解 1：$|a-2x|>x-1$ 对 $x\in[0,2]$ 恒成立 $\Leftrightarrow$

（ I ）$\begin{cases}a\geqslant 4\\a>3x-1 & x\in[0,2]\end{cases}$

或　（ II ）$\begin{cases}a\leqslant 0\\a<x+1 & x\in[0,2]\end{cases}$

或　（ III ）$\begin{cases}0<a<4\\a>3x-1 & x\in\left[0,\dfrac{a}{2}\right)\\a<x+1 & x\in\left[\dfrac{a}{2},2\right]\end{cases}$

由（ I ）得 $\begin{cases}a\geqslant 4\\a>3\times 2-1=5\end{cases}\Rightarrow a>5$

由（ II ）得 $\begin{cases}a\leqslant 0\\a<0+1=1\end{cases}\Rightarrow a\leqslant 0$

由（ III ）得 $\begin{cases}0<a<4\\a>\dfrac{3a}{2}-1\\a<\dfrac{a}{2}+1\end{cases}\Rightarrow 0<a<2$

综上得 a 的取值范围为 $(-\infty,2)\cup(5,+\infty)$.

《含绝对值不等式的"转化"错了吗?》[①]（简称文[1]）也给出了例 1 的两个正解，得到了正确的答案：a 的取值范围为 $(-\infty,2)\cup(5,+\infty)$. 然后分析错因："……经仔细推敲发现该解法忽略了一个重要问题：(1)式 $a>3x-1$ 或 $a<x+1$ 中两个 x 应该取同一个值，而(2)式没有注意到这点，所以得出错误的结论""由于(1)式 $a>3x-1$ 或 $a<x+1$ 中两个 x 要取同一个值，所以……少了 $a\in[0,2)$ 这部分解……"（注：重点号为文[1]所加）.

笔者认为：这个"错因分析"是不严密的. 由于对"(1)式 $a>3x-1$ 或 $a<x+1$ 在 $x\in[0,2]$ 恒成立"⊛的理解不同，会产生两种截然相反的看法. 若我们将⊛理解为"对于区间 $[0,2]$ 中的任意一个 x，(1)式中两个不等式 $a>3x-1$ 和 $a<x+1$ 中至少有一个成立（实际上是一个成立，另一个不成立）". 那么，$a>3x-1$ 或 $a<x+1$ 中的两个 x 确实应该取同一个值；但若将⊛理解为"对于 $[0,2]$ 中的一部分 x（可以是全部或没有）：$a>3x-1$（或 $a<x+1$）成立；同时（并且）对于 $[0,2]$ 中其余

①　苏劼. 含绝对值不等式的"转化"错了吗? ——一类恒成立问题错误之剖析[J]. 数学通报,2013(1):40—42.

的 $x:a<x+1$ 成立(或 $a>3x-1$ 成立)",那么 $a>3x-1$ 或 $a<x+1$ 中的两个 x 就不应该取同一个值.

例如:取 $a=6\in(-\infty,1)\cup(5,+\infty)$,则(1)式变为 $6>3x-1\left(即\ x<\dfrac{7}{3}\right)$ 或 $6<x+1$(即 $x>5$),可知,对于 $[0,2]$ 中的任意一个 x,$6>3x-1$ 都成立,但 $6<x+1$ 都不成立. 因此,按前一理解(至少有一个不等式成立),x 应取同一个值,但若按后一理解:使 $6<x+1$ 成立的任何一个 x,都有 $x\notin[0,2]$,故它与使 $6>3x-1$ 成立且使 $x\in[0,2]$ 的这个 x 不可能取同一个值. 又如取 $a=\dfrac{3}{2}\in(-\infty,2)\cup(5,+\infty)$ 时,则(1)式变为 $\dfrac{3}{2}>3x-1\left(即\ x<\dfrac{5}{6}\right)$ 或 $\dfrac{3}{2}<x+1\left(即\ x>\dfrac{1}{2}\right)$,如图 4-1. 对于 $[0,2]$ 中的 x,$x\in\left[0,\dfrac{1}{2}\right]$ 与 $x\in$

图 4-1　恒等式问题

$\left[\dfrac{5}{6},2\right]$ 中的两个 x 就不可能取同一个值.

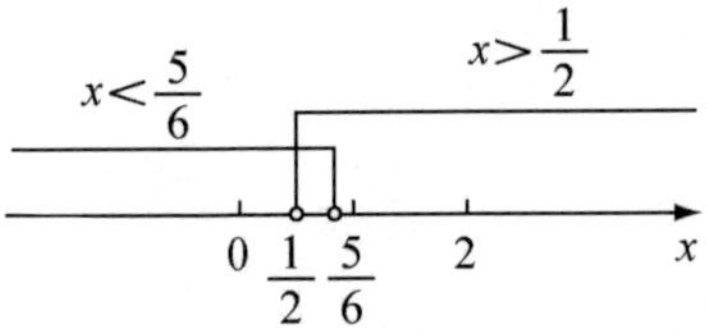

由上可知,笼统地、不加区别地说"(1)式中的 $a>3x-1$ 或 $a<x+1$ 中的两个 x 应取同一个值"是不严密的,也是不可取的. 这样分析的结果,一是极易让人将其中的"或"偷换成"且"[对于同一个 x,(1)式中 $a>3x-1$ 与 $a<x+1$ 都成立]而犯逻辑性错误. 例如《我晒我,因为潮》①(简称文[2])的结尾处就尝试用"且"解答过一个类似的问题,结果得 a 的"取值范围"为空集,才觉察到用"且"是错误的;二是使读者很难从这个错例的分析中找准"错解"的真正成因,从而得到针对错因的正解. 而按《例谈"错解分析"文章的两大看点》②(简称文[3])的说法,这又是我们对"错例分析"文章的"两大看点". 实际上,上述错解的真正原因恰恰在于对第一种理解的"绝对化":对 $[0,2]$ 中所有 $x:a>3x-1$ 都成立($a<x+1$ 不成立)或 $a<x+1$ 都成立($a>3x-1$ 不成立),而没有想到有第二种理解:除了对于任意 $x\in[0,2]$,$a>3x-1$ 都成立($a<x+1$ 不成立)和 $a<x+1$ 都成立($a>3x-1$ 不成立)这两种情况外,还会存在第三种情况:对于 $[0,2]$ 中的一部分 $x:a>3x-1$ 成立($a<x+1$ 不成立),同时(并且)对于 $[0,2]$ 中的另一部分 $x:a<x+1$ 成立($a>3x-1$ 不成立). 因此,若按照文[1]的"错因分析",既不可能找到"错解"的上述错因,又不能找出上述错因的正解.

①　祝世清. 我晒我,因为潮[J]. 数学教学研究,2010(5):11—13.
②　单正才. 例谈"错解分析"文章的两大看点[J]. 中学数学教学参考,2011(11):32—33.

2　正解汇集

本题的正确解法很多,先写出下列几种.

正解 2(分类讨论)

(1) $x \in [0,1)$ 时, $x - 1 < 0$, $|a - 2x| > x - 1$ 恒成立,所以 a 为一切实数;

(2) $x \in [1,2]$ 时, $x - 1 \geqslant 0$.

$|a - 2x| > x - 1$ 在 $[1,2]$ 恒成立 $\Leftrightarrow a - 2x > x - 1$ 或 $2x - a > x - 1$ 在 $[1,2]$ 恒成立 $\Leftrightarrow a > 3x - 1$ 在 $[1,2]$ 恒成立,或 $a < x + 1$ 在 $[1,2]$ 恒成立只需

$$a > (3x - 1)_{\max} = 3 \times 2 - 1 = 5$$

或　$a < (x + 1)_{\min} = 1 + 1 = 2$.

所以,所求 a 的取值范围为 $(-\infty, 2) \cup (5, +\infty)$.

正解 3(直接法):原不等式化为 $a - 2x > x - 1$ 或 $a - 2x < 1 - x$,即 $x < \dfrac{a+1}{3}$ 或 $x > a - 1$

∵　原不等式对于 $x \in [0,2]$ 恒成立.

∴　$[0,2]$ 是不等式 $x < \dfrac{a+1}{3}$ 与不等式 $x > a - 1$ 的解集的并集的子集.

∴　$\dfrac{a+1}{3} > 2$ 或 $a - 1 < 0$ 或 $\dfrac{a+1}{3} > a - 1$.

解得　$a > 5$ 或 $a < 2$

故 a 的取值范围是 $(-\infty, 2) \cup (5, +\infty)$.

正解 4(考虑反面):命题"不等式 $|a - 2x| > x - 1$ 对 $x \in [0,2]$ 恒成立"的否定为 $\exists x \in [0,2]$,使得 $|a - 2x| \leqslant x - 1$ 成立,即 $|a - 2x| \leqslant x - 1$ 在 $x \in [0,2]$ 内有解.

∴　$1 - x \leqslant a - 2x \leqslant x - 1$ 即 $x + 1 \leqslant a \leqslant 3x - 1$

∵　当 $x \in [0,2]$ 时 $(3x - 1) - (x + 1) = 2x - 2 \in [-2, 2]$

∴　当 $0 \leqslant 2x - 2 \leqslant 2$ 时,即 $1 \leqslant x \leqslant 2$ 时存在 a 使得 $x + 1 \leqslant a \leqslant 3x - 1$ 在 $x \in [0, 2]$ 内有解

∴　当 $x \in [1,2]$ 时, $(x + 1)_{\min} \leqslant a \leqslant (3x - 1)_{\max}$.

∴　当 $2 \leqslant a \leqslant 5$ 时反面结论成立

故 a 的取值范围是 $(-\infty, 2) \cup (5, +\infty)$.

正解 5(数形结合 1)

令函数 $y_1 = |a - 2x|$, $y_2 = x - 1$,则当 $y_1 = y_2$ 时, $|a - 2x| = x - 1$,两边平方并整理得方程 $3x^2 - (4a - 2)x + (a^2 - 1) = 0$　　　　　　　　　①

其判别式 $\Delta = 4(a^2 - 4a + 4) = 4(a - 2)^2$. 设方程①的两根为 x_1、x_2 且 $x_1 \leqslant x_2$,则当 $a = 2$ 时, $x_1 = x_2 = 1$; $a < 2$ 时 $x_1 = a - 1$, $x_2 = \dfrac{a+1}{3}$; $a > 2$ 时, $x_1 = \dfrac{a+1}{3}$,

$x_2 = a - 1$.

考虑函数 $y_1 = |a - 2x|$ 与 $y_2 = x - 1$ 的图象(图 4-2). 因 $y_1 \geqslant 0$, 故 $y_1 = |a - 2x|$ 的图象在 x 轴上和 x 轴的上方,它的对称轴为直线 $x = \dfrac{a}{2}$,而当 $x = \dfrac{a}{2}$ 时, $y_1 = |a - 2x|$ 取最小值 0. 因当 $a = 2$ 时, $x_1 = \dfrac{a}{2} = 1$, $y_1 = y_2 = 0$,函数 $y_1 = |a - 2x|$ 的图象与直线 $y_2 = x - 1$ 有且仅有公共点 $(1,0)$; $a < 2$, 即 $\dfrac{a}{2} = 1$ 时, $x_1 < x_2 < 1$,此时 $y_1 \geqslant 0$,

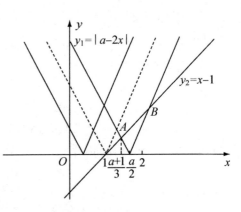

图 4-2　函数 $y_1 = |a - 2x|$ 与 $y_2 = x - 1$ 的图象

$y_2 < 0$,故 x_1、x_2 不是折线与直线交点的横坐标,此时, $y_1 > y_2$,即 $|a - 2x| > x - 1$ 恒成立;而 $a > 2$, 即 $\dfrac{a}{2} > 1$ 时,折线与直线交于 $A\left(\dfrac{a+1}{3}, \dfrac{a-2}{3}\right)$、$B(a-1, a-2)$ 两点. 由于 $\dfrac{a+1}{3} < a - 1$,故点 A 在点 B 的左边. 此时,要使不等式 $|a - 2x| > x - 1$ 即 $y_1 > y_2$ 在 $[0,2]$ 恒成立,只要 $\dfrac{a+1}{3} > 2$,得 $a > 5$.

综上知, a 的取值范围为 $(-\infty, 2) \cup (5, +\infty)$.

正解 6(数形结合 2):原不等式为 $a - 2x > x - 1$ 与不等式 $a < x + 1$ 的解集的并集的子集.

作出函数 $y = 3x - 1$ 和 $y = x + 1$ 的图象(如图 4-3). 由图象可得 a 的取值范围是 $(-\infty, 2) \cup (5, +\infty)$.

正解 6 直接抄自于文 [4]①,过程过于简略,很难让人读懂,现将文 [1] 说明错因的论述抄录如下,以代替笔者的详解.

(1)当 $a > (3x - 1)_{\max} = 5$ 或 $a < (x + 1)_{\min} = 1 (x \in [0,2])$ 时,符合题意.

(2)当 $1 \leqslant a < 2$ 时,如图 4-4 所示,任意

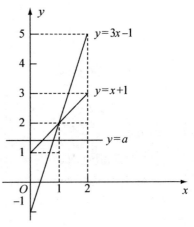

图 4-3　函数 $y = 3x - 1$ 与 $y = x + 1$ 的图象

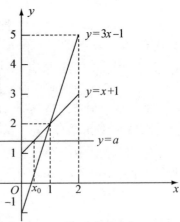

图 4-4　$1 \leqslant a < 2$ 时的函数图象

① 蔡德华. 含参数的不等式 $|a - f(x)| > g(x)$ 恒成立的一个常见错误解法 [J]. 中学数学教学参考,2008(8):32—33.

$x_0 \in [0,2]$, 若 $x_0 \le a - 1$ 时, 得 $3x_0 - 1 \le 3(a-1) - 1 = 3a - 4 = a + 2(a-2) < a$; 若 $x_0 > a - 1$ 时, $a < x_0 + 1$

即 $a > 3x_0 - 1$ 与 $a < x_0 + 1$ 两个不等式必有一个成立.

所以, $1 \le a < 2$ 时符合题意.

(3) 当 $2 \le a \le 5$ 时, 如图 $4-5$ 所示:

$\exists x_0 \in [1,2]$ (取 $\dfrac{a+1}{3} \le x_0 \le \min\{2, a-1\}$)

使(1)式(注指本文开头的 $a > 3x - 1$ 或 $a < x + 1$)不成立.

1) 当 $3 \le a \le 5$ 时, 则 $a - 1 \ge 2$, 所以取 $\dfrac{a+1}{3} \le x_0 \le 2$

得 $a \le 3x_0 - 1$ 且 $a \ge 3 \ge x_0 + 1$, 即得 $x_0 + 1 \le a \le 3x_0 - 1$.

2) 当 $2 \le a < 3$ 时, 则 $a - 1 < 2$, 所以取 $\dfrac{a+1}{3} \le x_0 \le a - 1$.

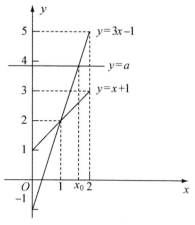

图 $4-5$　$2 \le a \le 5$ 时的函数图象

即 $x_0 + 1 \le a \le 3x_0 - 1$

根据 1)、2), 当 $2 \le a \le 5$ 时, 不符合题意, 舍去.

综上: a 的取值范围为 $(-\infty, 2) \cup (5, +\infty)$.

还有其他正解, 这里不再举例. 上述正解 2 至正解 6 都不是针对例 1 错解成因的正解, 只有正解 1 才是针对错因的正解. 这个正解, 可推广到一般情况: "已知不等式 $|a - f(x)| > g(x)$ 在 $x \in [m,n]$ $(m < n)$ 恒成立, 求 a 的取值范围" 中去.

3　统一解法

对一般情况: "已知不等式 $|a - f(x)| > g(x)$ 在 $x \in [m,n]$ $(m < n)$ 恒成立, 求实数 a 的取值范围" 作对例 1 的同样研究, 我们可得到如下结论.

结论 1　设 $f(x)$ 是 $[m,n]$ $(m < n)$ 上的连续函数, 则 $|a - f(x)| > g(x)$ 在 $x \in [m,n]$ 恒成立 $\Leftrightarrow$

（Ⅰ）$\begin{cases} a \ge f(x)_{\max} \\ a > f(x) + g(x) \quad x \subset [m,n] \end{cases}$

或　（Ⅱ）$\begin{cases} a \le f(x)_{\min} \\ a < f(x) - g(x) \quad x \in [m,n] \end{cases}$

或　（Ⅲ）$\begin{cases} f(x)_{\min} < a < f(x)_{\max} \\ a > f(x) + g(x) \quad x \in M(a) \\ a < f(x) - g(x) \quad x \in \complement_{[m,n]} M(a) \end{cases}$

其中, 集合 $M(a) \subset [m,n]$. $M(a)$ 是对于给定的 a, 使不等式 $a > f(x) + g(x)$ 在其

内$[x \in M(a)]$时恒成立的一个非空集合,如当$f(x)$是$[m,n]$上的连续递增函数时,$M(a) = [m, f^{-1}(a)]$,$\complement_{[m,n]} M(a) = [f^{-1}(a), n]$. 结论1变成:

结论2 设$f(x)$是$[m,n](m < n)$上的连续的递增函数,则$|a - f(x)| > g(x)$在$x \in [m,n]$恒成立$\Leftrightarrow$

（Ⅰ）$\begin{cases} a \geqslant f(n) \\ a > f(x) + g(x) \quad x \in [m,n] \end{cases}$

或 （Ⅱ）$\begin{cases} a \leqslant f(m) \\ a < f(x) - g(x) \quad x \in [m,n] \end{cases}$

或 （Ⅲ）$\begin{cases} f(m) < a < f(n) \\ a > f(x) + g(x) \quad x \in [m, f^{-1}(a)) \\ a < f(x) - g(x) \quad x \in [f^{-1}(a), n] \end{cases}$

当$g(x)$也是$[m,n]$上的连续函数时,则可求出满足结论2所给条件的a的取值范围. 即当$f(x)$、$g(x)$都是$[m,n]$上的连续函数,$f(x)$在$[m,n]$递增,则:

由（Ⅰ）得
$\begin{cases} a \geqslant f(n) \\ a > [f(x) + g(x)]_{\max} \quad x \in [m,n] \end{cases}$

由（Ⅱ）得
$\begin{cases} a \leqslant f(m) \\ a < [f(x) - g(x)]_{\min} \quad x \in [m,n] \end{cases}$

由（Ⅲ）得
$\begin{cases} f(m) < a < f(n) \\ a > [f(x) + g(x)]_{\text{上确界}} \quad x \in [m, f^{-1}(a)) \\ a < [f(x) - g(x)]_{\min} \quad x \in [f^{-1}(a), n] \end{cases}$

只要比较（Ⅰ）中$f(n)$与$[f(x) + g(x)]_{\max}$;（Ⅱ）中$f(m)$与$[f(x) - g(x)]_{\min}$的大小(有时需变通后比较大小——见后面例3)即可得满足（Ⅰ）（Ⅱ）的a的取值集合$A_{Ⅰ}$、$A_{Ⅱ}$;再比较（Ⅲ）中$f(m)$、$f(n)$与后两不等式解得的a的取值区间的端点数值的大小又可得满足（Ⅲ）的a的取值集合$A_{Ⅲ}$. 最终得a的取值范围为$A_{Ⅰ} \cup A_{Ⅱ} \cup A_{Ⅲ}$(详见例1的正解1的解题过程).

结论1中的$g(x)$也为连续函数时,求a的取值范围的过程与结论2无本质的区别,只是稍许复杂一点(可见后面的例6、例7).

现在我们用这两个结论解答期刊上出现过的这类问题的一些题例(原解答大多出错).

例2 已知不等式$|a - 3x| > 2x - 1$对于任意的$x \in [-1,2]$恒成立,求a的取值范围.

解:$|a - 3x| > 2x - 1$在$x \in [-1,2]$恒成立$\Leftrightarrow$

（Ⅰ）$\begin{cases} a \geqslant 6 \\ a > 5x-1 \quad x \in [-1,2] \end{cases}$ $\Rightarrow \begin{cases} a \geqslant 6 \\ a > 9 \end{cases}$ $\Rightarrow a > 9$，

或　（Ⅱ）$\begin{cases} a \leqslant -3 \\ a < x+1 \quad x \in [-1,2] \end{cases}$ $\Rightarrow \begin{cases} a \leqslant -3 \\ a < 0 \end{cases}$ $\Rightarrow a \leqslant -3$

或　（Ⅲ）$\begin{cases} -3 < a < 6 \\ a > 5x-1 \quad x \in \left[-1,\dfrac{a}{3}\right) \\ a < x+1 \quad x \in \left[\dfrac{a}{3},2\right] \end{cases}$ $\Rightarrow \begin{cases} -3 < a < 6 \\ a > \dfrac{5a}{3}-1 \\ a < \dfrac{a}{3}+1 \end{cases}$ $\Rightarrow \begin{cases} -3 < a < 6 \\ a < \dfrac{3}{2} \\ a < \dfrac{3}{2} \end{cases}$ $\Rightarrow -3 < a < \dfrac{3}{2}$

综上得 a 的取值范围为 $\left(-\infty,\dfrac{3}{2}\right) \cup (9,+\infty)$.

例 3　不等式 $|2a-x| > a+2x$ 在 $x \in [-1,1]$ 恒成立，求实数 a 的取值范围.

解：$|2a-x| > a+2x$ 在 $x \in [-1,1]$ 恒成立 $\Leftrightarrow$

（Ⅰ）$\begin{cases} 2a \geqslant 1 \\ a > 3x, x \in [-1,1] \end{cases}$ $\Rightarrow \begin{cases} a \geqslant \dfrac{1}{2} \\ a > 3 \end{cases}$ $\Rightarrow a > 3$

或　（Ⅱ）$\begin{cases} 2a \leqslant -1 \\ 3a < -x, x \in [-1,1] \end{cases}$ $\Rightarrow \begin{cases} a \leqslant -\dfrac{1}{2} \\ a < -\dfrac{1}{3} \end{cases}$ $\Rightarrow a \leqslant -\dfrac{1}{2}$

或　（Ⅲ）$\begin{cases} -1 < 2a < 1 \\ a > 3x, x \in [-1,2a) \\ 3a < -x, x \in [2a,1] \end{cases}$ $\Rightarrow \begin{cases} -\dfrac{1}{2} < a < \dfrac{1}{2} \\ a > 6a \\ 3a < -1 \end{cases}$ $\Rightarrow -\dfrac{1}{2} < a < -\dfrac{1}{3}$.

综上得 a 的取值范围为 $\left(-\infty,-\dfrac{1}{3}\right) \cup (3,+\infty)$.

例 4　已知 $|a-x| > x^2-x$ 在 $x \in [0,2]$ 恒成立，求 a 的取值范围.

解：$|a-x| > x^2-x$ 在 $x \in (0,2]$ 恒成立 $\Leftrightarrow$

（Ⅰ）$\begin{cases} a \geqslant 2 \\ a > x^2, x \in [0,2] \end{cases}$ $\Rightarrow \begin{cases} a \geqslant 2 \\ a > 4 \end{cases}$ $\Rightarrow a > 4$

或　（Ⅱ）$\begin{cases} a \leqslant 0 \\ a < 2x-x^2, x \in [0,2] \end{cases}$ $\Rightarrow \begin{cases} a \leqslant 0 \\ a < 0 \end{cases}$ $\Rightarrow a < 0$

或　（Ⅲ）$\begin{cases} 0 < a < 2 \\ a > x^2, x \in [0,a) \\ a < 2x-x^2, x \in [a,2] \end{cases}$ $\Rightarrow \begin{cases} 0 < a < 2 \\ a > a^2 \\ a < 0 \end{cases}$ $\Rightarrow$ 无解　$A_{\text{Ⅲ}} = \varnothing$.

综上知 a 的取值范围为 $(-\infty,0) \cup (4,+\infty)$.

例 5　已知 $|a-\ln x| > \ln\dfrac{2+3x}{3}$ 在 $x \in \left[\dfrac{1}{6},\dfrac{1}{2}\right]$ 恒成立，求实数 a 的取值范围.

解：$|a-\ln x|>\ln\dfrac{2+3x}{3}$ 在 $x\in\left[\dfrac{1}{6},\dfrac{1}{2}\right]$ 恒成立 $\Leftrightarrow$

（ I ）$\begin{cases} a\geqslant\ln\dfrac{1}{2} \\ a>\ln\dfrac{2x+3x^2}{3},x\in\left[\dfrac{1}{6},\dfrac{1}{2}\right] \end{cases}$

或 （ II ）$\begin{cases} a\leqslant\ln\dfrac{1}{6} \\ a<\ln\dfrac{3x}{2+3x},x\in\left[\dfrac{1}{6},\dfrac{1}{2}\right] \end{cases}$

或 （ III ）$\begin{cases} \ln\dfrac{1}{6}<a<\ln\dfrac{1}{2} \\ a>\ln\dfrac{2x+3x^2}{3},x\in\left[\dfrac{1}{6},e^a\right) \\ a<\ln\dfrac{3x}{2+3x},x\in\left[e^a,\dfrac{1}{2}\right] \end{cases}$

在 $\left[\dfrac{1}{6},\dfrac{1}{2}\right]$，$\ln\dfrac{2x+3x^2}{3}$ 的最大值为

$\ln\dfrac{2\times\dfrac{1}{2}+3\times\left(\dfrac{1}{2}\right)^2}{3}=\ln\dfrac{7}{12}$；$\ln\dfrac{3x}{2+3x}=\ln\left(1-\dfrac{2}{2+3x}\right)$ 的最小值为 $\ln\dfrac{3\times\dfrac{1}{6}}{2+3\times\dfrac{1}{6}}=$

$\ln\dfrac{1}{5}$，而在 $\left[\dfrac{1}{6},e^a\right)$，$\ln\dfrac{2x+3x^2}{3}$ 的上确界为 $\ln\dfrac{2e^a+3e^{2a}}{3}=a+\ln\dfrac{2+3e^a}{3}$，在 $\left[e^a,\dfrac{1}{2}\right]$ 函

数 $\ln\dfrac{3x}{2+3x}$ 取得最小值为 $\ln\dfrac{3e^a}{2+3e^a}=a-\ln\dfrac{2+3e^a}{3}$.

因此，由（ I ）得 $a>\ln\dfrac{7}{12}$，由（ II ）得 $a\leqslant\ln\dfrac{1}{6}$，由（ III ）得

$\begin{cases} \ln\dfrac{1}{6}<a<\ln\dfrac{1}{2} \\ \ln\dfrac{2+3e^a}{3}<0 \\ \ln\dfrac{2+3e^a}{3}<0 \end{cases}\Rightarrow\begin{cases} \ln\dfrac{1}{6}<a<\ln\dfrac{1}{2} \\ -\dfrac{2}{3}<e^a<\dfrac{1}{3} \\ -\dfrac{2}{3}<e^a<\dfrac{1}{3} \end{cases}\Rightarrow\ln\dfrac{1}{6}<a<\ln\dfrac{1}{3}$

综上知 a 的取值范围为 $\left(-\infty,\ln\dfrac{1}{3}\right)\cup\left(\ln\dfrac{7}{12},+\infty\right)$.

例6 已知 $|a+2x|>x-1$ 在 $x\in[-2,3]$ 恒成立，求 a 的取值范围.

解：注意 $f(x)=-2x$ 为 $[-2,3]$ 上的减函数. $|a+2x|>x-1$ 在 $x\in[-2,3]$ 恒成立 $\Leftrightarrow$

（Ⅰ）$\begin{cases}a\geqslant 4\\a>-x-1,x\in[-2,3]\end{cases}$ $\Rightarrow\begin{cases}a\geqslant 4\\a>1\end{cases}$ $\Rightarrow a\geqslant 4$，

或　（Ⅱ）$\begin{cases}a\leqslant -6\\a<-3x-1,x\in[-2,3]\end{cases}$ $\Rightarrow\begin{cases}a\leqslant -6\\a<-8\end{cases}$ $\Rightarrow a<-8$

或　（Ⅲ）$\begin{cases}-6<a<4\\a>-x-1,x\in\left[-\dfrac{a}{2},3\right]\\a<-3x+1,x\in\left[-2,-\dfrac{a}{2}\right)\end{cases}$ $\Rightarrow\begin{cases}-6<a<4\\a>\dfrac{a}{2}-1\\a<\dfrac{3a}{2}+1\end{cases}$ $\Rightarrow -2<a<4$

综上得 a 的取值范围为$(-\infty,-8)\cup(-2,+\infty)$.

例7　已知$|a-x^2|>2x+1$ 在 $x\in[-2,2]$恒成立,求 a 的取值范围.

解：$|a-x^2|>2x+1$ 在 $x\in[-2,2]$恒成立$\Leftrightarrow$

（Ⅰ）$\begin{cases}a\geqslant 4\\a>x^2+2x+1,x\in[-2,2]\end{cases}$ $\Rightarrow a>9$

或　（Ⅱ）$\begin{cases}a\leqslant 0\\a<x^2-2x-1,x\in[-2,2]\end{cases}$ $\Rightarrow a<-2$

或　（Ⅲ）$\begin{cases}0<a<4\\a>x^2+2x+1\quad x\in(-\sqrt{a},\sqrt{a})\\a<x^2-2x-1\quad x\in[-2,\sqrt{a}]\cup[\sqrt{a},2]\end{cases}$ $\Rightarrow$

$\begin{cases}0<a<4\\a>a+2\sqrt{a}+1\\a<a-2\sqrt{a}-1(1<a<4)\text{或}a<-2(0<a\leqslant 1)\end{cases}$

$\Rightarrow$无解：$A_{\text{Ⅲ}}=\varnothing$.

综上得 a 的取值范围为$(-\infty,-2)\cup(9,+\infty)$.

说明：例6、例7应有一个严格的推理过程,这里留给读者.

抓住去绝对值所得两种关系式这一关键,可仿上述两个结论解答 x 取值范围为非闭区间的问题.

例8　设$|2x-a|+\dfrac{2}{x}\geqslant 1$ 对任意 $x>0$ 都成立,求 a 的取值范围.

解：对 $x>0$,$|2x-a|+\dfrac{2}{x}\geqslant 1$ 都成立$\Leftrightarrow$

（Ⅰ）$\begin{cases}a\leqslant 0\\a\leqslant 2x+\dfrac{2}{x}-1\quad(x>0)\end{cases}$ $\Rightarrow\begin{cases}a\leqslant 0\\a<3\end{cases}\Rightarrow a<0$

或　（Ⅱ）$\begin{cases} a>0 \\ a \leq 2x+\dfrac{2}{x}+1 & x \geq \dfrac{a}{2} \\ a \geq 2x-\dfrac{2}{x}+1 & 0<x<\dfrac{a}{2} \end{cases}$　$\Rightarrow$　$\begin{cases} 0<a \leq 2 \\ a<3 \\ a \geq a-\dfrac{4}{a}+1 \end{cases}$　或　$\begin{cases} a>2 \\ 0 \leq a+\dfrac{4}{a}-1 \\ a \geq a-\dfrac{4}{a}+1 \end{cases}$　$\Rightarrow$

$\begin{cases} 0<a \leq 2 \\ a \leq 3 \\ a \leq 4 \end{cases}$　或　$\begin{cases} a>2 \\ a \leq 4 \\ a \leq 4 \end{cases}$　$\Rightarrow 0<a \leq 2$ 或 $2<a \leq 4 \Rightarrow 0<a<4$.

综上得 a 的取值范围为 $(-\infty, 0]$.

4　等效解法

比较正解 1 与正解 2. 正解 1 分（Ⅰ）（Ⅱ）（Ⅲ）讨论获解. 而正解 2 中的（2），$g(x) \geq 0$，这时为何只需讨论（Ⅰ）（Ⅱ）两种情况（与错解同）而获得正确的结果呢？正解 2 与正解 1 是等效的吗？我们先证明如下结论.

结论 3　若 $f(x)$、$g(x)$ 都是区间 $[m,n]$ $(m<n)$ 上的连续函数，且 $g(x) \geq 0$，$\varnothing \subset M(a) \subset [m,n]$，则关于 a 的不等式组

（Ⅲ）$\begin{cases} f(x)_{\min}<a<f(x)_{\max} & \text{①} \\ a>f(x)+g(x) & \text{在} x \in M(a) \text{恒成立} & \text{②} \\ a<f(x)-g(x) & \text{在} x \in \complement_{[m,n]} M(a) \text{恒成立} & \text{③} \end{cases}$

一定无解.

证明：由于 $g(x) \geq 0$，故 $[f(x)-g(x)]_{\min} \leq f(x)_{\min}$，$[f(x)+g(x)]_{\max} \geq f(x)_{\max}$，因此 $a \in (f(x)_{\min}, f(x)_{\max}) \subseteq ([f(x)-g(x)]_{\min}, [f(x)+g(x)]_{\max})$，即

$$[f(x)-g(x)]_{\min}<a<[f(x)+g(x)]_{\max}.$$

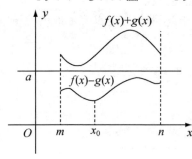

图 4-6　连续函数图象（1）

若 $[f(x)-g(x)]_{\min}<a \leq [f(x)+g(x)]_{\min}$，如图 4-6，则取 $f(x)-g(x)$ 的最小值点 x_0，此时有：$f(x_0)-g(x_0)=[f(x)-g(x)]_{\min}<a<[f(x)+g(x)]_{\min} \leq f(x_0)+g(x_0)$.

若 $[f(x)+g(x)]_{\min}<a<[f(x)+g(x)]_{\max}$，如图 4-7，则必存在 $x_0 \in [m,n]$，使 $a=f(x_0)+g(x_0)$，又 $f(x_0)-g(x_0) \leq f(x_0)+g(x_0)$，故有 $f(x_0)-g(x_0) \leq a=f(x_0)+g(x_0)$.

综上可知：对于任意一个 $a \in (f(x)_{\min}, f(x)_{\max}) \subseteq ([f(x)-g(x)]_{\min}, [(f(x)+g(x))]_{\max})$，$[m,n]$ 中都至少存在一个 x_0

使得 $f(x_0)-g(x_0)\leqslant a\leqslant f(x_0)+g(x_0)$. 因此,这个 x_0 既不能使 $a>f(x_0)+g(x_0)$ 成立,又不能使 $a<f(x_0)-g(x_0)$ 成立. 从而知不等式(Ⅲ)无解.

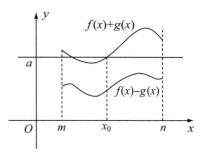

图 4 - 7   连续函数图象(2)

结论 4   设 $f(x)$、$g(x)$ 均是 $[m,n](m<n)$ 上任意一个连续函数,$g(x)\geqslant 0$,则当不等式 $|a-f(x)|>g(x)$ 在 $x\in[m,n]$ 恒成立时,实数 a 的取值范围是:

$$\left(-\infty,[f(x)-g(x)]_{\min}\right)\cup\left([f(x)+g(x)]_{\max},+\infty\right).$$

证明: $\because g(x)\geqslant 0,\therefore f(x)+g(x)\geqslant f(x),f(x)-g(x)\leqslant f(x)$,又 $f(x)$ 都是闭区间 $[m,n]$ 上的连续函数,故 $f(x)$、$g(x)$、$f(x)+g(x)$、$f(x)-g(x)$ 的最大、最小值都存在,且 $[f(x)+g(x)]_{\max}\geqslant f(x)_{\max}$,$[f(x)-g(x)]_{\min}\leqslant f(x)_{\min}$,因此

$|a-f(x)|>g(x)$ 在 $x\in[m,n]$ 上恒成立 $\Leftrightarrow$

(Ⅰ) $\begin{cases} a\geqslant f(x)_{\max} \\ a>f(x)+g(x),x\in[m,n] \end{cases} \Rightarrow \begin{cases} a>f(x)_{\max} \\ a>[f(x)+g(x)]_{\max} \end{cases}$

$\Rightarrow a>[f(x)+g(x)]_{\max}$

或   (Ⅱ) $\begin{cases} a\leqslant f(x)_{\min} \\ a<f(x)-g(x),x\in[m,n] \end{cases}$

$\Rightarrow \begin{cases} a\leqslant f(x)_{\min} \\ a<[f(x)-g(x)]_{\min} \end{cases}$

$\Rightarrow a<[f(x)-g(x)]_{\min}$

或   (Ⅲ)存在非空数集 $M(a)\subset[m,n]$ 使得

$\begin{cases} f(x)_{\min}<a<f(x)_{\max} \\ a>f(x)+g(x),x\in M(a) \\ a<f(x)-g(x),x\in\complement_{[m,n]}M(a) \end{cases}$

由结论 3 知,这个不等式组无实数 a 的解,所以,实数 a 的取值范围为

$$\left(-\infty,[f(x)-g(x)]_{\min}\right)\cup\left([f(x)+g(x)]_{\max},+\infty\right)$$

把对结论 4 的证明过程改为正解 2 的解答过程则是:

解:(1)因为 $g(x)\geqslant 0$,故解答无须考虑 $g(x)<0$ 的情况,只需考虑

(2)$|a-f(x)|>g(x)$ 在 $x\in[m,n]$ 恒成立 $\Leftrightarrow a-f(x)>g(x)$ 在 $[m,n]$ 恒成立,或 $f(x)-a>g(x)$ 在 $[m,n]$ 恒成立 $\Leftrightarrow$

$a>f(x)+g(x)$ 在 $x\in[m,n]$ 恒成立,或 $a<f(x)-g(x)$ 在 $x\in[m,n]$ 恒成立. 只需

$a>[f(x)+g(x)]_{\max}$ 或

$a < [f(x) - g(x)]_{\min}$

所以,实数 a 的取值范围为

$$\left(-\infty, [f(x) - g(x)]_{\min} \right) \cup \left([f(x) + g(x)]_{\max}, +\infty \right)$$

以上结论说明:正解 1 和正解 2 是两种等效的解答过程.

将上述讨论扩充到任意区间,我们有:

结论 5 若 $f(x)$、$g(x)$ 为区间 A 上的连续函数,$B = \{ x \mid g(x) \geq 0, x \in A \} \neq \varnothing$,在 $x \in B$,$f(x) - g(x)$ 有最小值 r,$f(x) + g(x)$ 有最大值 s,则 $| a - f(x) | > g(x)$ 在 $x \in A$ 恒成立时,a 的取值范围为 $(-\infty, r) \cup (s, +\infty)$.

注:若无最小(大)值,则 r(或 s)可作为下(上)确界,且相应结果应包括端点 r(或 s).

利用结论 5,我们可以直接解答上述各题例. 如例 1 的正解 7.

正解 7: $B = \{ x \mid x - 1 \geq 0, x \in [0, 2] \} = [1, 2]$,在 $x \in B$. $f(x) - g(x) = 2x - (x - 1) = x + 1$ 有最小值 $r = 2$,$f(x) + g(x) = 3x - 1$ 有最大值 $s = 5$. 故实数 a 的取值范围为 $(-\infty, 2) \cup (5, +\infty)$.

例 2 法 2 $B = \{ x \mid 2x - 1 \geq 0, x \in [-1, 2] \} = \left[\dfrac{1}{2}, 2 \right]$. 在 $x \in B$,$f(x) - g(x) = 3x - (2x - 1) = x + 1$ 有最小值 $r = \dfrac{3}{2}$,$f(x) + g(x) = 5x - 1$ 有最大值 $s = 9$,故实数 a 的取值范围为 $\left(-\infty, \dfrac{3}{2} \right) \cup (9, +\infty)$.

例 4 法 2 $B = \{ x \mid x^2 - x \geq 0, x \in [0, 1] \} = \{ 0 \} \cup [1, 2]$. 在 $x \in B$,$f(x) - g(x) = x - (x^2 - x) = -x^2 + 2x$ 有最小值 $r = 0$,$f(x) + g(x) = x^2$ 有最大值 $s = 4$. 故 a 的取值范围为 $(-\infty, 0) \cup (4, +\infty)$.

例 5 法 2 $B = \left\{ x \mid \ln \dfrac{2 + 3x}{3} \geq 0, x \in \left[\dfrac{1}{6}, \dfrac{1}{2} \right] \right\} = \left[\dfrac{1}{3}, \dfrac{1}{2} \right]$,在 $x \in B$,$f(x) - g(x) = \ln x - \ln \dfrac{2 + 3x}{3} = \ln \dfrac{3x}{2 + 3x}$ 有最小值 $r = \ln \dfrac{1}{3}$,$f(x) + g(x) = \ln \dfrac{2x + 3x^2}{3}$ 有最大值 $s = \dfrac{7}{12}$. 故 a 的取值范围为 $\left(-\infty, \ln \dfrac{1}{3} \right) \cup \left(\ln \dfrac{7}{12}, +\infty \right)$.

例 6 法 2 $B = \{ x \mid x - 1 \geq 0, x \in [-2, 3] \} = [1, 3]$,在 $x \in B$,$f(x) - g(x) = 1 - 2x - (x - 1) = -3x + 1$ 有最小值 $r = -8$,$f(x) + g(x) = -x - 1$ 有最大值 $s = -2$. 故 a 的取值范围是 $(-\infty, -8) \cup (-2, +\infty)$.

例 7 法 2 $B = \{ x \mid 2x + 1 \geq 0, x \in [-2, 2] \} = \left[-\dfrac{1}{2}, 2 \right]$,在 $x \in B$,$f(x) - g(x) = x^2 - (2x + 1) = x^2 - x - 1$ 有最小值 $r = -2$,$f(x) + g(x) = x^2 + 2x + 1$ 有最大值 $s = 9$. 故 a 的取值范围为 $(-\infty, -2) \cup (9, +\infty)$.

例 8 法 2 原不等式即 $| a - 2x | \geq 1 - \dfrac{2}{x}$,$B = \left\{ x \mid 1 - \dfrac{2}{x} \geq 0, x > 0 \right\} =$

$[2, +\infty]$，在 $x \in B$，$f(x) - g(x) = 2x - \left(1 - \dfrac{2}{x}\right) = 2\left(x + \dfrac{1}{x}\right) - 1$ 有最小值 $r = 4$，$f(x) + g(x) = 2x - \dfrac{1}{x} + 1$ 无上界，故 a 的取值范围为：$(-\infty, 4]$（注：因原不等式含等号，故结果包含区间端点）.

上述诸例中，仅例 3 因不等式右端含参变数 a，不能直接用结论 5. 其他各例均可应用结论 5 获得较简便的解答.

关于结论 4，文[1] 也证明了一个同样的结论. 不过这个结论有误，需修正. 结论及其证明如下：

结论 6 若 $f(x) \geqslant g(x)$ 对任意 $x \in [b, c]$ 均成立，则不等式 $a > f(x)$ 或 $a < g(x)$ 在 $x \in [b, c]$ 恒成立时，a 的取值范围为 $a > f(x)_{\max}$ 或 $a < g(x)_{\min}$ $(x \in [b, c])$

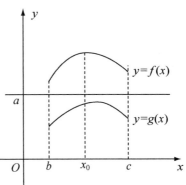

证明：（1）当 $a > f(x)_{\max}$ 或 $a < g(x)_{\min}$ $(x \in [b, c])$ 时，符合题意.

（2）当 $g(x)_{\min} \leqslant a \leqslant f(x)_{\max}$ 时，必存在 $x_0 \in [b, c]$ 使得 $g(x_0) \leqslant a \leqslant f(x_0)$（与已知矛盾）.

图 4 - 8 函数 $y = f(x)$ 与 $y = g(x)$ 图象

1^0 若 $g(x)_{\max} \leqslant a \leqslant f(x)_{\max}$. 如图 4 - 8 所示，令 $f(x_0) = f(x)_{\max}$ 则 $g(x_0) \leqslant g(x)_{\max} \leqslant a \leqslant f(x)_{\max} = f(x_0)$.

2^0 若 $g(x)_{\min} \leqslant a \leqslant g(x)_{\max}$. 如图 4 - 9 所示，存在 $x_0 \in [b, c]$，使得 $a = g(x_0)$，且由已知可得 $g(x_0) \leqslant f(x_0)$，所以 $g(x_0) = a \leqslant f(x_0)$.

根据 $1^0, 2^0$，当 $g(x)_{\min} \leqslant a \leqslant f(x)_{\max}$ 不合题意，舍去.

综上：a 的取值范围为 $a > f(x)_{\max}$ 或 $a < g(x)_{\min}$ $(x \in [b, c])$

文[1] 的此结论中没有条件 "$f(x)$、$g(x)$ 在 $[b, c]$ 连续"，这是错误的.

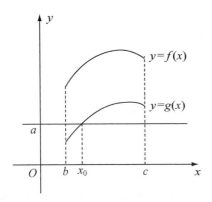

图 4 - 9 $x \in [b, c]$ 的函数图象

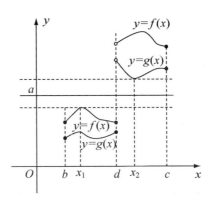

图 4 - 10 $x \in [b, d]$ 与 $x \in [b, c]$ 的函数图象

如图 4 – 10，$f(x) \geqslant g(x)$ 对于任意的 $x \in [b,c]$ 都成立，但使 $a > f(x)$ 或 $a < g(x)$ 在 $x \in [b,c]$ 恒成立的 a 的取值范围是：$\left(-\infty, g(x)_{\min} \right) \cup \left(f(x_1), g(x_2) \right) \cup \left(f(x)_{\max}, +\infty \right)$，并不是 $\left(-\infty, g(x)_{\min} \right) \cup \left(f(x)_{\max} + \infty \right)$。

这是因为，由图 4 – 10 明显看出，若 $a \in [f(x_1), g(x_2)]$．则当 $x \in [b,d]$ 时，恒有 $a > f(x_1) \geqslant f(x)$ 成立；当 $x \in [d,c]$ 时，恒有 $a < g(x_2) \leqslant g(x)$ 成立．故对于任意的 $x \in [b,c]$ 都有 $a > f(x)$ 或 $a < g(x)$ 成立．所求 a 的取值范围中明显地多出了一个小区间 $[f(x_1), g(x_2)]$，其中 $f(x_1) < g(x_2)$，$f(x_1)$ 是 $f(x)$ 在 $[b,d]$ 内的最大值，$g(x_2)$ 是 $g(x)$ 在 $[d,c]$ 内的最小值。

由图 4 – 10 给出的反例说明：在本文得出一般结论时，函数的连续性是必须考虑的．文[1]的结论和证明，显然是默认了 $f(x)$、$g(x)$ 在 $[b,c]$ 上是连续函数（有图 4 – 8、图 4 – 9 为证）．这一方面是犯了思维不够缜密、以偏概全的错误，同时也有"以图代证"之嫌。

在本文讨论一般性结论时，还涉及到函数 $f(x)$、$g(x)$ 的最大、最小值问题．只有函数在闭区间上是连续的，才能保证函数存在最大、最小值．如果不能保证函数 $f(x)$ 能在 $[b,c]$ 取得最大值 $f(x)_{\max}$，$g(x)$ 在 $[b,c]$ 取得最小值 $g(x)_{\min}$，那么文[1]的结论也就失去了意义．因此，结论 6 必需增设条件："$f(x)$、$g(x)$ 均是 $[b,c]$ 上的连续函数"．我们在前面的讨论中，用到 $[f(x) + g(x)]_{\max}$，$[f(x) - g(x)]_{\min}$ [注意：这里的 $f(x) + g(x)$ 与 $f(x) - g(x)$ 相当于结论 6 中的 $f(x)$ 与 $g(x)$，两者不要混淆了]，因此指出函数 $f(x)$、$g(x)$ 在区间 $[m,n]$（相当于结论 6 的 $[b,c]$）上的连续性也是十分必要的．正因为如此，笔者在两篇文章（简称文[4]①、文[5]②）中都给出了条件"$f(x)$、$g(x)$ 均是 $[m,n]$ 上的连续函数"这一条件。

如果仅从等价性上提出问题，只需给出 $f(x)$、$g(x)$ 中一个函数的连续性即可，如果有一个是 $[b,c]$ 上的连续函数，就不可能出现图 4 – 10 那种情况．关于等价性问题，刘鸿春文③（简称文[6]）给出了两个引理、两个推论、两个定理．现将两个定理抄录如下，其证明请读者阅读文[6]。

定理 1 设 $f(x)$、$g(x)$ 为定义在区间 A 上的函数，$f(x) + g(x)$ 是连续函数，且满足 $g(x) \geqslant 0$．则 $\forall x \in A, | f(x) | > g(x)$ 成立的充要条件为 $\forall x \in A, f(x) > g(x)$ 或 $\forall x \in A, f(x) < -g(x)$。

定理 2 设 $f(x)$、$g(x)$ 为定义在区间 A 上的函数，$f(x)$ 是连续函数，且满足 $g(x) > 0$，则 $\forall x \in A, | f(x) | \geqslant g(x)$ 成立的充要条件为 $\forall x \in A, f(x) \geqslant g(x)$ 或 $\forall x$

① 汤先键，汤敬鹏．关于一类恒成立问题的结论——兼谈两种解法的等效性[J]．数学教学，2014(4)：23—25．

② 汤先键．$|a - f(x)| > g(x)$ 恒成立问题的统一解法——从一个不严密的错因分析谈起[J]．数学教学研究，2015(6)：44—49．

③ 刘鸿春．一类绝对值不等式恒成立的等价性探究[J]．数学通报，2015(3)：47 – 48．

$\in A , f(x) \leqslant -g(x)$.

这从另一角度保证例1正解2是合理的:

正解2:(1)若$x \in [0,1]$,则$x - 1 < 0$,故$a \in R$.

(2)若$x \in [1,2]$,则$x - 1 \geqslant 0$,又$y = 2x + (x - 1)$在$[1,2]$上连续,

所以由定理1可知,

$\forall x \in [1,2] , |a - 2x| > x - 1$

$\Leftrightarrow \forall x \in [1,2] , a - 2x > x - 1$ 或 $\forall x \in [1,2] , a - 2x < 1 - x$

$\Leftrightarrow \forall x \in [1,2] , a > 3x - 1$ 或 $\forall x \in [1,2] , a < 1 + x \Leftrightarrow a > 5$ 或 $a < 2$.

由(1)、(2)知a的取值范围是$(-\infty , 2) \cup (5 , +\infty)$.

5　相关论述

(1)关于含绝对值不等式的等价关系

$$|f(x)| > g(x) \Leftrightarrow f(x) < -g(x) \text{ 或 } f(x) > g(x) \quad （Ⅰ）$$

$$|f(x)| < g(x) \Leftrightarrow -g(x) < f(x) < g(x) \quad （Ⅱ）$$

的讨论.

在2008年刊物上开始对本文的问题讨论后,有人对湘教版《不等式选讲》(选修系列4 − 5)中上述两个等价转化"产生了怀疑"如简绍煌文①(简称文[7])就"感到有些困惑,在不知道$g(x)$正负值的情形下,怎么能把它当做正数来处理呢?",为此,文[1]、马洪超文②(简称文[8])、冯刚等文③(简称文[9])给出了证明.

文[8]给出了两个定理.

定理1　关于x的不等式$|f(x)| < g(x)$的解集为$\{x| - g(x) < f(x) < g(x)\}$

证明:$|f(x)| < g(x) \Leftrightarrow$

$$\begin{cases} g(x) \geqslant 0 \\ -g(x) < f(x) < g(x) \end{cases} \text{ 或 } \begin{cases} g(x) < 0 \\ x \in \varnothing \end{cases} \Leftrightarrow$$

$$\begin{cases} g(x) \geqslant 0 \\ -g(x) < f(x) < g(x) \end{cases} \text{ 或 } \begin{cases} g(x) < 0 \\ -g(x) < f(x) < g(x) \end{cases}$$

设$f(x)$与$g(x)$定义域的交集为全集$\cup$(如无特殊说明,后文出现的全集$\cup$均与此相同),$A = \{x | g(x) \geqslant 0\}$,则$\complement_\cup A = \{x | g(x) < 0\}$,$P = \{x | - g(x) < f(x) < g(x)\}$.

于是上述不等式的解集用集合语言表述即为$(A \cap P) \cup ((\complement_U A) \cap P)$.由于$(A \cap P) \cup ((\complement_U A) \cap P) = P$.故上述不等式等价于$-g(x) < f(x) < g(x)$.即

$$\{x | | f(x)| < g(x)\} = \{x | - g(x) < f(x) < g(x)\}.$$

①　简绍煌. 从题目错解反思含绝对值不等式的解法[J]. 中学数学教学参考,2009(1/2):37—39.

②　马洪超. 一类含绝对值不等式的解法探究[J]. 中学数学教学参考,2012(6):40—42.

③　冯刚,张二端. 也谈$|f(x)| > g(x)$和$|f(x)| < g(x)$型不等式的解法[J]. 中学数学教学参考,2011(9):39—40.

$\left(\text{注:证明过程中用到了}\left\{x\left|\begin{cases}g(x)<0\\x\in\varnothing\end{cases}\right.\right\}=\left\{x\left|\begin{cases}g(x)<0\\-g(x)<f(x)<g(x)\end{cases}\right.\right\}=\varnothing\right)$

——原注未加集合符号$\{\cdots\cdots\}$,是错误的,笔者在这里更改过来了.

推论 1　$\{x\mid\mid f(x)\mid\leqslant g(x)\}=\{x\mid -g(x)\leqslant f(x)\leqslant g(x)\}$.

定理 2　关于 x 的不等式 $\mid f(x)\mid>g(x)$ 的解集为 $\{x\mid f(x)>g(x)$ 或 $f(x)<-g(x)\}$.

证明: 设 $M=\{x\mid\mid f(x)\mid>g(x)\}$,则 $\complement_U M=\{x\mid\mid f(x)\mid\leqslant g(x)\}$.

$N=\{x\mid f(x)>g(x)$ 或 $f(x)<-g(x)\}$,

则 $\complement_u N=x\mid -g(x)\leqslant f(x)\leqslant g(x)\}$

由推论 1 可知 $\complement_U M=\complement_U N$. 因此:$M=N$,即

$\{x\mid\mid f(x)\mid>g(x)\}=\{x\mid f(x)>g(x)$ 或 $f(x)<-g(x)\}$.

推论 2　$\{x\mid\mid f(x)\mid\geqslant g(x)\}=\{x\mid f(x)\geqslant g(x)$ 或 $f(x)\leqslant-g(x)\}$.

当然,定理 2 的证明也可不借助定理 1,而单独给出证明:$\mid f(x)\mid>g(x)\Leftrightarrow$

$\begin{cases}g(x)\geqslant0\\f(x)>g(x)\text{ 或 }f(x)<-g(x)\end{cases}$　或　$\begin{cases}g(x)<0\\x\in R\end{cases}$

又由于当 $g(x)<0$ 时,$\{x\mid f(x)>g(x)\}\cup\{x\mid f(x)<-g(x)\}=R$. 因此

$\mid f(x)\mid>g(x)\Leftrightarrow\begin{cases}g(x)\geqslant0\\f(x)>g(x)\text{ 或 }f(x)<-g(x)\end{cases}$ 或 $\begin{cases}g(x)<0\\f(x)>g(x)\text{ 或 }f(x)<-g(x)\end{cases}$

即 $\{x\mid\mid f(x)\mid>g(x)\}=\{x\mid f(x)>g(x)$ 或 $f(x)<-g(x)\}$.

文[1]、文[9]给出的直接证明从略,请读者自行查阅.

这就说明:我们对于 $\mid a-f(x)\mid>g(x)$ 在 $x\in[m,n]$ 恒成立的第一次转化:$\forall x\in[m,n]$,$a-f(x)>g(x)$ 或 $a-f(x)<-g(x)$ 恒成立是没有任何问题的. 也就是说转化为:$\forall x\in[m,n]$:

$a>f(x)+g(x)$ 或 $a<f(x)-g(x)$ 都成立是没有任何错误的.

例 1 错解的错误就在于第二步转化,即转化为:$\forall x\in[m,n]:a>f(x)+g(x)$ 成立,或 $\forall x\in[m,n]$,$a<f(x)-g(x)$ 成立.

而第二步正确的转化则是:对于给定的 a,存在数集 $M(a)\subseteq[m,n]$,$\forall x\in M(a)$,$a>f(x)+g(x)$ 成立,且 $\forall x\in\complement_{[m,n]}M(a)$,$a<f(x)-g(x)$ 成立.

若给以细化则是:$\forall x\in[m,n]$,$a>f(x)+g(x)$ 成立($M(a)=[m,n]$)或 $\forall x\in[m,n]$,$a<f(x)-g(x)$ 成立($M(a)=\varnothing$)或 $\forall x\in M(a)$,$a>f(x)+g(x)$ 成立,且 $\forall x\in\complement_{[m,n]}M(a)$,$a<f(x)-g(x)$ 成立($\varnothing\subset M(a)\subset[m,n]$).

这就是我们在结论 1 中所给出的那种转化.

(2)更一般问题

这类问题的更一般问题就是陆习晓文①(简称文[10])归纳的:$\forall x\in D$,$f(x)$

---

① 陆习晓. 恒成立错解的逻辑剖析[J]. 数学教学,2008(9):33—34.

有性质 A 或有性质 B 的等价转化问题. 文[10]指出:从逻辑角度看,虽然 $\forall x \in D,$ $f(x)$ 有性质 A 且有性质 $B \Leftrightarrow \forall x \in D, f(x)$ 有性质 A 且 $\forall x \in D, f(x)$ 有性质 B 是正确的. 但 $\forall x \in D, f(x)$ 有性质 A 或有性质 B 转化为 $\forall x \in D, f(x)$ 有性质 D 或 $\forall x \in D, f(x)$ 有性质 B 却是错误的. 因为 $\forall x \in D, f(x)$ 有性质 A 或有性质 B 只能等价转化为:当 $x \in M$ 时, $f(x)$ 有性质 A 或当 $x \in P$ 时, $f(x)$ 有性质 B 且 $M \cup P = D.$

笔者在《本刊回应》①(简称文[11])中指出:提出将 D 划分为 M、P,这与我的认识是一致的. 但仍用"或"作连接,我是不同意的,我主张用"且",即 D 中一部分 x 使 $f(x)$ 有性质 A,同时另一部分 x 使 $f(x)$ 有性质 B,这样才能保证对 D 中所有 x, 使 $f(x)$ 有性质 A 或有性质 B.

在以后的论述中,笔者正式将其写成:

$\forall x \in D, f(x)$ 有性质 A 或有性质 $B \Leftrightarrow \forall x \in M, f(x)$ 有性质 A, 且 $\forall x \in \complement_D M,$ $f(x)$ 有性质 B. 其中,数集 $M \subseteq D, M$ 可以是 $\varnothing$,也可以是 D. 在解题中,则按 $M = \varnothing$、 $M = D, \varnothing \subset M \subset D$ 三类进行讨论.

文[3]则直接陈述为:

设 A、B、D 为非空数集,$p(x)$、$q(x)$ 为关于 x 的关系式,则" $\forall x \in D, p(x)$ 或 $q(x)$ 成立" $\Leftrightarrow$ " $\forall x \in D, p(x)$ 成立;或 $\forall x \in D, q(x)$ 成立;或 $\exists A、B, A \cup B = D, A \cap B$ $= \varnothing$,使 $\forall x \in A, p(x)$ 成立[或 $q(x)$ 成立],且 $\forall x \in B, q(x)$ 成立[或 $p(x)$ 成立]". 最后一句还可表述如:" $\exists A \subset D,$ 使 $\forall x \in A, p(x)$ 成立[或 $q(x)$ 成立],且 $\forall x \in \complement_D A,$ $q(x)$ 成立[或 $p(x)$ 成立]";或" D 中的部分元素使 $p(x)$ 成立,且其余的元素使 $q(x)$ 成立".

之所以产生对这类最一般问题的讨论,就在于涉及这类问题各个子问题的解答时,都少了对上述"第三种情况"而致错,除了错解,还因此出现了不可解的错题. 我们本文的问题仅属这类问题的一个子类,它属于下一问题:

给定 $f(x, a)$ 的主变元 x 的取值范围 D, a 为参数,若 $\forall x \in D, f(x, a)$ 具有性质 A,或具有性质 B. 求 a 的取值范围.

我们在文[11]中指出:若 $\forall x \in D$ 和给定的 $a, f(x, a)$ 具有性质 A 或具有性质 B,则必存在 D 的一个划分 $M(a)、\complement_D M(a) (M(a) \subseteq D), \forall x \in M(a), f(x, a)$ 具有性质 A,且 $\forall x \in \complement_D M(a), f(x, a)$ 具有性质 B;反之,若对于给定的 $a,$ 存在 D 的一个划分: $M(a)、\complement_D M(a); \forall x \in M(a), f(x, a)$ 具有性质 A,且 $\forall x \in \complement_D M(a), f(x, a)$ 具有性质 B,则 $\forall x \in D, f(x, a)$ 具有性质 A 或具有性质 B.

因此,使" $\forall x \in M(a), f(x, a)$ 具有性质 A,且 $\forall x \in \complement_D M(a), f(x, a)$ 具有性质 B"的 $a,$ 就是满足条件的一个 a 值,这样的 a 的全体就构成所求 a 的取值范围.

这就是我们上述问题统一解法的来源. 而在解答中,将 $M(a)$ 分为 $M(a) = \varnothing$、 $M(a) = D, \varnothing \subset M(a) \subset D$ 三类逐一获解.

---

① 汤先键.(我晒我、因为潮)本刊回应[J].数学教学研究,2010(5):13—15.

(3)姊妹问题各自的解法

钱江文①(简称文[12])归纳了几个姊妹问题的解法,抄于下:

类型 1 对于 $\forall x \in D, |f(x,a)| < g(x)$ 恒成立,求 a 的范围.

转化为对于 $\forall x \in D, -g(x) < f(x,a) < g(x)$ 恒成立,将函数 $f(x,a)$ 中的参数 a 分离得到: $\forall x \in D, h(x) - g(x) < a < h(x) + g(x)$ 恒成立,直接可转化为求 $y = h(x) - g(x)$ 的最大值、函数 $y = h(x) + g(x)$ 的最小值.

类型 2 对于 $\forall x \in D, |f(x,a)| \leqslant g(x)$ 有解,求 a 的范围.

转化为对于 $x \in D, -g(x) \leqslant f(x,a) \leqslant g(x)$ 有解,将函数 $f(x,a)$ 中的参数 a 分离即得到 $x \in D, h(x) - g(x) \leqslant a \leqslant h(x) + g(x)$ 有解,此时注意首先求得不等式 $h(x) + g(x) \geqslant h(x) - g(x)$ 的解集为 C.

设 $y = h(x) - g(x)$ 在 C 内的最小值为 m, $y = h(x) + g(x)$ 在 C 内的最大值为 n,则 a 的取值范围为 $[m,n]$.

类型 3 对于 $\forall x \in D, |f(x,a)| > g(x)$ 恒成立,求 a 的范围.

转化为求其否定形式,即对于 $\forall x \in D, |f(x,a)| \leqslant g(x)$ 有解,再转化为类型 2 求解.

类型 4 对于 $\forall x \in D, |f(x,a)| > g(x)$ 有解,求 a 的范围.

转化为其否定形式,即对于 $\forall x \in D, |f(x,a)| \leqslant g(x)$ 恒成立,再转化为类型 1 求解.

文[12]接着说:以上通法不仅能解决含参数的绝对值不等式恒成立或有解问题,同时可以推广到解决含一个逻辑连接词 p 或 q 及 p 且 q 恒成立、有解问题.

文[12]的类型 3 的转化法也可以作为上述问题的另一"通法". 我们的正解 4 就是这种方法.

【习题】

不用结论 3、结论 4,直接解下题,结果用函数的最大、最小值表示.

已知 $f(x)$ 是 $[m,n]$ ($m < n$) 上的增函数, $f(x)$、$g(x)$ 都在 $[m,n]$ 上连续,且 $g(x) \geqslant 0, |a - f(x)| > g(x)$ 在 $x \in [m,n]$ 恒成立,求 a 的取值范围.

【参考答案或提示】

解:由已知, $f(x) + g(x) \geqslant f(x)$, $f(x) - g(x) \leqslant f(x)$,又 $f(x)$ 在 $[m,n]$ 上递增,故当 $x \in [m,n]$ 时, $[f(x) + g(x)]_{max} \geqslant f(x)_{max} = f(n)$,且 $[f(x) - g(x)]_{min} \leqslant f(x)_{min} = f(m)$ 在 $x \in [m, f^{-1}(a))$ 时, $[f(x) + g(x)]_{上确界} \geqslant f(x)_{上确界} = f[f^{-1}(a)] = a$;在 $x \in [f^{-1}(a), n]$ 时, $[f(x) - g(x)]_{min} = f[f^{-1}(a)] = a$.

因此, $|a - f(x)| > g(x)$ 在 $x \in [m,n]$ 恒成立 $\Leftrightarrow$

① 钱江. 再谈 $|f(x)| < g(x)$ 和 $|f(x)| > g(x)$ 型不等式解法及推广[J]. 中学数学教学参考,2014(12):26—28.

（ I ）$\begin{cases} a \geqslant f(n) \\ a > f(x) + g(x) \quad x \in [m,n] \end{cases}$

$\Rightarrow \begin{cases} a \geqslant f(n) \\ a > [f(x) + g(x)]_{\max} \end{cases}$

$\Rightarrow a > [f(x) + g(x)]_{\max}$

或　（ II ）$\begin{cases} a \leqslant f(m) \\ a < f(x) - g(x) \quad x \in [m,n] \end{cases}$

$\Rightarrow \begin{cases} a \leqslant f(m) \\ a < [f(x) - g(x)]_{\min} \end{cases}$

$\Rightarrow a < [f(x) - g(x)]_{\min}$

或　（ III ）$\begin{cases} f(m) < a < f(n) \\ a > f(x) + g(x) \quad x \in [m, f^{-1}(a)) \\ a < f(x) - g(x) \quad x \in [f^{-1}(a), n] \end{cases}$

$\Rightarrow \begin{cases} f(m) < a < f(n) \\ a > [f(x) + g(x)]_{上确界} \geqslant a \\ a < [f(x) - g(x)]_{\min} \leqslant a \end{cases}$

$\Rightarrow a$ 不满足不等式组（ III ），即不等式组（ III ）的解集 $A_{III} = \varnothing$.

所以，实数 a 的取值范围为

$$\left(-\infty, [f(x) - g(x)]_{\min} \right) \cup \left([f(x) + g(x)]_{\max}, +\infty \right).$$

第 5 篇　频频出错的抽象函数问题

——应注意些什么?

近 20 余年来,在编制和解答抽象函数问题时,是频频出错. 本篇将通过对 20 余道错例的辨析,归纳 6 个应注意的事项.

1　注意所给条件的充分性

例 1　(1)若非零常数 T 是周期函数 $f(x)$ 的一个周期,则必有 $f(kT) = f(0)$ ($k \in N^*$)(选自文[1]①);(2)设 $f(x)$ 是以 2 为周期的周期函数,已知当 $x \in [-1,1]$ 时,$f(x) = 1 - x^2$,则当 $x \in [1,3]$、$x \in [3,5]$、$x \in [-3,-1]$、$x \in [-5,-3]$ 时,$f(x)$ 的表达式分别是什么?(选自文[2]②).

解:(1)因为 T 是 $f(x)$ 的周期,所以对于定义域内的任意 x,都有 $f(x + T) = f(x)$,从而有 $f(x + 2T) = f(x + T) = f(x)$,$f(x + 3T) = f(x + 2T) = f(x + T) = f(x)$,可用数学归纳法证明:对于任意的 $k \in N^*$,都有 $f(x + kT) = f(x)$,令 $x = 0$ 即得 $f(kT) = f(0)$　　($k \in N^*$).

(2)当 $x \in [1,3]$ 时,$x - 2 \in [-1,1]$,由 $f(x) = 1 - x^2$,$x \in [-1,1]$ 可得 $f(x) = 1 - (x-2)^2$;$x \in [1,3]$,同样可得 $f(x) = 1 - (x-4)^2$;$x \in [3,5]$,$f(x) = 1 - (x+2)^2$;$x \in [-3,-1]$,$f(x) = 1 - (x+4)^2$;$x \in [-5,-3]$. 这些结果也可用图象法得到.

辨析:(1)例如函数 $f(x) = \cot x$,$x \in (k\pi,(k+1)\pi)$,$k \in Z$,其定义域 $D = \bigcup\limits_{k=-\infty}^{+\infty} (k\pi,(k+1)\pi)$,周期 $T = \pi$,$k\pi \notin D$ ($k \in Z$),故 $f(0)$,$f(k\pi)$　　($k \in N^*$)均无意义. 说明(1)是一个假命题. 题(1)缺少条件:即没有 $0 \in D$(定义域)这一条件,因条件不充分而致错. 正确命题应给出含 0 的定义域 D. 如将题目改为:若非零常数 T 是定义在 R 上的周期函数 $f(x)$ 的一个周期,则必有 $f(kT) = f(0)$　　($k \in N^*$).

(2)例如 $f(x) = 1 - (x-2k)^2$,$x \in [2k-1,2k+1]$,($k \in N$)满足题设条件,但其定义域 $D = [-1,+\infty)$,$[-3,-1] \not\subseteq D$,$[-5,-3] \not\subseteq D$,在这两区间,函数表达式不可求. 也是条件不充分而致错. 正确的命题应给出定义域 D,使 $[-3,-1] \in D$,$[-5,-3] \in D$. 如:给出 $D = [-5,+\infty]$ 或 $D = R$,其他条件不变.

具体的周期函数各有各自的定义域,在抽象中,定义域失去了. 因此,在命题时

---

①　蒋世信. 浅谈概念教学——对周期函数概念教学的体会[J]. 数学通报,1995(3):7—10.

②　陈静兴. 课例:函数的周期性[J]. 中学数学教学参考,2013(11):28—30.

一定要注意题目对定义域的要求是什么,有针对性地设制这个定义域.

例 2 已知奇函数 $f(x)$ 是定义在 R 上的单调递增函数,且 $f^{-1}(1+a) + f^{-1}(1-a^2) < 0$,试求 a 的取值范围.这里 f^{-1} 表示函数 f 的反函数.(选自甘肃省教科所编写的高一数学配套练习)

解:$\because f(x)$ 是单调递增的奇函数,$\therefore f^{-1}(x)$ 也是单调递增的奇函数.

由于 $f^{-1}(x)$ 是奇函数,$\therefore -f^{-1}(1-a^2) = f^{-1}(a^2-1)$

$\therefore$ 原不等式为　$f^{-1}(1+a) < f^{-1}(a^2-1)$

又　$f^{-1}(x)$ 单调递增.$\therefore 1+a < a^2-1$,

即　$a^2-a-2 > 0,\therefore a < -1$ 或 $a > 1$

所求 a 的取值范围为　$a < -1$ 或 $a > 2$

辨析:取 $f(x) = \dfrac{e^x-1}{e^x+1}$　则

$$f(-x) = \frac{e^{-x}-1}{e^{-x}+1} = \frac{1-e^x}{1+e^x} = -\frac{e^x-1}{e^x+1} = -f(x), f(x) \text{ 为奇函数,又 } f(x) = 1 - \frac{2}{e^x+1}$$

显然递增.因此,$f(x) = \dfrac{e^x-1}{e^x+1}$ 满足题设条件.

可求得其反函数为 $f^{-1}(x) = \ln\dfrac{1+x}{1-x}, x \in [-1,1]$.

例 2 的不等式等价于不等式组

$$\begin{cases} 1+a < a^2-1 \\ -1 < 1+a < 1 \\ -1 < a^2-1 < 1 \end{cases} \text{ 得 } a \text{ 的取值范围为}(-\sqrt{2}, -1).$$

若取 $f(x) = \text{arc } \tan x$,它也是 R 上的单调递增的奇函数,它的反函数为 $f^{-1}(x) = \tan x, x \in \left(-\dfrac{\pi}{2}, \dfrac{\pi}{2}\right)$,不等式 $\tan(1+a) + \tan(1-a^2) < 0$ 等价于不等式 $-\dfrac{\pi}{2} < 1+a < a^2-1 < \dfrac{\pi}{2}$,$a$ 的取值范围为 $\left(-\sqrt{\dfrac{\pi+2}{2}}, -1\right)$.

本题也是因为所给条件不充分而不可求.具体的单调递增的奇函数各有各自的定义域,也各有各自的值域.但在抽象后,都被"抽去",本题中需要的是给出值域,即它的反函数的定义域,而不是它自己的定义域,给出"定义域"是不必要的多余条件,而欠缺的是给出"值域".就本题而言,给出不同的值域,对应不同的结果.要取得原解答结果:a 的取值范围为 $(-\infty, -1) \cup (2, +\infty)$,那么所给值域必须以这个范围为其子集.如改成:已知函数 $f(x)$ 是单调递增的奇函数,其值域为 R,且 $f^{-1}(1+a) + f^{-1}(1-a^2) < 0$,求 a 的取值范围.

例 3　已知函数 $f(x)$ 对于任何正实数 x、y 都有 $f(xy) = f(x) \cdot f(y)$

(1)求证:$f(x) > 0$;

(2)求证:$f(x^{-1}) = [f(x)]^{-1}$

（选自文[3]①）.

分析：根据条件易联想到函数 $f(x) = \dfrac{1}{x^2}$，从而使问题获解.

（1）证明：对于任意 $x > 0$，由条件有 $f(x) = f(\sqrt{x} \cdot \sqrt{x}) = [f(x)]^2 \geqslant 0$.
下面用反证法证明 $f(x) \neq 0$.

假设存在 $y > 0$ 使 $f(y) = 0$，则对任意的 $x > 0$，有 $f(x) = f\left(\dfrac{x}{y} \cdot y\right) = f\left(\dfrac{x}{y}\right) \cdot f(y) = 0$，这与题设矛盾. 故对任意 $x > 0$，均有 $f(x) > 0$.

（2）证明：$\because f(x) = f(x \cdot 1) = f(x) \cdot f(1)$，而 $f(x) > 0$，$\therefore f(1) = 1$，

$\therefore f(x) \cdot f\left(\dfrac{1}{x}\right) = f\left(x \cdot \dfrac{1}{x}\right) = f(1) = 1$.

$\therefore f(x^{-1}) = [f(x)]^{-1}$.

辨析：从解题分析及原题设来看，本题编制者是"抽象"了幂函数的如下性质 [设幂函数 $f(x) = x^{\alpha}$]：$f(x \cdot y) = (x \cdot y)^{\alpha} = x^{\alpha} \cdot y^{\alpha} = f(x) \cdot f(y)$. 这是对任何一个具体的幂函数都有的性质，即公共性质. 但题目编制者却没有考虑到：幂函数还有另一"公共性质"，即"函数值不恒为零". 而当函数为恒零函数：$f(x) = 0$ 时，也有性质 $f(x \cdot y) = 0 = 0 \cdot 0 = f(x) \cdot f(y)$ 对任意正实数 x、y 都成立. 因此，第（1）问的解答中"反证法"失效，即 $f(x) = 0$ 与原题设并不矛盾. 由于缺少条件"函数值不恒为零"而使两个命题都成为假命题. 本题也是所给条件不充分而致错，本题正确的命题方法应是：已知不恒为零的函数 $f(x)$ 对于任何正实数 x、y 都有 $f(xy) = f(x) \cdot f(y)$.

（1）求证：$f(x) > 0$；

（2）求证：$f(x^{-1}) = [f(x)]^{-1}$.

由上述 3 例可知，在编制抽象函数题目时，之所以出现条件不充分的问题，即是在将某类函数的公共性质抽取出来作为题设条件后，再没有考虑所编题目中是否要用到这类函数的某些特殊（具体）函数的特殊性质，甚或是否要用到这类函数的别的公共性质所致. 因此，在编制抽象函数题目时，既要抽取编题所需的全部公共性质，又要添加题目所需要的某些特殊性质. 例 3 把幂函数的两个公共性质同时抽出即可，例 1 则要添加函数的定义域；例 2 则要添加函数的值域.

2　注意所给条件的相容性

例 4　设定义在 R 上的函数 $f(x)$ 满足：$f(x + 1) = f(x - 3)$，且在 $x \in [0, 4]$ 时，$f(x) = x - 2$. （1）判断 $f(x)$ 的周期性，（2）求 $f(9)$ 与 $f(-9)$ 的值. [据资料（如文[2]）上大量类似题改编]

解：（1）（略）　答案：函数 $f(x)$ 是以 4 为周期的周期函数.

---

① 李家煜. 用具体函数思考抽象性质[J]. 中学生数学，2002（8）：4—5.

(2)∵ 在 $x \in [0,4]$ 时,$f(x) = x - 2$,故有 $f(1) = 1 - 2 = -1$. 又因为 $f(x)$ 是以 4 为周期的周期函数,定义域是 R,所以对于任意的 $x \in R$,都有 $f(x+4) = f(x)$. 所以

$$f(9) = f(5+4) = f(5) = f(4+1) = f(1) = -1$$

又由 $f(x+4) = f(x)$,$x \in R$,可得:$f(x) = f(x-4)$. 而 $f(3) = 3 - 2 = 1$. 故

$$f(-9) = f(-5-4) = f(-5) = f(-1-4) = f(-1) = f(3-4) = f(3) = 1.$$

辨析:解答结果没有错. 但只要我们看看 $f(4)$、$f(0)$ 是否可求就会发现问题. 由 $f(x) = x - 2$,我们有 $f(4) = 4 - 2 = 2$,$f(0) = 0 - 2 = -2$. 但考虑到周期性又有:$f(4) = f(0) = -2$,$f(0) = f(4-4) = f(4) = 2$. 即 $x = 0$ 或 4 时,函数 $f(x)$ 都有两个值 ± 2,$f(x)$ 也就不称其为"函数"了. 这就说明:所给条件在区间 $[4k, 4k+4]$ ($k \in \mathbf{Z}$)的端点 $x = 4k$ ($k \in \mathbf{Z}$)时,都是不相容的. 本题的正确命题应是:将区间 $[0, 4]$ 改为 $(0, 4]$ 或 $[0, 4)$(半开半闭区间),其他不变. 本题的错因在于:编制者忽略了以非零常数 T 为周期的周期函数 $f(x)$ 的一个性质:当自变量 x 每增加一个值 T 时,$f(x)$ 的值重复出现,因而使此题变成了病错题.

例 5　定义在 R 的函数 $f(x)$ 满足 $f(0) = 0$,$f(x) + f(1-x) = 1$,$f\left(\dfrac{x}{3}\right) = \dfrac{1}{2} f(x)$,且当 $0 \leqslant x_1 \leqslant x_2 \leqslant 1$ 时,有 $f(x_1) \leqslant f(x_2)$,则 $f\left(\dfrac{1}{2015}\right) = (\quad\quad)$.

(A) $\dfrac{1}{32}$　　　(B) $\dfrac{1}{64}$　　　(C) $\dfrac{1}{128}$　　　(D) $\dfrac{1}{2015}$　　(选自文[4]①)

解:在条件 $f(x) + f(1-x) = 1$ 中,令 $x = 1$,得　$f(1) + f(0) = 1$

∵　$f(0) = 0$.　∴　$f(1) = 1$.

再令 $x = \dfrac{1}{2}$,得 $f\left(\dfrac{1}{2}\right) = \dfrac{1}{2}$.

又在条件 $f\left(\dfrac{x}{3}\right) = \dfrac{1}{2} f(x)$ 中分别令 $x = 1, \dfrac{1}{2}, \dfrac{1}{3}, \dfrac{1}{6}, \dfrac{1}{9}, \dfrac{1}{18}, \dfrac{1}{27}, \cdots$,依次得一列函数值:

$$f\left(\frac{1}{3}\right) = \frac{1}{2} f(1) = \frac{1}{2}$$

$$f\left(\frac{1}{6}\right) = \frac{1}{2} f\left(\frac{1}{2}\right) = \frac{1}{4}$$

$$f\left(\frac{1}{9}\right) = \frac{1}{2} f\left(\frac{1}{3}\right) = \frac{1}{4}$$

$$f\left(\frac{1}{18}\right) = \frac{1}{2} f\left(\frac{1}{6}\right) = \frac{1}{8}$$

$$f\left(\frac{1}{27}\right) = \frac{1}{2} f\left(\frac{1}{9}\right) = \frac{1}{8}$$

①　罗仁章. 赋值法求抽象函数的值[J]. 中学生数学,2015(1):23—24.

$$f\left(\frac{1}{54}\right) = \frac{1}{2} f\left(\frac{1}{18}\right) = \frac{1}{16}$$

$$f\left(\frac{1}{81}\right) = \frac{1}{2} f\left(\frac{1}{27}\right) = \frac{1}{16}$$

$$f\left(\frac{1}{162}\right) = \frac{1}{2} f\left(\frac{1}{54}\right) = \frac{1}{32}$$

$$f\left(\frac{1}{243}\right) = \frac{1}{2} f\left(\frac{1}{81}\right) = \frac{1}{32}$$

$$f\left(\frac{1}{486}\right) = \frac{1}{2} f\left(\frac{1}{162}\right) = \frac{1}{64}$$

$$f\left(\frac{1}{729}\right) = \frac{1}{2} f\left(\frac{1}{243}\right) = \frac{1}{64}$$

$$f\left(\frac{1}{1458}\right) = \frac{1}{2} f\left(\frac{1}{486}\right) = \frac{1}{128}$$

$$f\left(\frac{1}{2187}\right) = \frac{1}{2} f\left(\frac{1}{729}\right) = \frac{1}{128}$$

$$\cdots\cdots$$

∵ $x = \dfrac{1}{2015} \in \left[\dfrac{1}{2187}, \dfrac{1}{1458}\right]$

由题设 $0 \leqslant x_1 \leqslant x_2 \leqslant 1$ 时，$f(x_1) \leqslant f(x_2)$，故得 $f\left(\dfrac{1}{2015}\right) = \dfrac{1}{128}$. 故选 C.

说明： 由上述结论可得 $x_n = \dfrac{1}{3^n}$ 或 $x_n = \dfrac{1}{2 \times 3^{n-1}}$ 时，$f(x_n) = \dfrac{1}{2^n}$（n 是正整数）；可进一步归纳为：$x \in \left[\dfrac{1}{3^n}, \dfrac{1}{2 \times 3^{n-1}}\right]$ 时，$f(x_n) = \dfrac{1}{2^n}$.

辨析： 首先，令 $x = y = 0$，由 $f\left(\dfrac{x}{3}\right) = \dfrac{1}{2} f(x)$，得 $f(0) = \dfrac{1}{2} f(0)$，$f(0) = 0$，故所给条件 $f(0) = 0$ 是多余的.

由原解答已得 $f\left(\dfrac{1}{2}\right) = f\left(\dfrac{1}{3}\right) = \dfrac{1}{2}$，结合条件：$0 \leqslant x_1 \leqslant x_2 \leqslant 1$ 时，$f(x_1) \leqslant f(x_2)$，有 $x \in \left[\dfrac{1}{3}, \dfrac{1}{2}\right]$ 时，$f(x) = \dfrac{1}{2}$.

条件 $f(x) + f(1-x) = 1$ 与 $f\left(\dfrac{x}{3}\right) = \dfrac{1}{2} f(x)$，即 $f(x) = 1 - f(1-x)$ 与 $f(x) = 2f\left(\dfrac{x}{3}\right)$. 由此推知：$x \in \left[1, \dfrac{3}{2}\right]$，$\dfrac{x}{3} \in \left[\dfrac{1}{3}, \dfrac{1}{2}\right]$，故有：$f(x) = 2f\left(\dfrac{x}{3}\right) = 2 \times \dfrac{1}{2} = 1$

$x \in \left[3, \dfrac{9}{2}\right]$ 时，$\dfrac{x}{3} \in \left[1, \dfrac{3}{2}\right]$，又有 $f(x) = 2f\left(\dfrac{x}{3}\right) = 2 \times 1 = 2$

$x \in \left[9, \dfrac{27}{2}\right]$ 时，$\dfrac{x}{3} \in \left[3, \dfrac{9}{2}\right]$，因此 $f(x) = 2f\left(\dfrac{x}{3}\right) = 2 \times 2 = 4$

$x \in \left[-\dfrac{7}{2}, -2 \right]$ 时, $1-x \in \left[3, \dfrac{9}{2} \right]$, $f(x) = 1 - f(1-x) = 1 - 2 = -1$

$x \in \left[-\dfrac{25}{2}, -8 \right]$ 时, $1-x \in \left[9, \dfrac{27}{2} \right]$, $f(x) = 1 - f(1-x) = 1 - 4 = -3$

$x \in \left[-\dfrac{21}{2}, -6 \right]$ 时, $\dfrac{x}{3} \in \left[-\dfrac{7}{2}, -2 \right]$, $f(x) = 2f\left(\dfrac{x}{3} \right) = 2 \times (-1) = -2$

而 $\left[-\dfrac{25}{2}, -8 \right] \cap \left[-\dfrac{21}{2}, -6 \right] = \left[-\dfrac{21}{2}, -8 \right] \neq \varnothing$.

故由上可知:当 $x \in \left[-\dfrac{21}{2}, -8 \right]$ 时,既有 $f(x) = -3$,又有 $f(x) = -2$. 这就说明:由题设给出(四个条件)的 $f(x)$ 并不存在. 题设中各条件之间互不相容是无疑的.

上面,我们在推出矛盾时是去除多余条件 $f(0) = 0$ 后进行的,过程比较长. 事实上,可以加上这个条件使发现问题的过程短一点:

由条件① $f(x) = 0$,② $f(x) + f(1-x) = 1$,得 $f(1) = 1$,代入③ $f\left(\dfrac{x}{3} \right) = \dfrac{1}{2} f(x)$ 得 $f\left(\dfrac{1}{3} \right) = \dfrac{1}{2} f(1) = \dfrac{1}{2}$,再由条件②得 $f\left(\dfrac{2}{3} \right) = 1 - f\left(\dfrac{1}{3} \right) = \dfrac{1}{2}$. 因此,根据条件④当 $0 \leqslant x_1 < x_2 \leqslant 1$ 时,$f(x_1) \leqslant f(x_2)$ 知:当 $\dfrac{1}{3} \leqslant x \leqslant \dfrac{2}{3}$ 时,$f(x) = \dfrac{1}{2}$.

这样一方面由 $f(3) = 2f(1) = 2$,得:$f(-2) = 1 - f(3) = -1$.

另一方面由 $f(-2) = 2f\left(-\dfrac{2}{3} \right) = 2\left[1 - f\left(\dfrac{5}{3} \right) \right] = 2\left[1 - 2f\left(\dfrac{5}{9} \right) \right] = 0$ $\left(因 \dfrac{1}{3} < \dfrac{5}{9} < \dfrac{2}{3} \right)$ 产生矛盾.

这就较为快速地判断例 5 是一道错题. 实际上可以证明,无论 $f(0) = a$ 中 a 取何实数值,条件② $f(x) + f(1-x) = 1$,③ $f\left(\dfrac{x}{3} \right) = \dfrac{1}{2} f(x)$,④当 $0 \leqslant x_1 < x_2 \leqslant 1$ 时,$f(x_1) \leqslant f(x_2)$ 都是不兼容而矛盾的. 即同时满足条件:②③④的函数 $f(x)$ 是不存在的.

当 $a = 0$ 时,前面已推出矛盾. 当 $a \neq 0$ 时,由 $f\left(\dfrac{x}{3} \right) = \dfrac{1}{2} f(x)$ 中 $x = 0$ 得 $f(0) = 0 = a$ 与 $a \neq 0$ 矛盾. 所以,不存在同时满足条件②③④的函数. 当 $a \neq 0$ 时,实际上是① $f(0) = a$ 与③不相容.

例 5 出错的原因是题设条件过多,难以做到互相兼容. 出这类题时还是小心为好,命题时应从多角度思考、多方面计算求证,在确定各条件之间相容无误后,再正式命制所需要的题目.

与例 5 相同的题例很多. 笔者发现的题例中,命题时间最早的是 2007 年全国高中联赛陕西预赛试题(后在多个资料上用于高三复习或联考),即下列题 1.

题1 定义在 R 上的函数 $f(x)$ 满足 $f(0)=0$，$f(x)+f(1-x)=1$，$f\left(\dfrac{x}{5}\right)=$ $\dfrac{1}{2}f(x)$ 且当 $0\leqslant x_1<x_2\leqslant 1$ 时 $f(x_1)\leqslant f(x_2)$，求 $f\left(\dfrac{1}{2007}\right)$ 的值.

后来的如文[5]①所列举的.

题2 (2011 年全国高中数学联赛贵州预赛第 8 题)定义在 R 上的函数 $f(x)$ 满足 $f(0)=0$，$f(x)+f(1-x)=1$，$f\left(\dfrac{x}{3}\right)=\dfrac{1}{2}f(x)$，且当 $0\leqslant x_1<x_2\leqslant 1$ 时，有 $f(x_1)\leqslant f(x_2)$，则 $f\left(\dfrac{1}{2011}\right)=$ _____.

题3 (2011 年四川省绵阳市模考题)定义在 R 上的函数 $f(x)$ 满足 $f(0)=0$，$f(x)+f(1-x)=1$，$f\left(\dfrac{x}{3}\right)=\dfrac{1}{2}f(x)$，且当 $0\leqslant x_1<x_2\leqslant 1$ 时，有 $f(x_1)\leqslant f(x_2)$，则 $f\left(\dfrac{1}{3}\right)+f\left(\dfrac{1}{7}\right)=$ _____.

为说明这些命题都是错误的，我们将文[5]的一个命题及其证明抄录如下：

命题：定义在 R 上的函数 $f(x)$ 满足 $f(x)+f(1-x)=1$，$f\left(\dfrac{x}{n}\right)=\dfrac{1}{2}f(x)$，其中 $n\in N^+$，$n\geqslant 3$；当 $0\leqslant x_1<x_2\leqslant 1$ 时，$f(x_1)\leqslant f(x_2)$，则这样的函数 $f(x)$ 不存在.

证明：$f\left(\dfrac{x}{n}\right)=\dfrac{1}{2}f(x)$ 中，令 $x=0$ 得：$f(0)=\dfrac{1}{2}f(0)$，解得 $f(0)=0$.

在 $f(x)+f(1-x)=1$ 中令 $x=1$

得 $f(1)=1$；

在 $f\left(\dfrac{x}{n}\right)=\dfrac{1}{2}f(x)$ 中，令 $x=1$

得 $f\left(\dfrac{1}{n}\right)=\dfrac{1}{2}$；

在 $f(x)+f(1-x)=1$ 中，令 $x=\dfrac{1}{n}$，

得 $f\left(\dfrac{n-1}{n}\right)=\dfrac{1}{2}$.

所以，当 $0\leqslant x_1<x_2\leqslant 1$ 时，$f(x_1)\leqslant f(x_2)$；当 $\dfrac{1}{n}\leqslant x\leqslant\dfrac{n-1}{n}$ 时，$f(x)=\dfrac{1}{2}$.

当 $1\leqslant x\leqslant n$ 时，有 $\dfrac{1}{n}\leqslant x\leqslant\dfrac{n}{n-1}$

即 $f\left(\dfrac{x}{n}\right)=\dfrac{1}{2}$.

---

① 顾宇婷，查正开. 一类数学试题的错因分析[J]. 中学生数学,2015(6):46—47.

所以　$f(x)=2f\left(\dfrac{x}{n}\right)=1.$

当 $2-n\leqslant x\leqslant 0$ 时,有 $1\leqslant 1-x\leqslant n-1$

即　$f(1-x)=1$

所以　$f(x)=1-f(1-x)=0$

当 $2-n\leqslant x\leqslant 0$ 时,有 $2-n\leqslant\dfrac{x}{n}\leqslant 0,$

即　$f\left(\dfrac{x}{n}\right)=0$

所以　$f(x)=2f\left(\dfrac{x}{n}\right)=0,\cdots$

这样反复递推下去,可得当 $x\leqslant 0$ 时,$f(x)=0$

所以当 $x\geqslant 1$ 时,有 $1-x\leqslant 0\Rightarrow f(x)=1-f(1-x)=1$,从而当 $x\geqslant n$ 时,

$f(x)=f\left(\dfrac{x}{n}\right)=1$,这与已知条件 $f\left(\dfrac{x}{n}\right)=\dfrac{1}{2}f(x)$ 矛盾,故这样的函数 $f(x)$ 不存在.

文[5]还对这类题给出修正如下:

"定义在 R 上的函数 $f(x)$ 满足 $f(x)+f(1-x)=1$,当 $x\geqslant 0$ 时,$f\left(\dfrac{x}{n}\right)=\dfrac{1}{2}$

$f(x)$,其中 $n\in N^+,n\geqslant 3$;且当 $0\leqslant x_1<x_2\leqslant 1$ 时,$f(x_1)\leqslant f(x_2)$",那么这样的函数才存在且唯一确定,它在某处的函数值必唯一,试题才是准确合理的.

实际上,早在文[5]之前,就有人对题 1 提出了上述修正建议,且还给出了另一修正法:定义在 $[0,1]$ 上的函数 $f(x)$ 满足:当 $0\leqslant x\leqslant 1$ 时,$f(x)+f(1-x)=1$,

$f\left(\dfrac{x}{5}\right)=\dfrac{1}{2}f(x)$ 且当 $0\leqslant x_1<x_2\leqslant 1$ 时,$f(x_1)\leqslant f(x_2)$,求 $f\left(\dfrac{1}{2007}\right)$.并构造下列函数予以支持:

$$f(x)=\begin{cases}0 & x=0\\[2mm]\dfrac{1}{2^n} & \dfrac{1}{5^n}<x<\dfrac{4}{5^n}\\[3mm]\dfrac{1}{3\cdot 2^{n-1}} & \dfrac{4}{5^{n+1}}<x<\dfrac{1}{5^n}\\[3mm]1-\dfrac{1}{2^n} & \dfrac{1}{5^n}<1-x<\dfrac{4}{5^n}\\[3mm]1-\dfrac{1}{3\cdot 2^{n+1}} & \dfrac{4}{5^{n+1}}<1-x<\dfrac{1}{5^n}\\[3mm]1 & x=1\end{cases}$$

但此函数并不合题意:由所给解析式可知,当 $\dfrac{4}{25}<x<\dfrac{1}{5}$ 时,$f(x)=\dfrac{1}{3}$.因此,

当 $\dfrac{4}{5}<x<1$ 时,有 $\dfrac{4}{25}<\dfrac{x}{5}<\dfrac{1}{5}\Rightarrow f\left(\dfrac{x}{5}\right)=\dfrac{1}{3}.$

由 $f\left(\dfrac{x}{5}\right) = \dfrac{1}{2}f(x)$ 知,当 $\dfrac{4}{5} < x < 1$ 时,$f(x) = 2f\left(\dfrac{x}{5}\right) = \dfrac{2}{3}$.

这与"当 $\dfrac{4}{5^{2+1}} < 1 - x < \dfrac{1}{5^2}$ 即 $\dfrac{24}{25} < x < \dfrac{121}{125}$ 时,$f(x) = 1 - \dfrac{1}{3 \times 2^{2-1}} = \dfrac{5}{6}$"矛盾.

这说明:定义在 $[0, +\infty)$ 或 $[0,1]$ 上的函数 $f(x)$ 满足②③④的函数 $f(x)$ 是否存在,仍是一个需要更深入探讨的问题. 至于文[5]的命题,也在这之前有人得到过(但未见证明). 在原条件下 $f(x)$ 不存在是毫无疑问的.

例6 已知函数 $f(x)$ 的定义域是 $(0, +\infty)$,且 $f(xy) = f(x) + 5f\left(\dfrac{x}{y}\right)$,$y \neq 1$,若 $f(9) = 8$,求 $f(3)$ 的值. [选自《高中同步作业》(数学必修一),安徽教育出版社 2008 年 7 月第四版].

对于此题,我们采用不同的赋值法可得到不同的答案,例如:

解法1:由 $f(xy) = f(x) + 5f\left(\dfrac{x}{y}\right)$,知:

$$f(9) = f(3 \times 3) = f(3) + 5f(1) \qquad ①$$

又 $$f(1) = f\left(3 \times \dfrac{1}{3}\right) = f(3) + 5f(9) \qquad ②$$

将②代入①得 $$f(9) = 6f(3) + 25f(9)$$

故 $$f(3) = -4f(9) = -32.$$

解法2:在 $f(xy) = f(x) + 5f\left(\dfrac{x}{y}\right)$ 中取 $x = 1$,则

$$f(y) = f(1) + 5f\left(\dfrac{1}{y}\right) \qquad ①$$

又 $$f\left(\dfrac{1}{y}\right) = f\left(1 \times \dfrac{1}{y}\right) = f(1) + 5f(y) \qquad ②$$

将②代入①解得 $f(y) = -4f(1)$,$f(y)$ 为集合 $\{y \mid y > 0 \text{ 且 } y \neq 1\}$ 上的常数函数.

故 $$f(3) = f(9) = 8.$$

解法3:由 $f(xy) = f(x) + 5f\left(\dfrac{x}{y}\right)$,得

$$f(3) = f\left(9 \times \dfrac{1}{3}\right) = f(9) + 5f(27) \qquad ①$$

又 $$f(27) = f(9 \times 3) + 5f(3) \qquad ②$$

将②代入①得 $$f(3) = -\dfrac{1}{4}f(9) = -2.$$

问题出在哪里?

实际上,在 $f(xy) = f(x) + 5f\left(\dfrac{x}{y}\right)$ $(x > 0)$ 中,当 $x \neq 1$ 时,有

$$f(1) = f(x) + 5f(x^2) = f(x) + 5[f(x) + 5f(1)] = 6f(x) + 25f(1) \qquad ①$$

且　$f(x) = f(1) + 5f\left(\dfrac{1}{x}\right) = f(1) + 5[f(1) + 5f(x)] = 6f(1) + 25f(x)$　　②

由①②解得 $f(x) = f(1) = 0$　$(x > 0$ 且 $x \neq 1)$，从而得 $f(x) = 0$　$(x > 0)$

而对于 x、$y \in (0, +\infty)$，$y \neq 1$，$xy \in (0, +\infty)$，$\dfrac{x}{y} \in (0, +\infty)$，故有

$$f(xy) = 0 + 5 \cdot 0 = f(x) + f\left(\dfrac{x}{y}\right)$$

$f(x) = 0$　$(x > 0)$ 为满足题设条件的一个解.

即 R^+ 上的常值零函数是本题抽象函数的一个"模型"或说是一个"背景"，而附加题设 $f(9) = 8 \neq 0$，与该"模型""背景"下的函数的性质不相容，故得不出正确的解. 例 6 因附加条件 $f(9) = 8$ 多余且与满足 $f(xy) = f(x) + 5f\left(\dfrac{x}{y}\right)$　$(y \neq 1)$ 所给出的函数的性质不相容而致错.

在编制抽象函数时，出现条件不相容的情况很多，导致不相容的原因也是多种多样的，发现它的难易程度也各不一样. 因此，我们在编题中要更加谨慎，要具体问题具体分析.

3　注意多种性质叠加产生的问题

例 7　设定义在实数集 R 上的奇函数 $f(x)$ 是以 5 为周期的周期函数，若 $f(3) = 0$，则方程 $f(x) = 0$ 在区间 $[0, 10]$ 上至少有哪些根？写出这些根组成的集合.（选自文[2]）

解：因为 $f(x)$ 是奇函数，且当 $x = 0$ 时有定义，所以 $f(0) = 0$.

又 $f(x)$ 的周期为 5，$f(3) = 0$. 所以，$f(10) = f(5) = f(0) = 0$，$f(8) = f(3) = 0$，$f(7) = f(2) = f(-3) = -f(3) = 0$

所以，方程 $f(x) = 0$ 在区间 $[0, 10]$ 中的根至少有 $x = 0, 2, 3, 5, 7, 8, 10$ 这 7 个根. 所求根的集合是

$$\{0, 2, 3, 5, 7, 8, 10\}$$

辨析：本题解答者没有注意到，定义在 R 上的奇函数与周期函数这两类抽象函数的性质叠加在一起，又会产生新的性质：若定义在 R 上的以非零常数 T 为周期的奇函数是 $f(x)$，则有 $f(x + T) = f(x)$ 且 $f(-x) = -f(x)$. 在两式中取 $x = \dfrac{T}{2}$，则得 $f\left(\dfrac{T}{2}\right) = f\left(-\dfrac{T}{2}\right) = -f\left(\dfrac{T}{2}\right)$，因此得 $f\left(\dfrac{T}{2}\right) = 0$，$f\left(-\dfrac{T}{2}\right) = 0$. 即得新性质 $f\left(\dfrac{T}{2} + kT\right) = 0$ $(k \in \mathbf{Z})$ 或 $f\left(\pm\dfrac{nT}{2}\right) = 0$　$(n \in N^*)$.

由上述新的性质可知，例 7 的解答是有漏洞的. 因为 $T = 5$，故在区间 $[0, 10]$ 内还有 $f\left(\dfrac{5}{2}\right) = 0$，从而 $f\left(\dfrac{15}{2}\right) = 0$，即方程 $f(x) = 0$ 在 $[0, 10]$ 内丢失了两根 $x = \dfrac{5}{2}$，

$x = \dfrac{15}{2}$. 在 $[0,10]$ 内,方程至少有 9 个根,故所求集合应是 $\left\{0, \dfrac{5}{2}, 2, 3, 5, 7, \dfrac{15}{2}, 8, 10\right\}$.

但这仍需加以证明. (见附录 101 页)

例 7 实际上仿照下列 2005 年高考福建卷第 12 题编制而得.

题 4 $f(x)$ 是定义在 R 上的以 3 为周期的奇函数,且 $f(2) = 0$,则方程 $f(x) = 0$ 在区间 $(0,6)$ 内解的个数最小值是(   ).

A. 1   B. 3   C. 4   D. 5

(参考答案为 D)

这是一道错题,其致错原因就在于题目命制者仅由 $f(x + kT) = f(x)$ $(k \in \mathbf{Z})$ 即:$f(x + 5k) = f(x)$ 及 $f(2) = 0$,定义在 R 上的奇函数中的 $f(0) = 0$,得 $f(3) = f(10) = 0$, $f(4) = f(1) = f(-2) = f(2) = f(5) = 0$ 得知方程 $f(x) = 0$ 在区间 $(0,6)$ 内至少有解 $x = 1,2,3,4,5$ 而得到方程 $f(x) = 0$ 在区间 $(0,6)$ 内至少有解 $x = 1,2,3,4,5$. 因此,肯定 $f(x) = 0$ 在 $(0,6)$ 内根的个数最小值是 5(选 D). 而未考虑还有 $f(4.5) = f(1.5) = 0$,即方程 $f(x) = 0$ 在 $(0,6)$ 至少有 $1, 1.5, 2, 3, 4, 4.5, 5$ 这样 7 解. 故无正确选项.

至于在 $(0,6)$ 中方程的解的个数最小值是否是 7,文 $[6]$①认为应证明. 此文已附于后.

例 8 函数 $y = f(x)$ 是定义在 R 上的奇函数,且对任意的 $x \in R$,均有 $f(x + 4) = f(x)$ 成立,当 $x \in (0,2]$ 时,$f(x) = -x^2 + 2x + 1$,当 $x \in [4k-2, 4k+2]$ $(k \in \mathbf{Z})$ 时,求函数 $f(x)$ 的表达式. (选自多个复习资料).

解:当 $x = 0$ 时,$f(0) = -f(0)$,所以有 $f(0) = 0$

当 $x \in [-2, 0)$ 时,$-x \in (0, 2]$,$f(x) = -f(-x) = -[-(-x)^2 + 2(-x) + 1] = x^2 + 2x - 1$,

由 $f(x + 4) = f(x)$ 知 $f(x)$ 为周期函数,且周期 $T = 4$

$x \in [4k-2, 4k)$ $(k \in \mathbf{Z})$ 时,由于 $x - 4k \in [-2, 0)$,得

$f(x) = f(x - 4k) = (x - 4k)^2 + 2(x - 4k) - 1$,

$x \in (4k, 4k+2]$ $(k \in \mathbf{Z})$ 时,由于 $x - 4k \in (0, 2]$ 得

$f(x) = f(x - 4k) = -(x - 4k)^2 + 2(x - 4k) + 1$

因此,$x \in [4k-2, 4k+2]$ $(k \in \mathbf{Z})$ 时,函数 $f(x)$ 的表达式为

$$f(x) = \begin{cases} (x - 4k)^2 + 2(x - 4k) - 1, & x \in [4k-2, 4k) \\ 0 & x = 4k \qquad (k \in \mathbf{Z}) \\ -(x - 4k)^2 + 2(x - 4k) + 1, & x \in (4k, 4k+2] \end{cases}$$

辨析:同例 7 一样. 除有 $f(\pm 4) = 0$ 外,还有 $f(\pm 2) = 0 \Rightarrow f(\pm 2 + 4k) = 0$

---

① 冯玉香. 2005 年高考数学福建卷理科第 12 题商榷的再商榷 $[J]$. 中学数学教学参考,2006(12): 28 + 30.

$(k \in \mathbf{Z})$. 而在区间 $(0,2]$ 上的函数解析式是 $f(x) = -x^2 + 2x + 1$, $f(2) = 1 \neq 0$. 这就说明所给附加条件 $f(x) = -x^2 + 2x + 1$ $(x \in (0,2])$ 在 $x = 2$ 时, 与其他条件是不相容的. 如果编题者在编制时能认识到定义在 R 上的奇函数和偶函数 $f(x)$ 的两种性质的叠加会产生新的性质 $f\left(\pm \dfrac{nT}{2} \right) = 0$. 就会注意在区间 $(0,2]$ 中所给函数 $f(x)$ 的解析式应使 $f(2) = 0$, 如给出 $f(x) = -x^2 + 2x$, $f(x) = x - 2$ 等类型的解析式, 这样就使条件相容了. 或者将半开半闭区间 $(0,2]$ 改成开区间 $(0,2)$, 其他不变, 最后可导出 $f(2k) = 0$ $(k \in \mathbf{Z})$ 而得到正确结果.

$$f(x) = \begin{cases} (x-4k)^2 + 2(x-4k) - 1, & x \in (4k-2, 4k) \\ 0 & x = 2k \\ -(x-4k)^2 + 2(x-4k) + 1, & x \in (4k, 4k+2) \end{cases}$$

正因为题目编制者未注意到两种不同性质的叠加会产生新的性质, 而给出了条件不相容的错题例 8.

例 9　已知函数 $f(x)$ 满足 $f(x+1) = -f(x)$ 且 $f(x)$ 是偶函数, 当 $x \in [0,1]$ 时, $f(x) = x^2$. 若在区间 $[-1,3]$ 内, 函数 $g(x) = f(x) - kx - k$ 有 4 个零点, 则实数 k 的取值范围为_____.（教辅资料、试卷上的常见题. 引自文[7]①）.

解：由 $f(x+1) = -f(x)$, 我们得到：$f(x+2) = -f(x+1) = -[-f(x)] = f(x)$. 因此, $f(x)$ 是以 $T = 2$ 为周期的周期函数. 又 $f(x)$ 是偶函数, 且 $x \in [0,1]$ 时, $f(x) = x^2$, 因此, $x \in [-1,1]$ 时, 也有 $f(x) = x^2$. 而 $x \in [1,3]$, $x - 2 \in [-1,1]$, 可得 $f(x) = (x-2)^2$. 可作函数 $y = f(x)$ 的图象见图 $5-1$, $g(x) = f(x) - kx - k$ 在区间 $[-1,3]$ 内有 4 个零点, 即函数

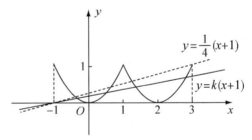

图 5-1　函数 $y = f(x)$ 与 $y = k(x+1)$ 的交点

$y = f(x)$ 与直线 $y = k \cdot (x+1)$ 的图象在区间 $[-1,3]$ 内有 4 个不同的交点. 注意到直线 $y = k(x+1)$ 恒过点 $(-1,0)$, 由题意及图 $5-1$ 可知, 当 $k \in \left(0, \dfrac{1}{4} \right]$ 时, 直线 $y = f(x)$ 与 $y = k(x+1)$ 的图象在区间 $[-1,3]$ 内有 4 个不同的交点. 故实数 k 的取值范围为 $\left(0, \dfrac{1}{4} \right]$.

辨析：首先应该指出的是：例 9 没有给出函数 $f(x)$ 的定义域, 即没有指明 x 在何范围内满足题设条件. 因此, 仅由 $f(x+1) = -f(x)$ 及 $x \in [0,1]$ 有定义且其解析式 $f(x) = x^2$, 只能导出 $f(x)$ 在 $[0,2]$ 有定义, 且 $x = [1,2]$ 时 $f(x) = -f(x-1)$. 因此, 即不能导出：$f(x)$ 在 $(2,3]$ 有意义, 也不能导出 $f(x+2) = f(x)$. 即使有

① 孙浩盛. 一道月考错题引起的思考[J]. 中学数学教学参考, 2014(4)：27—28.

$f(x+2) = f(x)$,也不能称 $f(x)$ 为以 $T = 2$ 为周期的周期函数(因为这种函数的定义域 D 必须无上界,而从所给条件不能导出 D 无上界). 因此,就凭这一点看,例 9 也是一个不能确定 $f(x)$ 在 $(2,3)$ 上是否有定义的(不可解)错题. 其解答也只能是一个错误的解答.

文[7]并未注意到此点而认为例 9 主要"考查函数的奇偶性、周期性⋯⋯基础知识",并以此为基点对它进行"辨析". 一般命制此类题时,都指明了定义域为 R,现在我们默认例 9 中 $f(x)$ 的定义域为 R,那么在 R 中具有条件 $f(x+1) = -f(x)$ 的函数[注意:为什么不说以 2 为周期的周期函数? 这是因为它只是以 2 为周期的周期函数的一个特例. 如由 R 上满点条件 $f(x+1) = \dfrac{1}{f(x)}$ 的非零函数 $f(x)$ 也是以 2 为周期的周期函数. 特例具有特例特殊性质,必须加以考虑] $f(x)$,它又是偶函数,也具有多重性质,它们叠加在一起又会产生怎样的问题,一个很明显的事实就是取 $x = -\dfrac{1}{2}$,则有:$f\left(\dfrac{1}{2}\right) = -f\left(-\dfrac{1}{2}\right) = -f\left(\dfrac{1}{2}\right)$,得 $f\left(-\dfrac{1}{2}\right) = f\left(\dfrac{1}{2}\right) = 0$. 而题目附加条件是 $x \in [0,1]$ 时,$f(x) = x^2$,$f\left(\dfrac{1}{2}\right) = \dfrac{1}{4}$ 与 $f\left(\dfrac{1}{2}\right) = 0$ 矛盾. 若仅从 $f\left(\dfrac{1}{2}\right) = 0$ 这一点看,就必须将 $f(x) = x^2$ 改为 $f(x) = \left(x - \dfrac{1}{2}\right)^2$,$f(x) = x^2 - \dfrac{1}{4}$,$f(x) = x - \dfrac{1}{2}$ 之类的函数解析式才不会出现矛盾. 因此,给出定义域为 R,例 9 也是一道病错题. 对此题,文[7]有详析的分析. 现摘录如下.

(1)错误指证

指证 1:若令 $x = 0$,由 $f(x+1) = -f(x)$ 得,$f(0) = -f(1)$,这与 $x \in [0,1]$ 时,$f(x) = x^2$ 矛盾.

指证 2:由 $f(x+1) = -f(x)$ 及 $f(x)$ 是偶函数,得 $f(1+x) = -f(-x)$,所以 $y = f(x)$ 的图象关于点 $\left(\dfrac{1}{2},0\right)$ 成中心对称. 特别指出:$f\left(\dfrac{1}{2}\right) = 0$,这显然是与 $x \in [0,1]$ 时,$f(x) = x^2$ 矛盾的.

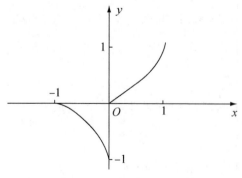

指证 3:当 $x \in [0,1]$ 时,$f(x) = x^2$,可根据"求哪、设哪、知哪、转哪"的方法求出 $x \in [-1,0]$ 的解析式.

如图 5-2,设 $x \in [-1,0]$,则 $x+1 \in [0,1]$,则得 $f(x+1) = (x+1)^2$.

又由 $f(x+1) = -f(x)$ 得当 $x \in [-1,0]$ 时,$f(x) = -(x+1)^2$,这显然与 $f(x)$ 是偶函数;当 $x \in [0,1]$ 时,$f(x) = x^2$ 矛盾.

图 5-2 函数 $y = x^2$ 图象

（2）错因分析

从以上的错误指证看，三个条件"$f(x+1)=-f(x)$""$f(x)$ 是偶函数"和"$x\in[0,1]$时，$f(x)=x^2$"不能"和平共处"，导致条件描述的函数不存在。对于 $f(x+1)=-f(x)$，我们片面地习惯于从周期上去认识它，其实，$f(x+a)=-f(x)$ 还有被我们忽视的含义，从指证错误的过程可以看出，函数的奇偶性与 $f(x+a)=-f(x)$ 要想达到理想的统一，还要受到 $f(x)$ 在 $[0,a]$ 上的对应法则的限制。

文[7]还给出几个结论（见附录 102 页），由其中的结论（Ⅴ）可知：

例 9 中所给函数在 $[-1,0]$ 的图象，必然由：$f(x)$ 在 $[0,1]$ 的图象沿 x 轴对称翻折，然后向左平移一个单位而得到。$f(x)$ 在两个区间 $[0,1]$ 与 $[-1,0]$ 间的关系必如图 5-2 所示。

而从结论（Ⅶ）可知：

只有 $f(x+1)=-f(x)$ 与 $f(x)=-f(-x)$ 同时成立时，$f(x)$ 才肯定为偶函数。

从这两点我们可知，我们在前面所举在区间 $[0,1]$ 上函数 $f(x)=x^2$ 应修改所得的例子 $f(x)=\left(x-\dfrac{1}{2}\right)^2$，

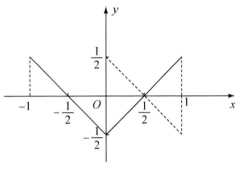

图 5-3　函数 $f(x)$ 翻折平移

$f(x)=x^2-\dfrac{1}{4}$，$f(x)=x-\dfrac{1}{2}$ 时，只有

$f(x)=x-\dfrac{1}{2}$ 满足例 9 的题设条件（上述翻折平移过程如图 5-3）。

与例 9 相同的试题不少，如下列：

题 5　$f(x)$ 是定义在 R 上的偶函数，并且满足 $f(x+2)=-\dfrac{1}{f(x)}$，当 $2\leqslant x\leqslant 3$ 时，$f(x)=x$，则 $f(5.5)$ 等于（　　）。

A. 5.5　　　　　　B. 2.5　　　　　　C. 2.5　　　　　　D. -5.5

（北京市西城区教师进修学校，北京市西城区 2000 年元月份高考模拟试题第 11 题。）参考答案：B。

本题在所给条件下的确能求得 $f(5.5)=2.5$。但是，满足所有条件的 $f(x)$ 却不存在。

因为 $f(x+4)=f[(x+2)+2]=-\dfrac{1}{f(x+2)}=f(x)$，所以 $f(x)$ 是以 $T=4$ 为周期的周期函数，而它又是偶函数。所以，$f(-1)=f(1)$ 成立，因此，$f(1)=f(-1)=f(3)=3$，又由 $f(x+2)=-\dfrac{1}{f(x)}$ 得 $f(1)=-\dfrac{1}{f(1+2)}=-\dfrac{1}{f(3)}=-\dfrac{1}{3}$，这与函数的单值性不符，故所给函数 $f(x)$ 不存在。

事实上,由已知条件可得 $f(x)$ 图象的四个分段解析式: $f(x) = -\dfrac{1}{2-x}(4k-1$

$\leq x \leq 4k, k \in \mathbf{Z})$; $f_2(x) = -\dfrac{1}{2+x}(4k \leq x \leq 4k+1, k \in \mathbf{Z})$; $f_3(x) = 4-x(4k+1 \leq x \leq$

$4k+2, k \in \mathbf{Z})$; $f_4(x) = x(4k+2 \leq x \leq 4k+3, k \in \mathbf{Z})$.

从解析式可以看出,当 $x = 4k-1, 4k+1, 4k+3$ 时,$f_1(x)$ 与 $f_2(x)$,$f_2(x)$ 与 $f_3(x)$,$f_3(x)$ 与 $f_4(x)$ 的值均不相等,此函数只能是

$$f(x) = \begin{cases} -\dfrac{1}{2-x} & (4k-1 < x \leq 4k, k \in \mathbf{Z}) \\[2mm] -\dfrac{1}{2+x} & (4k < x \leq 4k+1, k \in \mathbf{Z}) \\[2mm] 4-x & (4k+1 < x \leq 4k+2, k \in \mathbf{Z}) \\[2mm] x & (4k+2 \leq x < 4k+3, k \in \mathbf{Z}) \end{cases}$$

这与 $f(x)$ 定义在 R 上是矛盾的.

题 6 (2003 年湖北八市高三联考理科第 10 题)已知偶函数 $f(x)$ 满足 $f(x+1) = -f(x)$,且当 $0 \leq x < 1$ 时,$f(x) = x+1$,则 $f(x)$ 在 $(1, 2)$ 上的解析式为( ).

A. $f(x) = 1-x$　　　　　　　　　B. $f(x) = 3-x$

C. $f(x) = x-3$　　　　　　　　　D. $f(x) = x-1$

此题题干几乎与例 9 一模一样,看来例 9 是由此题改编而成的.与例 9 一样,可推出各种矛盾说明同时满足题设各条件的函数 $f(x)$ 并不存在.

但此题与例 9 不一样的是:由函数在区间 $[0, 1)$ 有定义(给出了解析式)及 $f(x+1) = -f(x)$,可推知 $f(x)$ 在 $[1, 2)$ 上有定义 $[x+1 \in [1, 2)]$. 因此,本题没有必要说明 $f(x)$ 定义在 R 上. 因为当 $x \in (1, 2)$ 时,$x-1 \in (0, 1)$. 而由 $f(x+1) = -f(x)$ 知 $f(x) = -f(x-1)$,题目只需求出 $f(x)$ 在 $(1, 2)$ 上的解析式,这个解析式可求出为 $f(x) = -[(x-1)+1] = -x$. 题目再没有在区间 $[0, 2)$ 之外提出要求,所以说没有必要给出函数的定义域. 由上述也充分说明:"函数 $f(x)$ 为偶函数"在本题中纯属多余且与其他条件不相容的条件,应当去掉。去掉这个多余条件后,题 6 的错误则只是一个无正确选项,而不是条件不相容的错误了. 同时,如果不考虑条件 $f(x+1) = -f(x)$ 在以 2 为周期的周期函数中的特殊性(即特殊性质),而由 $f(x+2) = f(x)$ 和 $x \in [0, 1)$ 时 $f(x) = x+1$ 求 $f(x)$ 在 $(1, 2)$ 的解析式,反而成为不可求的问题了,这是因为 $x+2 \in (1, 2)$ 时,$x \in (-1, 0)$,即是 $f(x) = f(x-2)$ 中 $x \in (1, 2)$ 时,$x-2 \in (-1, 0)$,$x-2 \notin [0, 1)$. 在未给出定义域的情况下,我们不知道 $f(x)$ 在 $(-1, 0)$ 是否有定义. 如果给出了定义域是 R,我们又需附加其他性质求函数 $f(x)$ 在 $(-1, 0)$ 的解析式. 例如请回"$f(x)$ 是偶数". 我们得 $f(x) = f(-x)$ $= -x+1[x \in (-1, 0), -x \in (0, 1)]$,从而 $x \in (1, 2)$ 时,$f(x) = f(x-2) =$ $-(x-2)+1 = -x+3$,与前面所得 $f(x) = -x$ 矛盾. 这时,题目虽有选项 C,但题

干条件又变成互不相容了.

以上 3 例、3 题说明,把几类抽象函数放在一起进行再"抽象"时,我们一定要注意这几类抽象函数的性质的相通和不相通之处,要注意在相通之处附加条件,否则,在不相通之处附加条件就会造成条件互不相容或解答中的失误.

4　注意被"抽象"函数类的初等性

高中数学试题、习题,必须以初等函数为其命题"对象". 从上述讨论看,不少抽象函数试、习题,之所以出现条件不相容的问题,问题就出在没有真正以初等函数为其对象、"背景""模型"进行"抽象",也就是题目中的所谓函数在初等函数中根本不可能有具体的函数与之相对应. 因此,这里再举两例加以说明.

例 10　已知函数 $f(x)$ 对任意实数 x、y 都有:$f(x+y) = f(x) + 2y(x+y)$,且 $f(1) = 1$,求 $f(x)$ 的解析式. [选自《中学教材全解》(高中数学必修),陕西教育出版社,2007 年 7 月第三版第 87 页]

此例出现在不少学习资料上,解答结果各不相同.

解法 1:$f(x+y) = f(x) + 2y(x+y)$ 对任意实数 x、y 成立.

故可令 $x=0, y=1$ 得

$f(1) = f(0) + 2 \cdot 1 \cdot (0+1)$,又 $f(1) = 1$,解得 $f(0) = -1$

再令 $x=0, y=x$,得

$f(x) = f(0) + 2x \cdot (0+x) = -1 + 2x^2$ 即　$f(x) = x^2 - 1$

解法 2:令 $x = y = 1$,得 $f(2) = f(1) + 2 \cdot 1 \cdot (1+1) = 1 + 4 = 5$

再令 $x = 2$,得 $f(2+y) = f(2) + 2 \cdot y \cdot (2+y) = 5 + 2y(2+y)$.

令 $2 + y = x$,上式即 $f(x) = 5 + 2(x-2) \cdot x$ 即　$f(x) = 2x^2 - 4x + 5$.

解法 3:令 $x = 1$,则有 $f(1+y) = f(1) + 2y(1+y) = 1 + 2y(1+y)$.

在上式中再令 $1 + y = x$,则有 $f(x) = 1 + 2(x-1) \cdot x$,即　$f(x) = 2x^2 - 2x + 1$.

解法 4:令 $x + y = 1$,则有 $f(1) = f(x) + 2(1-x) \cdot 1$,又 $f(1) = 1$,

得　$f(x) = 2x - 1$.

例 11　(2006 年公安边防警卫部队院校招生统一试题)已知函数 $f(x)$ 对任意实数 x、y 都有 $f(x+y) = f(x) + f(y) + 2y(x+y) + 1$,且 $f(1) = 1$.

(1)若 $x \in N^*$,试求 $f(x)$ 的表达式;

(2)若 $x \in N^*$ 且 $x \geq 2$,不等式 $f(x) \geq (a+7)x - (a+10)$ 恒成立,求实数 a 的取值范围.

解:(1)令 $y = 1$,则 $f(x+1) = f(x) + f(1) + 2(x+1) + 1$,得 $f(x+1) - f(x) = 2x + 4$

从而当 $x \in N^*$ 时,有

$$f(2) - f(1) = 2 \times 1 + 4$$
$$f(3) - f(2) = 2 \times 2 + 4$$
$$f(4) - f(3) = 2 \times 3 + 4$$
$$\cdots\cdots$$
$$f(x) - f(x-1) = 2(x-1) + 4$$

将上面各式相加得

$$f(x) = x^2 + 3x - 3 \quad (x \in N^*)$$

(2)当 $x \in N^*$,且 $x \geq 2$ 时

$f(x) = x^2 + 3x - 3$,故不等式

$f(x) \geq (a+7)x - (a+10)$ 恒成立,即

$x^2 - 4x + 7 \geq a(x-1)$ 恒成立.

而 $x \geq 2$,故 $\dfrac{x^2 - 4x + 7}{x-1} \geq a$ 恒成立.

又 $\dfrac{x^2 - 4x + 7}{x-1} = (x-1) + \dfrac{4}{x-1} - 2 \geq 2$ 当且仅当 $x - 1 = \dfrac{4}{x-1}$,即当 $x = 3$ 时取等式.

所以,$\dfrac{x^2 - 4x + 7}{x-1}$ 的最小值为 2,即 $a \leq 2$.

辨析: 例 10 的四种解法,得到四种不同的答案. 那么这四种答案是否满足题设? 先看是否满足 $f(1) = 1$. 仅答案 2:$f(x) = 2x^2 - 4x + 5$ 不满足,此时 $f(1) = 2 \times 1 - 4 \times 1 + 5 = 3 \neq 1$. 其余三个都满足.

再看它们是否满足 $f(x+y) = f(x) + 2y(x+y)$,即满足 $f(x+y) - f(x) = 2y(x+y)$.

四个答案分别有:

$$f(x+y) - f(x) = 2y(2x+y)$$
$$f(x+y) - f(x) = 2y(2x+y-2)$$
$$f(x+y) - f(x) = 2y(2x+y-1)$$
$$f(x+y) - f(x) = 2y$$

都与所给条件 $f(x+y) - f(x) = 2y(x+y)$ 不一致. 这说明四个答案都是错误的,但各解法都没有错. 只能是所给条件有问题.

我们再看例 11. 因为例 11 第(2)问由含参数 a 的不等式恒成立,求参数 a 的取值范围的正确性,取决于第(1)问求函数 $f(x)$ $(x \in N^*)$ 的解析式的正确性. 因此,我们只讨论第(1)问. 由第(1)问的答案:$f(x) = x^2 + 3x - 3$ 我们得到:

$$f(x+y) = f(x) + f(y) + 2xy + 3$$

并非题设中的

$$f(x+y) = f(x) + f(y) + 2y(x+y) + 1.$$

可见例 11 的答案也是错误的.

那么,用其他解法能得到例 11 的正确答案吗?

比如:

令 $x=1$,则 $f(1+y)=f(1)+f(y)+2y\cdot(1+y)+1$,因此有 $f(y+1)-f(y)=2y^2+2y+2$

取 $y=1,2,\cdots,x-1(x\in N^*)$ 有

$$f(2)-f(1)=2\cdot1^2+2\cdot1+2$$
$$f(3)-f(2)=2\cdot2^2+2\cdot2+2$$
$$f(4)-f(3)=2\cdot3^2+2\cdot3+2$$
$$\cdots\cdots$$
$$f(x)-f(x-1)=2(x-1)^2+2(x-1)+2$$

将上面各式相加得

$$f(x)-f(1)=2\cdot\frac{1}{6}(x-1)x(2x-1)+\frac{2}{2}(x-1)x+2(x-1)$$

即

$$f(x)=\frac{2}{3}x^3+\frac{4}{3}x-1$$

由此可得

$f(x+y)=f(x)+f(y)+2xy(x+y)+1$ 并非题设中的

$$f(x+y)=f(x)+f(y)+2y(x+y)+1.$$

同例 10 一样,对例 11 选择不同的解法,也得到一系列不同的"解析式",代回检验,同样无一满足题设条件. 各解法没有错,只能说例 11 的题设也是有问题的.

那么是什么问题? 我们知道,中学阶段的抽象函数,无论是高考题、复习题还是平时练习题,都应是以具体的初等函数类为对象(或说"背景""模型")抽象而得的"基本初等函数的抽象函数". 离开这些"模型"或"背景",随意给出的所谓抽象函数,对中学生来说,都是"无源之水""无本之木",很可能是不可解的错题.

例 10、例 11 题设中第一个条件分别是

$$f(x+y)-f(x)=2xy+2y^2 \qquad\qquad ①$$
$$f(x+y)-[f(x)+f(y)]=2xy+2y^2+1 \qquad\qquad ②$$

由①②式可初步判断,$f(x)$ 的抽象对象("背景""模型")不可能为有理整式函数之外的初等函数(有理分式函数、无理函数以及各种初等超越函数). 现考虑有理整式函数:$f(x)=a_0x^n+a_1x^{n-1}+a_2x^{n-2}+\cdots+a_{n-1}x+a_n(a_0,a_1,a_2,\cdots,a_n$ 为常数,$n\in N^*)$ 的几个低次式.

(1)常数函数 $f(x)=a_0$,有

$$f(x+y)-f(x)=0 \quad (常数 0)$$
$$f(x+y)-[f(x)+f(y)]=-a_0 \quad (常数)$$

(2)一次函数 $f(x)=a_0x+a_1 \quad (a_0\neq0)$

$$f(x+y)-f(x)=a_0y \quad (一次式)$$
$$f(x+y)-[f(x)+f(y)]=-a_1 \quad (常数)$$

(3)二次函数 $f(x) = a_0 x^2 + a_1 x + a_2 (a_0 \neq 0)$

$$f(x+y) - f(x) = 2a_0 xy + a_0 y + a_1 y \qquad ③$$

$$f(x+y) - [f(x) + f(y)] = 2a_0 xy - a_2 \qquad ④$$

(4)三次函数 $f(x) = a_0 x^3 + a_1 x^2 + a_2 x + a_3 \quad (a_0 \neq 0)$

$$f(x+y) - f(x) = 3a_0 x^2 y + 3a_0 xy^2 + a_0 y^3 + 2a_1 xy + a_1 y^2 + a_2 y \qquad ⑤$$

$$f(x+y) - [f(x) + f(y)] = 3a_0 x^2 y + 3a_0 xy^2 + 2a_1 xy - a_3 \qquad ⑥$$

一般地,当 $m \geq 2$ 时,由于 $(x+y)^m = x^m + C_m^1 x^{m-1} y + C_m^2 x^{m-2} y^2 + \cdots + C_m^{n-1} xy^{m-1} + y^m$. 知

$$(x+y)^m - x^m = C_m^1 x^{m-1} y + \cdots + C_m^{m-1} xy^{m-1} + y^m$$

$$(x+y)^m - (x^m + y^m) = C_m^1 x^{m-1} y + \cdots + C_m^{m-1} xy^{m-1}.$$

都是关于 x、y 的 m 次式.

故当 $n \geq 2$ 且 $a_0 \neq 0$ 时,对于有理整式: $f(x)$, $f(x+y) - f(x)$ 与 $f(x+y) - [f(x) + f(y)]$ 来说,它们均是 x,y 的 n 次式. 而①、②均是关于 x,y 的二次式. 因此,例10、例11 的抽象函数 $f(x)$ 若以初等函数为其"背景""模型"的话,这个初等函数只能是二次函数. 但我们比较①③两式得 $a_1 = 0$, $a_0 = 1$ 且 $a_0 = 2$,矛盾. 而在④式中无论 a_0, a_2 取何值,都不可能得到②式. 可见,二次函数也不可能成为例10、例11 中的函数 $f(x)$ 的"背景""模型".

综上所述,例10、例11 的所谓抽象函数 $f(x)$ 无任何初等函数为其"背景""模型",因而成为不可求解的错题.

鉴于此,诚望抽象函数编题者在命制题例时,务必以某类初等函数为背景,并吃透这类初等函数的共性和个性,然后再正式命题.

5 注意附加条件与"背景"函数的一致性

例12 设 $f(x)$ 的定义域为 R 且存在反函数,若函数 $f(2x-1)$ 与 $f^{-1}(x+1)$ 互为反函数,$\lim\limits_{n \to \infty} f^{-1}(x)$ 存在,则 $\lim\limits_{n \to \infty} f^{-1}(x)$ 等于(　　).

A. 1　　　　　　B. $\dfrac{1}{2}$　　　　　　C. 2　　　　　　D. $\dfrac{3}{2}$

(湖北省百所重点中学 2007 届高三联合考试题)

解:由 $y = f(2x-1)$ 得 $2x-1 = f^{-1}(y) \Rightarrow x = \dfrac{1}{2}[f^{-1}(y) + 1]$,由条件得

$$f^{-1}(x+1) = \dfrac{1}{2}[f^{-1}(x) + 1]$$

注意到 $\lim\limits_{n \to \infty} f^{-1}(x)$ 存在,故可设为 A,又 $\lim\limits_{n \to \infty} f^{-1}(x) = \lim\limits_{n \to \infty} f^{-1}(x+1)$,故有

$A = \dfrac{1}{2}(A+1)$,得 $A = 1$,选 A.

辨析:由 $y = f^{-1}(x+1)$ 得 $x+1 = f(y) \Rightarrow x = f(y) - 1$.

即 $y = f^{-1}(x+1)$ 的反函数为 $y = f(x) - 1$. 由条件得 $f(2x-1) = f(x) - 1$,令 $x = 1$,得 $f(1) = f(1) - 1$,矛盾.

这说明例 12 也是一道条件不相容的错题. 问题出在哪里?

由
$$f^{-1}(x+1) = \frac{1}{2}\left[f^{-1}(x) + 1 \right]$$

我们得
$$f^{-1}(x+1) - 1 = \frac{1}{2}\left[f^{-1}(x) - 1 \right]$$

令
$$f^{-1}(x) = \left(\frac{1}{2}\right)^x + 1$$

上式即
$$\left(\frac{1}{2}\right)^{n+1} = \frac{1}{2} \cdot \left(\frac{1}{2}\right)^n$$

这显然是一个恒等式. 由此,我们可以得到例 12 所给抽象函数 $f(x)$ 的一个具体"模型":

$f(x) = \log_{\frac{1}{2}}(x-1)$,它的定义域是:$D = (1, +\infty)$,$x = 1 \notin D$.

例 12 在命制中附加 $f(x)$ "定义在 R 上"是误将 $D = (1, +\infty)$ 当成了 R,因此出错.

实际上,前面所举各类条件不相容的问题大多也是因为附加条件与所使用的具体"模型"函数或说"背景"函数的性质不一致造成的. 这里之所以把它作为一个单独的应注意的问题提出来,是想再一次强调. 我们在命制抽象函数题时,因抽象会失去这类函数中具体的、特殊的函数的某些个性. 我们附加补充的,就是我们在解决这一类问题时需要的某(n)个"个性"或特殊性质,不要多余、不要错位,否则必定导致所命制的题目出错.

6　注意与高等数学接合时出现的问题

例 13　已知非零函数 $y = f(x)$　$(x \in R)$ 满足 $f(x+1) = a f(x)$,a 是不为 0 的实常数. 若函数 $y = f(x)$　$(x \in R)$ 是周期函数,写出符合条件 a 的值.

大多数的答案是 $a = \pm 1$(转引自文[8][①]).

辨析: 本例及其答案仅考虑到函数 $y = f(x)$ 为连续函数的情况. 事实上,在函数不连续的情况下,还会有其他解,甚至无穷多解.

我们作集合 $A = \{x \mid x = n + m\sqrt{2}, n、m \in Z\}$,可知该集合的元素包括所有整数 $x = n$　$(m = 0, n \in Z)$ 和一类特殊的无理数 $x = n + m\sqrt{2}(m、n \in Z$ 且 $m \neq 0)$. 因此,$x \in A$ 时,必有 $n_0、m_0 \in Z$,使 $x = n_0 + m_0\sqrt{2}$,此时,$x + 1 = n_0 + 1 + m_0\sqrt{2} \in A$,$x + \sqrt{2} = n_0 + (m_0 + 1)\sqrt{2} \in A$,$x \notin A$ 时,对于任意的 $m、n \in Z$,都有 $x \neq n + m\sqrt{2}$,故 $x + 1 \neq n + 1 + m\sqrt{2}$,$x + \sqrt{2} \neq n + (m+1)\sqrt{2}$,由于 $n + 1, m + 1$ 也都是任意的整数,故 $x \notin A$ 时,

---

① 刘招川,何一骏. 函数命题中易忽视的几个问题[J]. 数学教学,2015(10):34—35.

$x+1 \notin A, x+\sqrt{2} \notin A$. 又当 $a \neq 0$ 时,对于任意的 $n \in Z, a^n$ 都有意义. 我们现在可构造函数

$$f(x) = \begin{cases} a^n, & x \in A \\ 0, & x \notin A \end{cases}$$

可以证明:(1) $f(x+1) = a f(x)$ $(x \in R)$;(2) $f(x)$ 是以 $T = \sqrt{2}$ 为周期的周期函数,即 $f(x+T) = f(x)$ 对于任意 $x \in R$ 都成立.

证明:(1)当 $x \in A$ 时,必存在 $n = n_0, m = m_0 (m_0 、 n_0 \in Z)$,使 $x = n_0 + m_0 \sqrt{2}$,则 $x + 1 = n_0 + 1 + m_0 \sqrt{2} \in A$,此时有

$$f(x+1) = f(n_0 + 1 + m_0 \sqrt{2}) = a^{n_0+1} = a \cdot a^{n_0}$$
$$= a \cdot f(n_0 + m_0 \sqrt{2}) = a f(x).$$

当 $x \notin A$,由前面的讨论知 $x + 1 \notin A$,因此有 $f(x) = 0$ 且 $f(x+1) = 0$,这时也有
$$f(x+1) = a \cdot f(x)$$

综上可知,对于任意的 $x \in R$,都有 $f(x+1) = a \cdot f(x)$

(2)当 $x \in A$ 时,存在 $m_0 、 n_0 \in Z$,使 $x = n_0 + m_0 \sqrt{2}$,由上述讨论知 $x + \sqrt{2} = n_0 + (m_0 + 1)\sqrt{2} \in A$,故有

$$f(x+\sqrt{2}) = f[n_0 + (m_0 + 1)\sqrt{2}] = a^{n_0}$$
$$f(x) = f(n_0 + m_0 \sqrt{2}) = a^{n_0}$$

因此得:$f(x + \sqrt{2}) = f(x)$.

当 $x \notin A$ 时,由上面的讨论知 $x + \sqrt{2} \notin A$,因此 $f(x + \sqrt{2}) = 0 = f(x)$

综上,对于任意的 $x \in R$,都有

$$f(x + \sqrt{2}) = f(x)$$

$f(x)$ 是以 $\sqrt{2}$ 为周期的周期函数.

本题有"$a \neq 0$".若题中函数 $f(x)$ 可为恒 0 函数,则 $a = 0$ 也满足题设条件. 这时 a 可取任何实数值. 因此,本题是不可解错题.

函数的连续性是函数的一个基本性质. 由于极限知识的限制,中学阶段不能对连续性进行深入的讨论,并且我们也知道高中阶段接触的都是初等函数,而初等函数在其定义域各区间(一个或多个由有限个点分割成的区间)内都连续. 因此,在命制具体函数问题时,都可以对问题直接进行描述而不考虑其连续性. 这就可能形成一种习惯,在命制抽象函数题时也不考虑连续性而致错,若能认真验证,就会发现问题,必要时加上连续性条件,此题改为"非零连续函数 $y = f(x)$ $(x \in R)$"就不会出错.

例 14 (2008 年高考陕西卷理 11 题)定义在 R 上的函数 $f(x)$ 满足 $f(x+y) = f(x) + f(y) + 2xy (x 、 y \in R)$,$f(1) = 2$,则 $f(-3)$ 等于(   ).

A. 2   B. 3   C. 6   D. 9

对于此题,文[9]①给出了如下解法.

解法 1:令 $x=y=0$,得 $f(0)=0$. 视 y 为常数,进行求导

$f'(x+y)=f'(x)+0+2y$,令 $x=0$,得

$f'(y)=f'(0)+2y$,即 $f'(x)=f'(0)+2x$

$\therefore\quad f(x)=f'(0)\cdot x+x^2+c$

将 $f(0)=0$,$f(1)=2$ 代入上式得 $c=0$,$f'(0)=1$

$\therefore\quad f(x)=x+x^2$、$f(-3)=6$. 选 C.

文[10]②对这种解答提出如下质疑:

首先,左边写成 $f'(x,y)$ 没错但不合适,实际上原式中 $f(x+y)$ 在这里应该看成一个复合函数,只不过内函数是一个系数为 1 的线性函数而已. 笔者认为最好将其写成 $f'(x+y)\cdot(x+y)'=f'(x+y)$,因为如果将原题改写为等价的 $f(2x+y)=f(2x)+f(y)+4xy(x,y\in R)$ 形式,按照原文的写法,学生是很容易犯错误的.

其二,更为关键的是这种解题的方法是没有理论依据的. 这道题是一个函数方程的问题. 题且已知 $f(x)$ 在 R 上有定义,但没有说其 R 上连续,更何况可导. 这样就对 $f(x)$ 求导是没有道理的,除非首先证明它在 R 上是可导的,但这是一件不可能的事情……可将原式变形为 $[f(x+y)-(x+y)^2]=[f(x)-x^2]+[f(y)-y^2]$,令 $F(x)=f(x)-x^2$,从而将已知条件转化为:$F(x+y)=F(x)+F(y)$. 从本质上讲,这是一个柯西函数方程的问题,但其仍然需要有 $F(x)$ 连续的要求[或者要求当 $x\in(0,+\infty)$ 时,$F(x)$ 恒正或恒负]. 然而题中并没有给出 $f(x)$ 在 R 上连续的条件,换句话说,当 $f(x)$ 在 R 上不连续时,还会有其他形式的解.

笔者同意文[10]②的看法. 为此还查过资料,资料上指出:对于柯西函数方程 $F(x)$ 来说,如果对 $F(x)$ 附加下述条件之一:

①$F(x)$ 在 R 内连续;②$F(x)$ 在任意一个区间内单调;③$F(x)$ 在任意一个区间内有界;④$F(x)$ 在 $x\in(0,+\infty)$ 时恒正或恒负,等等.

则柯西函数方程有唯一的初等函数解 $F(x)=cx$.

但是,若 $F(x)$ 不满足上述条件时,柯西函数方程 $F(x+y)=F(x)+F(y)$ 可能有更为复杂的解. 在承认选择公理(在任何一组非空集合里,我们总可以从每个集合里选出一个元素组成一个新的集合)的前提下,则柯西函数方程 $F(x+y)=F(x)+F(y)$ 有无穷多解,从而 $f(x)$ 有无穷多个.

文[11]③在对此题背景的研究中实际上给出了柯西函数方程法,即下列错误解法:

解法 2:由 $f(x+y)=f(x)+f(y)+2xy$ 得 $F(x+y)+x^2+y^2=f(x)+f(y)$

①　李峰. 一个问题的求解历程[J]. 中学数学教学参考,2009(7):19—20.

②　张广民. 关于《一个问题的求解历程》一文的思考[J]. 中学数学教学参考,2009(9):62.

③　罗兖,罗增儒. 高考数学陕西卷的高等背景——高考数学陕西自主命题的研究之三[J]. 中学数学教学参考,2009(7):27—32.

$+(x+y)^2$,即

$$f(x+y)-(x+y)^2=[f(x)-x^2]+[f(y)-y^2]$$

设 $F(x)=f(x)-x^2$,则已知条件化为柯西函数方程 $F(x+y)=F(x)+F(y)$,$F(1)=f(1)-1^2=1$

解柯西函数方程得 $F(x)=F(1)\cdot x=x$.

即

$$f(x)=x^2+x$$

得 $f(-3)=-3(-3+1)=6$　故选 C.

由上述"注意"4 的讨论已知:若 $f(x)=a_0x^2+a_1x+a_2$,则有

$$f(x+y)-[f(x)+f(y)]=2a_0xy-a_2 \tag{④}$$

而本例中给出的条件是

$$f(x+y)-[f(x)+f(y)]=2xy.$$

相比较知 $a_0=1$,$a_2=0$. 故本例的函数 $f(x)$ 的"模型"即 $f(x)=x^2+a_1x$,由于 $f(1)=2$ 即 $1+a_2=2$,得 $a_2=1$.

所求函数 $f(x)=x^2+x$,$f(-3)=9-3=6$,故选 C.

由于此题只求 $f(-3)$,故也可采用"赋值法",如:

令 $x=0$,$y=1$ 得 $f(1)=f(0)+f(1)$,得 $f(0)=0$,再令 $x=-1$,$y=-1$ 得 $f(0)=f(-1)+f(1)-2$,又 $f(1)=2$ 得 $f(-1)=0$,再令 $x=-2$,$y=1$,得 $f(-1)=f(-2)+f(1)-4$ 得 $f(-2)=2$

再令 $x=-3$,$y=1$ 得

$$f(-2)=f(-3)+f(1)-6,又得 f(-3)=6. 故选 C.$$

所以,本例根本无须用"导数法"或"柯西函数法"求函数 $f(x)$.

例 15 函数 $f(x)$ 满足 $f(x+y)=f(x)+f(y)+xy(x+y)$,又 $f'(0)=1$,则函数 $f(x)$ 的解析式为_____.(选自文[12][①])

提示:令 $x=y=0$,则 $f(0)=f(0)+f(0)+0 \Rightarrow f(0)=0$,视 y 为常数,则 $f'(x+y)=f'(x)+0+2xy+y^2 \Rightarrow f'(y)=1+y^2$,从而　$f(x)=\dfrac{1}{3}x^3+x+c$

又 $f'(0)=0 \Rightarrow c=0$

∴　$f(x)=\dfrac{1}{3}x^3+x$

辨析:本题既没有给出定义域,又未说明函数在"$x=0$"之外的导数存在.因此,由对例 13 的解法分析知这是一道病题.

与例 13 一样,令 $f(x)=a_0x^3+a_1x^2+a_2x+a_3$,则有

$$f(x+y)-[f(x)+f(y)]=3a_0xy(x+y)+2a_1xy-a_3$$

而本题已知即

---

① 严循跃. 我的优质训练题[J]. 中学数学教学参考,2009(1/2):56.

$f(x+y) - [f(x) + f(y)] = xy(x+y).$

两相比较得 $a_0 = \dfrac{1}{3}, a_1 = 0, a_3 = 0$,故得函数 $f(x) = \dfrac{1}{3}x^3 + a_2 x.\ f'(x) = x^2 + a_2$

由 $f'(0) = 1$ 即得 $a_2 = 1$

因此,得函数解析式 $f(x) = \dfrac{1}{3}x^3 + x.$

例 15 作为填空题,这种解法已得出函数解析式,没有必要用求导函数的方法去解.

例 15 如果可以用"导数法"求解,当然也就可以用下述"柯西函数方程法"求解.

我们将 $f(x+y) = f(x) + f(y) + xy(x+y)$ 变形为 $f(x+y) + \dfrac{1}{3}x^3 + \dfrac{1}{3}y^3 =$

$f(x) + f(y) + \dfrac{1}{3}(x+y)^2$

即 $f(x+y) - \dfrac{1}{3}(x+y)^2 = \left[f(x) - \dfrac{1}{3}x^2 \right] + \left[f(y) - \dfrac{1}{3}x^2 \right]$

令 $F(x) = f(x) - \dfrac{1}{3}x^3$,问题转化为柯西函数方程 $F(x+y) = F(x) + F(y)$

解得 $F(x) = cx$

即 $f(x) - \dfrac{1}{3}x^3 = cx, f(x) = \dfrac{1}{3}x^3 + cx, f'(x) = \dfrac{2}{3}x^2 + c$,又 $f'(0) = 1$,

得 $c = 1$.

故所求函数解析式为 $f(x) = \dfrac{1}{3}x^3 + x.$

我们在编题、解题中一旦使题目或解法与导函数、柯西函数方程等高等数学知识联系起来,那么意味着我们的问题已进入到高等数学问题的领域.一些在初等数学领域只有唯一解的问题,在高等数学领域内就可能有更为复杂的解,甚至有无穷多个解(前面关于柯西函数方程的问题即如此).因此,题目中应有将解限制在初等数学范围内的条件,本篇问题中可以加条件,如:函数 $f(x)$ 在 R 上连续,或 $f(x)$ 在 R 上可导,或 $f(x)$ 是 R 上的基本初等函数,等等.

【习题】

请对下列三题进行分析.

1. (2004 年福建省会考试题)已知函数 $f(x)$ 满足 $f(x+1) = -f(x)$ $(x \in R)$ 且 $f(x)$ 在区间 $[0,1]$ 上是减函数,有以下四个函数:①$y = \sin \pi x$;②$y = \cos \pi x$;③$y = 1 - (x-2k)^2 (2k-1 < x \leqslant 2k+1, k \in Z)$;④$y = 1 + (x-2k)^2 (2k-1 < x \leqslant 2k$ $+1, k \in Z)$.其中,$f(x)$ 满足所有条件的函数序号为( ).

A. ① ② 　　　　B. ② ③ 　　　　C. ② ④ 　　　　D. ① ④

参考答案:B

2. 设 $f(x)$ 为奇函数,对于 x、$y \in R$ 都有 $f(x+y) = f(x) + f(y)$,且 $x > 0$ 时,$f(x) < 0$,又 $f(1) = -2$. ①判断 $f(x)$ 的单调性;②求 $f(x)$ 在 $x \in [-3,3]$ 的最大值和最小值.

答案:$f(x)$ 是减函数,最小值为 -6,最大值为 6(选自一个复习资料).

3. 已知函数 $f(x) = \begin{cases} f(x+5) & x > 2 \\ ae^x & -2 \leqslant x \leqslant 2 \\ f(-x) & x < -2 \end{cases}$,若 $f(-2016) = e$,则 $a = ($ $)$

A. 1   B. 2   C. -1 D. -2

(兰州市某几所学校 2016 年高三第 3 次诊断试卷第 3 题,选 A)

【参考答案或提示】

1. ①中函数 $f(x)$ 在区间 $[0,1]$ 为非单调函数;④中函数 $f(x)$ 在区间 $[0,1]$ 递增,故①④均不满足所有条件. 只有②中函数 $f(x)$ 满足所有条件. ③中函数虽在 $k = 0$ 时,$f(x) = 1 - x^2 (-1 < x \leqslant 1)$ 在 $[0,1]$ 递减,但 $f(1) = 0$,在 $k = 1$ 时,$f(x) = 1 - (x-2)^2, 1 < x < 3, f(2) = 1$,而根据 $f(x+1) = -f(x)$ 有 $f(2) = -f(1) = 0$,出现矛盾. 这说明③中所给函数 $f(x)$ 中隐含有与 $f(x+1) = -f(x)$ 的性质不相容的条件. 本题无正确选项,为病错题. 详细分析可参照例 5 进行.

2. 无大错."奇函数"为多余条件.

3. ①本题解答要用到 $f(-2016) = f(2016) = f(6) = f(1)$,而 2016、$6 \in (2, +\infty)$,$1 \in [-2,2]$,$(2, +\infty) \cap [-2,2] = \Phi$,$f(6) = f(1)$ 是未知的.

②若承认 $f(6) = f(1)$ 成立,那么就得承认 $f(-2016) = f(-6) = f(-1)$ 也是成立的 [由 $x \in (-\infty, -2)$ 时 $f(x) = f(-x)$],又有 $e = f(-2016) = ae^{-1}$,从而得 $a = e^2$,这不仅与所给答案不符,而且题中无此选项.

由上可知,此题是一道病错题.

③可构造无数个满足题设条件的反例,这里仅给 1 例

反例:$f(x) = \begin{cases} ae^x & x \in [-2,2] \\ \dfrac{e}{\cos \dfrac{2\pi}{5}} \cos \dfrac{2\pi x}{5} & x \in (-\infty, -2) \cup (2, +\infty) \end{cases}$

可证:$f(-x) = \dfrac{e}{\cos \dfrac{2\pi}{5}} \cos \dfrac{2\pi(-x)}{5} = \dfrac{e}{\cos \dfrac{2\pi}{5}} \cos \dfrac{2\pi x}{5} = f(x) \, [x \in (-\infty, -2)]$

且 $f(-2016) = f(2016) = f(6) = \dfrac{e}{\cos \dfrac{2\pi}{5}} \cos \dfrac{2\pi}{5} = \dfrac{e \cos \dfrac{2\pi}{5}}{\cos \dfrac{2\pi}{5}} = e.$

但若允许由 $f(2016) = f(6) = f(1)$ 得 $a = 1$,那么也允许,由 $f(2015) = f(5) = f(0)$ 得 $a = f(0) = f(5) = \dfrac{e}{\cos \dfrac{2\pi}{5}} \cos 2\pi = \dfrac{e}{\cos \dfrac{2\pi}{5}}$ 得 $a = \dfrac{e}{\cos \dfrac{2\pi}{5}}$;也应允许 $ae^2 = f(2)$

$$=f(2017)=f(7)=\frac{e}{\cos\dfrac{2\pi}{5}}\cos 14\pi=\frac{e}{\cos\dfrac{2\pi}{5}}\cos\dfrac{4\pi}{5}\text{得}\ a=\frac{\cos\dfrac{4\pi}{5}}{e\cos\dfrac{2\pi}{5}};\text{也应允许}$$

$$ae^{-1}=f(-1)=f(4)=\frac{e}{\cos\dfrac{2\pi}{5}}\cos\dfrac{8\pi}{5},\text{得}\ a=\frac{e^2\cos\dfrac{8\pi}{5}}{\cos\dfrac{2\pi}{5}};\text{也允许}$$

$$ae^{-2}=f(-2)=f(3)=\frac{e}{\cos\dfrac{2\pi}{5}}\cos\dfrac{6\pi}{5},\text{得}\ a=\frac{e^3\cos\dfrac{6\pi}{5}}{\cos\dfrac{2\pi}{5}}.$$

等等,等等. 此题 a 是不可求的.

附录

1　文[6]对题4的答案再商榷

……其实两种解法有相同的漏洞:只确定了最小值不小于某个常数(5 或 7),却都没有验证能否取到这个常数,找到 5 个解就说最小值为 5,找到 6 个解就说最小值为 6,找到 7 个解就说最小值为 7,这既有知识性错误,又有逻辑性错误. 下面我们来完善两件事情.

(Ⅰ)方程 $f(x)=0$ 在区间 $(0,6)$ 内恰有 5 个解是不可能的.

举出反例 $f(1,5)=0$ 是否定"最小值是 5"的好途径,下面的证明有助于说明反例是怎样找到的.

用反证法,假设方程 $f(x)=0$ 在区间 $(0,6)$ 内解的个数为 5,分别为 $x=1,2,3,4,5$.

因为 $f(x)$ 在 $(1,2)$ 内无零点,则函数 $f(x)$ 在 $(1,2)$ 上的图象或者在 x 轴上方,或者在 x 轴下方,不妨设点 $M_0(x_0,y_0)$ 在 x 轴上方,$x_0\in(1,2)$,$y_0=f(x_0)>0$.

又因为 $f(x)$ 为周期函数,且 $T=3$,则平移 M_0 必存在一点 $M_1(x_1,y_1)$ 在 x 轴上方,其中 $x_1=x_0-3$,$f(x_1)>0$,再因为 $f(x)$ 为奇函数,则 M_0 关于原点有一个对称点 $M_2(x_2,y_2)$ 在 x 轴下方,其中 $x_2=-x_0$,$f(x_2)<0$,于是,当 M_0 点的周期点 M_1 与对称点 M_2 重合时(即 $x_1=x_2\Leftrightarrow x_0-3=-x_0$,得 $x_0=1.5$),我们看到了矛盾,一方面它们为同一点,另一方面它们又分别处在 x 轴上方、下方.

所以,方程 $f(x)=0$ 在区间 $(0,6)$ 内恰有 5 个解是不可能的.

由上面的证明知,要清除矛盾,点 M_0 应在 x 轴上,且 $f(x_0)=0$,这时 $x_0-3=-x_0\Leftrightarrow x_1=x_2$,有 $f(x_1)=f(x_2)=0$,矛盾就清除了,"最小值是 5"可以否定了,但还不能肯定"最小值是 7",需要找出同时满足以下 4 个条件的 $f(x)$:

(1) $f(x)$ 的定义域为 R;

(2) $f(x)$ 为周期函数且周期为 3;

(3) $f(x)$ 为定义域上的奇函数;

(4) $f(2) = 0$.

(Ⅱ)使方程 $f(x) = 0$ 在区间 $(0,6)$ 内恰有 7 个解的函数 $f(x)$ 是存在的.
用构造法,构造函数

$$f(x) = A \sin \pi x \cdot \cos \frac{\pi}{3} x \quad (A \text{ 为常数}, x \in R).$$

容易验证:

(1) $f(x)$ 的定义域为 R;

(2) $f(x)$ 在定义域内以 3 为周期;

因为 $f(x+3) = A \sin \pi (x+3) \cos \frac{\pi}{3} (x+3)$

$$= A \sin(3\pi + \pi x) \cos\left(\pi + \frac{\pi}{3} x\right)$$

$$= A\left(-\sin \pi x\right)\left(-\cos \frac{\pi}{3} x\right)$$

$$= A \sin \pi x \cos \frac{\pi}{3} x$$

$$= f(x)$$

所以, $f(x)$ 在定义域内以 3 为周期.

(3) $f(x)$ 为奇函数;

因为 $f(-x) = A \sin(-\pi x) \cos\left(-\frac{\pi}{3} x\right)$

$$= A(-\sin \pi x) \cos \frac{\pi}{3} x$$

$$= -f(x)$$

所以, $f(x)$ 为奇函数.

(4) $f(x) = 0$ 在区间 $(0,6)$ 内有 7 个解,分别为 $1,1.5,2,3,4,4.5,5$.

这时我们可以说 $f(x) = 0$ 在区间 $(0,6)$ 内解的最小值为 7,其图象示意如图
5 - 4 所示.

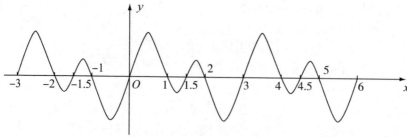

图 5 - 4 $f(x) = 0$ 在 $(0,6)$ 上的 7 个解

2　文[7]的几个结论及典型例题

（Ⅰ）若 $f(x)$ 是定义在 R 上的以 T 为周期的奇函数，则 $f(x+T)=-f(-x)$.

例 1　（2005 年高考数学福建卷理科第 12 题）$f(x)$ 是定义在 R 上的以 3 为周期的奇函数，且 $f(2)=0$，则方程 $f(x)=0$ 在区间 $(0,6)$ 内解的个数最小值为　　　　　　（　　）.

A. 2　　　　　　B. 3　　　　　　C. 4　　　　　　D. 5

原解析：由题意至少可得 $f(0)=f(2)=f(-2)=f(3)=f(-3)=f(-5)=f(5)=f(1)=f(4)=0$，即在区间 $(0,6)$ 内 $f(x)$ 的解的个数的最小值是 5，选 D.

但是，由于 $f(x+3)=f(x)$ 及 $f(x)=-f(-x)$，得到 $f(x+3)=-f(-x)$，又得到 $f(1,5)=0$，进而有 $f(4,5)=0$，所以最小值为 7，此题无正确选项.

（Ⅱ）若 $f(x)$ 是定义在 R 上的以 T 为周期的偶函数，则 $f(x+T)=f(-x)$.

例 2　（2005 年高考数学福建卷文科第 12 题）$f(x)$ 是定义在 R 上的以 3 为周期的偶函数，且 $f(2)=0$，则方程 $f(x)=0$ 在区间 $(0,6)$ 内解的个数的最小值是　　　　　　（　　）.

A. 5　　　　　　B. 4　　　　　　C. 3　　　　　　D. 2

解析：由题意可得 $f(2)=f(-2)=f(5)=f(-5)=f(1)=f(4)=0$，即在区间 $(0,6)$ 内 $f(x)=0$ 的解的个数的最小值是 4，选 B.

（Ⅲ）若 $f(x)$ 是定义在 R 上的奇函数且 $f(x+a)=-f(x)$，则 $f(x)=f(a-x)$，且 $f(x)=-f(2a-x)$.

例 3　（2009 年高考数学山东卷理科第 16 题）已知定义在 R 上的奇函数 $f(x)$ 满足 $f(x-4)=-f(x)$，且在区间 $(0,2)$ 上是增函数. 若方程 $f(x)=m$　（$m>0$）在区间 $[-8,8]$ 上有四个不同的根 x_1、x_2、x_3、x_4，则 $x_1+x_2+x_3+x_4=$_____.

解析：因为定义在 R 上的奇函数满足 $f(x-4)=-f(x)$，所以 $f(4-x)=f(x)$，$f(x)$ 为奇函数.

函数图象关于直线 $x=2$ 对称且 $f(0)=0$，由 $f(x-4)=-f(x)$ 知 $f(x-8)=f(x)$，所以函数是以 8 为周期的周期函数，又因为 $f(x)$ 在区间 $[0,2]$ 上是增函数，所以 $f(x)$ 在区间 $[-2,0]$ 上也是增函数，如图 5 - 5 所示，那么方程 $f(x)=m(m>0)$ 在区间 $[-8,8]$ 上

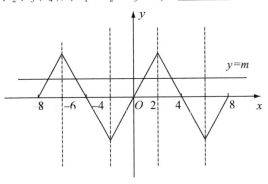

图 5 - 5　例 3 函数 $f(x)$ 图象

有四个不同的根 x_1、x_2、x_3、x_4，不妨设 $x_1<x_2<x_3<x_4$，由对称性知 $x_1+x_2=-12$，x_2

$+x_4 = 4$,所以 $x_1 + x_2 + x_3 + x_4 = 8$.

（Ⅳ）若 $f(x)$ 是定义在 R 上的偶函数且 $f(x+a) = -f(x)$,则 $f(x) = -f(a-x)$ 且 $f(x) = (2a-x)$.

例 4 $f(x)$ 是定义在 R 上的偶函数,$f(x+2) = -f(x)$ 且 $f\left(\dfrac{1}{2}\right) = 0$,则方程 $f(x) = 0$ 在区间 $(0,4)$ 内解的个数的最小值是（　　）.

A. 6　　　　　　B. 5　　　　　　C. 4　　　　　　D. 3

解析:在 $(0,4)$ 内至少有 $f(0.5) = f(1) = f(1.5) = f(2.5) = f(3) = f(3.5) = 0$,所以选 A.

以上三个结论,经常用到.下面三个结论,虽然简单但常被我们忽视.

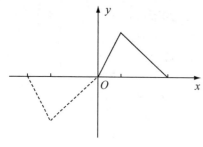

图 5 - 6　例 4 函数 $f(x)$ 图象

（Ⅴ）若 $f(x+a) = -f(x)$,则 $f(x)$ 在 $[-a, 0]$ 上的图象可由 $f(x)$ 在 $[0, a]$ 上的图象变换得到(图 5 - 6).

证明:设 $x \in [-a, 0]$,则 $x + a \in [0, a]$,当 $x \in [-a, 0]$ 时,$f(x) = -f(x+a)$.

所以,$f(x)$ 在 $[-a, 0]$ 的图象,可由 $f(x)$ 在 $[0, a]$ 上图象沿 x 轴对称翻折,并向左平移 a 个单位得到.

（Ⅵ）若 $f(x+a) = -f(x)$ 且 $f(x) = f(a-x)$,则 $f(x)$ 为奇函数(图 5 - 7).

证明:因为 $f(x+a) = -f(x)$,所以 $f(a-x) = -f(-x)$,又 $f(x) = f(a-x)$,所以 $f(-x) = -f(x)$.

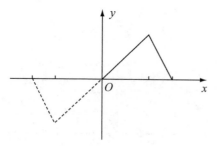

图 5 - 7　$f(x)$ 为奇函数

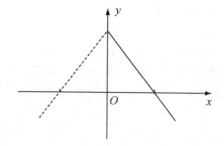

图 5 - 8　$f(x)$ 为偶函数

（Ⅶ）若 $f(x+a) = -f(x)$,且 $f(x) = -f(a-x)$,则 $f(x)$ 为偶函数(图 5 - 8).

证明:因为 $f(x+a) = -f(x)$,所以 $f(a-x) = -f(-x)$,又 $f(x) = -f(a-x)$.
所以　$f(x) = f(-x)$.

第6篇　辨析后的深探

——发现 n 次递代不动点个数的结论

文[1]①对学生的一个解题错误进行辨析后,接着对二次函数的 n 次递代函数的不动点问题进行"探索",得到7个命题.但第7个命题却出现了错误,本篇在指出命题7的错误后,在前6个命题的基础上继续深入探索,发现了关于二次函数经过 n 次递代后,不动点个数变化的若干规律性的结论.解决了过去一直未能解决的一个问题.

1　文[1]的讨论和探索

1.1　问题的提出

已知 $f(x) = ax^2 + bx + c(a \neq 0)$,且方程 $f(x) = 0$ 无实数解,下列命题:

①方程 $f[f(x)] = x$ 也一定没有实数解;

②若 $a > 0$,则不等式 $f[f(x)] > x$ 对一切实数 x 都成立;

③若 $a < 0$,则必存在实数 x_0,使 $f[f(x_0)] > x_0$;

④若 $a + b + c = 0$,则不等式 $f[f(x)] < x$ 对一切实数 x 都成立.

正确命题的序号是_____.

本题是高三数学模拟试卷中的一道填空题,讲评试卷时,一位学生作了1.2.1的阐述.

1.2　疑惑:对问题的初步思考及质疑

1.2.1　对问题的初步思考

(1)当 $a > 0$ 时,因为方程 $f(x) = x$ 无实数解,所以抛物线 $f(x) = ax^2 + bx + c$ 开口向上,且与直线 $y = x$ 无公共点,即抛物线 $f(x) = ax^2 + bx + c$ 恒在直线 $y = x$ 上方.设 $f(x)$ 的值域为 $[m, +\infty)$,故 $y = f[f(x)]$ 的图象为 $y = f(x)$ 图象的一部分,所以 $y = f[f(x)]$ 图象也在 $y = x$ 上方(图6–1),因此 $f[f(x)] > x$ 对任意的 x 恒成立.因此,②正确(原文为①正确,估计是排

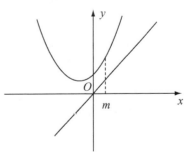

图 6–1　$y = f[f(x)]$ 图象
在 $y = x$ 上方

①　史建军."源"于"疑惑","晓"于"探索"——对一个问题的探索历程[J].数学教学研究,2014(5):35—37+48.

印错误).

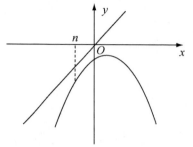

图 6-2 $y=f[f(x)]$ 图象
在 $y=x$ 下方

(2)当 $a<0$ 时,因为方程 $f(x)=0$ 无实数解,所以抛物线 $f(x)=ax^2+bx+c$ 开口向下,且与直线 $y=x$ 无公共点,即抛物线 $f(x)=ax^2+bx+c$ 恒在直线 $y=x$ 下方,设 $f(x)$ 的值域为 $(-\infty,n]$,故 $y=f[f(x)]$ 的图象为 $y=f(x)$ 图象的一部分,所以 $y=f[f(x)]$ 图象也在 $y=x$ 下方(图 6-2),因此 $f[f(x)]<x$ 对任意的 x 恒成立. 故③不正确[原文为②正确,估计是排印错误. 原文未说①是否正确,故应在此补充:由(1)(2)知①也正确].

而对于④,因为 $a+b+c=0$,所以 $f(1)=0$,即 $y=f(x)$ 图象经过 $(1,0)$,而 $(1,0)$ 在直线 $y=x$ 下方,又方程 $f(x)=x$ 无实根,故抛物线开口向下,转化为(2)的情形,即④成立.

综上可得,正确答案为①②④.

1.2.2 对上述解法的质疑

上述过程理由似乎相当充分,且答案与参考答案一致(事实上,许多做对的学生亦采用此法),但稍作分析却发现以上思考的逻辑有问题:"所以 $y=f[f(x)]$ 的图象为 $y=f(x)$ 图象的一部分,故 $y=f[f(x)]$ 图象也在 $y=x$ 上(下)方". 果真如此吗? 显然不是,如 $f(x)=x^2$ 与 $f[f(x)]=x^4$ 均表示抛物线,但点 $(2,16)$ 在 $y=x^4$ 上,却不在 $y=x^2$ 上,因此, $y=x^4$ 图象并不是 $y=x^2$ 图象的一部分,上述过程不过是用错误的逻辑得到了正确的答案,纯属巧合.

1.3 探索:对正确解法的探索及推广

1.3.1 对正确解法的探索

方法 1 反证法,假设 $f[f(x)]=x$ 有解,且设 $x=\alpha$,则 $f[f(\alpha)]=\alpha$,又方程 $f(x)=x$ 无实数根,所以 $f(\alpha)\neq\alpha$,不妨设 $f(\alpha)=\beta(\alpha\neq\beta)$,则

$$\begin{cases} f(\beta)=\alpha \\ f(\alpha)=\beta \end{cases} \quad \text{即} \quad \begin{cases} a\alpha^2+b\alpha+c=\beta \\ a\beta^2+b\beta+c=\alpha \end{cases}$$

两式相减可得

$$a(\alpha+\beta)(\alpha-\beta)+b(\alpha-\beta)=-(\alpha-\beta),\alpha\neq\beta,\text{所以}\ \alpha+\beta=\frac{-1-b}{a}$$

两式相加可得

$$\alpha^2+\beta^2=\frac{b^2-1-2ac}{a^2}$$

由基本不等式

$$(\alpha+\beta)^2\leq 2(\alpha^2+\beta^2)$$

$$2 \cdot \frac{b^2 - 1 - 2ac}{a^2} \geqslant \frac{(1+b)^2}{a^2}$$

即
$$(b-1)^2 \geqslant 4ac + 4 \qquad (1)$$

而方程 $f(x) = x$ 无实数根,得

$$(b-1)^2 < 4ac \qquad (2)$$

(1)和(2)矛盾,故假设不成立,即方程 $f[f(x)] = x$ 无解.

故①成立,再结合 $y = f[f(x)]$ 的图象可知,②④正确.

方法 2　当 $a > 0$ 时,因为方程 $f(x) = x$ 无实数解,即 $ax^2 + (b-1)x + c = 0$ 无实根,则 $ax^2 + (b-1)x + c > 0$ 对任意的 x 恒成立,

$f[f(x)] - f(x) = af^2(x) + (b-1)f(x) + c > 0$ 对任意的 x 恒成立. 所以, $f[f(x)] > f(x)$ 恒成立,所以 $f[f(x)] > 0$ 恒成立.

当 $a < 0$ 时,同上可证 $f[f(x)] < x$ 对任意的 x 恒成立.

因此,正确答案为①②④.

1.3.2　对问题的推广

以下设 $f(x) = ax^2 + bx + c$,为方便讨论,不妨设 $a > 0$,并规定 $f^0(x) = x$.

1.3.2.1　$f(x) = x$ 的解对 $f[f(x)] = x$ 解的影响.

命题 1　若方程 $f(x) = x$ 无实数解,则方程 $f[f(x)] = x$ 也无实数解.

上述方法 2 已证.

命题 2　若 $x = x_0$ 是 $f(x) = x$ 的解,则 $x = x_0$ 也是方程 $f[f(x)] = x$ 的解.

结论显然成立.

1.3.2.2　$f(x) = x$ 的解对 $f^n(x) = x$ 解的影响.

命题 3　若方程 $f(x) = x$ 无实数解,则方程 $f^n(x) = x$ 也无实数解.

证明:若方程 $f(x) = x$ 无实数解,则 $ax^2 + (b-1)x + c > 0$ 对任意的 $x \in R$ 恒成立,所以对任意的 $x \in R, n \in N_+$,都有

$$f^n(x) - f^{(n-1)}(x) = f[f^{n-1}(x)] - f^{(n-1)}(x)$$
$$= (f^{n-1}(x))^2 + (b-1)f^{n-1}(x) + c > 0$$

因此,$f^n(x) > f^{(n-1)}(x)$,故对于任意 $x \in R$,都有

$$f^{(n)}(x) - x > f^{(n-1)}(x) - x > \cdots > f^{(0)}(x) - x = 0$$

即 $f^{(n)}(x) - x > 0 \ (n \in N_+)$ 恒成立.

方程 $f^{(n)}(x) = x$ 无实数解.

命题 4　若 $x = x_0$ 是 $f(x) = x$ 的解,则 $x = x_0$ 也是方程 $f^n(x) = x$ 的解.

证明:当 $n = 1$ 时,由已知得 $f(x_0) = x_0$;

假设 $n = k$ 时结论成立,即 $f^k(x_0) = x_0$,则 $n = k + 1$ 时,有

$$f^{k+1}(x_0) = f[f^k(x_0)] = f(x_0) = x_0$$

即 $x = x_0$ 也是方程 $f^n(x) = x$ 的解.

命题 5　若 $f(x) = x$ 有两个实根,则 $f^n(x) = x$ 至少有两个实根.

证明: 因为

$$
\begin{aligned}
f^n(x) - x &= f\left[f^{n-1}(x)\right] - x \\
&= a\left[f^{n-1}(x)\right]^2 + b f^{n-1}(x) + c - x \\
&= a\left[f^{n-1}(x) - x\right]^2 + 2ax f^{n-1}(x) - ax^2 + b f^{n-1}(x) + c - x \\
&= a\left[f^{n-1}(x) - x\right]^2 + (2ax + b)\left[f^{n-1}(x) - x\right] + x(2ax + b) - ax^2 + c - x \\
&= a\left[f^{n-1}(x) - x\right]^2 + (2ax + b)\left[f^{n-1}(x) - x\right] + ax^2 + bx + c - x \\
&= \left[f^{n-1}(x) - x\right]\left[af^{n-1}(x) + ax + b\right] + \left[f(x) - x\right]
\end{aligned}
$$

以下用数学归纳法证:$f^n(x) - x$ 中含有因式 $f(x) - x$.

(ⅰ)当 $n = 1$ 时,显然成立;

(ⅱ)假设当 $n = k$ 时结论成立,即 $f^k(x) - x$ 中含有因式 $f(x) - x$,则 $n = k + 1$ 时

$$
f^{k+1}(x) - x = \left(f^k(x) - x\right)\left[af^k(x) + ax + b\right] + \left[f(x) - x\right]
$$

含有因式 $f(x) - x$

由(ⅰ)(ⅱ)得,$f^n(x) - x$ 中含有因式 $f(x) - x$.

因为方程 $f(x) = x$ 有两个不同的实根,所以方程 $f^n(x) = x$ 至少有两个实根.

1.3.2.3 $f[f(x)] = x$ 的解对 $f(x) = x$ 的影响.

命题 6 设 $y = f(x)$ 不存在关于直线 $y = x$ 的对称点,若 $x = x_0$ 是 $f[f(x)] = x$ 的解,则 $x = x_0$ 也是 $f(x) = x$ 的解.

证明: 反设 $x = x_0$ 不是 $f(x) = x$ 的解,即 $f(x_0) \neq x_0$,则 $A[x_0, f(x_0)]$、$B[f(x_0), f(f(x_0))]$ 是函数图象上不同的两点,又因为 $f[f(x_0)] = x_0$,故 A、B 两点关于直线 $y = x$ 对称,这与 $y = f(x)$ 不存在关于直线 $y = x$ 对称的点矛盾.

1.3.2.4 $f^n(x) = x$ 的解对 $f(x) = x$ 解的影响.

命题 7 设函数 $f(x)$ 在 D 上单调,$x_0 \in D$,$f^n(x) \in D$,若 $x = x_0$ 是 $f^n(x) = x$ 的解,则 $x = x_0$ 也是 $f(x) = x$ 的解.

证明: 不妨设 $f(x)$ 是 D 上的单调递增函数,假设 $f(x_0) > x_0$,则

$$
f^n(x_0) > f^{n-2}(x_0) > \cdots > f(x_0) > x_0
$$

这与 $f^n(x_0) = x_0$ 矛盾.

1.4 几点思考(略)

2 辨析

先谈几个无关紧要的问题.

(1)文[1]在使用数学符号时有些"混淆",方法 2 中 $f^2(x)$ 显然表示 $f(x)$ 的平方即 $f^2(x) = [f(x)]^2$,而在后面的 $f^2(x)$ 表示 $f(x)$ 自身的递代,即 $f^2(x) = f[f(x)]$. 因此,我们在下面的讨论中将"递代次数"符号用足标表示:

设 $f(x) = ax^2 + bx + c(a > 0)$,规定 $f_0(x) = x$,$f_n(x) = f[f_{n-1}(x)]$ $(n \in N^*)$.

(2)关于反例,若仅就"函数 $y = f[f(x)]$ 的图象为函数 $y = f(x)$ 图象的一部

分"这一误论举反例,原反例 $f(x)=x^2$ 是可行的. 但在具体题目中,其反例还是以满足题设的条件为好,原题设有"方程 $f(x)=x$ 无实数解",而 $x^2=x$ 有二实数解 $x_1=0,x_2=1$. 建议改为 $f(x)=x^2+1$ 或 $f(x)=-x^2-1$.

(3)命题 5 的证明"太辛苦". 实际上,命题 4 已证明,若 $x=x_0$ 是 $f(x)=x$ 的解,则 $x=x_0$ 也是方程 $f_n(x)=x$ 的解. 现在,方程 $f(x)=x$ 有两个实数解 $x=x_1$, $x=x_2$,那么 $x=x_1$ 与 $x=x_2$ 不也就是 $f_n(x)=x$ 的两个实数解了吗? 这不就证明了 $f_n(x)=x$ 至少有两个实数解($x=x_1,x=x_2$)了吗!

现在看命题 7.

显然,命题 7 的证明中的"不妨设 $f(x)$ 是 D 上的单调递增函数"是不可取的. 因为当 $f(x)$ 在 D 上递增时,若 $f_n(x)\in D(n\in N^*)$,是有:$f(x_0)>x_0$ 时,$f_n(x_0)>f_{n-1}(x_0)>\cdots>f_2(x_0)>f_1(x_0)>x_0$;$f(x_0)<x_0$ 时,$f_n(x_0)<f_{n-1}(x_0)<\cdots<f_2(x_0)<f_1(x_0)<x_0$,但若 $f(x)$ 是 D 上的减函数,且 $f_n(x)\in D$ 时,那么 $f(x_0)>x_0$ 时,$f_2(x_0)<f(x_0)$;$f(x_0)<x_0$ 时,$f_2(x_0)>f(x_0)$. 这就不能排除 $f_2(x_0)=x_0$ 的情况. 我们在证明某些问题时,采用"不妨设"这一用语,应是在所设"特殊"情况下的证明,在"一般"情况下也能适用时而为的,也就是在此"特殊"情况下可证,在另一情况下"同理可证"才能用"不妨设". 在命题 7 中,当 $f(x)$ 在区间 D 递增时,$f_n(x)>f_{n-1}(x)$、$f_{n-1}(x)>f_{n-2}(x)$ 两个不等式同向,具有"传递性",可推出 $f_n(x)>f_{n-2}(x)$. 而当 $f(x)$ 在区间 D 递减时,两个不等式应是反向的,$f_{n-1}(x)>f_{n-2}(x)$ 时,有 $f_n(x)<f_{n-1}(x)$,不具备"传递性". 而命题 7 的"反证"中,又必须用到这种"传递性". 因此,这里采用的"不妨设",对于命题 7 的证明是失效的,即命题 7 的这种"反证法"是一种无效的证明.

另外,若对于任意的 $n\in N^*$,$f_n(x)\in D$,这个 D 的存在性也是值得研究的. 若只是将 n 看成特定的大于 1 的整数,那么,由 $f_n(x)\in D$ 与 $x\in D$ 导出 $f_{n-1}(x)\in D$,也是需要研究、证明的. 这些,都需要通过进一步的讨论、探索以验证其真伪.

在下面的探索中,我们除继续引用改动过的数学符号、规定 $a>0$ 外,还要考虑方程:$f(x)=x$ 的根的判别式 $\Delta=(1-b)^2-4ac$,并以 Δ 在实数集 R 上的变化对函数 $f_n(x)$ 的影响情况进行分类讨论. 讨论以命题 3、命题 4 为起点,在未开始继续讨论之前,先考虑函数 $y=f_n(x)$ 的对称性问题.

我们知道,函数 $y=f(x)=ax^2+bx+c$ $(a>0)$ 的图象关于直线 $x=-\dfrac{b}{2a}$ 对称,即若点 $(x,f(x))$ 在函数 $y=f(x)$ 的图象上,则点 $\left(-\dfrac{b}{a}-x,f\left(-\dfrac{b}{a}-x\right)\right)$ 也在函数 $y=f(x)$ 的图象上,且 $f\left(-\dfrac{b}{a}-x\right)=f(x)$. 从而有

$$f_2\left(-\dfrac{b}{a}-x\right)=f\left[f\left(-\dfrac{b}{a}-x\right)\right]=f[f(x)]=f_2(x).$$ 如此继续下去可知,对于任意的 $n\in N^*$,都有 $f_n\left(-\dfrac{b}{a}-x\right)=f_n(x)(x\in R)$. 这点,也可用数学归纳法证明.

因此,我们就得到:

命题8 对于任意的 $n \in N^*$,函数 $y = f_n(x)$ 都是轴对称函数,它们的图象都关于直线 $l_0 : x = -\dfrac{b}{2a}$ 对称.

3 讨论 $\Delta \leqslant 1$ 时,$f_n(x)$ 的性质

先看 $\Delta \leqslant 1$ 时的总的情况.

此时,$(1-b)^2 - 4ac \leqslant 1$,故得到:

$4ac - b^2 \geqslant -2b$. 因此,$n \in N^*$ 时,

$$f_n(x) = a[f_{n-1}(x)]^2 + b f_{n-1}(x) + c$$

$$= a\left[f_{n-1}(x) + \frac{b}{2a}\right]^2 + \frac{4ac - b^2}{4a} \geqslant \frac{-2b}{4a} = -\frac{b}{2a}.$$

当且仅当 $\Delta = 1, f_{n-1}(x) = -\dfrac{b}{2a}$ 时取等号.

故由 $a > 0$ 知,$2a f_n(x) + b \geqslant 0$ $(n \in N^*)$ 当且仅当 $\Delta = 1, f_{n-1}(x) = -\dfrac{b}{2a}$ 时取等号.

而 $\Delta = 1$ 时,$f_n(x) = -\dfrac{b}{2a} \Leftrightarrow f_{n-1}(x) = -\dfrac{b}{2a} \Leftrightarrow \cdots \Leftrightarrow f_2(x) = -\dfrac{b}{2a} \Leftrightarrow f(x) = -\dfrac{b}{2a} \Leftrightarrow x = -\dfrac{b}{2a}$. 因此,当 $\Delta \leqslant -1$ 且 $x \in \left(-\dfrac{b}{2a}, +\infty\right)$ 时都有 $2a f_n(x) + b > 0$ $(n \in N^*)$.

应用复合函数的求导法测,易得 $f_n(x)$ 的导函数为

$$f_n'(x) = \prod_{i=0}^{n-1} [2a f_i(x) + b]$$

$$= (2ax + b) \prod_{i=1}^{n-1} [2a f_2(x) + b]$$

当 $\Delta \leqslant 1$ 且 $x \in \left(-\dfrac{b}{2a}, +\infty\right)$ 时,由上述可知 $2a f_i(x) + b > 0 (i = 1, 2, \cdots, n-1)$,

故 $\prod_{i=1}^{n-1} [2a f_i(x) + b] > 0$,又 $2ax + b > 0$.

因此,$f_n'(x) > 0$. 所以,函数 $y = f_n(x)$ 在区间 $\left(-\dfrac{b}{2a}, +\infty\right)$ 递增,又 $y = f_n(x)$ 的图象关于直线 $y = -\dfrac{b}{2a}$ 对称(命题8). 因此,$y = f_n(x)$ 在 $\left(-\infty, -\dfrac{b}{2a}\right)$ 递减,从而在 $x = -\dfrac{b}{2a}$ 取得最小值 $f_n\left(-\dfrac{b}{2a}\right)$.

我们得到：

命题 9　若方程 $f(x) = x$ 的根的判别式 $\Delta = (b-1)^2 - 4ac \leqslant 1$，则函数 $y = f_n(x)$ $(n \in N^*)$ 在区间 $\left(-\dfrac{b}{2a}, +\infty\right)$ 递增，在区间 $\left(-\infty, -\dfrac{b}{2a}\right)$ 递减，在 $x = -\dfrac{b}{2a}$ 取得最小值 $f_n\left(-\dfrac{b}{2a}\right)$，曲线 $y = f_n(x)$ $(x \in N^*)$ 都是"抛物线形"的曲线，且有 $f_n\left(-\dfrac{b}{2a}\right) \geqslant -\dfrac{b}{2a}$.

下面再对 $\Delta \leqslant 1$ 分 $\Delta < 0, \Delta = 0, 0 < \Delta < 1, \Delta = 1$ 四种情况进行讨论.

当 $\Delta < 0$ 时，方程 $f(x) = x$ 无实数根，又 $a > 0$. 因此，对于任意的 $x \in R$，都有 $f(x) > x$ [函数 $y = f(x)$ 的图象在直线 $y = x$ 的上方]，而 $f(x) \in R$，故 $f_2(x) = f[f(x)] > f(x) > x$，用数学归纳法可以证明，此时，对于任意的 $n \in N^*$ 和任意的 $x \in R$，都有 $f_{n+1}(x) > f_n(x) > x$. 故有

命题 10　若方程 $f(x) = x$ 的根的判别式 $\Delta < 0$，则方程 $f(x) = x$ 无实数解，因此方程 $f_n(x) = x$ $(n \in N^*)$ 均无实数解. 函数 $y = f_n(x)$ $(n \in N^*)$ 的图象均在直线 $y = x$ 的上方，且曲线 $y = f_{k+1}(x)$ 在曲线 $y = f_k(x)$ 的上方 [即函数 $y = f_{k+1}(x)$ 的图象在函数 $y = f_k(x)$ $(n \in N^*)$ 的图象所分平面区间的"内部"（上方）区间内]. 曲线组 $y = f(x), y = f_2(x), \cdots, y = f_n(x)$ 中的每两条曲线都无公共点（图 6−3）.

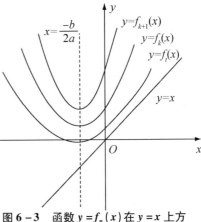

图 6−3　函数 $y = f_n(x)$ 在 $y = x$ 上方

命题 11　若方程 $f(x) = x$ 的根的判别式 $\Delta = 0$，则方程 $f(x) = x$ 有唯一的实根 $x_0 = \dfrac{1-b}{2a}$. 因此，对于任意的 $n \in N^*$，方程 $f_n(x) = x$ 也有唯一的实根 $x_0 = \dfrac{1-b}{2a}$.

证明：因为 $\Delta = 0$ 时，我们可求得方程 $f(x) = x$ 的唯一实根 $x = x_0 = \dfrac{1-b}{2a}$. 故由命题 4 可知，$x = x_0$ 也是方程 $f_n(x) = x$ 的一个实数根.

下面，我们来证明：$x = \dfrac{1-b}{2a}$ 是方程 $f_n(x) - x$ 的唯一实数根.

令 $g_n(x) = f_n(x) - x$，应用复合函数的求导法则，得

$$g'(x) = \prod_{i=0}^{n-1} [2af_i(x) + b] - 1$$

$$= \prod_{i=0}^{n-1} \left\{2a\left[f_i(x) - \dfrac{1-b}{2a}\right] + 1\right\} - 1$$

$$= \prod_{i=0}^{n-1} \left\{2a[f_i(x) - x_0] + 1\right\} - 1$$

类似于命题 3 以及命题 9 前的推导,我们有:对于任意的 $x \in R$,都有

$$f_n(x) \geqslant f_{n-1}(x) \quad (n \in N^*) \qquad ①$$

成立,所以

1^0　当 $x > x_0$ 即 $x \in (x_0, +\infty)$ 时,

$$f_{n-1}(x) - x_0 \geqslant f_{n-2}(x) - x_0 \geqslant \cdots \geqslant f_1(x) - x_0 \geqslant x - x_0 > 0$$

故 $g_n'(x) = \prod\limits_{i=0}^{n-1} \{2a[f_i(x) - x_0] + 1\} - 1 > 0$

因此,函数 $g_n(x) = f_n(x) - x \ (n \in N^*)$ 在区间 $(x_0, +\infty)$ 上单调递增.

2^0　当 $x < x_0$,即 $x \in (-\infty, x_0)$ 时,我们考虑方程 $f(x) = x_0$,即方程

$$ax^2 + bx + c - \frac{1-b}{2a} = 0$$

它有两个实数根 $\left[\because b^2 - 4a\left(c - \dfrac{1-b}{2a}\right) = (b-1)^2 - 4ac + 1 = \Delta + 1 = 1 > 0 \right]$. $x_{1,2} =$

$\dfrac{-b \pm 1}{2a}$. 其中之一就是 $x_0 = \dfrac{1-b}{2a}$,另一个 $x_1 = \dfrac{-1-b}{2a}$. 这时有 $x_1 < x_0, x_0 - x_1 = \dfrac{1}{a}$.

（ⅰ）如果 $x \in (-\infty, x_1)$,则

$$2a(x - x_0) + 1 = 2a\left[x - \left(x_1 + \frac{1}{a}\right)\right] + 1 = 2a(x - x_1) - 1 < 0$$

因为函数 $f(x)$ 在区间 $\left(-\infty, -\dfrac{b}{2a}\right]$ 上单调递减,而 $(-\infty, x_1) = \left(-\infty, -\dfrac{1}{2a}\right.$

$\left. -\dfrac{b}{2a}\right) \subset \left(-\infty, -\dfrac{b}{2a}\right)$.

所以,$f(x) > f(x_1) = f(x_0) = x_0$,从而有 $2a(f(x) - x_0) + 1 > 1$. 结合①式,我们有

$$2a[f_{n-1}(x) - x_0] + 1 \geqslant 2a[f_{n-2}(x) - x_0] + 1 \geqslant \cdots \geqslant 2a[f_1(x) - x_0] + 1 > 1.$$

所以 $\prod\limits_{i=0}^{n-1} \{2a[f_i(x) - x_0] + 1\}$

$$= [2a(x - x_0) + 1] \prod_{i=1}^{n-1} \{2a[f_i(x) - x_0] + 1\}$$

$$< [2a(x_1 - x_0) + 1] \prod_{i=1}^{n-1} \{2a[f_i(x) - x_0] + 1\} < -1$$

故 $g_n'(x) = \prod\limits_{i=0}^{n-1} \{2a[f_i(x) - x_0] + 1\} - 1 < -2$

（ⅱ）如果 $x = x_1$,则 $2(x_1 - x_0) + 1 = -1$,由于 $f(x_1) = f(x_0) = x_0$, $f_2(x_1) = f[f(x_1)] = f(x_0) = x_0$,以此类推,有 $f_{n-1}(x_1) = x_0$.

所以,$\prod\limits_{i=1}^{n-1} \{2a[f_i(x_1) - x_0] + 1\} = 1$

故 $g'(x) = \prod\limits_{i=0}^{n-1} \{2a[f_i(x_1) - x_0] + 1\} - 1$

$$= \left[2a(x_1 - x_0) + 1 \right] \prod_{i=1}^{n-1} \{ 2a[\, f_i(x_1) - x_0 \,] + 1 \} - 1$$

$$= -2$$

（ⅲ）如果 $x \in (x_1, x_0)$，则 $f\left(-\dfrac{b}{2a} \right) \leqslant f(x) < f(x_0)$，由于

$$f\left(-\frac{b}{2a} \right) = a\left(-\frac{b}{2a} \right)^2 + b \cdot \left(-\frac{b}{2a} \right) + c$$

$$= a\left(-\frac{b}{2a} \right)^2 + b\left(-\frac{b}{2a} \right) + ax_0 x_0$$

$$= a\left(-\frac{b}{2a} \right)^2 - \frac{b^2}{2a} + \frac{(1-b)^2}{4a}$$

$$= \frac{1}{4a} - \frac{b}{2a} > \frac{-1-b}{2a} = x_1$$

所以，$x_1 < f(x) < x_0$，应用数学归纳法易知 $x_1 < f_{n-1}(x) < x_0 (n \in N^*)$，而有

$$-1 < 2a[\, f_{n-1}(x) - x_0 \,] + 1 < 1$$

故有 $-2 < g'(x) = \prod_{i=0}^{n-1} \{ 2a[\, f_i(x) - x_0 \,] + 1 \} - 1 < 0.$

综合以上（ⅰ）至（ⅲ）可知，当 $x < x_0$ 即 $x \in (-\infty, x_0)$ 时，都有 $g_n'(x) < 0$，因此知：$g_n(x) = f_n(x) - x \ (n \in N^*)$ 在 $(-\infty, x_0)$ 上单调递减.

根据 $1^0, 2^0$ 有：函数 $g_n(x) = f_n(x) - x \ (n \in N^*)$ 在 $x = x_0$ 取得最小值，而 $g_n(x_0) = f_n(x_0) - x_0 = x_0 - x_0 = 0$，所以函数 $y = f_n(x) - x$ 在 R 上的最小值是 0，因此，$x = x_0 = \dfrac{1-b}{2a}$ 是方程 $f_n(x) = x$ 的唯一实数根（解）.

由命题 11 的证明过程，我们可以看出：点 $(x_0, g_1(x_0))$ 和 $(x_1, g_1(x_1))$ 是曲线组 $y = f_1(x) - x, y = f_2(x) - x, y = f_3(x) - x, \cdots, y = f_n(x) - x$ 的两个公共点，并且

$$g_n'(x_0) = \prod_{i=0}^{n-1} \{ 2a[\, f_i(x_0) - x_0 \,] + 1 - 1 \}$$

$$= \prod_{i=0}^{n-1} \{ 2a \cdot 0 + 1 \} - 1 = 0$$

又在证明（ⅱ）中已得　$g_n'(x_1) = -2.$

又 $g_1(x_0) = 0, g_1(x_1) = f_1(x_1) - x_1 = f(x_0) - x_1 = x_0 - x_1 = \dfrac{1}{a}$，其中 $x_1 = \dfrac{-1-b}{2a}.$

因此，上述曲线组有两条公切线：$y - g_1(x_0) = 0(x - x_0), y - g_1(x_1) = -2(x - x_1)$，这两条切线即是：$y = 0, y = -2x - \dfrac{b}{a}.$

由此,我们又得:

命题 12 若方程 $f(x) = x$ 的根的判别式 $\Delta = 0$(方程有唯一实数解——重根),则直线 $y = 0$ 和直线 $y = -2x - \dfrac{b}{a}$ 是下列曲线组: $y = f(x) - x$, $y = f_2(x) - x$, $y = f_3(x), \cdots, y = f_n(x) - x$ 的两条公切线.

由上述推导可知,点 (x_0, x_0), (x_1, x_0) 也是曲线组 $y = f(x)$, $y = f_2(x)$, $y = f_3(x), \cdots, y = f_n(x)$ 的两个公共点,且 (x_0, x_0) 是曲线组中每条直线与直线 $y = x$ 的唯一公共点,即唯一切点,故直线 $y = x$ 是上述曲线组的一条公切线.

由 $g_n(x) = f_n(x) - x$ 知 $g'_n(x) = f'_n(x) - 1$. $g'_n(x_0) = 0$,故 $f'_n(x_0) = 1$,即过 (x_0, x_0) 的切线为 $y - x_0 = x - x_0$,这就证明了 $y = x$ 是曲线组中每条曲线上过点 (x_0, x_0) 的切线. 同时,由 $g'_n(x_1) = -2$ 得 $f'_n(x_1) = -1$,故曲线组还有另一条过点 (x_1, x_0) 的公切线 $y - x_0 = -(x - x_1)$. 将 $x_0 = \dfrac{1-b}{2a}$, $x_1 = \dfrac{-1-b}{2a}$ 代入我们得这条公切线的方程为: $y = -x - \dfrac{b}{a}$.

因此又得:

命题 13 如果方程 $f(x) = x$ 的根的判别式 $\Delta = 0$ 即方程有唯一的实数解(重根),那么直线 $y = x$ 与 $y = -x - \dfrac{b}{a}$ 是下列曲线组 $y = f(x)$, $y = f_2(x)$, $y = f_3(x), \cdots, y = f_n(x)$ 的两条公切线.

由命题 11 又得到命题 12、命题 13,但我们看到,命题 11 的证明冗长. 实际上,如果我们若继续用命题 9、命题 10 的方法进行下去,命题 11 的推证要简单得多.

由命题 4:若 $x = x_0$ 是方程 $f(x) = x$ 的解,则 $x = x_0$ 也是方程 $f_n(x) = x$ 的解. 又由命题 9,函数 $y = f_n(x)$ $(n \in N^*)$ 在 $\left(-\dfrac{b}{2a}, +\infty\right)$ 单调递增,且由推导过程知 $\Delta < 1$ 时, $f_n(x) > -\dfrac{b}{2a}$. 因此,当 $x = x_0$ 是方程 $f(x) = x$ 的唯一实数解 $(\Delta = 0)$ 时由 $-\dfrac{b}{2a} < x < x_0 \Rightarrow -\dfrac{b}{2a} < f(x) < f(x_0)$ 即 $-\dfrac{b}{2a} < f_1(x) < x_0 \Rightarrow -\dfrac{b}{2a} < f[f(x)] < f[f(x_0)]$,亦即 $-\dfrac{b}{2a} < f_2(x) < f_2(x_0) = x_0$. 由数学归纳法易证,对于任意的 $n \in N^*$,当 $x \in \left(-\dfrac{b}{2a}, x_0\right)$ 时,都有: $f_n(x) \in \left(-\dfrac{b}{2a}, x_0\right)$.

又当 $x \in \left(-\dfrac{b}{2a}, x_0\right)$ 时,曲线段 $y = f(x) = f_1(x)$ 在直线 $y = x$ 的上方,故 $f(x) > x$,再由 $y = f_n(x)$ $(n \in N^*)$ 在 $\left(-\dfrac{b}{2a}, x_0\right)$ 上的递增性,我们有 $f[f(x)] > f(x)$,即 $f_2(x) > f_1(x)$,用数学归纳法易证:当 $x \in \left(-\dfrac{b}{2a}, x_0\right)$ 时,有 $f_n(x) >$

$f_{n-1}(x) > \cdots > f_2(x) > f(x) > x.$

同理,当 $x \in (x_0, +\infty)$ 时,我们有: $f_n(x) > f_{n-1}(x) > \cdots > f_2(x) > f(x) > x.$

同时,由命题 9 中 $f_n(x) \geqslant -\dfrac{b}{2a}$ 在 $x = -\dfrac{b}{2a}$ 且 $\Delta = 1$ 时取等号,此时 $\Delta = 0$,故对

任意的 $n \in N^*$,都有 $f_n(x) > -\dfrac{b}{2a}$. 因此,当 $x \in \left(-\infty, -\dfrac{b}{2a}\right]$ 时,$f_n(x) > -\dfrac{b}{2a} \geqslant x.$

由上可知:当 $x \in (-\infty, x_0) \cup (x_0, +\infty)$ 时,对于任意的 $n \in N^*$,都有 $f_n(x) > x.$

这就证明了方程 $f_n(x) = x$ 在 $x \neq x_0$ 时再无另外的解,故 $x = x_0 = \dfrac{1-b}{2a}$ 是方程

$f_n(x) = x$ 的唯一实数解. 命题 11 再次获证.

又由 $y = f_n(x)$ $(n \in N^*)$ 关于直线 $x = -\dfrac{b}{2a}$ 对称,知在 $\Delta = 0$ 时,$x = x_0 = \dfrac{1-b}{2a}$

和 $x = -\dfrac{b}{a} - x_0 = \dfrac{-1-b}{2a}$ 时,$f_n(x) = f_{n-1}(x) = \cdots = f_2(x) = f(x) = x_0 = \dfrac{1-b}{2a}$,而

当 $x \neq \dfrac{1-b}{2a}$ 且 $x \neq \dfrac{-1-b}{2a}$ 时,都有

$f_n(x) > f_{n-1}(x) > \cdots > f_2(x) > f(x) > x.$

因此,我们又得到:

命题 14　若方程 $f(x) = x$ 的根的判别式 $\Delta = 0$（即方程有唯一的实数解 $x = x_0 = \dfrac{1-b}{2a}$）,则曲线组 $y = f(x)$,$y = f_2(x)$, $y = f_3(x)$,$\cdots$,$y = f_n(x)$ 两两互相切于 $A\left(\dfrac{1-b}{2a}, \dfrac{1-b}{2a}\right)$、$B\left(\dfrac{-1-b}{2a}, \dfrac{1-b}{2a}\right)$ 两点,在 这两点分别以直线 $y = x$,$y = -x - \dfrac{b}{a}$ 为 其外公切线. 而当 $x \in \left(-\infty, \dfrac{-1-b}{2a}\right) \cup$ $\left(\dfrac{-1-b}{2a}, \dfrac{1-b}{2a}\right) \cup \left(\dfrac{1-b}{2a}, +\infty\right)$ 时,函数 $y = f_{k+1}(x)$ 的图象都在函数 $y = f_k(x)$ $(k \in N^*)$ 的图象的上方（内部）（图 6-4）.

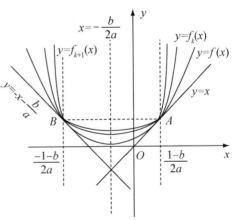

图 6-4　函数 $y = f_{k+1}(x)$ 图象 在 $y = f_k(x)$ 上方

命题 15　若方程 $f(x) = x$ 的根的判别式 Δ 满足 $0 < \Delta < 1$,这时方程有两相异 二实根 $x_1 = \dfrac{1-b-\sqrt{\Delta}}{2a}$,$x_2 = \dfrac{1-b+\sqrt{\Delta}}{2a}$,则方程 $f_n(x) = x$ $(n \in N^*)$ 都有且仅有这两 个实根 $x_1 = \dfrac{1-b-\sqrt{\Delta}}{2a}$,$x_2 = \dfrac{1-b+\sqrt{\Delta}}{2a}$.

命题 16　若方程 $f(x) = x$ 的根的判别式 Δ 满足 $0 < \Delta < 1$,则曲线组 $y =$

$f(x), y = f_2(x), y = f_3(x), \cdots, y = f_n(x)$ 互相间交于 (x_1, x_1)、(x_2, x_2)、$\left(-\dfrac{b}{a} - x_1, x_1\right)$、$\left(-\dfrac{b}{a} - x_2, x_2\right)$ 四点 $\left(\text{其中}, x_1 = \dfrac{1 - b - \sqrt{\Delta}}{2a}, x_2 = \dfrac{1 - b + \sqrt{\Delta}}{2a}\right)$. 当 $x \in$

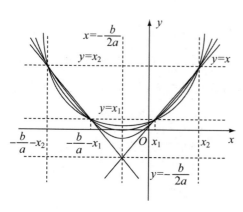

$\left(-\infty, -\dfrac{b}{a} - x_2\right) \cup (x_1, x_2) \cup (x_2, +\infty)$ 时, 函数 $y = f_{k+1}(x)$ 的图象在函数 $y = f_k(x)$ $(k \in N^*)$ 的图象的上方 (内部); 当 $x \in \left(-\dfrac{b}{a} - x_2, -\dfrac{b}{a} - x_1\right) \cup (x_1, x_2)$ 时, 函数 $y = f_{k+1}(x)$ 的图象在函数 $y = f_k(x)$ $(k \in N^*)$ 的图象的下方 (外部), 直线 $y = x$ 和直线 $y = -x - \dfrac{b}{a}$ 是它们的两条公共割线 (图 6 - 5).

图 6 - 5 函数图象 (命题 16)

命题 15、命题 16 的证明可一起给出:

由命题 5 的另证我们知道, $x_1 = \dfrac{1 - b - \sqrt{\Delta}}{2a}, x_2 = \dfrac{1 - b - \sqrt{\Delta}}{2a}$ 也是方程 $f_n(x) = x$ 的两个实数根.

下面, 只需说明 $f_n(x) = x$ 再无其他实数解, 同命题 14 的推导一样, 当 $x \in (-\infty, x_1) \cup (x_2, +\infty)$ 时, 对于任意的 $n \in N^*$, 都有 $f_n(x) > x$. 而当 $x \in (x_1, x_2)$ 时, 有 $f(x) < x$, 由于 $y = f_n(x)$ $(n \in N^*)$ 在区间 $[x_1, x_2]$ 递增. 故当 $x_1 < x < x_2$ 时有 $f(x_1) < f(x) < f(x_2)$, 即 $x_1 < f(x) < x_2 \Rightarrow f(x_1) < f[f(x)] < f(x_2)$, 亦即 $x_1 < f_2(x) < x_2$, 由此类推有 $x_1 < f_n(x) < x_2$. 因此 $f_n(x) \in (x_1, x_2)$ $(n \in N^*)$, 这样我们可得到 $f_n(x) < f_{n-1}(x) < \cdots < f_2(x) < f(x) < x$, 即 $x \in (x_1, x_2)$ 时, $f_n(x) < x$.

由上面的推导, 证明了 $f_n(x) = x$ 除了有实数解 $x = x_1 = \dfrac{1 - b - \sqrt{\Delta}}{2a}, x = x_2 = \dfrac{1 - b + \sqrt{\Delta}}{2a}$ 外, 再无其他实数解, 命题 15 获证.

由于 $x \in (x_1, x_2)$ 时, $f_n(x) < f_{n-1}(x) < \cdots < f_2(x) < f(x)$, 又同命题 14 的推导, 当 $x \in \left(-\dfrac{b}{2a}, x_1\right) \cup (x_2, +\infty)$ 时, $f_n(x) > f_{n-1}(x) > \cdots > f_2(x) > f_1(x)$, 再考虑函数 $y = f_n(x)$ $(n \in N^*)$ 的图象关于直线 $x = -\dfrac{b}{2a}$ 对称, 故 $x \in \left(-\dfrac{b}{a} - x_2, -\dfrac{b}{a} - x_1\right)$ 时 $f_n(x) < f_{n-1}(x) < \cdots < f_2(x) < f_1(x)$, $x \in \left(-\infty, -\dfrac{b}{a} - x_2\right) \cup \left(-\dfrac{b}{a} - x_1, -\dfrac{b}{2a}\right)$ 时也有 $f_n(x) > f_{n-1}(x) > \cdots > f_2(x) > f_1(x)$. 这样, 命

题 16 也就得到了证明.

命题 17　若方程 $f(x) = x$ 的根的判别式 $\Delta = 1$ $\left(\text{即方程有两实根 } x_1 = -\dfrac{b}{2a},\right.$

$x_2 = \dfrac{2-b}{2a}\Big)$，则方程 $f_n(x) = x$ 也仅有两实根 $x_1 = -\dfrac{b}{2a}, x_2 = \dfrac{2-b}{2a}$. 曲线组 $y = f(x)$，

$y = f_2(x)$，$y = f_3(x)$，$\cdots$，$y = f_n(x)$ 两两交于 (x_2, x_2)、$\left(-\dfrac{b}{a} - x_2, x_2\right)$ $\Big($其中，$x_2 =$

$\dfrac{2-b}{2a}, -\dfrac{b}{a} - x_2 = \dfrac{-2-b}{2a}\Big)$ 两点，相切于点 $\left(-\dfrac{b}{2a}, -\dfrac{b}{2a}\right)$. 直线 $y = x$ 和 $y = -x - \dfrac{b}{a}$

是它们的两条公共割线，直线 $y = -\dfrac{b}{2a}$ 是

它们的公切线，在 $x \in \left(-\infty, -\dfrac{b}{a} - x_2\right) \cup$

$(x_2, +\infty)$ 时，函数 $y = f_{k+1}(x)$ 的图象在
函数 $y = f_k(x)$ $(k \in N^*)$ 的图象的上方
（内部），当 $x \in \left(-\dfrac{b}{a} - x_2, -\dfrac{b}{2a}\right) \cup (x_2,$

$+\infty)$ 时，函数 $y = f_{k+1}(x)$ 的图象在函数 y
$= f_k(x)$ $(k \in N^*)$ 的图象的下方（外部）.
其图象如图 6-6 所示.

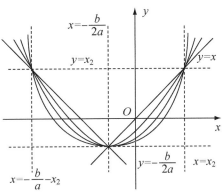

图 6-6　函数图象（命题 17）

命题 17 与命题 15、命题 16 的证明一
样，只需注意 $-\dfrac{b}{a} - x_1 = x_1 = -\dfrac{b}{2a}$，即两点 $\left(-\dfrac{b}{a} - x_1, x_1\right)$ 与 (x_1, x_1) 重合为一点

$\left(-\dfrac{b}{2a}, -\dfrac{b}{2a}\right)$ 即可.

命题 18　若 $f(x) = x$ 的判别式 Δ 满足 $\Delta < 1$，则函数 $y = f_n(x)$ $(n \in N^*)$ 均无
极大值，只有极小值即最小值 $f_n\left(-\dfrac{b}{2a}\right)$，且 $f_n\left(-\dfrac{b}{2a}\right) > f_{n-1}\left(-\dfrac{b}{2a}\right) > \cdots >$

$f_2\left(-\dfrac{b}{2a}\right) > f\left(-\dfrac{b}{2a}\right) > -\dfrac{b}{2a}$. $\Delta = 1$ 时，$y = f_n(x)$ 也无极大值，只有极小值即最小值

$f_n\left(-\dfrac{b}{2a}\right) = f_{n-1}\left(-\dfrac{b}{2a}\right) = \cdots = f_2\left(-\dfrac{b}{2a}\right) = f\left(-\dfrac{b}{2a}\right) = -\dfrac{b}{2a}$.

上述讨论表明：当 $\Delta \leqslant 1$ 时，对于任意的 $n \in N^*$，$y = f_n(x)$ 都是 $\left[-\dfrac{b}{2a}, +\infty\right)$ 上

的增函数，且对于任意 $x \in R$，都有 $f_n(x) \in \left[-\dfrac{b}{2a}, +\infty\right)$ 当且仅当 $\Delta = 1$ 且 $x = -\dfrac{b}{2a}$

时，$f_n(x) = -\dfrac{b}{2a}$. 我们在命题 7 中取 $D = \left[-\dfrac{b}{2a}, +\infty\right)$，则由上述讨论可知，若

$x = x_0$ 是方程 $f_n(x) = x$ 的解，则 $x = x_0$ 也是 $f(x) = x$ 的解. 实际上是，所有方程

$f_n(x) = x(n = 1, 2, \cdots)$ 同解. $\Delta = 0$ 时, 都有解 $x = \dfrac{1 - b}{2a}$ (命题 11);$0 < \Delta \leqslant 1$ 时, 都有解 $x_{1,2} = \dfrac{1 - b \pm \sqrt{\Delta}}{2a}$ (命题 15、命题 17). 可见, 当函数 $f(x)$ 是 D 的单调递增函数时, 命题 7 应是正确的, 故可将命题 7 改为:

设函数 $f(x)$ 在 D 上单调递增, $x_0 \in D$, $f_n(x) \in D$, 若 $x = x_0$ 是方程 $f_n(x) = x$ 的解, 则 $x = x_0$ 也是方程 $f(x) = x$ 的解.

4　讨论 $\Delta > 1$ 时, $f_n(x)$ 的性质

先考虑函数 $y = f(x)$ 的图象与直线 $y = -\dfrac{b}{2a}$ 的位置关系, 即讨论方程 $f(x) = -\dfrac{b}{2a}$ 的根的情况, 方程 $f(x) = -\dfrac{b}{2a}$ 即 $ax^2 + bx + c + \dfrac{b}{2a} = 0$. 其根的判别式 $\Delta_1 = b^2 - 4ac - 2b = (b - 1)^2 - 4ac - 1 = \Delta - 1$. 当 $\Delta < 1$ 时, $y = f(x)$ 的图象在直线 $y = -\dfrac{b}{2a}$ 上方;$\Delta = 1$ 时, $y = f(x)$ 的图象与直线 $y = -\dfrac{b}{2a}$ 切于顶点 $\left(-\dfrac{b}{2a}, -\dfrac{b}{2a} \right)$. 这点, 就是前面问题讨论的出发点和根据. 现在是讨论 $\Delta > 1$ 的情况, 此时, 方程 $f(x) = -\dfrac{b}{2a}$ 有两相异实根 $\bar{x}_1 = \dfrac{-b - \sqrt{\Delta - 1}}{2a}$, $\bar{x}_2 = \dfrac{-b + \sqrt{\Delta - 1}}{2a}$. 曲线 $y = f(x)$ 与直线 $y = -\dfrac{b}{2a}$ 交于两点 $D_1 \left(\bar{x}_1, -\dfrac{b}{2a} \right)$、$D_2 \left(\bar{x}_2, -\dfrac{b}{2a} \right)$.

$x = \dfrac{-b \pm \sqrt{\Delta - 1}}{2a}$ 时, $f(x) = -\dfrac{b}{2a}$.

直线 $y = -\dfrac{b}{2a}$ 将坐标平面分成上、下两个半平面 M_1 (上半平面)、M_2 (下半平面).

当 $x \in \left(-\infty, \dfrac{-b - \sqrt{\Delta - 1}}{2a} \right) \cup \left(\dfrac{-b + \sqrt{\Delta - 1}}{2a}, +\infty \right)$ 时, $f(x) > -\dfrac{b}{2a}$, 函数 $y = f(x)$ 的图象落在 M_1.

当 $x \in \left(\dfrac{-b - \sqrt{\Delta - 1}}{2a}, \dfrac{-b + \sqrt{\Delta - 1}}{2a} \right)$ 时, $f(x) < -\dfrac{b}{2a}$. 函数 $y = f(x)$ 的图象落在 M_2 内.

下面先讨论函数 $y = f_2(x) = f[f(x)]$ 的性质和图象. 由前面的讨论我们有:

$$f_2'(x) = [2a f(x) + b](2ax + b) \qquad \circledast$$

当 $x \in \left(-\infty, \dfrac{-b - \sqrt{\Delta - 1}}{2a} \right)$ 时, $f(x) > -\dfrac{b}{2a}$, $x < \dfrac{-b - \sqrt{\Delta - 1}}{2a} < -\dfrac{b}{2a}$, 故

$2af(x) + b > 0, 2ax + b < 0$, 有 $f'(x) < 0$, 函数 $y = f_2(x)$ 在 $\left(-\infty, \dfrac{-b - \sqrt{\Delta - 1}}{2a} \right)$ 递减;

当 $x \in \left(\dfrac{-b - \sqrt{\Delta - 1}}{2a}, -\dfrac{b}{2a} \right)$ 时, $f(x) < -\dfrac{b}{2a}$. $x < -\dfrac{b}{2a}$, 故 $2af(x) + b < 0$,

$2ax + b < 0$, 故 $f'(x) > 0$, 故函数 $y = f_2(x)$ 在区间 $\left(\dfrac{-b - \sqrt{\Delta - 1}}{2a}, -\dfrac{b}{2a} \right)$ 递增.

同样, 可以得知: 函数 $y = f_2(x)$ 在 $\left(-\dfrac{b}{2a}, \dfrac{-b + \sqrt{\Delta - 1}}{2a} \right)$ 递减, 在 $\left(\dfrac{-b + \sqrt{\Delta - 1}}{2a}, +\infty \right)$ 递增.

因此, 函数 $y = f_2(x)$ 在 $x = \dfrac{-b \pm \sqrt{\Delta - 1}}{2a}$ 取得极小值(也是最小值):

$f_2 \left(\dfrac{-b \pm \sqrt{\Delta - 1}}{2a} \right) = f \left[f \left(\dfrac{-b \pm \sqrt{\Delta - 1}}{2a} \right) \right] = f \left(-\dfrac{b}{2a} \right) = \dfrac{4ac - b^2}{4a}$; 在 $x = -\dfrac{b}{2a}$ 取得极

大值 $f_2 \left(-\dfrac{b}{2a} \right) = f \left[f \left(-\dfrac{b}{2a} \right) \right] = f \left(\dfrac{4ac - b^2}{4a} \right) = \dfrac{(\Delta - 1)(\Delta - 5)}{16a} - \dfrac{b}{2a}$.

再考虑到 $y = f(x), y = f_2(x)$ 的图象都关于直线 $x = -\dfrac{b}{2a}$ 对称, 此时, 曲线 $y = f_2(x)$ 与曲线 $y = f(x)$ 应该有四个交点: (x_1, x_1)、(x_2, x_2)、$\left(-\dfrac{b}{a} - x_1, x_1 \right)$、$\left(-\dfrac{b}{a} - x_2, x_2 \right)$.

函数 $f_2(x) - x$ 是关于 x 的一个四次多项式, 对其分解因式, 我们得到: $f_2(x) - x = g_1(x) \cdot G_1(x)$, 其中 $g_1(x) = f(x) - x, G_1(x) = a^2 x^2 + a(b + 1)x + (ac + b + 1)$.

方程　$G_1(x) = \Delta$ 的根的判别式

$$\Delta_2 = a^2 (b + 1)^2 - 4a^2 (ac + b + 1)$$
$$= a^2 \left[(b - 1)^2 - 4ac - 4 \right]$$
$$= a^2 (\Delta - 4)$$

当 $\Delta < 4$ 时, 恒有 $G_1(x) > 0$

当 $\Delta = 4$ 时, 方程 $G_1(x) = 0$ 有重根, $x_0' = \dfrac{-1 - b}{2a}$, 但此时, 方程 $g_1(x) = 0$ 的一

个根 $x_1 = \dfrac{1 - b - \sqrt{\Delta}}{2a} = \dfrac{1 - b - 2}{2a} = \dfrac{-1 - b}{2a}, x_1 = x_0'$.

因此, 当 $1 < \Delta \leq 4$ 时, 方程 $f_2(x) = x$ 的实数根有且仅有两个: 即 $g_1(x) = 0$ 亦

即: $f(x) - x = 0$ 的两个根 $x_1 = \dfrac{1 - b - \sqrt{\Delta}}{2a}, x_2 = \dfrac{1 - b + \sqrt{\Delta}}{2a}$;

当 $\Delta > 4$ 时,方程 $G_1(x) = 0$ 有两个相异实数根 $x_3 = \dfrac{-1 - b - \sqrt{\Delta - 4}}{2a}$,

$x_4 = \dfrac{-1 - b + \sqrt{\Delta - 4}}{2a}$.

此时,$\sqrt{\Delta} + \sqrt{\Delta - 4} > 2$,$\sqrt{\Delta} - \sqrt{\Delta - 4} > 0$,并且可证明 $\sqrt{\Delta} - \sqrt{\Delta - 4} < 2$(否则:$\sqrt{\Delta} - \sqrt{\Delta - 4} \geqslant 0 \Rightarrow 2 + \sqrt{\Delta - 4} \leqslant \sqrt{\Delta} \Rightarrow 4 + 4\sqrt{\Delta - 4} + \Delta - 4 \leqslant \Delta \Rightarrow \sqrt{\Delta - 4} \leqslant 0$,与 $\Delta > 4$ 时 $\sqrt{\Delta - 4} > 0$ 矛盾). 故 $x_1 - x_3 = \dfrac{2 - (\sqrt{\Delta} - \sqrt{\Delta - 4})}{2a} > 0$,$x_3 < x_1$;$x_1 - x_4 = \dfrac{2 - (\sqrt{\Delta} + \sqrt{\Delta - 4})}{2a} < 0$,$x_1 < x_4$,又 $x_2 - x_4 = \dfrac{2 + (\sqrt{\Delta} - \sqrt{\Delta - 4})}{2a} > 0$,$x_4 < x_2$.

因此,我们得到 $x_3 < x_1 < x_4 < x_2$,且显然有 $x_3 < -\dfrac{b}{2a}$. 而当 $4 < \Delta < 5$ 时,$x_4 < -\dfrac{b}{2a}$;$\Delta = 5$ 时,$x_4 = -\dfrac{b}{2a}$;$\Delta > 5$ 时,$x_4 > -\dfrac{b}{2a}$.

综上说明:$\Delta > 4$ 时,$f_2(x) = x$ 必有四个相异实数解 x_3、x_1、x_4、x_2,即曲线 $y = f_2(x)$ 与直线 $y = x$ 有四个交点 (x_3, x_3)、(x_1, x_1)、(x_4, x_4)、(x_2, x_2). 这四个交点中,前两个始终在直线 $x = -\dfrac{b}{2a}$ 左边,后一个始终在直线 $x = -\dfrac{b}{2a}$ 右边. 只有第三个 (x_4, x_4),当 $1 < \Delta < 5$ 时在直线 $x = -\dfrac{b}{2a}$ 左边;$\Delta = 5$ 时变直线 $x = -\dfrac{b}{2a}$ 与直线 $y = x$ 的交点 $\left(-\dfrac{b}{2a}, \dfrac{b}{2a} \right)$;$\Delta > 5$ 时在直线 $x = -\dfrac{b}{2a}$ 的右边.

以上关于在 $\Delta > 1$ 时对 $y = f_2(x)$ 情况的讨论可由图 6 - 7 至图 6 - 10 所示的 $y = f_2(x)$ 与 $y = f(x)$ 的图象直观看出:

图 6 - 7 中,$f(x) = x^2 - \dfrac{1}{2}$,$\Delta = 3$,$x_1 = \dfrac{1 - \sqrt{3}}{2}$,$x_2 = \dfrac{1 + \sqrt{3}}{2}$,$f_2(x) = x$ 只此两解.

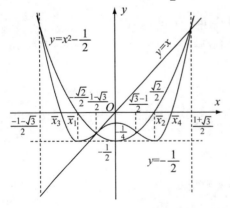

图 6 - 7 $y = f_2(x)$ 与 $y = f(x)$ 图象 $(\Delta = 3)$

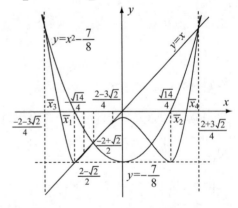

图 6 - 8 $y = f_2(x)$ 与 $y = f(x)$ 图象 $\left(\Delta = \dfrac{9}{2} \right)$

图 6 – 8 中, $f(x) = x^2 - \dfrac{7}{8}$, $\Delta = \dfrac{9}{2}$, $f_2(x) = x$ 有四解 $x_1 = \dfrac{2 - 3\sqrt{2}}{4}$, $x_2 = $

$\dfrac{2 + 3\sqrt{2}}{4}$, $x_3 = \dfrac{-2 - \sqrt{2}}{4}$, $x_4 = \dfrac{-2 + \sqrt{2}}{4}$.

图 6 – 9 中, $f(x) = x^2 - 1$, $\Delta = 5$, $f_2(x) = x$ 有四解: $x_1 = \dfrac{1 - \sqrt{5}}{2}$, $x_2 = \dfrac{1 + \sqrt{5}}{2}$,

$x_3 = -1$, $x_4 = 0$.

图 6 – 10 中, $f(x) = x^2 - 2$, $\Delta = 9$, $f_2(x) = x$ 有四解 $x_1 = -1$, $x_2 = 2$, $x_3 = $

$\dfrac{-1 - \sqrt{5}}{2}$, $x_4 = \dfrac{-1 + \sqrt{5}}{2}$.

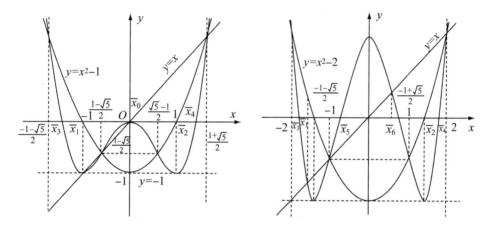

图 6 – 9 $y = f_2(x)$ 与 $y = f(x)$ 图象 $(\Delta = 5)$ **图 6 – 10** $y = f_2(x)$ 与 $y = f(x)$ 图象 $(\Delta = 9)$

以上四个图象中, 直线 $x = -\dfrac{b}{2a}$ 是 y 轴, 直线 $y = -\dfrac{b}{2a}$ 即 x 轴.

由以上讨论, 我们得到:

命题 19 若方程 $f(x) = x$ 的根的判别式 Δ 满足 $\Delta > 1$. 则函数 $y = f_2(x)$ 在区间 $\left(-\infty, \dfrac{-b - \sqrt{\Delta - 1}}{2a} \right)$ 与区间 $\left(-\dfrac{b}{2a}, \dfrac{-b + \sqrt{\Delta - 1}}{2a} \right)$ 上均递减; 在区间 $\left(\dfrac{-b - \sqrt{\Delta - 1}}{2a}, -\dfrac{b}{2a} \right)$ 与区间 $\left(\dfrac{-b + \sqrt{\Delta - 1}}{2a}, +\infty \right)$ 上均递增, 在 $x = \dfrac{-b \pm \sqrt{\Delta - 1}}{2a}$ 取得极小值 (也是最小值) $f_2\left(\dfrac{-b \pm \sqrt{\Delta - 1}}{2a} \right) = \dfrac{4ac - b^2}{2a}$, 在 $x = -\dfrac{b}{2a}$ 取得极大值 $f_2\left(-\dfrac{b}{2a} \right) = \dfrac{(\Delta - 1)(\Delta - 5)}{16a} - \dfrac{b}{2a}$. 曲线 $y = f_2(x)$ 与曲线 $y = f(x)$ 交于 (x_1, x_1)、 $\left(-\dfrac{b}{a} - x_1, x_1 \right)$、 $\left(-\dfrac{b}{a} - x_2, x_2 \right)$、 (x_2, x_2) 四点, 其中: $x_1 = \dfrac{1 - b - \sqrt{\Delta}}{2a}$,

$$x_2 = \frac{1 - b + \sqrt{\Delta}}{2a}.$$

命题 20 若方程 $f(x) = x$ 的根的判别式 Δ 满足：①$1 < \Delta \leqslant 4$,则方程 $f_2(x) = x$ 有且仅有两个实数根：$x_1 = \frac{1 - b - \sqrt{\Delta}}{2a}, x_2 = \frac{1 - b + \sqrt{\Delta}}{2a}$[这两个根就是方程 $f(x) = x$ 的两个根]. 即曲线 $y = f_2(x)$ 与直线 $y = x$ 有且仅有两个交点. 这时,曲线 $y = f_2(x)$ 与直线 $y = -\frac{b}{2a}$ 也只有两个交点;②$\Delta > 4$,则方程 $f_2(x) = x$ 有四个相异实根：$x_1 = \frac{1 - b - \sqrt{\Delta}}{2a}, x_2 = \frac{1 - b + \sqrt{\Delta}}{2a}, x_3 = \frac{-1 - b - \sqrt{\Delta - 4}}{2a}, x_4 = \frac{-1 - b + \sqrt{\Delta - 4}}{2a}$ ($x_3 < x_1 < x_4 < x_2$). 故曲线 $y = f_2(x)$ 与直线 $y = x$ 有四个交点. 此时,若 $4 \leqslant \Delta < 5$,曲线 $y = f_2(x)$ 与直线 $y = -\frac{b}{2a}$ 只有两个交点;$\Delta = 5$ 时,曲线 $y = f_2(x)$ 与直线 $y = -\frac{b}{2a}$ 除有两个交点外,还切于点 $\left(-\frac{b}{2a}, -\frac{b}{2a}\right)$;$\Delta > 5$ 时,曲线 $y = f_2(x)$ 与直线 $y = -\frac{b}{2a}$ 有四个交点.

前面的探讨已知：$\Delta > 1$ 时,方程 $f(x) = -\frac{b}{2a}$ 有两相异实根 $\bar{x}_1 = \frac{-b - \sqrt{\Delta - 1}}{2a}$,

$\bar{x}_2 = \frac{-b + \sqrt{\Delta - 1}}{2a}$. 因此,$f_2(x) = -\frac{b}{2a}$ 有解时,应有

$$f(x) = \frac{-b - \sqrt{\Delta - 1}}{2a} \text{或} f(x) = \frac{-b + \sqrt{\Delta - 1}}{2a}$$

即 $ax^2 + bx + c + \frac{b + \sqrt{\Delta - 1}}{2a} = 0$

或 $ax^2 + bx + c + \frac{b - \sqrt{\Delta - 1}}{2a} = 0$

前一方程的判别式

$$\Delta_3 = b^2 - 4ac - 2b + 2\sqrt{\Delta - 1} = (\sqrt{\Delta - 1} + 2)\sqrt{\Delta - 1} > 0(\text{在} \Delta > 1 \text{时})\text{恒成立}.$$

故在 $\Delta > 1$ 时,前一方程永远有两根.

$$\bar{x}_3 = \frac{-b - \sqrt{(\sqrt{\Delta - 1} + 1)^2 - 1}}{2a}, \bar{x}_4 = \frac{-b + \sqrt{(\sqrt{\Delta - 1} + 1)^2 - 1}}{2a} \text{后一方程的判}$$

别式

$$\Delta_4 = b^2 - 4ac - 2b - 2\sqrt{\Delta - 1} = (\sqrt{\Delta - 1} - 2)\sqrt{\Delta - 1}, \text{当} 1 < \Delta < 5 \text{时}, \Delta_4 < 0,$$

后一方程无解;当 $\Delta = 5$ 时,$\Delta_4 = 0$,后一方程有重根 $\bar{x}_0 = -\frac{b}{2a}$;当 $\Delta > 5$ 时,$\Delta_4 > 0$,

后一方程有二相异实根

$$\overline{x}_5 = \frac{-b - \sqrt{(\sqrt{\Delta-1}-1)^2-1}}{2a}, \overline{x}_6 = \frac{-b + \sqrt{(\sqrt{\Delta-1}-1)^2-1}}{2a}$$

显然在 $\Delta > 5$ 时,有 $\overline{x}_3 < \overline{x}_5 < -\dfrac{b}{2a} < \overline{x}_6 < \overline{x}_4$.

这就再一次证明了命题 20 中关于曲线 $y = f_2(x)$ 与直线 $y = -\dfrac{b}{2a}$ 的位置(含交、切)关系的结论.

下面再给出一个易于证明的问题.

命题 21　设 D 表示一个区间. 若 $x \in D$ 时,$f_n(x) \in \left[-\dfrac{b}{2a}, +\infty\right)$,则函数 $y = f_{n+1}(x)$ 与曲线 $y = f_n(x)$ $(n \in N^*)$ 在 D 上有相同的增减性[即 $f_n(x)$ 在 D 上递增,则 $f_{n+1}(x)$ 在 D 上也递增;$f_n(x)$ 在 D 上递减,则 $f_{n+1}(x)$ 在 D 上也递减了];若 $x \in D$ 时,$f_n(x) \in \left(-\infty, -\dfrac{b}{2a}\right]$,则函数 $y = f_{n+1}(x)$ 与函数 $y = f_n(x)$ $(n \in N^*)$ 有相反的增减性[即 $f_n(x)$ 在 D 上递增,则 $f_{n+1}(x)$ 在 D 上递减;$f_n(x)$ 在 D 上递减,则 $f_{n+1}(x)$ 在 D 上递增]. (证明留给读者).

当 $x \in D$ 时,若 $f_n(x) \in \left(-\dfrac{b}{2a}, +\infty\right)$ 且 $f_n(x)$ 为增(或减)函数,我们称 $f_n(x)$ 在 D "上增"(或"上减");若 $f_n(x) \in \left(-\infty, -\dfrac{b}{2a}\right]$ 且 $f_n(x)$ 为增(或减)函数,我们称 $f_n(x)$ 在 D "下增"(或"下减"). 现结合命题 21 由函数 $y = f_2(x)$ 的性质讨论 $y = f_3(x)$ 的一些性质(表 6 - 1、表 6 - 2).

表 6 - 1　$1 < \Delta < 5(\overline{x}_3 < \overline{x}_1 < -\dfrac{b}{2a} < \overline{x}_2 < \overline{x}_4)$

x	$(-\infty, \overline{x}_3)$	$\overline{x}_3$	$(\overline{x}_3, \overline{x}_1)$	$\overline{x}_1$	$(\overline{x}_1, -\dfrac{b}{2a})$	$-\dfrac{b}{2a}$	$(-\dfrac{b}{2a}, \overline{x}_2)$	$\overline{x}_2$	$(\overline{x}_2, \overline{x}_4)$	$\overline{x}_4$	$(\overline{x}_4, +\infty)$
$f_2(x)$	上减		下减		下增		下减		下增		上增
$f_3(x)$	递减	取极小值	递增	取极大值	递减	取极小值	递增	取极大值	递减	取极小值	递增

表 6 - 2　$\Delta > 5(\overline{x}_3 < x_1 < x_5 < -\dfrac{h}{2a} < \overline{x}_6 < \overline{x}_2 < \overline{x}_4)$

x	$(-\infty, \overline{x}_3)$	$\overline{x}_3$	$(\overline{x}_3, \overline{x}_1)$	$\overline{x}_1$	$(\overline{x}_1, x_5)$	x_5	$(\overline{x}_5, -\dfrac{b}{2a})$
$f_2(x)$	上减		下减		下增		上增
$f_3(x)$	递减	取极小值	递增	取极大值	递减	取极小值	递增

续表

x	$-\dfrac{b}{2a}$	$\left(-\dfrac{b}{2a},\bar{x}_6\right)$	$\bar{x}_6$	$(\bar{x}_6,\bar{x}_2)$	$\bar{x}_2$	$(\bar{x}_2,\bar{x}_4)$	$\bar{x}_4$	$(\bar{x}_4,+\infty)$
$f_2(x)$		上减		下减		下增		上增
$f_3(x)$	取极大值	递减	取极小值	递增	取极大值	递减	取极小值	递增

下面,我们记函数 $f(x)$ 的最小值(极小值)为 $y_{小}$,并证 $y_0 = -\dfrac{b}{2a}$,$f_2(x)$ 的极大值为 $y_{大}$,则

$$\text{函数 } f(x) = a(x-y_0)^2 + \frac{4ac-b^2}{4a}$$

$$y_{小} = f(y_0) = \frac{4ac-b^2}{4a} = \frac{1-\Delta}{4a} - \frac{b}{2a}$$

$$y_{大} = f(y_{小}) = a\left(\frac{1-\Delta}{4a}\right)^2 + \frac{1-\Delta-2b}{4a}$$

$$= \frac{\Delta^2-6\Delta+5}{16a} - \frac{b}{2a} = \frac{(\Delta-1)(\Delta-5)}{16a} - \frac{b}{2a}$$

$$y_{大} - y_0 = \frac{(\Delta-1)(\Delta-5)}{16a}$$

故,$1 < \Delta < 5$ 时,$y_{大} - y_0 < 0$,$y_{大} < y_0$;$\Delta = 5$ 时,$y_{大} = y_0$;$\Delta > 5$ 时,$y_{大} > y_0$.

前面,我们所求方程 $f(x) = x$ 在 $\Delta > 0$ 时的两根 $x_1 = \dfrac{1-b-\sqrt{\Delta}}{2a}$,

$x_2 = \dfrac{1-b+\sqrt{\Delta}}{2a}$

$$y_{大} - x_2 = \frac{\Delta^2 - 6\Delta - 8\sqrt{\Delta} - 3}{16a}$$

$$= \frac{(\sqrt{\Delta}+1)(\sqrt{\Delta}-3)(\sqrt{\Delta}+1)^2}{16a}.$$

因此,$1 < \Delta < 9$ 时,$y_{大} - x_2 < 0$,$y_{大} < x_2$;$\Delta = 9$ 时,$y_{大} = x_2$;$\Delta > 9$ 时,$y_{大} > x_2$.

x_2 关于直线 $x = -\dfrac{b}{2a}$ 的对称点 $x_2' = \dfrac{-1-b-\sqrt{\Delta}}{2a}$,

$$x_2' - y_{小} = \frac{-2-2\sqrt{\Delta}}{4a} - \frac{1-\Delta}{4a} = \frac{\Delta-2\sqrt{\Delta}-3}{4a} = \frac{(\sqrt{\Delta}+1)(\sqrt{\Delta}-3)}{4a}.$$

因此,$1 < \Delta < 9$ 时,$x_2' - y_{小} < 0$;$\Delta = 9$ 时,$x_2' = y_{小}$;$\Delta > 9$ 时,$x_2' > y_{小}$.

由以上探究易得:

命题 22 若方程 $f_n(x) = x$ $(n \in N^*)$ 有实数根 $x = x_0$,则必有 $x_2' < x_0 \leqslant x_2$. 即曲线 $y = f_n(x)$ 与直线 $y = x$ 有交点 (x_0, x_0) 时,(x_0, x_0) 必在由直线 $x = x_2'$,$x = x_2$,$y =$

$x'_2, y = x_2$ 围成的正方形的对角线 $y = x(x'_2 < x_0 \leqslant x_2)$ 上. 且当 $x_0 \in (x'_2, y_0)$ 时, (x_0, x_0) 在直线 $y = y_0$ 的下方; $x_0 \in (y_0, x_2]$ 时, (x_0, x_0) 在直线 $y = y_0$ 的上方.

再考虑到曲线 $y = f(x)$ 与直线 $y = x$ 的交点必是曲线 $y = f_3(x)$ 与直线 $y = x$ 的交点, 即可对函数 $y = f_3(x)$ 进行讨论了.

先看 $\Delta = 9$ 的情况. 由上面的讨论知: $\Delta = 9$ 时, 有 $y_小 = x'_2 < \bar{x}_3 < \bar{x}_1 < \bar{x}_5 < y_0 < \bar{x}_6 < \bar{x}_2 < \bar{x}_4 < y_大 = x_2$. 又 $i = 3, 4, 5, 6$ 时 $f_3(\bar{x}_i) = f[f_2(\bar{x}_i)] = f(y_0) = y_小$, 此时 $f_3(\bar{x}_i) < \bar{x}_i$. 即函数 $y = f_3(x)$ 的极小值点 $\bar{x}_i$ 作为横坐标的图象"顶点" $(\bar{x}_i, y_小)(i = 3, 4, 5, 6)$ 都在直线 $y = x$ 的下方.

因为函数 $y = f_3(x)$ 在 $(x'_2, \bar{x}_3)$ 内单调递减, $f_3(x'_2) = x_2 > y_0$, $f_3(\bar{x}_3) = y_小 = x'_2$, 故曲线 $y = f_3(x)$ 与直线 $y = x$ 在 $(x'_2, \bar{x}_3)$ 内有一个新交点 (x_5, x_5); 又函数 $y = f_3(x)$ 在区间 $(\bar{x}_3, \bar{x}_1)$ 内单调递增, $f_3(\bar{x}_1) = f_2(y_小) = y_大 > y_0 > y_小$, 故曲线 $y = f_3(x)$ 与直线 $y = x$ 在区间 $(\bar{x}_3, \bar{x}_1)$ 内有唯一交点 (x'_3, x'_3) [可能是 $y = f_2(x)$ 与 $y = x$ 的交点 (x_3, x_3); 也可能不是]. 同样可知: 曲线 $y = f_3(x)$ 与直线 $y = x$ 在 $(\bar{x}_1, \bar{x}_5)$ 内有唯一交点即 $y = f_2(x)$、$y = f(x)$ 与 $y = x$ 的交点 (x_1, x_1); 在 $(\bar{x}_5, y_0)$ 新增交点 (x_6, x_6); 在 $(y_0, \bar{x}_6)$ 有唯一交点 (x'_4, x'_4) [可能是 $y = f_2(x)$ 与 $y = x$ 的交点 (x_4, x_4), 也可能不是]; 在 $(\bar{x}_6, \bar{x}_2)$ 新增交点 (x_7, x_7); 在 $(\bar{x}_2, \bar{x}_4)$ 有新增交点 (x_8, x_8); 在 $(\bar{x}_4, x_2)$ 有 $y = f_2(x)$, $y = f(x)$ 与 $y = x$ 的交点 (x_2, x_2).

综上可知, 曲线 $y = f_3(x)$ 与直线 $y = x$ 在 $(x'_2, x_2]$ 内有且仅有 8 个交点. 也就是方程 $f_3(x) = x$ 有 8 个相异的实数根 $x = x_i(i = 1, 2, 3, 4, 5, 6, 7, 8)$. 其中, 2 个根是方程 $f(x) = x$ 的实数根. 函数 $y = f_3(x)$ 的图象如图 6−11. (取 $b = 0$ 的情况).

当 $\Delta > 9$ 时, $y_大 > x_2$, $y_小 < x'_2$ (图 6−12), 且 $f_3(y_0) > f_2(y_0) > x_2$, 因此可作出与 $\Delta = 9$ 时同样的讨论知: 也是曲线 $y = f_3(x)$ 与直线 $y = x$ 有且仅有 8 个交点, 即方程 $f_3(x) = x$ 有且仅有 8 个实数解.

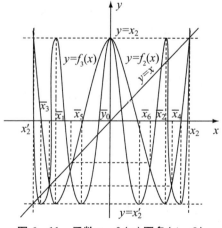

图 6−11　函数 $y = f_3(x)$ 图象 ($\Delta = 9$)

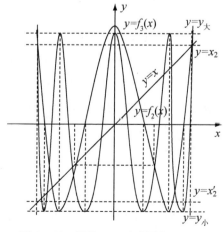

图 6−12　函数 $y = f_3(x)$ 图象 ($\Delta > 9$)

因此,我们有:

命题 23 当方程 $f(x) = x$ 的根的判别式 Δ 满足 $\Delta \geqslant 9$ 时,方程 $f_3(x) = x$ 有 2^3 个实数根[其中,有 2^1 个为 $f(x) = x$ 的实数根]. 曲线 $y = f_3(x)$ 与直线 $y = x$ 有 2^3 个交点.

5 $\Delta > 1$ 时的一般讨论

先看 $\Delta \geqslant 9$. 如图 6 – 13,我们将直线 $y = y_0$ 上与函数 $y = f_n(x)$ ($n \in N^*$) 有关的点 (x_i, y_0) 从左至右排序,并用 x_i ($i \in N$ 且 $i \leqslant 2^{n+1}$) 代表这些点,其中 x_0 是直线 $x = x_2'$ 与直线 $y = y_0$ 的交点(横坐标),$x_{2^{n+1}}$ 是直线 $x = x_2$ 与直线 $y = y_0$ 的交点(横坐标,亦即 x_2). 并令区间 $I_i = (x_{i-1}, x_i)$ ($i = 1, 2, \cdots, 2^n - 1$),$I_{2^{n+1}} = (x_{2^{n+1}} - 1, x_{2^{n+1}})$. 我们讨论:当 n 变化时,$y = f_n(x)$ ($n \in N^*$) 的性质、图象变化规律.

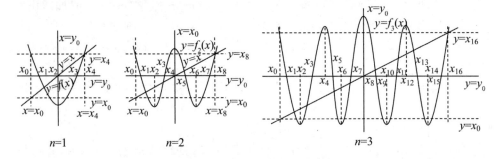

图 6 – 13 函数 $y = f_n(x)$ 图象

$n = 1$ 时,曲线 $y = f_1(x)$ 与直线 $y = y_0$ 有 2 个交点 x_1、x_3,函数 $y = f_1(x)$ 有 2^0 个极小值点 x_2,在 $x = x_2$ 取得极(最)小值 $f_1(x_2) = y_小 \leqslant x_0$,$0 = 2^0 - 1$ 个极大值点. 且在 I_1 内上减、I_2 内下减、I_3 内下增、I_4 内上增,因此,由前面讨论可知:函数 $y = f_2(x)$ 在 $x_{1,3}$ 取得极(最)小值 $f_2(x_{1,3}) = f_1(y_0) = y_小 \leqslant x_0$,在 $x = x_2$ 取得极大值 $f_2(x_2) = f_1(y_小) = y_大 \geqslant x_4$,又 $f_2(x_0) = f_2(x_4) = x_4$,且在区间 I_1、I_3 单调递减;在区间 I_2、I_4 单调递增. 因此,在区间 I_i ($i = 1, 2, 3, 4$) 内,曲线 $y = f_2(x)$ 都必然与直线 $y = x$ 各有唯一一个交点,即它们之间共有 2^2 个交点[是曲线 $y = f(x)$ 与直线 $y = x$ 的交点个数 2^1 的 2 倍]. 同时,曲线 $y = f_2(x)$ 与直线 $y = y_0$ 也有 2^2 个交点,其横坐标在上述四个区间内各有 1 个. 新增 2^2 个点与原 $2^2 + 1$ 个点混合重新排序后,这新增 2^2 个点是 x_{2i-1} ($i = 1, 2, \cdots, 2^2$),而原来 $2^2 + 1$ 个点变为 x_{2i} ($i = 0, 1, 2, \cdots, 2^2$). 因而又可知:

$n = 2$ 时,曲线 $y = f_2(x)$ 与直线 $y = y_0$ 有 2^2 个交点 x_{2i-1} ($i = 1, 2, \cdots, 2^2$),函数 $y = f_2(x)$ 有 2^1 个极(最)小值点 x_{2i} ($i = 1, 2$);在 $x = x_{2i}$ 取得极(最)小值 $f_2(x_{2i}) = f_1(y_0) = y_小 \leqslant x_0$,有 $2^1 - 1$ 个极大值点 x_4;在 $x = x_4$ 取得极大值 $f_2(x_4) = f_1(y_小) = y_大 \geqslant x_4$. 且在 I_1、I_5 内上减,在 I_2、I_6 内下减,在 I_3、I_7 内下增,在 I_4、I_8 内上增. 又可推知:函数 $y = f_3(x)$ 在 I_{2i-1} ($i = 1, 2, 3, 2^2$) 内递减;在 I_{2i} ($i = 1, 2, 3, 2^2$) 内递增. 函数

$y = f_3(x)$ 在 2^2 个极（最）小值点 $x = x_{2i-1}(i = 1,2,3,2^2)$ 取得极（最）小值 $f_3(x_{2i-1})$ $= f(y_0) = y_{小} \leqslant x_0$；在 $2^2 - 1$ 个极大值是 $x = x_{2i}(i = 1,2,3)$ 取得极大值 $f_3(x_{2i}) =$ $f(y_{小}) = y_{大} \geqslant x_8$，又 $f_3(x_0) = f_3(x_8) = x_8$. 因而使曲线 $y = f_3(x)$ 与直线 $y = x$ 在 2^3 个区间 $I_i(i = 1,2,3,\cdots,2^3)$ 内各有一个交点. 并且与直线 $y = y_0$ 也有 2^2 个交点，这 2^2 个交点与前 $2^2 + 1$ 个交点混合排序后. 新增这 2^2 个是 $x_{2i-1}(i = 1,2,3,2^2)$，原有 $2^2 + 1$ 是 $x_{2i}(i = 0,1,2,\cdots,2^2)$. 因此，$n = 3$ 时，曲线 $y = f_3(x)$ 与直线 $y = x$ 有 2^3 个交点，与直线 $y = y_0$ 也有 2^3 个交点 $x_{2i-1}(i = 1,2,\cdots,2^3)$. 函数 $y = f_3(x)$ 有 2^2 个极（最）小值点 $x_{4i-2}(i = 1,2,3,2^2)$，取得极（最）小值 $f_3(x_{4i-2}) = y_{小} \leqslant x_0$，有 $2^2 - 1$ 个极大值点 $x_{4i}(i = 1,2,3)$，取得极大值为 $f_3(x_{4i}) \geqslant y_{大} \geqslant x_{23}$，并且在 I_{4i-3} 内上减，在 I_{4i-2} 内下减；在 I_{4i-1} 内下增，在 I_{4i} 内上增 $(i = 1,2,\cdots,2^3)$，且 $f_3(x_0) = f_3(x_{23})$ $= x_{23}$.

假设 $n = k$ 时，曲线 $y = f_k(x)$ $(k \in N^*，$且 $k \geqslant 2)$ 与直线 $y = x$ 有 2^k 个交点，与直线 $y = y_0$ 也有 2^k 个交点 $x_{2i-1}(i = 1,2,\cdots,2^k)$，函数 $y = f_k(x)$ 有 2^{k-1} 个极（最）小值点 $x_{4i-2}(i = 1,2,\cdots,2^{k-1})$，在 $x = x_{4k-2}$ 取得极（最）小值 $f_k(x_{4k-2}) = y_{小} \leqslant x_0$，在 $2^{k-1} - 1$ 个极大值点 $x_{4i}(i = 1,2,\cdots,2^{k-1} - 1)$，在 $x = x_{4i}$ 取得极大值 $f_k(x_{4i}) \geqslant y_{大} \geqslant$ x_{2k}，并且在 $I_{4i-3}(i = 1,2,\cdots,2^k)$ 内上减，在 $I_{4k-2}(i = 1,2,\cdots,2^k)$ 下减；在 $I_{4i-1}(i = 1,2,\cdots,2^k)$ 内下增，在 $I_{4i}(i = 1,2,\cdots,2^k)$ 上增，则我们同样可以推知：

$n = k + 1$ 时，函数 $y = f_{k+1}(x)$ 在 $I_{2i-1}(i = 1,2,\cdots,2^k)$ 内递减，在 $I_{2i}(i = 1,2,\cdots,2^k)$ 递增. 有 2^k 个极（最）小值点 $x = x_{2i-1}(i = 1,2,\cdots,2^k)$ 取得极（最）小值 $f_{k+1}(x_{2i-1}) = y_{小} \leqslant x_0$，有 $2^k - 1$ 个极大值点 $x = 2i(i = 1,2,\cdots,2^k - 1)$，取得极大值 $f(x_{2i}) \geqslant y_{大} \geqslant x_{2k+1}$. 又 $f_{k+1}(x_0) = f_{k+1}(x_{2k+1}) = x_{2k+1}$. 因此，曲线 $y = f_{k+1}(x)$ 与直线 $y = x$ 必在 $I_i(i = 1,2,\cdots,2^{k+1})$ 内各有一个交点，即曲线 $y = f_{k+1}(x)$ 与直线 $y = x$ 有 2^{k+1} 个交点.

由此，我们得：

命题 24　若方程 $f(x) = x$ 的根的判别式 Δ 满足条件 $\Delta \geqslant 9$，则曲线 $y = f_n(x)$ $(n \in N^*)$ 与直线 $y = x$ 必有且仅有 2^n 个交点，即方程：$f_n(x) = x$ 有且仅有 2^n 个相异实数根. 也就是说：当 $\Delta \geqslant 9$ 时，函数 $y = f_n(x)$ $(n \in N^*)$ 有且仅有 2^n 个不动点.

文[2][①]指出："当方程 $f(x) = x$ 有两个不同的实根时，就 2^n 次多项式方程 $f_n(x) = x$ 而言，可能会有 2^n 个不同的实根. 例如 $f(x) = x^2 - 2$，显然 $x^2 - 2 = x$ 有两个不同的实根，方程 $f_n(x) = x$ 就有 2^n 个实根，它们分别是：$x_{1,i} = 2\cos\dfrac{2i\pi}{2^n - 1}(i = 0,$ $1,\cdots,2^{n-1} - 1)$，$x_{2,j} = 2\cos\dfrac{2j\pi}{2^n + 1}(j = 1,2,\cdots,2^{n-1})$，详细过程可参考文[3]的第

①　王兴东,顾新辉. 二次函数迭代的一个问题[J]. 数学通讯,2005(13):24—26.

84—85 页"，"但是，方程 $f_n(x) = x$ 何时只有两个不同的实数解，何时又有 2^n 个不同的实数解？还有待进一步探讨."

　　文[3]① 的实例 $f(x) = x$ 即 $x^2 - x - 2 = 0$，$\Delta = 1 + 8 = 9$，满足命题 24 中 $\Delta \geqslant 9$ 的"等号"条件. 笔者为了赶写本书，未找到文[3]，不知文[3]怎样导出所得结果，也不知其所用方法是否可验证我们推导的正确性，或是可否简化我们的上述推导过程. 若读者对命题 24 存在疑问，不妨把它作为"猜想"进一步探究. 笔者在完成本书的写作后，也将进一步探究.

　　下面转而对 $1 < \Delta < 9$ 时，函数 $y = f_n(x)$ （$n \in N^*$）的一般性讨论.

　　对于任意的 $n \in N^*$，我们都有

$f_{n+1}(x) - f_{n-1}(x) = [f_n(x) - f_{n-1}(x)] \cdot G_n(x)$，其中 $G_n(x) = a^2 [f_{n-1}(x)]^2 + a(b+1)f_{n-1}(x) + ac + b + 1$.

　　关于 $f_{n-1}(x)$ 的二次方程 $G_n(x) = 0$ 的判别式 $\Delta_2 = a^2(\Delta - 4)$. 故当 $1 < \Delta < 4$ 时，$G_n(x) > 0$ 对 $n \in N^*$，$x \in R$ 恒成立，而当 $\Delta = 4$ 时，$f_{n-1}(x) = \dfrac{-1-b}{2a}$，使 $G_n(x) = 0$，而这时，由关于 $f_{n-1}(x)$ 的二次方程 $f_n(x) - f_{n-1}(x) = 0$，也得到 $f_{n-1}(x) = \dfrac{-1-b}{2a}$. 由此可知，若存在 $x \in R$，使 $f_{n+1}(x) - f_{n-1}(x) = 0$，则必有 $f_n(x) - f_{n-1}(x) = 0$，反之亦然. 因此，$f_{n+1}(x) - f_{n-1}(x) = 0 \Leftrightarrow f_n(x) - f_{n-1}(x) = 0 \Leftrightarrow f_{n+1}(x) = f_n(x) = f_{n-1}(x) \Rightarrow f_{n+1}(x) - x = f_n(x) - x = f_{n-1}(x) - x$，由于 $n \in N^*$ 的任意性. 有 $f_{n+1}(x) - x = f_n(x) - x = \cdots = f_2(x) - x = f(x) - x$.

　　而当 $1 < \Delta \leqslant 4$ 时，$f_2(x) - x = 0$，$f(x) - x = 0$ 都有且仅有二相异实根 $x_1 = \dfrac{1 - b - \sqrt{\Delta}}{2a}$，$x_2 = \dfrac{1 - b + \sqrt{\Delta}}{2a}$（命题 20）. 因此，我们有

　　猜想 1　若方程 $f(x) = x$ 的根的判别式 Δ 满足 $1 < \Delta \leqslant 4$，则方程 $f_n(x) = x$ （$n \in N^*$）有且仅有两个实数根：$x_1 = \dfrac{1 - b - \sqrt{\Delta}}{2a}$，$x_2 = \dfrac{1 - b + \sqrt{\Delta}}{2a}$. 即函数 $y = f_n(x)$ （$n \in N^*$）有两个不动点.

　　再讨论 $4 < \Delta \leqslant 5$ 的情况. 在讨论前需纠正一个错误认识：即认为 $f_k(x) = x$ （$k \in N^*$ 且 $k \geqslant 2$）的实数根一定是 $f_{k+1}(x) = x$ 的实数根. 举一反例：$f(x) = x^2 - 1$，$f(x) = x$ 的判别式 $\Delta = 5$，其解 $x_{1,2} = \dfrac{1 \pm \sqrt{5}}{2}$ 一定是 $f_n(x) = x$ 的解. 但 $f_2(x) = f[f(x)] = x^4 - 2x^2$，方程：$f_2(x) = x$ 有解 $x = 0$，$f_3(x) = x^8 - 4x^6 + 4x^4 - 1$，方程 $f_3(x) = x$ 就不可能有解 $x = 0$. 但对于 $f_{2k}(x)$ （$k \in N^*$ 且 $k \geqslant 2$），因为总有 $f_{2k}(x) = f_{2k-2}[f_2(x)] = f_{2k-2}(x) = \cdots = f_4(x) = f_2(x) = x$[$x$ 为方程 $f_2(x) = x$ 的根]，故

① 常庚哲，李炯生. 高中数学竞赛教程[M]. 南京：江苏教育出版社，1991：84—85.

$f_2(x) = x$ 的实数解一定是 $f_{2n}(x) = x$（$n \in N^*$ 且 $n > 2$）的实数解.

前已求出 $\overline{x}_1 = \dfrac{-\sqrt{\Delta - 1}}{2a} - \dfrac{b}{2a}$，$y_{小} \dfrac{1 - \Delta}{4a} - \dfrac{b}{2a}$，$\overline{x}_1 - y_{小} = \dfrac{\Delta - 1 - 2\sqrt{\Delta - 1}}{4a} =$

$\dfrac{\sqrt{\Delta - 1}(\sqrt{\Delta - 1} - 2)}{4a}$，$1 \leqslant \Delta < 5$ 时，$\overline{x}_1 - y_{小} < 0$，$\overline{x}_1 < y_{小}$；$\Delta = 5$ 时，$\overline{x}_1 = y_{小}$；$\Delta > 5$ 时，$\overline{x}_1 > y_{小}$. 并且已知 $4 < \Delta \leqslant 5$ 时，曲线 $y = f_1(x)$ 即 $y = f(x)$ 与直线 $y = x$ 有 2 个交点，曲线 $y = f_2(x)$ 与直线 $y = x$ 有四个交点. 函数 $y = f_2(x)$ 在 $x = \overline{x}_1$，$x = \overline{x}_2$ 取得极（最）小值：$f_2(\overline{x}_{1,2}) = y_{小}$. 直线 $x = \overline{x}_1$ 与直线 $y = x$ 的交点是 $(\overline{x}_1, \overline{x}_1)$，与直线 $y = y_{小}$ 的交点是 $(\overline{x}_1, y_{小})$.

当 $\Delta = 5$ 时，$(\overline{x}_1, \overline{x}_1)$ 与 $(\overline{x}_1, y_{小})$ 重合于一点，即 $(\overline{x}_1, y_{小})$ 在直线 $y = x$ 上（图 6 - 9），函数 $y = f_2(x)$ 在 $x = y_0$ 即 $x = -\dfrac{b}{2a}$ 取得极大值 $f_2(y_0) = y_{大} = -\dfrac{b}{2a}$. 因此，函数 $y = f_2(x)$ 在区间 $(\overline{x}_2, \overline{x}_1)$、$(y_0, \overline{x}_2)$ 递减，在 $(\overline{x}_1, y_0)$、$(\overline{x}_2, x_2)$ 递增. 由于 $f_2(x_2') = f_2(x_2) = x_2 > y_0 = -\dfrac{b}{2a}$，$y_{小} < -\dfrac{b}{2a}$，函数 $y = f_2(x)$ 的图象与直线 $y = y_0$ 有 3 个公共点：两交点 $(\overline{x}_3, y_0)$、$(\overline{x}_4, y_0)$，一个切点：(y_0, y_0)，$x_2' < \overline{x}_3 < \overline{x}_1 < y_0 < \overline{x}_2 < \overline{x}_4 < \overline{x}_2$. 因此，函数 $y = f_2(x)$ 在区间 $(x_2', \overline{x}_3)$ 内上减，在区间 $(\overline{x}_3, \overline{x}_1)$、$(y_0, \overline{x}_2)$ 内下减；在 $(\overline{x}_1, y_0)$、$(\overline{x}_2, \overline{x}_4)$ 内下增，在 $(\overline{x}_4, x_2)$ 内上增. 于是使得 $y = f_3(x)$ 在区间 $(x_2', \overline{x}_3)$、$(\overline{x}_1, y_0)$、$(\overline{x}_2, \overline{x}_4)$ 内递减，在区间 $(\overline{x}_2, \overline{x}_1)$、$(y_0, \overline{x}_2)$、$(\overline{x}_4, x_2)$ 内递增，故函数 $y = f_3(x)$ 在 $x = \overline{x}_3$，$x = y_0$，$x = \overline{x}_4$ 取得极（最）小值 $f_3(\overline{x}_3) = f_4(\overline{x}_4) = f_3(y_0) = y_{小} > x_2'$；在 $x = \overline{x}_1$，$x = \overline{x}_2$ 取得极大值 $f_3(\overline{x}_1) = f_3(\overline{x}_2) = f(y_{小}) = y_{大} = y_0$. 因此，曲线 $y = f_3(x)$ 只可能在区间 $(x_2', \overline{x}_3)$ 和 $(\overline{x}_4, x_2)$ 内与直线 $y = y_0$ 各有一个交点 $(\overline{x}_5, y_0)$ 和 $(\overline{x}_6, y_0)$ 外，在区间 $(\overline{x}_3, \overline{x}_4)$ 内还有两个切点 $(\overline{x}_1, y_0)$、$(\overline{x}_2, y_0)$. 除此之外，在区间 $(\overline{x}_5, \overline{x}_6)$ 内，函数 $y = f_3(x)$ 的图象均在直线 $y = y_0$ 的下方，故在区间 (y_0, x_2)，由于直线 $y = x$ 在直线 $y = y_0$ 的上方，曲线 $y = f_3(x)$ 与直线 $y = x$ 不可能有公共点，而在区间 $(x_2', \overline{x}_1)$ 内 $f_3(x) \geqslant y_{小} = f_2(\overline{x}_1) = \overline{x}_1 > x$，曲线段 $y = f_3(x)$ 在直线 $y = x$ 上方，它们之间也不可能有公共点. 这样，函数 $y = f_3(x)$ 的图象就只能在其递减区间 $(\overline{x}_1, y_0)$ 内与直线 $y = x$ 有唯一的公共点，这个点就是曲线 $y = f(x)$ 与直线 $y = x$ 的交点 (x_1, x_1). 加上曲线 $y = f(x)$ 与直线 $y = x$ 的另一交点 (x_2, x_2)，曲线 $y = f_3(x)$ 与直线 $y = x$ 有且仅有两个交点. 即 $\Delta = 5$ 时，方程 $f_3(x) = x$ 有且仅有两个实数解 $x_1 = \dfrac{1 - b - \sqrt{\Delta}}{2a}$，$x_2 = \dfrac{1 - b + \sqrt{\Delta}}{2a}$（图 6 - 14）.

注意到方程 $f(x) = x$ 的实数根都是方

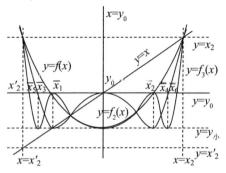

图 6 - 14　曲线 $y = f_3(x)$ 与直线 $y = x$
相交（$\Delta = 5$）

程 $f_n(x) = x$ $(n \in N^*)$ 的实数根，$f_2(x) = x$ 的实数根都是 $f_{2n}(x) = x$ 的实数根，而当 $\Delta = 5$ 时，前者有 2 个实数根，后者有 4 个实数根. 又函数 $y = f_n(x)$ 的极大值都是 $y_{\text{大}} = y_0 = -\dfrac{b}{2a}$，极（最）小值都是 $y_{\text{小}}$ $(y_{\text{小}} > x_2')$，重复上面的讨论，应该有：方程 $f_{2n-1}(x) = x$ $(n \in N^*)$ 有且仅有两个实数根；方程 $f_{2n}(x)$ $(n \in N^*)$ 有且仅有 4 个实数根.

再注意到 $4 < \Delta < 5$ 时，可以证明函数 $y = f_{n+1}(x)$ 的极（最）小值大于等于函数 $y = f_n(x)$ 的极（最）小值大于或等于 $y_{\text{小}}$，而函数 $y = f_{n+1}(x)$ 的极大值小于等于函数 $y = f_n(x)$ 的极大值 $y_{\text{大}}$，小于等于 y_0，且 $f_2(\bar{x}_1) > \bar{x}_1$，即 $y_{\text{小}} > \bar{x}_1$. 因此，我们同样应有 $\Delta = 5$ 时的结论，故有

猜想 2 若方程 $f(x) = x$ 的根的判别式满足 $4 < \Delta \leqslant 5$，则方程 $f_{2n-1}(x) = x$ $(n \in N^*)$ 有且仅有两个实数根 $x_1 = \dfrac{1 - b - \sqrt{\Delta}}{2a}$，$x_2 = \dfrac{1 - b + \sqrt{\Delta}}{2a}$，即函数 $y = f_{2n-1}(x)$ $(n \in N^*)$ 仅有两个不动点；方程 $f_{2n}(x) = x$ $(x \in N^*)$ 有且仅有 4 个不同的实数根 $x_1 = \dfrac{1 - b - \sqrt{\Delta}}{2a}$，$x_2 = \dfrac{1 - b + \sqrt{\Delta}}{2a}$，$x_3 = \dfrac{-1 - b - \sqrt{\Delta - 4}}{2a}$，$x_4 = \dfrac{-1 - b + \sqrt{\Delta - 4}}{2a}$，即函数 $y = f_{2n}(x)$ $(n \in N^*)$ 有四个不动点.

至于 $5 < \Delta < 9$ 的情况，由于篇幅过长，我们不再讨论，留给读者猜想、探究.

【习题】

对于 $a < 0$ 可作上述同样的讨论，请自行选一两个问题进行讨论.

【参考答案或提示】 （略）

第7篇 回归通性通法

——一个"创新解法"的再讨论

我们在第6篇讨论了二次函数递代过程中不动点的个数变化问题,本篇讨论递推数列的极限问题.

1 一道递推数列的"创新解法"

例1 已知 $f(x) = \dfrac{3x+1}{x+3}$. 若无穷数列 $\{x_n\}$ 中,$x_1 = 2$,$x_{n+1} = f(x_n)$,求 $\lim\limits_{n \to \infty} x_n$.

不少资料上对这类题给出了"巧解",如一篇题为"例谈智力激励法在数学教学中的应用"的文章就给出了如下创新解法.

由已知 $\quad x_{n+1} = \dfrac{3x_n+1}{x_n+3}$

因为 $\quad \lim\limits_{n \to \infty} x_{n+1} = \lim\limits_{n \to \infty} x_n$

所以如设 $\quad \lim\limits_{n \to \infty} x_n = A$,则

$$A = \frac{3A+1}{A+3} \qquad\qquad ※$$

解得 $\quad A = 1 \quad$ 所以 $\lim\limits_{n \to \infty} x_n = 1$.

2 辨析:给出了两种补救解法

笔者在文[1][①]中指出了上述解法的三个问题,即①由※式应得 $A = \pm 1$ 为何不加说明地舍去 $A = -1$,而取 $A = 1$? ②解答中未用到已知条件"$x_1 = 2$",此条件多余吗? 事实说明并非多余;③解答中未提及到极限 $\lim\limits_{n \to \infty} x_n$ 是否存在. 若将题中 $f(x) = \dfrac{3x+1}{x+3}$ 换成 $f(x) = \dfrac{1}{x}$,其他条件不变,则由 $A = \dfrac{1}{A}$,也得 $A = \pm 1$,但此时数列 $\{x_n\}$ 为摆动数例:$x_n = \dfrac{5}{4} + \dfrac{3}{4} \cdot (-1)^{n-1}$,$\lim\limits_{n \to \infty} x_n$ 不存在. 若在原题中将初始值改为 $x_1 = -\dfrac{9}{7}$,其他条件不变,则数列 $\{x_n\}$ 仅有三项:$-\dfrac{9}{7}$,$-\dfrac{5}{3}$,-3,并非无穷数列,当然谈不上"存在极限". 由此可见,"创新解法"缺少了关键性的一步:判断 $\lim\limits_{n \to \infty} x_n$

---

① 汤先键,汤敬鹏. 一类"创新解法"之辨[J]. 中学生数学,2010(9):4.

的存在性. 因此,笔者给出了第一种补救解答.

解法 1:由 $x_1 = 2 > 0$ 及 $x_{n+1} = \dfrac{3x_n + 1}{x_n + 3}$,易推知 $x_n \geq 0$(且 $x_n + 3 \neq 0$),即数列 $\{x_n\}$ 是一个有下界的(无穷)数例.

又由 $x_1 = 2, x_2 = \dfrac{7}{5}$ 得

$$x_2 - x_1 = -\frac{3}{5} < 0,$$

由

$$x_{n+1} = \frac{3(x_n + 3) - 8}{x_n + 3}$$

$$= 3 - \frac{8}{x_n + 3}$$

又得

$$x_{n+1} - x_n = -8\left(\frac{1}{x_n + 3} - \frac{1}{x_{n-1} + 3}\right)$$

$$= \frac{8(x_n - x_{n-1})}{(x_n + 3)(x_{n-1} + 3)} \quad (n \geq 2)$$

因此,可用数学归纳法证得 $x_{n+1} - x_n < 0$,即数列 $\{x_n\}$ 又是递减数列.

根据"单调递减且有下界的数列存在极限"的原理,说明本题的数列 $\{x_n\}$ 存在极限.

按原解法,$A = \dfrac{3A + 1}{A + 3}$ 得 $A = \pm 1$,

由于正数数列的极限不可能为负数,故舍去 -1,得 $A = 1$,即 $\lim\limits_{n \to \infty} x_n = 1$.

由此解法可以看到,条件 $x_1 = 2$ 对该数列的有界性和单调性有决定性作用,是不可或缺的.

由⑧得 $A = \pm 1$,实际上是由 $f(x) = x$ 求得 $f(x)$ 的不动点 $x = \pm 1$. 而关于函数 $f(x)$ 的不动点与无穷数列 $\{x_n\}$,$x_{n+1} = f(x_n)$,(x_1 给定)的极限的关系,文[2]①对文[3]②的两个定理进行辨析后,修正如下.

定理 1 函数 $y = f(x)$ 为区间 D 上有唯一的不动点 α 且递增的函数,若 $x > \alpha$ 时,$f(x) < x$;$x < \alpha$ 时,$f(x) > x$,则对于任意 $x_1 \in D$,由 $x_{n+1} = f(x_n)$ 定义的无穷数列 $\{x_n\}$($x_n \in D$)必单调收敛于 α.

定理 2 函数 $y = f(x)$ 为区间 D 内有唯一的不动点 α 的减函数,对于数例 $\{x_n\}$:$x_{n+1} = f(x_n)$,x_1 给定($x_n \in D$).

ⅰ)若 $x_1 < x_3$,则 $\{x_n\}$ 的子列 $\{x_{2n-1}\}$ 是递增数列,而 $\{x_{2n}\}$ 是递减数列;若 $x_1 < \alpha$,则 $x_{2n-1} < \alpha$ 而 $x_{2n} > \alpha (n \in N^*)$.

① 蒋浩. 对"$y = f(x)$ 与 $x_{n+1} = f(x_n)$"一文的一点看法[J]. 数学通报,1990(6):20—22.
② 汪胜. $y = f(x)$ 与 $x_{n+1} = f(x_n)$[J]. 数学通报,1989(5):25—27.

ⅱ)若 $x_1 > x_3$，则 $\{x_n\}$ 的子列 $\{x_{2n-1}\}$ 是递减数列,而 $\{x_{2n}\}$ 是递增数列;若 $x_1 > \alpha$, 则 $x_{2n-1} > \alpha$ 而 $x_{2n} < \alpha$.

ⅲ)当 $f(x)$ 还满足: $x_n \in D$ 时, $f[f(x)] = x \Leftrightarrow x = \alpha$ 且 x_1 不在 α 与 x_3 之间,则 必有 $\{x_n\}$ 收敛于 α.

整理资料时再读文[2]、文[3]后,又对"创新解法"给出了第二种补救解答.

解法 2: $f(x) = \dfrac{3x+1}{x+3} = 3 - \dfrac{8}{x+3}$

显然为 $D = (0, +\infty)$ 上的增函数,由

$$f(x) - x = \frac{1 - x^2}{x + 3} = \frac{(1+x)(1-x)}{x+3} = 0.$$

得 $f(x)$ 在 D 上的唯一不动点 $x = 1$.

显然 $x > 1$ 时, $f(x) - x < 0$ 即 $f(x) < x$;而 $0 < x < 1$ 时, $f(x) - x > 0$ 即 $f(x) > x$.

又由 $x_1 = 2 > 0$ 及 $x_{n+1} = \dfrac{3x_n + 1}{x_n + 3}$ 易知 $x_n \in D(x_n + 3 \neq 0)$, $\{x_n\}$ 为无穷数列.

由定理 1 知, $\{x_n\}$ 的极限存在,并且有 $\lim\limits_{n \to \infty} x_n = 1$.

3　回归通法,对原题例进行讨论

反思上述两种补救解答,觉得下述两个问题是值得思考的,应进行讨论.

其一,原问题是在高中数学课堂上出现的,而解法 1 中的"极限原理"是高中生未知的. 解法 2 用上述定理 1,这对高中生来说,更是无从知晓,两种补救解答均不宜进入高中数学课堂.

其二,两种解法之所以能较简捷获解,均依赖于 $f(x)$ 在 $D = (0, +\infty)$ 上的良好性质:在 D 上递增且有唯一不动点 $x = 1, 0 < x < 1$ 时, $f(x) > x; x > 1$ 时, $f(x) < x$;在 D 上即有下界 0,又有上界 3. 同时可以推知: $x_1 \in (0, 1)$ 时, $\{x_n\}$ 递增; $x_1 \in (1, +\infty)$ 时, $\{x_n\}$ 递减; $x_1 = 1$ 时, $\{x_n\}$ 为常数列,故 $x_1 \in D$ 时, $\{x_n\}$ 的极限均存在, 且 $\lim\limits_{n \to \infty} = 1$.

但是,如果我们在 D 外取 x_1,即 $x_1 < 0$ 时,问题就没有那么简单. 例如取 $x_1 = -1$, $\{x_n\}$ 为常数列: $x_n = -1, \lim\limits_{n \to \infty} x_n = -1$,取 $x_1 = -\dfrac{17}{15}$, $\{x_n\}$ 仅有 4 项,并非无穷数列,取 $x_1 = -2$,数例 $\{x_n\}$ 除前两项取负值外,其余各项均为正值,同样有极限 $\lim\limits_{n \to \infty} x_n = 1$. 如果有人编出一道错题: $x_1 = -\dfrac{33}{31}, x_{n+1} = f(x_n)$,求无穷数列 $\{x_n\}$ 的极限 (从笔者收集到的百余道错题来看,不是没有这种可能的). 如果再按上述解法来解,很难发现其中的错误.

鉴于以上两点,我们认为对于例 1 这类题,还是引导学生用"构造法",或直接求不动点的方式将其转化为等比数列或等差数列,求得这个等比或等差数列的通

项后解出原递推数列的通项公式,最后直接求通项的极限这类"常用""通用""传统"的方法解答为好.

解法 3(通法 1)

由已知得 $\quad x_n = \dfrac{3x_n + 1}{x_n + 3}$ ①

令 $x_n = y_n + r$ 得

$$y_{n+1} = \frac{3(y_n + r) + 1}{(y_n + r) + 3} - r = \frac{(3-r)y_n + 1 - r^2}{y_n + r + 3} \qquad ②$$

令 $1 - r^2 = 0$,得 $r = \pm 1$

将 $r = 1, r = -1$ 分别代入②式得

$$y_{n+1} = \frac{2y_n}{y_n + 4} \qquad ③$$

$$y_{n+1} = \frac{4y_n}{y_n + 2} \qquad ④$$

再将 $y_n = x_n - r$ 代入③④得

$$x_{n+1} - 1 = \frac{2(x_n - 1)}{x_n + 3} \qquad ⑤$$

$$x_{n+1} + 1 = \frac{4(x_n - 1)}{x_n + 3} \qquad ⑥$$

由 $x_1 = 2 > 0$,且 $x_{n+1} = \dfrac{3x_n + 1}{x_n + 3}$ 可知:

$x_n > 0, x_n + 1 \neq 0$,故由⑤÷⑥得到

$$\frac{x_{n+1} - 1}{x_{n+1} + 1} = \frac{1}{2} \cdot \frac{x_n - 1}{x_n + 1} \qquad ⑦$$

$\left\{ \dfrac{x_n - 1}{x_n + 1} \right\}$ 是以 $\dfrac{x_1 - 1}{x_1 + 1} = \dfrac{1}{3}$ 为首项,$\dfrac{1}{2}$ 为公比的等比数列,故有

$$\frac{x_n - 1}{x_n + 1} = \frac{1}{3} \cdot \left(\frac{1}{2} \right)^{n-1}$$

解得 $\quad x_n = \dfrac{3 + 2^{1-n}}{3 - 2^{1-n}}$

所以 $\quad \lim\limits_{n \to \infty} x_n = \lim\limits_{n \to \infty} \dfrac{3 + 2^{1-n}}{3 - 2^{1-n}} = \dfrac{3 + \lim\limits_{n \to \infty} 2^{1-n}}{3 - \lim\limits_{n \to \infty} 2^{1-n}} = 1.$

说明:函数 $f(x)$ 有两个不动点,故可由⑤⑥两式推出⑦式. 若仅考虑一个不动点,如只考虑到 $r = 1$,则我们可以仅由⑤式得到:

$$\frac{1}{x_{n+1} - 1} = \frac{2}{x_n - 1} + \frac{1}{2}$$

$$\Rightarrow \frac{1}{x_{n+1} - 1} + \frac{1}{2} = 2 \left(\frac{1}{x_n - 1} + \frac{1}{2} \right)$$

知 $\left\{\dfrac{1}{x_n-1}+\dfrac{1}{2}\right\}$ 是以 $\dfrac{1}{x_1-1}+\dfrac{1}{2}=\dfrac{3}{2}$ 为首项、2 为公比的等比数列,因此得

$$\frac{1}{x_n-1}+\frac{1}{2}=\frac{3}{2}\cdot 2^{n-1}$$

解得　$x_n=\dfrac{3+2^{1-n}}{3-2^{1-n}}$(下同上解).

另外,从以上推导来看,设 $x_n=y_n+r$ 得

$$y_{n+1}=\frac{3(y_n+r)+1}{(y_n+r)+3}-r$$ 后,将 $y_n=x_n-r$ 返代后即得

$$x_{n+1}-r=\frac{3x_n+1}{x_n+3}-r \qquad ⑧$$

所以,解答中也可直接将①式写成⑧式,也就是得到

$$x_{n+1}-r=\frac{(3-r)(x_n-r)+(1-r^2)}{x_n+3}$$

因而获解.

解法 4(通法 2)

令 $f(x)=x$,即 $\dfrac{3x+1}{x+3}=x\Rightarrow x^2-1=0$,得此方程的两个根 $x=\pm1$,则得

$$\frac{x_{n+1}-1}{x_{n+1}+1}=\frac{\dfrac{3x_n+1}{x_n+3}-1}{\dfrac{3x_n+1}{x_n+3}+1}=\frac{2x_n-2}{4x_n+4}=\frac{1}{2}\cdot\frac{x_n-1}{x_n+1} \qquad ⑦$$

因此 $\left\{\dfrac{x_n-1}{x_n+1}\right\}$ 是以 $\dfrac{2-1}{2+1}=\dfrac{1}{3}$ 为首项、$\dfrac{1}{2}$ 为公比的等比数列,故有

$$\frac{x_n-1}{x_n+1}=\frac{1}{3}\cdot\left(\frac{1}{2}\right)^{n-1}$$

解得　$x_n=\dfrac{3+2^{1-n}}{3-2^{1-n}}$

所以　$$\lim_{n\to\infty}x_n=\lim_{n\to\infty}\frac{3+2^{1-n}}{3-2^{1-n}}=1.$$

说明:两种方法都可由⑦式递推直接得如下结果:

$$\frac{x_n-1}{x_n+1}=\frac{1}{2}\cdot\frac{x_{n-1}-1}{x_{n-1}+1}=\frac{1}{2^2}\cdot\frac{x_{n-2}-1}{x_{n-2}+1}=\cdots=\frac{1}{2^{n-1}}\cdot\frac{x_1-1}{x_1+1} \qquad ⑨$$

即　$\dfrac{x_n-1}{x_n+1}=\dfrac{2^{1-n}}{3}$

从而解得　$x_n=\dfrac{3+2^{1-n}}{3-2^{1-n}}$,$\displaystyle\lim_{n\to\infty}x_n=1.$

下面,我们讨论 x_1 的取值对数列 $\{x_n\}$ 的影响.

当 $x_1 = -1$ 时,可得 $x_n = -1$,$\{x_n\}$ 为常数例.

当 $x_1 \neq -1$ 时,可由⑨式直接解得

$$x_n = \frac{(x_1 + 1) + (x_1 - 1) \cdot 2^{1-n}}{(x_1 + 1) - (x_1 - 1) \cdot 2^{1-n}} \qquad ⑩$$

可见,$x_1 = -1$ 也满足⑩式.

要 $\{x_n\}$ 为无穷数列,则 $x_n + 3 \neq 0$,即

$$\frac{(x_1 + 1) + (x_1 - 1) \cdot 2^{1-n}}{(x_1 + 1) - (x_1 - 1) \cdot 2^{1-n}} + 3 \neq 0 \quad (n \in N^*)$$

解得 $x_1 \neq \dfrac{1 + 2^n}{1 - 2^n}$ $\quad (n \in N^*)$. $\qquad ⑪$

由⑪式可知:当 $x_1 = \dfrac{1 + 2^k}{1 - 2^k}$ $\quad (k \in N^*)$时,$\{x_n\}$ 为仅有 k 项的有穷数列.

$x_1 \in R$ 且 $x_1 \neq \dfrac{1 + 2^k}{1 - 2^k}$ $\quad (k \in N^*)$时,数列 $\{x_n\}$ 为无穷数列,并由⑩式得到:

$x_1 = -1$ 时,$x_n = -1$. $\lim\limits_{n \to \infty} x_n = -1$

$x_1 \in R$ 且 $x_1 \neq -1$,$x_1 \neq \dfrac{1 + 2^k}{1 - 2^k}$ $\quad (k \in N^*)$时,$\lim\limits_{n \to \infty} x_n = 1$.

由于 $2 \neq -1$ 且 $2 \neq \dfrac{1 + 2^k}{1 - 2^k}$ $\quad (k \in N^*)$,因此,例 1 的结果:$\lim\limits_{n \to \infty} x_n = 1$ 是正确的.

下面,我们用法 3 再解两例.

例 2 已知函数 $f(x) = \dfrac{x - 1}{x + 3}$,若无穷数列 $\{x_n\}$ 中,$x_1 = 1$,$x_{n+1} = f(x_n)$,求 $\lim\limits_{n \to \infty} x_n$.

解: 由已知得 $\quad x_{n+1} = \dfrac{x_n - 1}{x_n + 3}$

令 $x_n = y_n + r$,则有

$$y_{n+1} = \frac{y_n + r - 1}{y_n + r + 3} - r = \frac{(1-r)y_n + r - r^2 - 3r - 1}{y_n + r + 3}$$

$$= \frac{(1-r)y_n - (r+1)^2}{y_n + r + 3}$$

令 $(r+1)^2 = 0$,得 $r = -1$.

故有 $y_{n+1} = \dfrac{2y_n}{y_n + 2}$

又 $y_n = x_n - r$,故得

$$x_{n+1} + 1 = \frac{2x_n + 2}{x_n + 3}$$

$$\frac{1}{x_{n+1}+1} = \frac{x_n+3}{2(x_n+1)} = \frac{1}{x_n+1} + \frac{1}{2}$$

因此，$\left\{\dfrac{1}{x_n+1}\right\}$ 是以 $\dfrac{1}{x_1+1} = \dfrac{1}{2}$ 为首项、$\dfrac{1}{2}$ 为公差的等差数列.

$$\frac{1}{x_n+1} = \frac{1}{2} + (n-1)\cdot\frac{1}{2} = \frac{n}{2}$$

解得　$x_n = \dfrac{1-n}{n}$，故得

$$\lim_{n\to\infty}x_n = \lim_{n\to\infty}\left(\frac{1}{n}-1\right) = -1.$$

例 3　(改编于现行课本上一道例题)已知 $f(x) = 1 + \dfrac{1}{x}$. 若无穷数列 $\{x_n\}$ 中，$x_1 = 1, x_{n+1} = f(x_n)$，求 $\lim\limits_{n\to\infty}x_n$.

解法 1，由已知：有 $x_{n+1} = 1 + \dfrac{1}{x_n}$

令 $x_n = y_n + r$，则得

$$y_{n+1} = 1 + \frac{1}{y_n+r} - r = \frac{(1-r)y_n + (1+r-r^2)}{y_n+r}$$

令 $1 + r - r^2 = 0$，得 $r = \dfrac{1\pm\sqrt{5}}{2}$

取 $r = \dfrac{1+\sqrt{5}}{2}$，我们得

$y_{n+1} = \dfrac{(1-r)y_n}{y_n+r}$，因此

$$\frac{1}{y_{n+1}} = \frac{y_n+r}{(1-r)y_1} = \frac{r}{1-r}\cdot\frac{1}{y_n} + \frac{1}{1-r} \qquad \text{①}$$

由于 $r = \dfrac{1+\sqrt{5}}{2}, 1-r = \dfrac{1-\sqrt{5}}{2}$. 因此有

$$\frac{1}{1-r} = -\frac{2}{\sqrt{5}-1} = -\frac{2(\sqrt{5}+1)}{4} = -r$$

①式就是

$$\frac{1}{y_{n+1}} = -r^2\cdot\frac{1}{y_n} - r \qquad \text{②}$$

令

$$\frac{1}{y_{n+1}} + p = -r^2\left(\frac{1}{y_n}+p\right)$$

则得

$$\frac{1}{y_{n+1}} = -r^2\cdot\frac{1}{y_n} - r^2p - p = -r^2\frac{1}{y_n} - (r^2+1)p$$

比较②③得 $(r^2+1)p = r, p = \dfrac{r}{r^2+1}$

故得
$$\frac{1}{y_{n+1}} + \frac{r}{r^2+1} = -r^2\left(\frac{1}{y_n} + \frac{r}{r^2+1}\right).$$

所以 $\left\{\dfrac{1}{y_{n+1}} + \dfrac{r}{r^2+1}\right\}$ 是以 $\dfrac{1}{y_1} + \dfrac{r}{r^2+1} = \dfrac{1}{x_1-r} + \dfrac{r}{r^2+1} = \dfrac{1}{1-r} + \dfrac{r}{r^2+1} = -r + \dfrac{r}{r^2+1} =$

$-\dfrac{r^3}{r^2+1}$ 为首项、$-r^2$ 为公比的等比数列.

$$\frac{1}{y_n} + \frac{r}{r^2+1} = -\frac{r^3}{r^2+1} \cdot (-r^2)^{n-1}$$

$$= (-1)^n \cdot \frac{r^{2n+1}}{r^2+1}$$

$$\frac{1}{y_n} = (-1)^n \cdot \frac{r^{2n+1}}{r^2+1} - \frac{r}{r^2+1}$$

$$= \frac{r[(-r^2)^n - 1]}{r^2+1}$$

$$y_n = \frac{r^2+1}{r[(-r^2)^n - 1]}$$

$$x_n = \frac{r^2+1}{r[(-r^2)^n - 1]} + r = \frac{(-1)^n r^{2n+2} + 1}{(-1)^n r^{2n+1} - r}$$

所以 $\displaystyle\lim_{n\to\infty} x_n = \lim_{n\to\infty} \frac{r + (-1)^n \dfrac{1}{r^{2n+1}}}{1 - (-1)^n \dfrac{1}{r^{2n}}} = r = \frac{1+\sqrt{5}}{2}.$

（注意: $\dfrac{1+\sqrt{5}}{2} > 1$，故上述极限存在）.

4　回归通法，讨论例1的一般式

用解法 3 或解法 4，我们可讨论如下一般问题.

例4　已知 $f(x) = \dfrac{cx+d}{ax+b}(a>0, ad\neq bc)$，若给定 x_1，$x_{n+1} = f(x_n)$，讨论数列 $\{x_n\}$ 的极限 $\displaystyle\lim_{n\to\infty} x_n$ 的存在性，若有极限. 就求出这个极限.

记
$$\Delta = (c-b)^2 + 4ad.$$

$$p_1 = \frac{c-b-\sqrt{\Delta}}{2a}$$

$$p_2 = \frac{c-b+\sqrt{\Delta}}{2a}$$

$$p_0 = \frac{c-b}{2a}$$

$$q = \frac{b + c + \sqrt{\Delta}}{b + c - \sqrt{\Delta}}$$

$$R(k) = \frac{(bp_1 - d) q^{k-1} - (bp_2 - d)}{(ap_2 + b) q^{k-1} - (ap_1 + b)} \quad (k \in N^*)$$

$$s(k) = \frac{(c - b)(k - 1) - 2b}{2a(k - 1) + 2a} \quad (k \in N^*)$$

我们仿解法 3 或解法 4,可以得到如下结论.

(Ⅰ)$\Delta > 0$ 时,可得 $\{x_n\}$ 的通项

$$x_n = \frac{p_2(x_1 - p_1) q^{n-1} - p_1(x_1 - p_2)}{(x_1 - p_1) q^{n-1} - (x_1 - p_2)}$$

当 $x_1 = R(k)$ $(k \in N^*)$ 时,$\{x_n\}$ 为仅含 k 项的有穷数列. 当 $x_1 \neq R(k)$ $(k \in N^*)$ 时,$\{x_n\}$ 为无穷数列,此时:

若 $b + c = 0$,则 $\{x_n\}$ 在 $x_1 = p_1$ 或 $x_1 = p_2$ 时,有 $x_n = p_1$,$\lim\limits_{n \to \infty} x_n = p_1$,或 $x_n = p_2$,$\lim\limits_{n \to \infty} x_n = p_2$.

$x_1 \in R$ 且 $x_1 \neq p_{1,2}$ 且 $x_1 \neq R(k)$ $(k \in N^*)$ 时,$\{x_n\}$ 为在两个常数值 x_1 与 $x' = \frac{cx_1 + d}{ax_1 + b}$ $(x_1 \neq x')$ 之间摆动的数列,故不存在极限.

若 $b + c > 0$,则 $\{x_n\}$ 在 $x_1 = p_1$ 时为常数列 $x_n = p_1$,$\lim\limits_{n \to \infty} x_n = p_1$;$x \in R$ 且 $x_1 \neq p_1$,$x_1 \neq R(k)$ $(k \in N^*)$ 时,$\lim\limits_{n \to \infty} x_n = p_2$.

若 $b + c < 0$,则 $\{x_n\}$ 在 $x = p_2$ 时为常数列 $x_n = p_2$,$\lim\limits_{n \to \infty} x_n = p_2$;$x \in R$ 且 $x_1 \neq p_2$,$x_1 \neq R(k)$ $(k \in N^*)$ 时,$\lim\limits_{n \to \infty} x_1 = p_1$.

(Ⅱ)$\Delta = 0$ 时,可得 $\{x_n\}$ 的通项

$$x_n = \frac{(c - b)(x_1 - p_0)(n - 1) + (b + c)x_1}{2a(x_1 - p_0)(n - 1) + (b + c)}$$

$x_1 = s(k)$ $(k \in N^*)$ 时,$\{x_n\}$ 为仅含 k 项的有穷数列;$x_1 \neq s(k)$ $(k \in N^*)$ 时,$\{x_n\}$ 为无穷数列,$\lim\limits_{n \to \infty} x_n = \frac{c - b}{2a} = p_0$.

说明:$x_1 = p_0$ 时,由通项知 $x_n = x_1 = p_0$ 为常数列.

$\Delta < 0$ 时,函数 $f(x)$ 没有不动点,$\{x_n\}$ 不收敛,数列 $\{x_n\}$ 不存在极限.

具体解答如下.

令 $f(x) = x$,即 $\frac{cx + d}{an + b} = x$

即得 $ax^2 - (c - b)x - d = 0$

该方程的判别式 $\Delta = (c - b)^2 + 4ac$.

当 $\Delta > 0$ 时,方程有两个不相同的实数根,即函数 $f(x)$ 有两个不动点.

$$x_1 = p_1 = \frac{c-b-\sqrt{\Delta}}{2a}, \ x_2 = p_2 = \frac{c-b+\sqrt{\Delta}}{2}$$

故

$$\frac{cp_1+d}{ap_1+b} = p_1, \frac{cp_2+d}{ap_2+b} = p_2$$

$$\Rightarrow d - bp_1 = -(c - ap_1)p_1 \qquad \text{①}$$

$$d - bp_2 = -(c - ap_2)p_2 \qquad \text{②}$$

由已知得 $x_{n+1} = \dfrac{cx_n+d}{ax_n+b}$ 得

$$\frac{x_{n+1}-p_1}{x_{n+1}-p_2} = \frac{\dfrac{cx_n+d}{ax_n+b}-p_1}{\dfrac{cx_n+d}{ax_n+b}-p_2} = \frac{(c-ap_1)x_n+d-bp_1}{(c-ap_2)x_n+d-bp_2}$$

由①②式我们得

$$\frac{x_{n+1}-p_1}{x_{n+1}-p_2} = \frac{c-ap_1}{c-ap_2} \cdot \frac{x_n-p_1}{x_n-p_2}$$

故 $\left\{\dfrac{x_n-p_1}{x_n-p_2}\right\}$ 是以 $\dfrac{x_1-p_1}{x_1-p_2}$ 为首项, $\dfrac{c-ap_1}{c-ap_2}$ 为公比的等比数列. 故

$$\frac{x_n-p_1}{x_n-p_2} = \frac{x_1-p_1}{x_1-p_2} \cdot \left(\frac{c-ap_1}{c-ap_2}\right)^{n-1}$$

设公比

$$q = \frac{c-ap_1}{c-ap_2} = \frac{c-\dfrac{c-b-\sqrt{\Delta}}{2a} \cdot a}{c-\dfrac{c-b+\sqrt{\Delta}}{2a} \cdot a} = \frac{c+b+\sqrt{\Delta}}{c+b-\sqrt{\Delta}}$$

$$\frac{x_n-p_1}{x_n-p_2} = \frac{x_1-p_1}{x_1-p_2} \cdot q^{n-1}$$

解得

$$x_n = \frac{p_2(x_1-p_1) \cdot q^{n-1} - p_1(x_1-p_2)}{(x_1-p_1)q^{n-1} - (x_1-p_2)} \qquad \text{③}$$

要 x_{n+1} 有意义, 则 $ax_n + b \neq 0$, 即

$$\frac{p_2(x_1-p_1) \cdot q^{n-1} - p_1(x_1-p_2)}{(x_1-p_1)q^{n-1} - (x_1-p_2)} + \frac{b}{a} \neq 0$$

$$\Rightarrow [(ap_2+b)q^{n-1} - (ap_1+b)]x_1 - [(ap_2+b)p_1g^{n-1} - (b+ap_1)p_2] \neq 0, \text{得}$$

$$x_1 \neq \frac{(ap_2+b)p_1q^{n-1} - (ap_1+b)p_2}{(ap_2+b)q^{n-1} - (ap_1+b)} = R(n) \qquad \text{④}$$

注意到方程 $ax^2 - (c-b)x - d = 0$ 的两根 p_1、p_2 有关系式 $p_1p_2 = -\dfrac{d}{a}$, 得 $ap_1p_2 = -d$. 因此 $R(n)$ 又可表示为

$$R(n) = \frac{(bp_1-d)q^{n-1} - (bp_2-d)}{(ap_2+b)q^{n-1} - (ap_1+b)}$$

有了③④两式,我们即可结合 $|q| \geqslant 1$,还是 $|q| < 1$ 来讨论 $\Delta > 0$ 时,数列 $\{x_n\}$ 的有关情况了.

（Ⅰ）$\Delta > 0$ 时,由④式我们知道:当 $x_1 = R(k)$ （$k \in N^*$）时,$\{x_n\}$ 为仅含 k 项的有穷数列;当 $x_1 \neq R(k)$ 对于 $k \in N^*$ 恒成立时,$\{x_n\}$ 为无穷数列. 此时

若 $b + c = 0$,则 $q = -1$. $\{x_n\}$ 为在数值 x_1 与

$$
\begin{aligned}
x_2 &= \frac{-p_2(x_1 - p_1) - p_1(x_1 - p_2)}{-(x_1 - p_1) - (x_1 - p_2)} \\
&= \frac{(p_1 + p_2)x_1 - 2p_1p_2}{2x_1 - (p_1 + p_2)} \\
&= \frac{\dfrac{c-b}{a}x_1 + 2\dfrac{d}{a}}{2x_1 + \dfrac{b-c}{2a}} \\
&= \frac{2cx_1 + 2d}{2ax_1 + 2b} = \frac{cx_1 + d}{ax_1 + b}
\end{aligned}
$$

之间来回摆动的数列. 除 $x_1 = f(x_1)$,即 $x_1 = p_1$ 或 $x_1 = p_2$ 时,$\{x_n\}$ 有极限 $\lim\limits_{n \to \infty} x_n = p_1$ 或 $\lim\limits_{n \to \infty} x_n = p_2$ 外,其他情况,即 $x_1 \in R$ 且 $x_1 \neq p_{1,2}$ 且在 $k \in N^*$ 恒有 $x_1 \neq R(k)$,$x_1 \neq \dfrac{xc_1 + d}{ax_1 + b}$ 时,$\{x_n\}$ 中 x_n 在两个不相等的数之间来回摆动,故不可能有极限.

若 $b + c > 0$ 时,则 $|b + c + \sqrt{\Delta}| > \sqrt{\Delta}$,且 $|b + c - \sqrt{\Delta}| < \sqrt{\Delta}$,故 $|q| > 1$. 因此,若 $x_1 = p_1$ 时,$\{x_n\}$ 为常数列 $x_n = p_1$,$\lim\limits_{n \to \infty} x_n = p_1$;$x \in R$ 且 $x_1 \neq p_1$ 且 $x_1 \neq R(k)$ （$k \in N^*$）恒成立时

$$
\begin{aligned}
\lim_{n \to \infty} x_n &= \lim_{n \to \infty} \frac{p_2(x_1 - p_1) - p_1(x_1 - p_2)\left(\dfrac{1}{q}\right)^{n-1}}{(x_1 - p_1) - (x_1 - p_2) \cdot \left(\dfrac{1}{q}\right)^{n-1}} \\
&= \frac{p_2(x_1 - p_1)}{x_1 - p_1} = p_2
\end{aligned}
$$

若 $b + c < 0$,则 $|b + c + \sqrt{\Delta}| < \sqrt{\Delta}$,且 $|b + c - \sqrt{\Delta}| > \sqrt{\Delta}$,故 $|q| < 1$. 因此,若 $x_1 = p_2$ 时,$\{x_n\}$ 为常数列 $x_n = p_2$,$\lim\limits_{n \to \infty} x_n = p_2$;$x \in R$ 且 $x_1 \neq p_2$ 且 $x_1 \neq R(k)$ （$k \in N^*$）恒成立时

$$
\lim_{n \to \infty} x_n = \lim_{n \to \infty} \frac{p_2(x_1 - p_1)q^{n-1} - p_1(x_1 - p_2)}{(x_1 - p_1)q^{n-1} - (x_1 - p_2)} = \frac{-p_1(x_1 - p_2)}{-(x_1 - p_2)} = p_1
$$

（Ⅱ）$\Delta = 0$ 时,方程 $ax^2 - (c - b)x - d = 0$ 有重根 $x_{1,2} = p_0 = \dfrac{c-b}{2a}$. 此时有

$$
\frac{cp_0 + d}{ap_0 + b} = p_0 \Rightarrow d - bp_0 = -(c - ap_0)p_0
$$

$$\frac{1}{x_{n+1}-p_0}=\frac{1}{\dfrac{cx_n+d}{ax_n+b}-p_0}=\frac{ax_n+b}{(c-ap_0)x_n+d-bp_0}$$

$$=\frac{ax_n+b}{(c-ap_0)x_n-(c-ap_0)p_0}$$

$$=\frac{a(x_n-p_0)+ap_0+b}{(c-ap_0)(x_n-p_0)}$$

$$=\frac{b+ap_0}{c-ap_0}\cdot\frac{1}{(x_n-p_0)}+\frac{a}{c-ap_0}$$

注意到 $b+ap_0=b+a\cdot\dfrac{c-b}{2a}=\dfrac{c+b}{2}$

$$c-ap_0=c-a\cdot\frac{c-b}{2a}=\frac{c+b}{2}$$

因此 $\dfrac{b+ap_0}{c-ap_0}=1$

故得 $\dfrac{1}{x_{n+1}-p_0}=\dfrac{1}{x_n-p_0}+\dfrac{2a}{b+c}$

$\left\{\dfrac{1}{x_n-p_0}\right\}$是以$\dfrac{1}{x_1-p_0}$为首项、$\dfrac{2a}{b+c}$为公差的等差数列.

$$\frac{1}{x_n-p_0}=\frac{1}{x_1-p_0}+\frac{2a(n-1)}{b+c}=\frac{2a(x_1-p_0)(n-1)+b+c}{(x_1-p_0)(b+c)}$$

$$x_n=\frac{(x_1-p_0)(b+c)}{2a(x_1-p_0)(n-1)+(b+c)}+p_0$$

$$=\frac{2ap_0(x_1-p_0)(n-1)+x_1(b+c)}{2a(x_1-p_0)(n-1)+(b+c)}$$

要x_{n+1}有意义,$ax_n+b\neq0$,即得

$$\frac{2ap_0(x_1-p_0)(n-1)+x_1(b+c)}{2(x_1-p_0)(n-1)+(b+c)}+b\neq0$$

解得 $x_1\neq\dfrac{(c-b)(n-1)-2b}{2a(n-1)+2a}=s(n)\quad(n\in N^*)$

当$x_1=s(k)\ (k\in N^*)$时,数列$\{x_n\}$为只有k项的有穷数列. 当$x_1\neq s(k)\ (k\in N^*)$恒成立时

$$\lim_{n\to\infty}x_n=\lim_{n\to\infty}\frac{2ap_0(x_1-p_0)+\dfrac{x_1(b+c)}{n-1}}{2a(x_1-p_0)+\dfrac{b+c}{n-1}}$$

$$=\frac{2ap_0(x_1-p_0)}{2a(x_1-p_0)}=p_0$$

至此,上述结论都得到. $\Delta<0$时,函数$f(x)$无实数不动点,$\{x_n\}$不收敛(极限不

存在).

5　求通项公式的方法步骤归纳

以上说明,要求数列 $\{x_n\}$: $x_{n+1}=f(x_n)\left(f(x)=\dfrac{cx+d}{ax+b}\right)$ 的极限,先求其通项公式是关键,而求通项公式的方法不止一个,因此,这里作一"归结".

(Ⅰ)例 1 的解法 4 是应用不动点的方法求解,其解题步骤是:

由已知得 $x_{n+1}=\dfrac{cx_n+d}{ax_n+b}$,设 p 是 $f(x)$ 的不动点,则 $\dfrac{cp+d}{ap+b}=p$,化为关于 p 的一元二次方程:

$$ap^2+(b-c)p-d=0 \qquad ①$$

设其判别式 $\Delta=(b-c)^2+4ad$

(ⅰ)若 $\Delta\neq0$,则方程①有两个不相等的根 $p=p_1$, $p=p_2$ (其中, $\Delta<0$ 时, p_1 、p_2 为两个虚根).

此时,我们可以构造

$$\frac{x_{n+1}-p_1}{x_{n+1}-p_2}=\frac{\dfrac{cx_n+d}{ax_n+b}-p_1}{\dfrac{cx_n+d}{ax_n+b}-p_2}=\frac{(c-ap_1)x_n+d-bp_1}{(c-ap_2)x_n+d-bp_2}$$

$$=\frac{(c-ap_1)(x_n-p_1)-[ap_1^2+(b-c)p_1-d]}{(c-ap_2)(x_n-p_2)-[ap_2^2+(b-c)p_2-d]}$$

$$=\frac{c-ap_1}{c-ap_2}\cdot\frac{x_n-p_1}{x_n-p_2}$$

设 $y_n=\dfrac{x_n-p_1}{x_n-p_2}$, $q=\dfrac{c-ap_1}{c-ap_2}$,则得 $y_{n+1}=qy_n$ ($n\in N^*$),这是以 q 为公比的等比数列,通项为

$$y_n=y_1\cdot q^{n-1} \qquad ②$$

(ⅱ)若 $\Delta=0$,则方程①有两个相等的实数根 $p_0=\dfrac{c-b}{2a}$,此时则构造

$$x_{n+1}-p_0=\frac{cx_n+d}{ax_n+b}-p=\frac{(c-ap_0)x_n+d-bp_0}{ax_n+b}$$

$$=\frac{(c-ap_0)(a_n-p_0)-[ap_0^2+(b-c)p_0-d]}{ax_n+b}$$

$$=\frac{(c-ap_0)(x_n-p_0)}{ax_n+b}$$

得

$$\frac{1}{x_{n+1}-p_0}=\frac{ax_n+b}{(c-ap_0)(x_n-p_0)}=\frac{a(x_n-p_0)+b+ap_0}{(c-ap_0)(x_n-p_0)}$$

$$= \frac{a}{c - ap_0} + \frac{b + ap_0}{c - ap_0} \cdot \frac{1}{x_n - p_0}$$

$$= \frac{a}{c - \dfrac{c - b}{2}} + \frac{b + \dfrac{c - b}{2}}{c - \dfrac{c - b}{2}} \cdot \frac{1}{x_n - p_0} = \frac{2a}{c + b} + \frac{1}{x_n - p_0}$$

设 $y_n = \dfrac{1}{x_n - p_0}, e = \dfrac{2a}{c + b}$,得 $y_{n+1} = y_n + e$,这是以 e 为公差的等差数列,通项公式为

$$y_n = y_1 + (n - 1)e \quad (n \in N^*) \qquad ③$$

以上就是第一步:构造等比或等差数列;第二步就从②式或③式,即

$\dfrac{x_n - p_1}{x_n - p_2} = \dfrac{x_1 - p_1}{x_2 - p_2} \cdot q^{n-1}$ 或 $\dfrac{1}{x_n - p_0} = \dfrac{1}{x_1 - p_0} + (n - 1)e$ 中解出 x_n,得 $\{x_n\}$ 的通项公式.

(Ⅱ)例1的解法3的说明,体现的是一种转化的方法,即转化为一阶线性递推式 $y_{n+1} = py_n + q$ 求解,其解题步骤是:

第一步转化,分式递推式 $x_{n+1} = \dfrac{cx_n + d}{ax_n + b}$ 总可以运用平移变换或倒数变换转化成线性递推式

$$y_{n+1} = py_n + q \quad (p \neq 0) \qquad ④$$

(i)若 $c \neq 0$ 且 $d = 0$,即 $x_{n+1} = \dfrac{cx_n}{ax_n + b}$

令 $y_n = \dfrac{1}{x_n}$,则得线性递推式 $y_{n+1} = \dfrac{b}{c}x_n + \dfrac{a}{c}$.

(ii)若 $c = 0$ 且 $d \neq 0$,即 $x_{n+1} = \dfrac{d}{ax_n + b}$

令 $x_n = y'_n + r$,则得

$$y'_{n+1} = \frac{-ary'_n - (ar^2 + br - d)}{ay'_n + (ar + b)}$$

若 $r = r_0$ 是方程 $ar^2 + br - d = 0$ 的解,则 $y'_{n+1} = \dfrac{(-ar_0)y'_n}{ay'_n + (ar_0 + b)}$,这就转化为(i)的情形,由此再可转化为一阶线性递推式.

(iii)若 $c \neq 0$ 且 $\alpha \neq 0$,令 $x_n = y'_n + r$.

得 $$y'_{n+1} = \frac{(c - ar)y'_n - [ar^2 + (b - c)r - d]}{ay'_n + (ar + b)}$$

若 $r = r_0$ 是方程 $ar^2 + (b - c)r - d = 0$ 的一个解,则

$y'_{n+1} = \dfrac{(c - ar_0)y'_n}{ay'_n + (ar_0 + b)}$ 于是问题也转化为(i)的情形,进而可转化为一阶线性

方程.

第二步,求线性递推式 $y_{n+1} = py_n + q(p \neq 0)$ ④的解. 这可分两种情况.

（i）当 $p = 1$ 时,即 $y_{n+1} = y_n + q$,这是公差为 q 的等差数列,通项公式为

$$y_n = y_1 + (n-1)q \quad (n \in N^*)$$

（ii）当 $p \neq 1$ 时,设 $y = u_n + r'$,代入④式,得 $u_{n+1} = pu_n + (p-1)r' + q$,只需设

$r' = \dfrac{q}{1-p}$,即得 $u_{n+1} = pu_n (n \in N^*)$⑤.

⑤是公比为 p 的等比数列,通项公式为:$u_n = u_1 p^{n-1}$:即得递推式④的通项公式为:

$$y_n = \left(y_1 - \frac{q}{1-p}\right)p^{n-1} + \frac{q}{1-p} \quad (n \in N^*)$$

第三步,由上述通项公式中解出 $\{x_n\}$ 的通项公式.

（Ⅲ）还可以构造二阶线性递推式 $F_{n+2} = sF_{n+1} + tF_n$ ⑥求解,其解题步骤是:

第一步:构造二阶线性递推式. 因为

$$x_{n+1} + \frac{b}{a} = \frac{cx_n + d}{ax_n + b} + \frac{b}{a}$$

$$= \frac{(c+b)\left(x_n + \dfrac{b}{a}\right) + d - \dfrac{cb}{a}}{a\left(x_n + \dfrac{b}{a}\right)}$$

令 $x_n + \dfrac{b}{a} = \dfrac{F_{n+1}}{F_n}$ 则得

$$\frac{F_{n+2}}{F_{n+1}} = \frac{(c+b)\dfrac{F_{n+1}}{F_n} + d - \dfrac{cb}{a}}{a \cdot \dfrac{F_{n+1}}{F_n}}$$

$$= \frac{a(c+b)F_{n+1} + (da - cb)F_n}{a^2 F_{n+1}}$$

化简得二阶线性递推式

$$F_{n+2} = \frac{1}{a}(c+b)F_{n+1} + \frac{da - cb}{a^2}F_n$$

第二步:求二阶线性递推式的通项公式.

用形如 $F_n = \lambda^n$（λ 为特定常数）的通项公式代入递推式⑥,得

$$\lambda^{n+2} - s x^{n+1} - t\lambda^n = 0$$

即 $\lambda^n(\lambda^2 - s\lambda - t) = 0$

其中,$\lambda^2 - s\lambda - t = 0$ 称为递推式⑥的特征方程,可以验证:

（i）当⑥的特征方程有两个不等实数根 $\lambda = \lambda_1, \lambda = \lambda_2 (\lambda_1 \neq \lambda_2)$ 时,

$$F_n = C_1(\lambda_1)^n + C_2(\lambda_2)^n$$

（ii）当⑥的特征方程有两个相等的实根 $\lambda_1 = \lambda_2 = \lambda_0$ 时，$F_n = (C_1 + C_2 n)\lambda_0^n$.

（iii）当⑥的特征方程有一对共轭复根：

$$\lambda_1 = \frac{s + i\sqrt{-4t - s^2}}{2}, \lambda_2 = \frac{s - i\sqrt{-4t - s^2}}{2} \text{时} F_n = r^n(C_1 \cos\beta_n + C_2 \sin\beta_n)，其中$$

$r = |\lambda_i|$，$\beta = \arg(\lambda_i)$ （$i = 1, 2$）

上述各式中 C_1、C_2 为任意常数，$n \in N$.

第三步，由 $\{F_n\}$ 的通项，解出 $\{x_n\}$ 的通项.

下面，我们用此法解例1.

解法5： 由已知得 $x_{n+1} = \dfrac{3x_n + 1}{x_n + 3}$

$$x_{n+3} + 3 = \frac{3x_n + 1}{x_n + 3} + 3 = \frac{6(x_n + 3) - 8}{x_n + 3}$$

令 $x_n + 3 = \dfrac{F_{n+1}}{F_n}$ 得

$$\frac{F_{n+2}}{F_{n+1}} = \frac{\dfrac{6F_{n+1}}{F_n} - 8}{\dfrac{F_{n+1}}{F_n}} = \frac{6F_{n+1} - 8F_n}{F_{n+1}}$$

得　$F_{n+2} = 6F_{n+1} - 8F_n$

令　$F_n = \lambda^n$（λ 为特定系数），则

得　$\lambda^{n+2} - 6\lambda^{n+1} + 8\lambda^n = 0$

$\lambda^2 - 6\lambda + 8 = 0$

解得　$\lambda_1 = 2, \lambda_2 = 4$

所以　$F_n = C_1 \cdot 2^n + C_2 \cdot 4^n$

$$x_n = \frac{F_{n+1}}{F_n} - 3 = \frac{C_1 \cdot 2^{n+1} + C_2 \cdot 4^{n+1}}{C_1 \cdot 2^n + C_2 \cdot 4^n} - 3$$

$$= \frac{-C_1 \cdot 2^n + C_2 \cdot 4^n}{C_1 \cdot 2^n + C_2 \cdot 4^n} = \frac{-1 + \dfrac{C_2}{C_1} \cdot 2^n}{1 + \dfrac{C_2}{C_1} \cdot 2^n}$$

$n = 1$ 时，$2 = x_1 = \dfrac{-1 + \dfrac{C_2}{C_1} \cdot 2}{1 + \dfrac{C_2}{C_1} \cdot 2}$

解得　$\dfrac{C_2}{C_1} = -\dfrac{3}{2}, x_n = \dfrac{3 + 2^{1-n}}{3 - 2^{1-n}}$

$$\lim_{n\to\infty}x_n=\frac{3+\lim\limits_{n\to\infty}2^{1-n}}{3-\lim\limits_{n\to\infty}2^{1-n}}=1$$

此种解法对于高中学生来说是不适宜的,但作为教师,是应该知道怎么解的.

6　几点认识和议论

(1)以上讨论可见,我们在解题教学中,强调常法、通性通法是十分重要的. 我们在数学解题中,是需要有所创新、有所突破的. 但这种创新,只能是在吃透通解、通法的基础上的创新,基于对问题的数学本质的充分认识和理解后的创新,这种"创新解法"绝不能以牺牲解题过程的完整性与科学性为其代价,例 1 中的"创新解法",实际上是我们用解法 4 解题过程中的第一步:求函数 $f(x)$ 的不动点,后续如法 4 求数列的通项;如补救解法 1 判断数列的增减性,从而判断极限的存在性;如补救解法 2 判断数列是否有满足其极限存在的条件等"解题过程"都没有,解题过程是极不完整的,这违背了数学解题必须"步步有理有据"的科学性要求.

有人认为:本文例 1"题目本身未要求步步证明(只是解答题,不是证明题)",意即没有必要补充上述证明或讨论. 我们则认为:解答题不同于选择题和填空题. 后两者只需要选对或答对"结果",而前者必须有完整的解答过程,而在这一过程中,又必须做到步步有理有据. 它与证明题的证明过程必须步步有理有据的要求是一样的. 不一样的只是:证明题中每步的"理""据"都必须详细地表达于解题过程中,而解答,对于一些"显然"的事实,只需"点到"为止. 如果不是"显然"的事实,解题中从 A 到 B 的理由是必须明确指出或导出的. 否则,这就是破坏了数学解题过程中的完整性、科学性. 例 1 中数列 $\{x_n\}$ 的极限 $\lim\limits_{n\to\infty}x_n$ 的存在性并非"显然",解题过程将其"判断"加以省略,就会给学生以这样错误信息"只要方程 $f(x)=x$ 有解 x_0,那么由 $x_{n+1}=f(x_n)$ 确定的数列 $\{x_n\}$ 的极限就是 $\lim\limits_{n\to\infty}x_n=x_0$",学生对这一错误信息的被动"接受",就会产生我们在前面举出的错误:认为 $f(x)=\dfrac{1}{x}$,$\{x_n\}:x_1=2$,$x_{n+1}=f(x_n)$,则 $\{x_n\}$ 的极限 $\lim\limits_{n\to\infty}x_n=1$. 让学生被动地接受这样的错误认识,其影响是深远的.

数学解题要求"步步有理有据",这恰恰是数学学科解决问题的"完整性和科学性"的一项具体要求. 对此,我们不能有丝毫的马虎.

(2)有人认为,例 1 及其所给四种解法超出了高中数学课程标准,没有必要在刊物或专著中进行讨论. 是的,从上述探讨上看,本文例 1 似乎是超出了高中数学课程标准,不适合在高中数学课堂中令学生探究,我们也不希望资料上编写这类令师生为难的题目. 但现实是,这类题目不仅在各种资料和刊物上出现,而且已经进入课堂并令学生讨论它们的"创新解法""联想巧解",等等. 那么我们就不能"视而不见",必须"介入争议",只有这样,才能使更多的师生弄清这类题目的"本来面目",看到它的"创新""联想"等解法的错误之所在,从而提高师生的辨错意识和辨错能力,自觉抵制这类问题进入我们的课堂,切断这类问题广泛流传的途径,净化数学教学,特别是解题教学的空间.

另外,作为一个数学教育工作者,我们必须正确地对待"超标"问题.对此,笔者的认识是:其一是"生超师不超".我们常说:要给学生一碗水,教师必须先有一桶水.也就是说,凡学生能遇到的各种问题,教师自己都应该力求把它搞清楚、弄明白,无论这个问题在课本中是否出现、是否要让学生学习.只有这样,才能从广度和深度上把握所教内容的适度性和科学性,从而采取必要的方法和措施把它教好.只有这样,我们才能一方面在课堂上注意把握好"课标",搞好"三基"教学,对所教知识的拓展应适度.另一方面,要鼓励学生把课堂知识向课堂外拓展、延伸,去研究自己感兴趣的数学问题.例如,新中国成立初期出版的《数学小丛书》等课外读物正是引导学生将课本知识向课外拓展、延伸的优秀读物,而我们现在的数学教学,对此不提倡、不鼓励,不给学生去接触的丝毫时间和空间,这是一种十分反常的现象.这抹杀了学生的个性,否定了学生的自我发展的能动性,对于学生的能力迁移和发展十分不利,所谓"创新"更无从谈起.这些都是我们未把所教数学知识的来龙去脉完全弄明白的后果.因此说,对学生超标的问题,并非对教师超标的问题.不能以"超标"为借口,去拒绝对这类问题在教师间的讨论和探究.

其二是"题超法不超".例1的题本身似乎有点"超标",但对例1的解法3、解法4,特别是解法3,是不能说"超标"的.第一,从求数列的"极限"的角度看,先求通项,再判断数列有无极限,有极限时再求其极限,这是高中学生学习"极限"后用来解题的基本方法.第二,从求递推数列"通项"来看,解法3用的是"设参求参"中的方法之一"平移代换"法,而这种方法的基本思路就是将一般代数问题化为学生已知的特殊代数问题而获解,在数列中,就是要把一般的选推数列化为学生学习过的特殊数列——等差数列或等比数列来求解.这些,都是高中数学解决问题的基本的、常用或通用的方法之一.并且,20世纪的高中数学课本上就有关于递推数列的习题.如:

例5 (六年制重点中学高中数学课本《代数》第二册第77页第17题).已知数列$\{a_n\}$的项满足$\begin{cases} a_1 = b \\ a_{n+1} = ca_n + d \end{cases}$,其中$c \neq 1$,证明这个数列的通项公式为

$$a_n = \frac{bc^n + (d-b)c^{n-1} - d}{c-1}$$

虽然这是一道错题:$c = 0$且$n = 1$时,求证式中出现:0^0,零的零次方无意义.也就是说,不能有首项a_1存在,这与$a_1 = b$(存在)是矛盾的,应加条件"$c \neq 0$"(其他不变)或不加条件,而改结论:求证这个数列的通项公式为

$$a_n = \begin{cases} b & (n=1) \\ \dfrac{bc^n + (d-b)c^{n-1} - d}{c-1} & (n \geq 2) \end{cases}$$

但其证明过程,一般参考资料上都是一致的.

证明:设 $a_{n+1}+p=c(a_n+p)$,则 $a_{n+1}=ca_n+(c-1)p$,注意 $c\neq1$. 与 $a_{n+1}=ca_n$ $+d$ 比较得 $p=\dfrac{d}{c-1}$. 因此,得 $a_{n+1}+\dfrac{d}{c-1}=c\left(a_n+\dfrac{d}{c-1}\right)$.

数列 $\left\{a_n+\dfrac{d}{c-1}\right\}$ 是以 $a_1+\dfrac{d}{c-1}=b+\dfrac{d}{c-1}$ 为首项、c 为公比的等比数列. 所以

$$a_n+\frac{d}{c-1}=\frac{bc-b+d}{c-1}\cdot c^{n-1}$$

解得

$$a_n=\frac{bc^n+(d-b)c^{n-1}-d}{c-1}\cdot(c\neq0,c\neq1)$$

或令 $a_n=b_n+p$ 得上述结论(两种设法是一致的,只是形式上的字母改变).

代数中的"平移代换"的几何直观就是"坐标平移",这也是在初中就开始出现过的. 如关于二次函数的图象的"顶点""对称轴"等问题就与此有关,如例6.

例6　二次函数 $y=ax^2(a\neq0)$ 的图象的顶点是 $(0,0)$(对称轴是 y 轴——直线 $x=0$),不用"配方法",请证明二次函数 $y=ax^2+bx+c$ 的图象的顶点是 $\left(-\dfrac{b}{2a},\dfrac{4ac-b^2}{4a}\right)$(对称轴是直线 $x=-\dfrac{b}{2a}$).

证明:令 $x=x'-\dfrac{b}{2a},y=y'+\dfrac{4ac-b^2}{4a}$,代入函数式 $y=ax^2+bx+c$ 得

$$y'+\frac{4ac-b^2}{4a}=a\left(x'-\frac{b}{2a}\right)^2+b\left(x'-\frac{b}{2a}\right)+c$$

整理得 $y'=ax'^2$. 关于 x' 的二次函数 $y'=ax'^2$ 的顶点是 $(0,0)$,即 $x'=0,y'=0$,代入所令式得 $x=-\dfrac{b}{2a},y=\dfrac{4ac-b^2}{4a}$.

因此,二次函数 $y=ax^2+bx+c(a\neq0)$ 的图象的顶点是 $\left(-\dfrac{b}{2a},\dfrac{4ac-b^2}{4a}\right)$(对称轴是直线 $x=-\dfrac{b}{2a}$).

这种在初中、高中数学中沟通代数和几何的"平移换元法"能够说成是"超标"了吗?

至于解法4,先求通项这是与解法3一致的. 只是求通项的方法,不是用"平移变换"(设参求参),而是从特殊入手(一般问题的某些性质往往存在于特殊情况之中)思考问题:既然是求数列的极限 $\lim\limits_{n\to\infty}x_n$,那么 $\{x_n\}$ 的极限就应该存在设为 r. 这时,x_n 随着 n 的无限增大而越来越靠近 r,x_n 越靠近 r,x_{n+1} 更靠近 r. 这时,x_n 与 x_{n+1} 也就越来越近. 那么 $\{x_n\}$ 取得极限 r 之时,也就是 x_{n+1} 与 x_n 相等之时,也就是 $x_n=x_{n+1}=f(x_n)$ 之时. 因此,先求出方程 $f(x)=x$ 的根后再继续探讨就是我们解法4的起始点. 这种分析问题解决问题的方法,也是高中数学常用的方法之一,也不能算是"超标".

其三,"低超高不超". 我们的"课程标准",应是使所有学生能达到的一个"基本标准",也就是一个仅限于课堂教学应遵循的标准. 绝不能用此标准来限制学生,特别是数学英才生的能力发展. 对于一般学生,特别是数学学习能力较低的学生来说,例 1 的问题是"超标"的,那么对于数学学习能力高的学生,特别是数学英才生来说,例 1 的问题就不能认为是"超标"的. 文[4]①曾经指出:直到 20 世纪 60 年代,中国一些中学,其优秀学生并不低于今天英国以培养中学数学英才为目标的高标准高中——甲等中学(数学的基础要求并不高,但不限制优秀生的发展,所以少数学生可以达到很高的水平)的优秀毕业生,而且学生负担并不重,但如今我们的高中,为了提高高考成绩,限制数学优秀生发展的现象是很普遍的. 这不但使英国甲等中学的毕业生的标准比我国今天的高中高 2—3 年,而且学生的负担远不如我国当今这样重. 这就充分说明,如果我们不改变对不同学生坚持同一标准的认识和做法,我们数学教育是注定要失败的. 正因为如此,虽然从 21 世纪初开始,我们的数学教材对《数列》的要求,特别是对递推数列的要求是降低了,但为了实现高考的"选拔功能",不少高考试卷上还是出现了涉及递推数列的试题,如例 7.

例 7 (2007 年高考全国卷二)设数列 $\{a_n\}$ 的首项 $a_1 \in (0,1)$,$a_n = \dfrac{3-a_{n-1}}{2}$,$n=1,2,3,4,\cdots$,求 a_n 的通项公式.

解:令 $a_n + p = -\dfrac{1}{2}(a_{n-1}+p)$,则得

$$a_n = -\frac{1}{2}a_n - \frac{3}{2}p,\ 与\ a_n = -\frac{1}{2}a_n + \frac{3}{2}\ 比较得\ p = -1.\ a_n - 1 = -\frac{1}{2}(a_{n-1}-1).$$

数列 $\{a_n - 1\}$ 是以 $a_1 - 1$ 为首项,$-\dfrac{1}{2}$ 为公比的等比数列. 故

$$a_n - 1 = (a_1 - 1)\left(-\frac{1}{2}\right)^{n-1}$$

$$a_n = (a_1 - 1)\left(-\frac{1}{2}\right)^{n-1} + 1$$

这样的问题,仅 2010 年高考,就至少有三个试卷出现过,如例 8、例 9、例 10.

例 8 (2010 年高考·全国卷 I)已知数列 $\{a_n\}$,$a_1 = 1$,$a_{n+1} = c - \dfrac{1}{a_n}$. (I)设 $c = \dfrac{5}{2}$,$b = \dfrac{1}{a_n - 2}$,求数列 $\{b_n\}$ 的通项公式(以下从略).

对此例,无论用例 1 的解法 3、解法 4,还是将有关数据代入例 4 中 $\Delta > 0$ 时的结果,当 $c = \dfrac{5}{2}$ 时,都能够得到:$a_n = \dfrac{2 \cdot 4^{n-1} + 1}{4^{n-1} + 2}$,从而得到 $b_n = \dfrac{1}{a_n - 2} = -\dfrac{1}{3}(4^{n-1} + 2)$.

① 李克正. 英国中学数学人才培养考察报告[J]. 数学通报,2012(10):1—2 + 31.

例 9　(2010 年春季高考·上海卷)已知首项为 x_1 的数列 $\{x_n\}$，满足 $x_{n+1} = \dfrac{ax_n}{x_n+1}$($a$ 为常数)(Ⅰ)、(Ⅱ)从略,(Ⅲ)当 a 确定后,数列 $\{x_n\}$ 由其首项 x_1 确定.当 $a=2$ 时,通过对数列 $\{x_n\}$ 的探究,写出"$\{x_n\}$ 是有穷数列"的一个真命题.

同样,对此例,无论用例 1 的解法 3、解法 4 求出通项 x_n 后令 $x_n+1 \neq 0$,还是将有关数据代入例 2 中 $\Delta>0$ 时的结果.当 $a=2$ 时,我们都能得:$R(k) = \dfrac{1}{1-2^k}$($k \in Z^+$).

故可写出的真命题为:数列 $\{x_n\}$ 是有穷数列的充要条件是:存在 $k \in Z^*$,使 $x_k = -1$,所以 $x_1 = \dfrac{1}{1-2^k}$,且有穷数列的项数为 k.

例 10　(2010 年高考·天津卷)在数列 $\{a_n\}$ 中,$a_1=0$,且对任意 $k \in N^+$,a_{2k-1}、a_{2k}、a_{2k+1} 成等差数列,且公差为 d_1.

(Ⅰ)若 $d_k = 2k$,证明 a_{2k}、a_{2k+1}、a_{2k+2} 成等比数列.

(Ⅱ)若对任意 $k \in N^+$,a_{2k}、a_{2k+1}、a_{2k+2} 成等比数列,其公比为 q_k(1)设 $q_1 \neq 1$,证明 $\left\{\dfrac{1}{q_k-1}\right\}$ 是等差数列.

(Ⅲ)略.

[只讨论(Ⅰ)(Ⅱ)],由已知可得 $q_{k+1} = \dfrac{2q_k-1}{q_k}$,以下无论是用例 1 的解法 3、解法 4,还是将有关数据代入例 4 中 $\Delta=0$ 的结果,都得到

$$q_k = \frac{2(q_1-1)(k-1)+2q_1}{2(q-1)(k-1)+2}$$

从而得到

$$\frac{1}{q_k-1} = \frac{1}{q_1-1} + (n-1) \cdot 1$$

所以,$\left\{\dfrac{1}{q_k-1}\right\}$ 是等差数列,且公差是 1.

之后各年,都有这样的高考题出现,如

例 11　(2012 年全国大纲卷)函数 $f(x) = x^2-2x-3$.定义数列 $\{x_n\}$ 如下:$x_1 = 2$,x_{n+1} 是过两点 $P(4,5)$、$Q_n(x_n,f(x_n))$ 的直线 PQ_n 与 x 轴交点的横坐标.

(1)证明 $2 \leqslant x_n < x_{n+1} < 3$.

(2)求数列 $\{x_n\}$ 的通项公式.

解:(1)$f(4) = 4^2-8-3 = 5$,故点 $P(4,5)$ 在函数 $f(x)$ 的图象上,故由所给出的两点 $P(4,5)$、$Q_n(x_n,f(x_n))$ 可知,直线 PQ_n 斜率一定存在.故直线 PQ_n 的方程为 $y-5 = \dfrac{f(x_n)-5}{x_n-4}(x-4)$,令 $y=0$,可求得 $-5 = \dfrac{x_n^2-2x_n-8}{x_n-4}(x-4) \Leftrightarrow \dfrac{-5}{x_n+2} = x-4$

$$\Leftrightarrow x = \frac{4x_n + 3}{x_n + 2}$$

所以，$x_{n+1} = \frac{4x_n + 3}{x_n + 2}$.

下面用数学归纳法证明等从略.

至此，对于第（2）问的解答，无论用例 1 的解法 3、解法 4，还是将有关数据代入例 4 中 $\Delta > 0$ 时的结果，我们都可得到

$$x_n = \frac{9 \times 5^{n-1} - 1}{3 \times 5^{n-1} + 1} = 3 - \frac{4}{3 \times 5^{n-1} + 1}$$

与例 7 一样的 $x_{n+1} = cx_n + d$ 的问题如例 12.

例 12 （2012 年广东高考）设数列 $\{a_n\}$ 的前 n 项和为 S_n，数列 $\{S_n\}$ 的前 n 项和为 T_n，满足 $T_n = 2S_n - n^2$，$n \in N^*$，（1）求 a_1 的值，（2）求数例 $\{a_n\}$ 的通项公式.

解：（1）（略）　得 $a_1 = 1$

（2）$S_{n+1} = T_{n+1} - T_n$

$\qquad\qquad = 2S_{n+1} - (n+1)^2 - (2S_n - n^2)$

$\qquad\qquad = 2S_{n+1} - 2S_n - 2n - 1$

$$S_{n+1} = 2S_n + 2n + 1 \qquad\qquad\qquad ①$$

有
$$S_n = 2S_{n-1} + 2n - 1 \qquad\qquad\qquad ②$$

①－②得　$a_{n+1} = 2a_n + 2$

$x_{n+1} = cx_n + d$ 的问题，是我们提出的问题解答中化归出的问题. 用前面的方法易得：

$$a_n = 3 \cdot 2^{n-1} - 2 \quad (n \in N^*)$$

至此，相信我们的读者再不会认为例 1 的问题对高要求的学生不"超标"了吧！我们的上述探讨不是做"无用之功"了吧！

【习题】

有人对以 a_1 为首项，$q(|q| < 1)$ 为公比的无穷递缩等比数列所有项的和是 $\frac{a_1}{1-q}$ 采取以下两种证题过程，请问有问题吗？

证法 1：（错项相消法）

设 $\{a_n\}$ 的所有项和为 S，则

$$S = a_1 + a_1 q + a_1 q^2 + a_1 q^3 + a_1 q^4 + \cdots$$

$$qS = a_1 q + a_1 q^2 + a_1 q^3 + a_1 q^4 + \cdots$$

两式相减，得 $(1-q)S = a_1$，得 $S = \frac{a_1}{1-q}$.

所以，首项为 a_1，公比为 q 的等比数列的所有项和为

$$S = \frac{a_1}{1-q}$$

证法 2：(中间代入法)

设 $\{a_n\}$ 的所有项和为 S，则

$$
\begin{aligned}
S &= a_1 + a_1 q + a_1 q^2 + a_1 q^3 + a_1 q^4 + \cdots \\
&= a_1 + q(a_1 + a_1 q + a_1 q^2 + a_1 q^3 + \cdots) \\
&= a_1 + qS
\end{aligned}
$$

所以 $(1-q)S = a_1$，$S = \dfrac{a_1}{1-q}$

以 a_1 为首项、q 为公比的等比数列所有项和为

$$
S = \frac{a_1}{1-q}
$$

【参考答案和提示】

两种证题过程都未用到 $|q| < 1$，即没有证明 $\{S_n\}$ 的极限 S 的存在性. 故证题过程是不完善的，建议改为

证明：因为 $|q| < 1$，故数列的前 n 项和 $S_n = \dfrac{a_1(1-q^n)}{1-q}$ 且 $\lim\limits_{n \to \infty} q^n = 0$.

所以有 $S = \lim\limits_{n \to \infty} S_n = \dfrac{a_1(1-q^n)}{1-q} = \dfrac{a_1}{1-q}$

所以，以 a_1 为常项、q 为公比的无穷递缩等比数列的所有项和为

$$
S = \frac{a_1}{1-q}.
$$

第8篇　对"巧构"再辨析

——探讨其正解的多种方法

1　巧构等比数列解一赛题及其变式与推广[①]

例1　(第31届西班牙数学奥林匹克试题)已知$\left(x+\sqrt{x^2+1}\right)\left(y+\sqrt{y^2+1}\right)=1$,求证:$x+y=0$.

证明:由$\left(x+\sqrt{x^2+1}\right)\left(y+\sqrt{y^2+1}\right)=1\Leftrightarrow\left(x+\sqrt{x^2+1}\right)\left(y+\sqrt{y^2+1}\right)=1^2$,

则　$x+\sqrt{x^2+1},1,y+\sqrt{y^2+1}$成等比数列,不妨设公比为$q$

于是有
$$\begin{cases}x+\sqrt{x^2+1}=\dfrac{1}{q}\\y+\sqrt{y^2+1}=q\end{cases}\Leftrightarrow\begin{cases}\sqrt{x^2+1}=\dfrac{1}{q}-x & ①\\\sqrt{y^2+1}=q-y & ②\end{cases}$$

则　$①^2+②^2$整理得

$$\frac{2x}{q}=-2qy+q^2+\frac{1}{q^2}-2\qquad\qquad(\text{A})$$

于是只要令
$$\begin{cases}q^2+\dfrac{1}{q^2}-2=0\\\dfrac{2}{q}=2q\end{cases}\qquad\qquad(\text{B})$$

解得　$q^2=1$

即只要令$q=1$或-1就有$x+y=0$成立.

例2　已知$\left(x+\sqrt{x^2-1}\right)\left(y+\sqrt{y^2-1}\right)=1$,求证:$x=y$.

证明:由$\left(x+\sqrt{x^2-1}\right)\left(y+\sqrt{y^2-1}\right)=1\Leftrightarrow\left(x+\sqrt{x^2-1}\right)\left(y+\sqrt{y^2-1}\right)=1^2$,

则　$x+\sqrt{x^2-1},1,y+\sqrt{y^2-1}$成等比数列,不妨设公比为$q$,

于是有
$$\begin{cases}x+\sqrt{x^2-1}=\dfrac{1}{q}\\y+\sqrt{y^2-1}=q\end{cases}\Leftrightarrow\begin{cases}\sqrt{x^2-1}=\dfrac{1}{q}-x & ①\\\sqrt{y^2-1}=q-y & ②\end{cases}$$

则　$①^2-②^2$整理得

①　王增强. 巧构等比数列解一赛题及其变式与推广[J]. 中学生数学,2011(1):32—33.

$$\frac{2x}{q} = 2qy + \frac{1}{q^2} - q^2 \qquad (A)$$

于是只要令

$$\begin{cases} q^2 - \dfrac{1}{q^2} - 2 = 0 \\[2mm] \dfrac{2}{q} = 2q \end{cases} \qquad (B)$$

解得　$q^2 = 1$

即只要令 $q = 1$ 或 $q = -1$ 就有 $x = y$ 成立.

例 3　设 x、$y \in R$，k 为非零常数，如果 $\left(x + \sqrt{x^2 - k^2}\right)\left(y + \sqrt{y^2 - k^2}\right) = k^2$，那么 $x = y$.

证明： 由于 $\left(x + \sqrt{x^2 - k^2}\right)\left(y + \sqrt{y^2 - k^2}\right) = k^2$

则　$x + \sqrt{x^2 - k^2}, k, y + \sqrt{y^2 - k^2}$ 成等比数列. 不妨设公比为 q

于是有

$$\begin{cases} x + \sqrt{x^2 - k^2} = \dfrac{k}{q} \\[2mm] y + \sqrt{y^2 - k^2} = qk \end{cases} \Leftrightarrow \begin{cases} \sqrt{x^2 - k^2} = \dfrac{k}{q} - x & \text{①} \\[2mm] \sqrt{y^2 - k^2} = qk - y & \text{②} \end{cases}$$

则　①² − ②² 整理得

$$\frac{2x}{q} = 2qy + \frac{1}{q^2}k - q^2 k \qquad (A)$$

于是只要令

$$\begin{cases} \dfrac{1}{q^2}k - q^2 k = 0 \\[2mm] \dfrac{2}{q} = 2q \end{cases} \qquad (B)$$

解得　$q^2 = 1$

于是只要令 $q = 1$ 或 $q = -1$ 就有 $x = y$.

例 4　设 x、$y \in R$，k 为非零实常数，如果 $\left(x + \sqrt{x^2 + k}\right)\left(y + \sqrt{y^2 + k}\right) = k^2$，那么 $x = y$.

证明： 由于 $\left(x + \sqrt{x^2 + k}\right)\left(y + \sqrt{y^2 + k}\right) = k^2$

则　$x + \sqrt{x^2 + k}, k, y + \sqrt{y^2 + k}$ 成等比数列，不妨设公比为 q，

于是有

$$\begin{cases} x + \sqrt{x^2 + k} = \dfrac{k}{q} \\[2mm] y + \sqrt{y^2 + k} = qk \end{cases} \Leftrightarrow \begin{cases} \sqrt{x^2 + k} = \dfrac{k}{q} - x & \text{①} \\[2mm] \sqrt{y^2 + k} = qk - y & \text{②} \end{cases}$$

则 ①² − ②² 整理得

$$\frac{2x}{q} = 2qy + \frac{1}{q^2}k - q^2 k \qquad (A)$$

于是只要令
$$\begin{cases} \dfrac{1}{q^2}k - q^2k = 0 \\ \dfrac{2}{q} = 2q \end{cases}$$
(B)

解得 $q^2 = 1$

即只要令 $q = 1$ 或 -1 就有 $x = y$ 成立.

例5 已知 $\left(\sqrt{x^2+1} + y \right)\left(\sqrt{y^2+1} - x \right) = 1$，试判断 x 和 y 的大小关系.

证明：由 $\left(\sqrt{x^2+1} + y \right)\left(\sqrt{y^2+1} - x \right) = 1 \Leftrightarrow \left(\sqrt{x^2+1} + y \right)\left(\sqrt{y^2+1} - x \right) = 1^2$，

则 $\sqrt{x^2+1} + y, 1, \sqrt{y^2+1} - x$ 成等比数列，不妨设公比为 q

于是有
$$\begin{cases} y + \sqrt{x^2+1} = \dfrac{1}{q} \\ \sqrt{y^2+1} - x = q \end{cases} \Leftrightarrow \begin{cases} \sqrt{x^2+1} = \dfrac{1}{q} - y \\ \sqrt{y^2+1} = q + x \end{cases}$$
①

②

则①^2 + ②^2 整理得

$$\frac{2y}{q} = 2qx + q^2 + \frac{1}{q^2} - 2$$
(A)

于是只要令
$$\begin{cases} q^2 + \dfrac{1}{q^2} - 2 = 0 \\ \dfrac{2}{q} = 2q \end{cases}$$
(B)

解得 $q^2 = 1$

即只要令 $q = 1$ 或 -1 就有 $x = y$ 成立.

2 初辨，给出五例的正解

(1)五个例题的解答完全一样，都是由方程组①②先导出方程(A)，再据(A)令等式组(B). 为什么可由方程组(A)得到等式(方程)组(B)呢？是根据一元整式(或多项式)恒等式两边的同次幂(或同类项)的系数必须相等吗？这里 x, y 是两个不同的独立变量，(A)式两边不含非零同次幂的项(或同类项)，不能由(A)式导出(B)式，是把 x, y 看成同一个变量即 $x = y$ 了吗？如果是这样，那么例1的(A)式是：$\dfrac{2x}{q} = -2qx + q^2 + \dfrac{1}{q^2} - 2$

或 $\dfrac{2y}{q} = -2qy + q^2 + \dfrac{1}{q^2} - 2$

(B)式应是
$$\begin{cases} q^2 + \dfrac{1}{q^2} - 2 = 0 \\ \dfrac{2}{q} = -2q \end{cases}$$

解不出 $q^2 = 1$ 即 $q = \pm 1$,(B)是一个无解方程组,那么例 1 不就成了错题了吗? 而我们后面的正解又可以证明例 1 不是错题.

实际上,从(A)式到(B)式,既不是等价变换,又不是推出变换. 只是解题者主观臆断的一种变换,即首先承认例 1 中,$x + y = 0$ 即 $y = -x$ 是成立的. 然后把 $y = -x$ 或 $x = -y$ 代入(A)式,得到

$$\frac{2x}{q} = 2qx + q^2 + \frac{1}{q^2} - 2$$

或

$$-\frac{2y}{q} = -2qy + q^2 + \frac{1}{q^2} - 2$$

之后,再导出(B)式. 同样,在例 2 至例 5 中,是首先承认 $y = x$ 成立后,才由(A)式得到(B)式的. 五例中都是"∵ 结论成立,∴ 结论成立"的"证明",在解题者的心目中形成的是一种"循环论证".

我们在解题中的"设""令",应是一种有根据的"设""令",如设 q 为公比,是因为等比数列的定义(性质 $\frac{a_{n+1}}{a_n}$ = 非零常数). 而令(B)式即令 $q = \pm 1$ 又有何根据呢? 没有! 因此,由(A)到(B)是一种毫无根据的转换.

在这五例中,前四例为证明题,有现成的结论 $x + y = 0$(或 $x = y$)让我们证明,这四例出错还"事出有因",而例 5 是一道判断题,判断 x 与 y 的大小:$x > y$、$x < y$、$x = y$ 三种情况,为什么就认定是 $x = y$ 而加以"证明"? 这种主观臆断不是更为"离谱"吗? 正是这种主观的、违背逻辑的、离谱的主观臆断,才导致了错误的"证明". 有了这种主观的臆断:$y = x$,使(A)式变成为

$$\left(\frac{2}{q} - 2q\right)x - \left(q^2 + \frac{1}{q^2} - 2\right) = 0$$

(B)式的成立就"顺理成章"了. 否则,若 $x > y$ 或 $x < y$,即 $x \neq y$,就不可能由(A)式导出(B)式. 这是可以证明的. 即假设能由(A)式导出(B)式,则由(B)式可解得 $q = \pm 1$,代入(A)式可得 $x = y$,这与 $x \neq y$ 矛盾. 这就证明了 $x \neq y$ 时,是不可能由(A)式导出(B)式的. 要由(A)式导出(B)式,必须先假定 $x = y$. 同样,在例 2、例 3、例 4 中都必须先假定 $x = y$ 才能由(A)导出(B). 例 1 则要先假定 $x + y = 0$ 才能由(A)导出(B). 而这些"假定"都是我们要证明(解答)的结果. 因此,由(A)令(B)是完全错误的逻辑循环.

(2)我们知道,对于任意实数 a 和非零实数 b 来说,$\sqrt{a^2 + b^2} > \pm a$,即 $\sqrt{a^2 + b^2} \pm a > 0$,因此,例 1 中 $q = y + \sqrt{y^2 + 1} > 0$,例 5 中 $\frac{1}{q} + q = \left(y + \sqrt{x^2 + 1}\right) + \left(\sqrt{y^2 + 1} - x\right) = \left(\sqrt{x^2 + 1} - x\right) + \left(\sqrt{y^2 + 1} + y\right) > 0 \Rightarrow q > 0$,而例 1、例 5 原解答得出 $q = -1$;同时,$q = 1$ 时,如例 1 我们得 $\begin{cases} x + \sqrt{x^2 + 1} = 1 \\ \sqrt{y^2 + 1} + y = 1 \end{cases} \Rightarrow \begin{cases} x = 0 \\ y = 0 \end{cases}$,即只得到方程的一

组解:$(0,0)$就下结论 $x+y=0$,例5 在 $q=1$ 时也是 $x=y=0$,对于 $x,y\in R$ 且 $x\neq0$,$y\neq0$ 时,例1、例5 的结论是否成立,"巧构"并未给出证明. 因此,用这种方法解例1、例5 更是完全错误的. 例2、例3 虽可取 $q=\pm1$,但 $q=1$ 时例2 中 $x=y=1$,例3 中 $x=y=k$;$q=-1$ 时,例2 中 $x=y=-1$,例3 中 $x=y=-k$,也只证明了两个特殊点结论成立,此法证其他例题也是错误的,是一种以偏概全的错误.

另外,求证 $x+y=0$ 或 $x=y$ 都在 R 内恒成立,还是只对满足原方程的解成立?笔者理解应在 $x,y\in R$ 时恒成立,就这点来说,例2 中有 $x,y\notin(-1,1)$,例3 有 $x,y\notin(-|k|,|k|)$,例4 在 $k<0$ 时也有类似的情况,除此外,还有 $\sqrt{a^2-b^2}<|a|$,如例2 中,当 $x>1$ 时,有 $x+\sqrt{x^2-1}>1$,则由原方程知 $y+\sqrt{y^2-1}<1$,而 $y\geq1$ 时,有 $y+\sqrt{y^2-1}\geq1$,故只能有 $y<1$,从而 $y\leq-1$,不可能有 $x=y$,类似的讨论可知,只有在 $x=y=1$,$x=y=-1$ 时才有 $x=y$ 成立. 而例3 也只有在 $x=y=\pm k$ 时结论成立(这一点,我们在后面"探解"中可以证实). 因此,例2、例3、例4 的题目本身就是值得怀疑、讨论的.

(3)例1 中设 $y-\sqrt{y^2+1}=q$,直接可由原方程得 $x+\sqrt{x^2+1}=\dfrac{1}{q}$,其他各例也一样. 因此,"巧构等比数列"解五例不仅毫无必要,而且还有"画蛇添足"之嫌.

观察五例解答中的等式(方程)组①②,前四例中,①和②都只是含 x 或 y 的一元方程,完全可直接解出 x 或 y(用参数 q 表示),再由此判断 x 与 y 的大小关系. 例5 虽不是这样,但作为二元方程组,解出 x、y 也是可能的. 文[1][1] 不这样做,反而通过两式平方加(减)变成一个二元方程而出错,这是解题中的"方向性"错误. 因此,我们的正解就是要改变这个"方向",在设参数 $q(q\neq0)$ 的基础上,以方程组①与②为新的起点求解.

正解:

例1 ①^2:$x^2+1=\dfrac{1}{q^2}-\dfrac{2}{q}x+x^2$,得 $x=\dfrac{q}{2}\left(\dfrac{1}{q^2}-1\right)=\dfrac{1}{2}\left(\dfrac{1}{q}-q\right)$

②^2:$y^2+1=q^2-2qy+y^2$,得 $y=\dfrac{1}{2q}(q^2-1)=-\dfrac{1}{2}\left(\dfrac{1}{q}-q\right)$

所以 $y=-x$ 即 $x+y=0$ 成立.

例2 ①^2:$x^2-1=\dfrac{1}{q^2}-\dfrac{2}{q}x+x^2$,得 $x=\dfrac{q}{2}\left(\dfrac{1}{q^2}+1\right)=\dfrac{1}{2}\left(\dfrac{1}{q}+q\right)$

②^2:$y^2-1=q^2-2qx+y^2$,得 $y=\dfrac{1}{2q}(q^2+1)=\dfrac{1}{2}\left(q+\dfrac{1}{q}\right)$

所以 $x=y$ 成立.

例3 ①^2:$x^2-k^2=\dfrac{k^2}{q^2}-2\dfrac{k}{q}x+x^2$,得 $x=\dfrac{q}{2k}\left(\dfrac{k^2}{q^2}+k^2\right)=\dfrac{k}{2}\left(\dfrac{1}{q}+q\right)$

① 王增强. 巧构等比数列解一赛题及其变式与推广[J]. 中学生数学,2011(1):32—33.

$②^2:y^2-k^2=q^2k^2-2kqy+y^2$,得 $y=\dfrac{1}{2kq}(q^2k^2+k^2)=\dfrac{k}{2}\left(q+\dfrac{1}{q}\right)$

所以 $x=y$ 成立.

例 4 $①^2:x^2+k=\dfrac{k^2}{q^2}-\dfrac{2k}{q}x+x^2$,得 $x=\dfrac{q}{2k}\left(\dfrac{k^2}{q^2}-k\right)=\dfrac{1}{2}\left(\dfrac{k}{q}-q\right)$

$②^2:y^2+k=q^2k^2-2qky+y^2$,得 $y=\dfrac{1}{2qk}(q^2k^2-k)=\dfrac{1}{2}\left(qk-\dfrac{1}{q}\right)$

当 $k=-1$ 时,$x=y$(问题即例 2);当 $k=1$ 时,$x=-y$ 即 $x+y=0$(问题即例 1);当 $k\neq\pm1$ 时,x,y 的关系无法判断,故例 4 是一道错题.

实际上,这道错题是可以用特值法检验发现的,例如令 $k=2,x=-\dfrac{1}{2}$,代入题设:$\left(x+\sqrt{x^2+k}\right)\left(y+\sqrt{y^2+k}\right)=k^2$,得 $\left(-\dfrac{1}{2}+\sqrt{\dfrac{1}{4}+2}\right)\left(y+\sqrt{y^2+2}\right)=4$,即得 $y+\sqrt{y^2+2}=4$ 即 $\sqrt{y^2+2}=4-y$,即得 $y^2+2=16-8y+y^2$,得 $y=\dfrac{7}{4}$,$x=y$ 不成立.

例 4 可修改成例 4′.

例 4′ 设 $x,y\in R,k$ 为非零实数,如果 $\left(x+\sqrt{x^2+k^2}\right)\left(y+\sqrt{y^2+k^2}\right)=k^2$,求证 $x+y=0$

证明: 因为 $\left(x+\sqrt{x^2+k^2}\right)\left(y+\sqrt{y^2+k^2}\right)=k^2$.

所以 $x+\sqrt{x^2+k^2},k,\left(y+\sqrt{y^2+k^2}\right)$ 成等比数列,不妨设公比为 $q,q\neq0$.

于是有 $\begin{cases}x+\sqrt{x^2+k^2}=\dfrac{k}{q}\\y+\sqrt{y^2+k^2}=qk\end{cases}\Leftrightarrow\begin{cases}\sqrt{x^2+k^2}=\dfrac{k}{q}-x & ①\\\sqrt{y^2+k^2}=qk-y & ②\end{cases}$

$①^2:\qquad\qquad x^2+k^2=\dfrac{k^2}{q^2}-\dfrac{2k}{q}x+x^2$

解得 $\qquad\qquad x=\dfrac{q}{2k}\left(\dfrac{k^2}{q^2}-k^2\right)=\dfrac{k}{2}\left(\dfrac{1}{q}-q\right)$

$②^2:\qquad\qquad y^2+k^2=q^2k^2-2qky+y^2$

解得 $\qquad\qquad y=\dfrac{1}{2qk}(q^2k^2-k^2)=\dfrac{k}{2}\left(q-\dfrac{1}{q}\right)$

所以 $y=-x$ 即 $x+y=0$ 成立.

由这道题的错误可知:将方程组①②变为(A)式,再令(B)式成立的"证法",是可以从错误的问题中"证明"出"正确的结论"(即解题者主观臆造的结论)的.这又一次说明文[1]的解法是错误的.

例 5 由已知及前面的解答过程可知:$q>0$.

$①^2$:
$$x^2 + 1 = \frac{1}{q^2} - \frac{2}{q}y + y^2 \qquad\qquad ③$$

$②^2$:
$$y^2 + 1 = q^2 + 2qx + x^2 \qquad\qquad ④$$

③ + ④整理得

$$y = q^2 x + \frac{q}{2}\left(\frac{1}{q} - q\right)^2 \qquad\qquad ⑤$$

将⑤代入③并整理得:

$$(q^4 - 1)x^2 + q[(1 - q^2)^2 - 2]x + \frac{1}{4q^2}[(1 - q)^2 - 2]^2 - 1 = 0 \qquad ⑥$$

当 $q = 1$ 时,方程⑥化为 $x = 0$,将 $x = 0$ 与 $q = 1$ 代入⑤,得 $y = 0$,此时,有 $x = y$;

当 $q \neq 1$ 时,方程⑥是关于 x 的二次方程,因为 $q > 0$,所以方程⑥的判别式

$$\Delta = q^2[(1 - q^2)^2 - 2]^2 - \frac{1}{q^2}(q^4 - 1)[(1 - q)^2 - 2]^2 + 4(q^4 - 1)$$

$$= \frac{1}{q^2}\{[(q^4 - 1) - 2q^2]^2 + 4q^2(q^4 - 1)\}$$

$$= \frac{1}{q^2}[(q^4 - 1)^2 + 4q^4]$$

$$= \frac{1}{q^2}(q^4 + 1)^2 > 0$$

方程⑥有两个实数根

$$x_{1,2} = \frac{q[2 - (1 - q^2)^2] \pm \frac{1}{q}(q^4 + 1)}{2(q^4 - 1)}$$

即
$$x_1 = \frac{1 - q^2}{2q}, x_2 = \frac{1 + q^2 + 3q^4 - q^6}{2q(q^4 - 1)}$$

代入⑤式得

$$y_1 = q^2 \cdot \frac{1 - q^2}{2q} + \frac{1}{2}\left(\frac{1}{q} - q\right)^2 = \frac{1 - q^2}{2q}$$

$$y_2 = q^2\left[\frac{1 + q^2 + 3q^4 - q^6}{2q(q^4 - 1)}\right] + \frac{q}{2}\left(\frac{1}{q} - q\right)^2$$

$$= \frac{q^6 + q^4 + 3q^2 - 1}{2q(q^4 - 1)}$$

由①②知:$q + x > 0, \frac{1}{q} - y > 0$. 因此,$x_{1,2}$、$y_{1,2}$ 要分别满足这两个条件才是原方程的解.

由 $q + x_1 = q + \frac{1 - q^2}{2q} = \frac{1 + q^2}{2q} > 0$ 且 $\frac{1}{q} - y = \frac{1}{q} - \frac{1 - q^2}{2q} = \frac{1 + q^2}{2q} > 0$ 可知:(x_1, y_1) 是原方程的解. 此时 $x_1 = y_1 = \frac{1 - q^2}{2q}$

又 $q + x_2 = \dfrac{q}{q^2 - 1} - \dfrac{q^4 + 1}{2q(q^2 + 1)} + q = \dfrac{q^3}{q^2 - 1} - \dfrac{q^4 + 1}{2q(q^2 + 1)} = \dfrac{q^6 + 3q^4 + (1 - q^2)}{2q(q^4 - 1)}$，当 $0 < q$

< 1 时，$q + x_2 < 0$，这就说明 (x_2, y_2) 不是原方程的解. 同样，$\dfrac{1}{q} - y_2 = \dfrac{2q^4 - 2}{2q(q^4 - 1)} -$

$\dfrac{q^6 + q^4 + 3q^2 - 1}{2q(q^4 - 1)} = \dfrac{q^4(1 - q^2) - 3q^2 - 1}{2q(q^4 - 1)}$，当 $q > 1$ 时，$\dfrac{1}{q} - y_2 < 0$，这也说明 (x_2, y_2) 不

是原方程的解.

综上，原方程只有解 (x_1, y_1) 这就证明了 $x = y$ 成立. 应判断 x 和 y 的关系是：
$x = y$.

3　探解、误辨与再辨

探解：五个例题中，当 x 与 y 的关系确定为 $x + y = 0$（即 $y = -x$）或 $y = x$ 后，将其代入原方程，得到一元方程，因此可探讨其解的情况.

例 1　将 $y = -x$ 代入原方程得
$$\left(x + \sqrt{x^2 + 1}\right)\left(-x + \sqrt{x^2 + 1}\right) = 1$$

即　$1 = 1$

故原方程的解 (x, y) 是任意一对互为相反数的数对.

例 2　将 $y = x$ 代入原方程得

$\left(x + \sqrt{x^2 - 1}\right)^2 = 1$，得
$$x + \sqrt{x^2 - 1} = 1 \text{ 或 } x + \sqrt{x^2 - 1}) = -1$$

得
$$x = 1 \text{ 或 } x = -1$$

故原方程的解是 $(1, 1)$、$(-1, -1)$.

例 3　将 $y = x$ 代入原方程得
$$\left(x + \sqrt{x^2 - k^2}\right)^2 = k^2$$

即
$$x + \sqrt{x^2 - k^2} = k \text{ 或 } x + \sqrt{x^2 - k^2} = -k$$

得
$$x = k \text{ 或 } x = -k$$

故原方程的解为 (k, k) 或 $(-k, -k)$.

例 4′　将 $y = -x$ 代入原方程得
$$x^2 + k^2 - x^2 = k^2，即 k^2 = k^2$$

故原方程的解 (x, y) 是任意一对互为相反数的实数对.

例 5　将 $y = x$ 代入原方程得
$$x^2 + 1 - x^2 = 1 \quad 即 1 = 1$$

故原方程的解 (x, y) 为任意一对相等的实数对.

由上面的"探解"可知，例 1、例 4′、例 5 所得结论都是"恒成立"的，即对于任意的 x、$y \in R$，都有 $x + y = 0$ 或 $x = y$，而例 2、例 3 只有 $x = y = \pm 1$ 或 $x = y = \pm k$，并非"恒成立"结论，又例 4 本身就出错，原来 5 例中，只有例 1、例 5 的题目本身没有疑

议. 例1解法很多且较简单,故下面的探讨集中于对例题5的讨论上.

误辨:文[2]①对上述错误解法进行了辨析,且指出并纠正了例4的错误,同时给出了例1、例2与例4′的正解. 但在例5的辨析中却出了错,说:"文[1]得出的结论 $x=y$ 是错误的结论,实际上,如果令 $x=0$,那么有 $(1+y)\cdot\sqrt{y^2+1}=1\Leftrightarrow y(y^3+2y^2+2y+2)=0$,所以 $y=0$ 或 $y^3+2y^2+2y+2=0$,

易知方程 $y^3+2y^2+2y+2=0$ 至少有一负实根,此时 $x>y$,若令 $y=0$,则可得出 $x<y$ 也可能成立,因而 x 和 y 的大小关系无法确定. "

再辨:笔者在文[3]②中指出了文[2]的错误:

不错,方程 $y^3+2y^2+2y+2=0$ ①至少有一个负根,但这个根一定是方程 $(1+y)\cdot\sqrt{y^2+1}=1$ ②的根吗?

我们令 $f(y)=y^3+2y^2+2y+2$,则有:$f'(y)=3y^2+4y+2=3\left(y+\dfrac{2}{3}\right)^2+\dfrac{2}{3}>0$,$f(y)$ 是 R 上的增函数,在 R 上有唯一零点 $y=y_0$,由 $f(-1)=1>0$,$f(-2)=-2<0$,知:$y_0\in(-2,-1)$.

而由方程②知:$1+y>0\Rightarrow y>-1$,可知 $y=y_0$ 并非方程②的根. 因此,方程 $y\cdot f(y)=0$ 中,只有 $y=0$ 是方程②的根,此时 $x=0,y=0,x=y$.

而前面的正解和探解(根)已证实,对于任意的 x、$y\in R$,都有 $x=y$. 文[1]所得结论没有错,只是解法错了. 而文[2]为否定这一结论所举的"反例"是失效的. 因此,作否定这个结论的"辨析"也是错误的. 文[2]的错误在于,没有深究方程②与方程 $y\cdot f(y)=0$ 的同解性问题,这两个方程是不同解的,这种不同解的原因又在于对②的两边施行了"平方"运算,这是一种可能产生增根的运算,用这种运算解方程,是必须"验根"的. 文[2]没有这样做而致错.

4 例5的解法探讨

文[2]之所以会想到"结论错误"而举反例,恐怕也与例5的解答的运算过程繁冗、复杂与难度有关. 实际上,笔者在撰写文[3]时,也曾取值探讨,取几个值,都得 $x=y$. 例如取 $x=1$ 时,原方程化为:

$(y+\sqrt{2})(\sqrt{y^2+1}-1)=1$ ③,易知应有 $y>-\sqrt{2}$(因 $\sqrt{y^2+1}-1\geq0$ 而不能等于0),方程可化为 $(y-1)f(y)=0$,其中

$$f(y)=y^3+(2\sqrt{2}+1)y^2+(3+3\sqrt{2})y+1+2\sqrt{2}$$

$$f'(y)=3y^2+2(2\sqrt{2}+1)y+3+3\sqrt{2}$$

$$=\left(y+\dfrac{9+4\sqrt{2}}{9}\right)^2+2+\dfrac{14\sqrt{2}}{9}>0$$

① 王菊华. 析"巧构等比数列解一赛题及其变式与推广"一文之错[J]. 中学生数学,2011(7):48 + 封3.
② 汤先键,汤敬鹏. 错例分析:应防止新错误的出现[J]. 中学数学教学参考,2012(11):38—40.

因此,$f(y)$为单调递增函数,$f(y)=0$ 只可能有唯一的实数根:$y=y_0$

又 $f(-\sqrt{2})=\sqrt{2}-1>0$,$f(-2)=6\sqrt{2}-9<0$,故知 $y_0\in(-2,-\sqrt{2})$,$y_0\notin(-\sqrt{2},+\infty)$,$y=y_0$ 不是③的解.

故方程 $(y-1)f(y)=0$ 的解只有 $y=1$ 是③的解,这时有 $x=y=1$.

连续讨论多个特值都出现 $x=y$ 后,决定用上述正解证明就是 $x=y$. 但在计算中连续几次出错(不是看错、算错方程式,就是算错方程的根或验证时出错,几次结果不完全相同). 加之因有他事要做,又急着把稿子发出去,因此只好在文[3]中表示:"结论'$x=y$'的对错并没有得到证实. 作为遗留问题,我们希望与广大读者共同探讨."待到我在老家张家界市住了数月,2013 年 5 月返回兰州后才"静下心来"仔细地计算、探究,最终得出包括上述"正解"在内的几种证法. 可喜的是:6 月初又见到了中山大学数计学院陈云烽先生的文[4][①],其上给出了包括上述正解在内的 8 种解法,比笔者的探究更为全面、细致,故录文[4]解法如下.

解法 2:同解法 1 得
$$2\left(\frac{y}{q}-qx\right)=\left(q-\frac{1}{q}\right)^2$$

所以
$$\frac{2}{q}(y-x)=2x\left(q-\frac{1}{q}\right)+\left(q-\frac{1}{q}\right)^2$$
$$=\left(q-\frac{1}{q}\right)\left(x-y+\sqrt{y^2+1}-\sqrt{x^2+1}\right)$$
$$=(y-x)\left(q-\frac{1}{q}\right)\left(-1+\frac{y+x}{\sqrt{y^2+1}+\sqrt{x^2+1}}\right)$$

即得 $(y-x)f(x,y)=0$

其中,$f(x,y)=\dfrac{2}{q}\left(\sqrt{y^2+1}+\sqrt{x^2+1}\right)-\left(q-\dfrac{1}{q}\right)\cdot\left(y+x-\sqrt{y^2+1}-\sqrt{x^2+1}\right)$

$=\dfrac{1}{q}\left(\sqrt{y^2+1}+\sqrt{x^2+1}+y+x\right)-q\left(y+x-\sqrt{y^2+1}-\sqrt{x^2+1}\right)$

$=\dfrac{1}{q}\left[\left(\sqrt{y^2+1}+y\right)+\left(\sqrt{x^2+1}+x\right)\right]+q\cdot\left[\left(\sqrt{y^2+1}-y\right)+\left(\sqrt{x^2+1}-x\right)\right]>0$

所以 $y-x=0$,即 $x=y$.

解法 3:设 $p=\sqrt{x^2+1}+y$,$q=\sqrt{y^2+1}-x$,则 $pq=1$,且 $p+q=\left(\sqrt{x^2+1}-x\right)+\left(\sqrt{y^2+1}-y\right)>0$,所以 $p>0$,$q>0$. 因此,当 x、y 满足已知方程时,必有正数 p 和 q,满足 $pq=1$ 且使得

$$(p-y)^2=x^2+1,\quad (q+x)^2=y^2+1$$

即
$$\begin{cases} 2py=y^2-x^2+p^2-1 & ⑥ \\ 2qx=y^2-x^2-q^2+1 & ⑦ \end{cases}$$

① 陈云烽. 一类判断大小关系的问题[J]. 中学数学教学参考,2013(6):40—43;(续)2013(7):27—30.

注意到 $pq=1$,由 $q\times⑥-p\times⑦$,可得
$$2(y-x)=(y^2-x^2)(q-p)$$
即有 $(y-x)[2+(y+x)(p-q)]=0$

因为 $2+(y+x)(p-q)=2pq+(y+x)\cdot(p-q)=p(q+y+x)+q(p-y-x)=p(\sqrt{y^2+1}+y)+q(\sqrt{x^2+1}-x)>0$

所以 $y-x=0$,即 $x=y$ 恒成立.

解法 4:$(\sqrt{x^2+1}+y)(\sqrt{y^2+1}+x)=1$

$\Leftrightarrow(\sqrt{x^2+1}+x-x+y)(\sqrt{y^2+1}-x+\sqrt{y^2+1}-\sqrt{x^2+1})=1$

$\Leftrightarrow(\sqrt{x^2+1}+x)(\sqrt{y^2+1}-\sqrt{x^2+1})+(y-x)(\sqrt{y^2+1}-x)=0$

$\Leftrightarrow(\sqrt{x^2+1}+x)(y^2-x^2)+(y-x)(\sqrt{y^2+1}-x)(\sqrt{y^2+1}+\sqrt{x^2+1})=0$

$\Leftrightarrow(y-x)q(x,y)=0$

其中,$q(x,y)=(y+x)(\sqrt{x^2+1}+x)+(\sqrt{y^2+1}-x)(\sqrt{y^2+1}+\sqrt{x^2+1})$

$=y\sqrt{x^2+1}+xy+x^2+y^2+1-x\sqrt{y^2+1}+\sqrt{(y^2+1)(x^2+1)}$

$=\frac{1}{2}(\sqrt{x^2+1}+y)^2+\frac{1}{2}(\sqrt{y^2+1}-x)^2+(\sqrt{(y^2+1)(x^2+1)}+xy)>0$

所以 $y-x=0$,即 $x=y$ 恒成立.

解法 5:$(\sqrt{x^2+1}+y)(\sqrt{y^2+1}-x)=1$,

$\Leftrightarrow(\sqrt{x^2+1}+y)(\sqrt{y^2+1}-x)=(\sqrt{x^2+1}+x)(\sqrt{x^2+1}-x)$

$\Leftrightarrow(\sqrt{x^2+1}+y)[(\sqrt{y^2+1}-x)-(\sqrt{x^2+1}-x)]$
$=(\sqrt{x^2+1}-x)[(\sqrt{x^2+1}+x)-(\sqrt{x^2+1}+y)]$

$\Leftrightarrow(\sqrt{x^2+1}+y)(\sqrt{y^2+1}-\sqrt{x^2+1})\cdot(\sqrt{y^2+1}+\sqrt{x^2+1})$
$=(\sqrt{x^2+1}-x)(x-y)(\sqrt{y^2+1}+\sqrt{x^2+1})$

$\Leftrightarrow(y-x)h(x,y)=0$

其中,$h(x,y)=(y+x)(\sqrt{x^2+1}+y)+(\sqrt{x^2+1}-x)(\sqrt{y^2+1}+\sqrt{x^2+1})$

$=y\sqrt{x^2+1}+y^2+xy+\sqrt{(x^2+1)(y^2+1)}+x^2+1-x\sqrt{y^2+1}$

$=\frac{1}{2}[(y+\sqrt{x^2+1})^2+(x-\sqrt{y^2+1})^2]+[\sqrt{(x^2+1)(y^2+1)}+xy]>0$

所以 $y-x=0$,即 $x=y$ 恒成立.

解法 6:首先,用反证法证明 $\sqrt{y^2+1}+x\neq0$:

若 $\sqrt{y^2+1}+x=0$,则 $-x=\sqrt{y^2+1}$,$x^2=y^2+1$,故

$(\sqrt{x^2+1}+y)(\sqrt{y^2+1}-x)=2\sqrt{y^2+1}\cdot(\sqrt{y^2+2}+y)\neq1$ 与题设矛盾,所以 $\sqrt{y^2+1}+x\neq0$,因此,有

$$\left(\sqrt{x^2+1}+y\right)\left(\sqrt{y^2+1}-x\right)=1$$

$$\Leftrightarrow\left(\sqrt{x^2+1}+y\right)\left(\sqrt{y^2+1}-x^2\right)=\sqrt{y^2+1}+x$$

$$\Leftrightarrow(y^2-x^2)\left(\sqrt{x^2+1}+y\right)=\sqrt{y^2+1}-\sqrt{x^2+1}-x-y$$

$$\Leftrightarrow(y^2-x^2)\left(\sqrt{x^2+1}+y\right)\left(\sqrt{y^2+1}+\sqrt{x^2+1}\right)=(y^2-x^2)-(y-x)\left(\sqrt{y^2+1}+\sqrt{x^2+1}\right)$$

$$\Leftrightarrow(y-x)k(x,y)=0$$

其中,$k(x,y)=(y+x)\left[\left(\sqrt{x^2+1}+y\right)\left(\sqrt{y^2+1}+\sqrt{x^2+1}\right)-1\right]+\sqrt{y^2+1}+\sqrt{x^2+1}$

$$=(y+x)\left[\left(\sqrt{x^2+1}+y\right)\left(\sqrt{y^2+1}-x+x+\sqrt{x^2+1}\right)-1\right]+\sqrt{y^2+1}+\sqrt{x^2+1}$$

$$=(y+x)\left(y+x+\sqrt{x^2+1}-x\right)\left(\sqrt{x^2+1}+x\right)+\sqrt{y^2+1}+\sqrt{x^2+1}$$

$$=(y+x)^2\left(\sqrt{x^2+1}+x\right)+\left(\sqrt{y^2+1}+y\right)+\left(\sqrt{x^2+1}+x\right)>0$$

所以 $y-x=0$,故 $x=y$ 恒成立.

解法7: 因为 $\left(\sqrt{x^2+1}+y\right)\left(\sqrt{y^2+1}-x\right)=\sqrt{(x^2+1)(y^2+1)}-xy+y\sqrt{y^2+1}-x\sqrt{x^2+1}$,

又有 $\dfrac{1}{2}\left[\left(\sqrt{y^2+1}\right)^2-y^2+\left(\sqrt{x^2+1}-x^2\right)\right]=1$

所以 $\left(\sqrt{x^2+1}+y\right)\left(\sqrt{y^2+1}-x\right)=1$

$$\Leftrightarrow(y-x)^2+2\left(y\sqrt{y^2+1}-x\sqrt{x^2+1}\right)=\left(\sqrt{y^2+1}-\sqrt{x^2+1}\right)^2$$

$$\Leftrightarrow(y-x)^2+2\left(y\sqrt{y^2+1}-x\sqrt{x^2+1}\right)\right]\cdot\left(\sqrt{y^2+1}+\sqrt{x^2+1}\right)^2=(y^2-x^2)^2$$

$$\Leftrightarrow(y-x)^2\left[\left(\sqrt{y^2+1}+\sqrt{x^2+1}\right)^2-(x+y)^2\right]=2\left[x^2+x-y^2-y+(x-y)\cdot\sqrt{(y^2+1)(x^2+1)}\right]\cdot\left(\sqrt{y^2+1}+\sqrt{x^2+1}\right)$$

$$\Leftrightarrow(y-x)m(x,y)=0$$

其中,$m(x,y)=(y-x)\left[\left(\sqrt{y^2+1}+\sqrt{x^2+1}\right)^2-(x+y)^2\right]+2\left(x^2+xy+y^2+1+\sqrt{(y^2+1)(x^2+1)}\right)\cdot\left(\sqrt{y^2+1}+\sqrt{x^2+1}\right)$

$$=(y-x)\left[\left(\sqrt{y^2+1}+\sqrt{x^2+1}\right)^2-(x+y)^2\right]+\left[\left(\sqrt{y^2+1}+\sqrt{x^2+1}\right)^2+(x+y)^2\right]\cdot\left(\sqrt{y^2+1}+\sqrt{x^2+1}\right)$$

$$=\left(\sqrt{y^2+1}+\sqrt{x^2+1}\right)^2\left(\sqrt{y^2+1}+y+\sqrt{x^2+1}-x\right)+(x+y)^2\left(\sqrt{y^2+1}-y+\sqrt{x+1}+x\right)>0$$

所以 $y-x=0$ 即 $x=y$ 恒成立.

解法8: 设 $x=\tan\alpha,y=\tan\beta$,其中 $\alpha、\beta\in\left(-\dfrac{\pi}{2},\dfrac{\pi}{2}\right)$,则 $\cos\alpha>0,\cos\beta>0$,

$\cos\dfrac{\alpha+\beta}{2}>0$,方程

$$\left(\sqrt{x^2+1}+y\right)\left(\sqrt{y^2+1}-x\right)=1 \text{ 等价于}\left(\dfrac{1}{\cos\alpha}+\dfrac{\sin\beta}{\cos\beta}\right)\left(\dfrac{1}{\cos\beta}-\dfrac{\sin\alpha}{\cos\alpha}\right)=1$$

$$\Leftrightarrow(\cos\beta+\cos\alpha\sin\beta)(\cos\alpha-\sin\alpha\cos\beta)=\cos^2\alpha\cdot\cos^2\beta$$

$$\Leftrightarrow\cos^2\alpha\sin\beta-\sin\alpha\cos^2\beta=\cos\alpha\cos\beta(\cos\alpha\cdot\cos\beta+\sin\alpha\sin\beta-1)$$

因为该方程的

左边 $=(\sin\beta-\sin\alpha)(1+\sin\alpha\sin\beta)$

$\qquad=-2\sin\dfrac{\alpha-\beta}{2}\cos\dfrac{\alpha+\beta}{2}(1+\sin\alpha\sin\beta)$

右边 $=\cos\alpha\cos\beta[\cos(\alpha-\beta)-1]$

$\qquad=-2\sin^2\dfrac{\alpha-\beta}{2}\cos\alpha\cos\beta$

所以该方程等价于 $\sin\dfrac{\alpha-\beta}{2}n(\alpha,\beta)=0$

其中,$n(\alpha,\beta)=\cos\dfrac{\alpha+\beta}{2}(1+\sin\alpha\sin\beta)-\sin\dfrac{\alpha-\beta}{2}\cdot\cos\alpha\cos\beta$

$\qquad=\cos\dfrac{\alpha+\beta}{2}[1-\cos(\alpha+\beta)]+\cos\alpha\cos\beta\cdot\left(\cos\dfrac{\alpha+\beta}{2}-\sin\dfrac{\alpha-\beta}{2}\right)$

$\qquad\geqslant\dfrac{\cos\alpha\cos\beta}{2\cos\dfrac{\alpha+\beta}{2}}[1+\cos(\alpha+\beta)-\sin\alpha+\sin\beta]$

$\qquad=\dfrac{\cos\alpha\cos\beta}{2\cos\dfrac{\alpha+\beta}{2}}[\cos\alpha\cos\beta+(1-\sin\alpha)(1+\sin\beta)]>0$

所以 $\sin\dfrac{\alpha-\beta}{2}=0$

因为 $-\dfrac{\pi}{2}<\dfrac{\alpha-\beta}{2}<\dfrac{\pi}{2}$,所以 $\alpha=\beta$,$\tan\alpha=\tan\beta$,故 $x=y$ 恒成立.

例 5 解答的评注:

(1)解法 1 引入参数 q,视 x、y 为 q 的函数,建立方程组,解之,得 x、y 的函数表达式,将问题转化为比较函数的大小关系. 该法纯朴,破题的思维深度比较浅表,计算量稍大,从其过程和结果来看,对例 5 的本质揭露深刻:代数方面,证明了方程 $\left(\sqrt{x^2+1}+y\right)\left(\sqrt{y^2+1}-x\right)=1$ 与方程 $y-x=0$ 同解;几何方面,说明了方程 $\left(\sqrt{x^2+1}+y\right)\left(\sqrt{y^2+1}-x\right)=1$ 的解 (x,y) 是双曲线 $(x+q)^2-y^2=1$ 的右支 S_1(即 $x+q=\sqrt{y^2+1}$)与双曲线 $\left(y-\dfrac{1}{q}\right)^2-x^2=1$ 的下支 S_2(即 $y-\dfrac{1}{q}=$ $-\sqrt{x^2+1}$)的交点坐标,如图 8-1,每个 $q>0$ 均对应着唯一的一个交点 $M(x,$

y),当 q 取遍区间 $(0, +\infty)$ 中所有的值,交点 M 的集合恰好是直线 $y = x$,曲线 S_1 和 S_2 的交点 M 的坐标 (x, y) 与 q 的关系是 $y = x = \dfrac{1 - q^2}{2q}(q > 0)$,当 $q = 1$ 时,M 与原点重合;当 $0 < q < 1$ 时,点 M 的第一象限,位于射线 $y = x (x > 0)$ 上;当 $q > 1$ 时,点 M 在第三象限,位于射线 $y = x (x < 0)$ 上. 所有交点 $M(x, y)$ 的坐标组成了例 5 已知方程的解集. 这个说明给出了例 5 的一种几何解释,也提供了例 5 的一种几何解法.

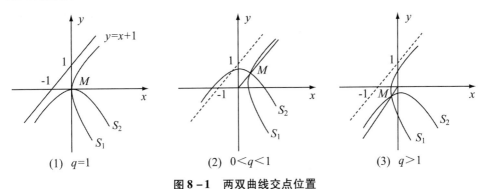

图 8-1 两双曲线交点位置

例 5 的结论告诉我们,一个含有根式的无理方程所表示的曲线可以是一条直线,不一定是复杂的曲线. 这个现象难以凭直观感知和想象,但是通过上述的说明和讨论,从代数和几何两个方面,使我们切实感知到这种现象的确存在,尽管表面上看似乎不可思议.

(2)前述例 5 的解法 2 至解法 8,有一个共同点:采用因式分解法,求已知方程的解,求得 y 与 x 有函数关系 $y = x (x \in R)$,达到比较 x 和 y 大小关系的目的. 各个解法的差别表现为:对方程进行代数变换时,其策略和方法,以及技术的运用有所不同,各有自己的特点. 其中,解法 2 和解法 3,都引入参数,并借助平方运算化去根式,会产生增根,因此方程的代数变换不是同解变换,但平方运算不含失根,故经变换得到的新方程保留了原方程所有的解,其变换虽不是等价变换,但必要性得到了保证,使解答得以顺利完成. 解法 4 至解法 7,对方程进行同解变换(即等价变换),每一次变换,新、旧方程彼此等价,同解,各个解法都把原方程化归为形为 $(y - x)$ $F(x, y) = 0$ 的形式,进而证明 $F(x, y) > 0$ 恒成立,从而得 $y - x = 0$ 恒成立的结论. 解法 8,则借助三角变换,去根号,将原方程化为等价的三角方程,然后进行一连串的等价变换,化得同解方程 $\sin \dfrac{\alpha - \beta}{2} = 0$,求得 $\alpha - \beta = 0$,最终通过逆变换,得出 $x = y$ 恒成立的结论. 在这些不同的解法中,灵活且有效地运用各种不同的常用代数变换法和技术,且采用适当的陈述方式,使解案简洁顺畅,可资参考和借鉴. 作为例 5 的解答,还可写出其他的不同解案,这里就不赘述了.

(3)上面引述的例 5 的"原解",虽然简短,但是所暴露的错误很多:首先,逻辑上存在失误,(B)式既不是(A)式的充分条件,也不是必要条件,转换中用了"只要令"的说法,表明解题的逻辑取向和逻辑推理上都出现了错误;其次,计算上有差错,题设下,q 只能取正值,而"原解"中取了 $q = -1$,而且武断地由 $q = \pm 1$,不经计算便下结论 $x = y$,事实上,当 $q = 1$ 时,解方程①②只能求得一组解 $(x, y) = (0, 0)$,无法求得所有解 (x, y) 都满足 $x = y$;再次,陈述上多有不当,开头的"将 1 改成 1^2,设等比数列的公比 q"的说法,明显有点画蛇添足;最后,解题过程中"只要令"和"只需令"等术语的使用也不恰当,有误用之嫌.

对于方程 $F(x, y) = 0$ 的实数解 (x, y),判断 x 和 y 的大小关系时,应把握好两个问题:第一,x, y 的取值范围如何? 第二,x, y 的依从关系如何? 其值的对应关系是一一对应,还是一值对多值?

这两个问题的答案都隐藏在方程 $F(x, y) = 0$ 当中,只要将其量化,判断 x 与 y 的大小关系,也就迎刃而解.

从代数角度看,方程确定了 x 与 y 存在着一定的函数关系,可能是单值函数,也可能是多值函数. 对于后者,可设法拆分为若干单值函数,再行讨论. 此外,有条件时,也可引入参数,将 x, y 分别表示成同一参数的函数,也即将方程 $F(x, y) = 0$ 化为参数方程的形式,以方便对 x 和 y 大小关系进行判断.

从几何角度看,方程 $F(x, y) = 0$ 表示平面直角坐标系 xoy 中的曲线(一条或若干条),以方程 $F(x, y) = 0$ 的解 (x, y) 为坐标的点都在对应的曲线上,曲线上每一个点的坐标都是方程 $F(x, y) = 0$ 的解. 所以,判断 x 和 y 的大小关系,也就是判断点 $M(x, y)$ 在坐标平面 xoy 上的位置:点 M 在直线 $l : y = x$ 上,等价于 $x = y$;点 M 在直线 $l : y = x$ 的右下方,等价于 $x > y$;点 M 在直线 l 的左上方,等价于 $x < y$.

说明:解法 1 中在计算 y_2 与 $\dfrac{1}{q} - y_2$ 时,笔者与陈先生的结果不一致,陈先生的结果是:

$$y_2 = \frac{q}{2}(q^2 - 1) + \frac{(q^2 + 1)^2}{2q(q^2 - 1)} - \frac{q^4 + 1}{2q(q^2 + 1)}$$

$$\frac{1}{q} - y_2 = \frac{q}{2}(1 - q^2) + \frac{q^4 + q^2 + 2}{q(1 - q^4)}$$

笔者的结果请见前面的正解,请读者自行验证,不知哪个结果为真. 因两种结果经检验 (x_2, y_2) 不是方程的解,故笔者将这一"不一致"留给了读者,请见谅.

附录:文[4]①另一例题的解答

为了深化对例 5 的讨论的认识和理解,文[4]在"续"中又讨论了几个例子,现将最后一例题附录于后.

---

① 陈云烽. 一类判断大小关系的问题[J]. 中学数学教学参考,2013(6):40—43;(续)2013(7):27—30.

例 6　设 $t \in R$,方程 $x^2 + y^2 + 6y + t^4 + 7 = 2t(2x + ty + t)$ 的实数解 x、y 恒有 $x \geqslant y$,求 t 的取值范围.

分析:与前面的例题比较,该题的提法有明显差别,但其实质并无差异,可用相同的思路和方法求解.

解法 1:原方程可化为同解方程

$$(x - 2t)^2 + (y - t^2 + 3)^2 = 2$$

方程的曲线是圆 O_1:圆心为点 $O_1(2t, t^2 - 3)$,半径为 $r = \sqrt{2}$. 所以,$x \geqslant y$ 的充要条件为点 O_1 位于直线 $l:y = x$ 的右下方,且 O_1 到直线 l 的距离不小于 r,则有

$$\begin{cases} 2t > t^2 - 3 \\ \dfrac{|2t - t^2 + 3|}{\sqrt{2}} \geqslant \sqrt{2} \end{cases} \Leftrightarrow 2t - t^2 + 3 \geqslant 2 \Leftrightarrow (t - 1)^2 \leqslant 2$$

解得 t 的取值范围为 $[1 - \sqrt{2}, 1 + \sqrt{2}]$.

解法 2:化原方程的同解方程

$$(x - 2t)^2 + (y - t^2 + 3)^2 = 2 \Leftrightarrow \begin{cases} x - 2t = \sqrt{2}\cos\theta \\ y - t^2 + 3 = \sqrt{2}\sin\theta \end{cases} \quad (\theta \in R, \theta \text{ 是参数}).$$

所以 $x \geqslant y$ 等价于:对任意 $\theta \in R$,恒有 $2t + \sqrt{2}\cos\theta \geqslant t^2 - 3 + \sqrt{2}\sin\theta$,得

$$t^2 - 2t - 3 \leqslant \sqrt{2}(\cos\theta - \sin\theta) \quad (\theta \in R) \qquad ①$$

设函数 $f(\theta) = \sqrt{2}(\cos\theta - \sin\theta) \quad (\theta \in R)$

则　$f(\theta) = 2\cos\left(\theta + \dfrac{\pi}{4}\right) \geqslant -2$　且 $f\left(\dfrac{3\pi}{4}\right) = -2$.

故 $f(\theta)$ 的最小值为 -2. 因此,不等式①对任意 $\theta \in R$ 都成立的充要条件为 $t^2 - 2t - 3 \leqslant -2$.

解得　$\{t | 1 - \sqrt{2} \leqslant t \leqslant 1 + \sqrt{2}\}$ 即为 t 的取值范围.

解法 3:化原方程为同解方程

$$(x - 2t)^2 + (y - t^2 + 3)^2 = 2$$

这是圆的方程,圆心为点 $O_1(2t, t^2 - 3)$,半径 $r = \sqrt{2}$,故圆 O_1 与直线 $l_c:y - x = c$ 有公共点的充要条件是:O_1 到直线 l_c 的距离为:$\dfrac{|t^2 - 3 - 2t - c|}{\sqrt{2}} \leqslant \sqrt{2}$,即

$$(t - 1)^2 - 6 \leqslant c \leqslant (t - 1)^2 - 2 \qquad ①$$

因为圆 O_1 上所有点 $M(x, y)$ 都满足 $x \geqslant y$ 的充要条件是:对任意正数 $c > 0$,直线 $l_c:y - x = c$ 与圆 O_1 都无公共点,也即满足不等式①的 c 都不是正数,等价于 $(t - 1)^2 - 2 \leqslant 0$,

所以,这个不等式的解集就是所求的 t 的取值范围,即 $[1 - \sqrt{2}, 1 + \sqrt{2}]$.

解法 4:同解法 3,半径 $r = \sqrt{2}$,后续转为:所以,圆心 O_1 所在曲线的参数方程为

$$\begin{cases} x = 2t \\ y = t^2 - 3 \end{cases} \quad (t \in R, t \text{ 是参数}).$$

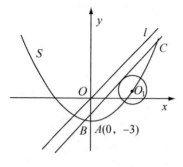

图 8-2　圆心 O_1 在抛物线上

即圆心 O_1 在抛物线 $S: y = \frac{1}{4}x^2 - 3$ 上,如图 8-2 所示,抛物线 S 以 y 轴为对称轴,以点 $A(0, -3)$ 为顶点,开口向上.设 B、$C \in S$,B、C 到直线 $l: y = x$ 的距离都等于圆 O_1 的半径 $r = \sqrt{2}$,且直线 BC 位于 A 与 l 之间,则直线 BC 的方程为 $y = x - 2$,代入 S 的方程整理得

$$x^2 - 4x - 4 = 0, \text{求得 } x_{1,2} = 2 \pm 2\sqrt{2}.$$

所以,点 B、C 的坐标分别为 $B(2 - 2\sqrt{2}, -2\sqrt{2})$ 和 $C(2 + 2\sqrt{2}, 2\sqrt{2})$.

圆 O_1 上的点 $M(x, y)$ 都满足 $x \geqslant y$ 的充要条件是:圆 O_1 位于直线 l 的右下方(含边界),等价于圆心 O_1 在抛物线 $\overgroup{BAC}$(含边界),即 $x_2 \leqslant 2t \leqslant x_1$.

故解不等式 $2 - 2\sqrt{2} \leqslant 2t \leqslant 2 + 2\sqrt{2}$,得 t 的取值范围为 $[1 - \sqrt{2}, 1 + \sqrt{2}]$.

解法 5:化原方程为同解方程

$$(x - 2t)^2 + (y - t^2 + 3)^2 = 2 \qquad ②$$

设 $\begin{cases} c = x - y \\ u = y - t^2 + 3 \end{cases}$ 即 $\begin{cases} y = u + t^2 - 3 \\ x = c + u + t^2 - 3, \end{cases}$

将方程②换元为等价的方程

$$(c + u + t^2 - 2t - 3)^2 + u^2 = 2 \qquad ③$$

得 $\qquad c = 3 + 2t - t^2 - u \pm \sqrt{2 - u^2} \quad (u^2 \leqslant 2) \qquad ④$

所以,方程②的实数解 x、y 都满足 $x \geqslant y$ 的充要条件是:方程③的实数解 c、u 都满足 $c \geqslant 0$,等价于:对任意的 $u \in [-\sqrt{2}, \sqrt{2}]$,都有

$$3 + 2t - t^2 \geqslant u + \sqrt{2 - u^2} \qquad ⑤$$

设函数 $f(u) = u + \sqrt{2 - u^2} \quad (-\sqrt{2} \leqslant u \leqslant \sqrt{2})$,

则 $f'(u) = 1 - \dfrac{u}{\sqrt{2 - u}} \quad (-\sqrt{2} < u < \sqrt{2})$.

由 $f'(u) = 0$ 求得 $u = 1$,即有 $f'(1) = 0$,而当 $-\sqrt{2} < u < 1$ 时,$f'(u) > 0$,$f(u)$ 单调递增;当 $1 < u < \sqrt{2}$ 时,$f'(u) < 0$,$f(u)$ 单调递减,同时,在区间 $[-\sqrt{2}, \sqrt{2}]$ 的端点,$f(u)$ 连续,所以在该区间上,$f(u)$ 有最大值 $[f(u)]_{\max} = f(1) = 2$.于是,式⑤在该区间上恒成立的充要条件是 $3 + 2t - t^2 \geqslant 2$.

解之得 t 的取值范围为 $[1 - \sqrt{2}, 1 + \sqrt{2}]$.

解法 6:将 $y = x - c$ 代入原方程,整理得

$$(c + t^2 - 3 - x)^2 + (x - 2t)^2 = 2 \qquad ⑥$$

则题设等价于方程⑥的实数解 c、x 都满足 $c \geqslant 0$.

因为方程⑥的实数解 c、x 满足

$$\begin{cases} c = 3 - t^2 + x \pm \sqrt{2 - (x - 2t)^2} & ⑦ \\ (x - 2t)^2 \leqslant 2 & ⑧ \end{cases}$$

又 $\qquad 3 - t^2 + x + \sqrt{2 - (x - 2t)^2} \geqslant 3 - t^2 + x - \sqrt{2 - (x - 2t)^2}$

所以,方程⑥的实数解 c、x 都满足 $c \geqslant 0$ 的充要条件是:对满足不等式⑧(即 $2t - \sqrt{2} \leqslant x \leqslant 2t + \sqrt{2}$)的 x 都有

$$3 - t^2 \geqslant -x + \sqrt{2 - (x - 2t)^2} \qquad ⑨$$

设函数 $\qquad g(x) = -x + \sqrt{2 - (x - 2t)^2}, 2t - \sqrt{2} \leqslant x \leqslant 2t + \sqrt{2}$

则 $\qquad g'(x) = -\left[1 - \dfrac{x - 2t}{\sqrt{2 - (x - 2t)^2}} \right]$

由 $g'(x) = 0$ 求得 $x = 2t - 1$,即 $g'(2t - 1) = 0$,而当 $2t - \sqrt{2} < x < 2t - 1$ 时,$g'(x) > 0$,$g(x)$ 单调递增;当 $2t - 1 < x < 2t + \sqrt{2}$ 时,$g'(x) < 0$,$g(x)$ 单调递减,又 $g(x)$ 在 $x = 2t \pm \sqrt{2}$ 处连续,故得 $g(x)$ 有最大值 $[g(x)]_{\max} = g(2t - 1) = 2 - 2t$.

所以,不等式⑨对满足不等式⑧的所有 x 都成立的充要条件是

$$3 - t^2 \geqslant 2 - 2t \Leftrightarrow 1 - \sqrt{2} \leqslant t \leqslant 1 + \sqrt{2}$$

因此,在题设下,t 的取值范围为 $[1 - \sqrt{2}, 1 + \sqrt{2}]$.

解法 7:设 c 为实数,考虑方程组

$$\begin{cases} y = x + c & ⑩ \\ x^2 + y^2 + 6y + t^4 + 7 = 2t(2x + ty + t) & ⑪ \end{cases}$$

消去 y,整理得关于 x 的二次方程

$$2x^2 + 2(c + 3 - t^2 - 2t)x + (c + 3 - t^2)^2 + 4t^2 - 2 = 0$$

其判别式 $\Delta = 4[(c + 3 - t^2)^2 - 4t(c + 3 - t^2) + 4t^2] - 8[(c + 3 - t^2)^2 + 4t^2 - 2] = 4[4 - (c + 3 - t^2 + 2t)^2]$.

所以,方程⑪的实数解 x、y 都满足 $x \geqslant y$,等价于:对任意 $c > 0$,方程组(Ⅰ)无实数解,其充要条件为:$\Delta \geqslant 0$ 对任意 $c > 0$ 不成立.

因为 $\qquad \Delta \geqslant 0 \Leftrightarrow |c + 3 - t^2 + 2t| \leqslant 2 \Leftrightarrow (t - 1)^2 - 6 \leqslant c \leqslant (t - 1)^2 - 2$

所以,为了使 $\Delta \geqslant 0$ 对任意 $c > 0$ 都不成立,必须且只需 $(t - 1)^2 - 2 \leqslant 0$,

解得 t 的取值范围为 $[1 - \sqrt{2}, 1 + \sqrt{2}]$.

解法 8:原方程的实数解 x、y 都满足 $x \geqslant y$,等价于 x、y 的方程组

$$\begin{cases} x^2 + y^2 + 6y + t^4 + 7 = 2t(2x + ty + t) \\ y = x + c \end{cases}$$

对任意正数 $c>0$,都无实数解,即关于 x 的二次方程 $2x^2+2(c+3-t^2-2t)x+(c+3-t^2)^2+4t^2-2=0(c>0)$ 无实根,其充要条件是:$\Delta=4[(c+3-t^2)^2-4t(c+3-t^2)+4t^2]-8[(c+3-t^2)^2+4t^2-2]=4[4-(c+3-t^2+2t)^2]<0(c>0)$,等价于:对于任意 $c>0$,都有 $2<c+3-t^2+2t$ 或 $c+3-t^2+2t<-2$.

即 $c>(t-1)^2-2$ ⑫

或 $c<(t-1)^2-6$ ⑬

因为 $(t-1)^2-2>(t-1)^2-6$,所以,对于正数 c,当不等式⑫不成立,不等式⑬也不成立.因此,对于任意 $c>0$,都有 $\Delta<0$,等价于:对任意 $c>0$ 都有

$c>(t-1)^2-2$ ⑭

其充要条件为 $(t-1)^2-2\leqslant0$ ⑮

条件的充分性自明,下面用反证法证明条件的必要性.

若⑮不成立,则可取 $c=(t-2)^2-2>0$,与式⑭对任意 $c>0$ 都成立矛盾,故条件⑮的必要性得证.解不等式⑮.

得 t 的取值范围为 $[1-\sqrt{2},1+\sqrt{2}]$.

评注:上例的 8 个解法中的前 4 个是几何方法,后 4 个是代数方法,这些解法,推理与计算紧密结合,推理中有计算,计算中有推理,因此,在解答的陈述、逻辑用语的采用、字符的引入,以及算式的列写等方面,都十分讲究力求条理分明、层次清晰、词语和符号运用恰当.

数学较难问题的解答,在于灵活地运用各种数学思想方法将问题由未知向已知、由难到易地做恰当的等价转化.在这点上,文[4]对例 5、例 6 的多种解答对我们有典型的示范作用,值得我们认真研究、学习.正如文[4]所指出的,本文所讨论的这类判断大小关系的问题,涉及的内容广泛、几何背景鲜明,是一类良好的综合训练题,对学生的函数思想、数形结合思想及方法的应用能力和运算能力的培养和提高,也是一类良好的练习题.因此,对如例 1、例 5、例 6 这类题目,值得关注、研究和开发.对于这类题的各种解法,包括正解和错解,都应该通过深入的研究,把它弄得清清楚楚、明明白白,作为一名数学教师,对此类问题绝不能含含糊糊.

【习题】

说明例 1"正解"的几何意义,并给出例 1 的一些别的解法.

【参考答案或提示】

如图 8-3:方程 $(x+\sqrt{x^2+1})(y+\sqrt{y^2+1})=1$ 的解 (x,y) 是平行于 x 轴(且含 x 轴)的直线 $y=\frac{1}{2}(q-\frac{1}{q})$ 与平行于 y 轴(且含 y 轴)的直线 $x=\frac{1}{2}(\frac{1}{q}-q)$ 的交点坐标,每个 $q>0$ 均对应着唯一的一个交点 $M(x,y)$,当 q 取遍区间 $(0,+\infty)$ 中所有值,交点 M 的集合恰好是直线 $y=-x$(即直线 $x+y=0$).当 $q=1$ 时,M 即坐标原点;当 $q>1$ 时,M 在第二象限,位于射线 $y=-x(x<0)$ 上;当 $0<q<1$ 时,点 M 在第四象限,位于射线 $y=-x(x>0)$ 上,所有交点 $M(x,y)$ 的坐标组成了例 1 中所给

方程的解集.

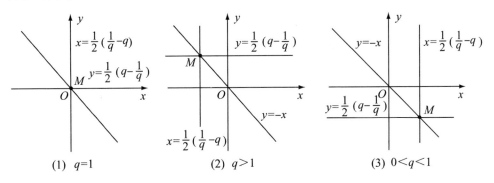

(1) $q=1$　　　　　(2) $q>1$　　　　　(3) $0<q<1$

图 8-3　方程解是两直线交点坐标

解法 2:设 $p=x+\sqrt{x^2+1}$, $q=y+\sqrt{y^2+1}$,则 $p>0$,$q>0$ 且由题设 $pq=1$,

有　$(p-x)^2=x^2+1$,$(q-y)^2=y^2+1$

得　$p^2-2px=1$　$q^2-2qy=1$

即　$x=\dfrac{1}{2}p-\dfrac{1}{2p}$,$y=\dfrac{1}{2}q-\dfrac{1}{2q}$

所以
$$x+y=\frac{1}{2}(p+q)-\frac{1}{2}\left(\frac{1}{p}+\frac{1}{q}\right)$$
$$=\frac{1}{2}(p+q)-\frac{1}{2}\cdot\frac{q+p}{pq}$$
$$=\frac{1}{2}(p+q)-\frac{1}{2}(p+q)=0$$

即 $x+y=0$ 恒成立.

解法 3:因为 $\sqrt{x^2+1}\pm x\neq0$, $\sqrt{y^2+1}\pm y\neq0$.

故由　$\left(x+\sqrt{x^2+1}\right)\left(y+\sqrt{y^2+1}\right)=1$

得　$\left(x+\sqrt{x^2+1}\right)=\dfrac{1}{y+\sqrt{y^2+1}}$

$$=\frac{\sqrt{y^2+1}-y}{\left(\sqrt{y^2+1}+y\right)\left(\sqrt{y^2+1}-y\right)}$$
$$=\sqrt{y^2+1}-y$$

即得　$x+\sqrt{x^2+1}=\sqrt{y^2+1}-y$

同理　$y+\sqrt{y^2+1}=\sqrt{x^2+1}-x$

两边相加得　$x+y+\sqrt{x^2+1}+\sqrt{y^2+1}=\sqrt{y^2+1}+\sqrt{x^2+1}-(x+y)$

所以 $x+y=0$ 恒成立.

其他解法从略.

第9篇　改正《辨析》一错

——函数的值域与取值范围

我们在撰写《高中数学教学问题辨析》第1.1篇时,对函数的"取值范围"理解有误.排印前虽作小的修改(不允许大改),但仍含混不清,细分析仍感有误,故写本篇以正其误.

1　一个错例分析

例1[①]　(2003年盐城市调研试题)函数 $f(x) = \log_a(x^2 - 2x + 3)$ 的值域为 $(-\infty, -1]$,则 a 的取值范围是(　　).

A. $[2, +\infty)$　　　　　B. $(1, 2)$　　　　　C. $\left[\dfrac{1}{2}, 1\right)$　　　　　D. $\left(0, \dfrac{1}{2}\right]$

文[1][①]认为,命题人本意是:由条件得 $x^2 - 2x + 3 = (x-1)^2 + 2 \geqslant 2$,又其值域为 $(-\infty, -1]$,所以 a 的取值范围是 $\left[\dfrac{1}{2}, 1\right)$,故选 C.

不少教辅资料引用过此题,其中一个资料上的解答如下.

解: $\because x^2 - 2x + 3 = (x-1)^2 + 2 \geqslant 2$,由已知,$f(x) = \log_a(x^2 - 2x + 3)$ 的值域为 $(-\infty, -1]$,故 $\log_a[(x-1)^2 + 2] \leqslant -1$ 对 $x \in R$ 恒成立,故 $0 < a < 1$.

又 $f(x)$ 为减函数,故只需 $\log_a 2 \leqslant -1$,故有 $a \geqslant \dfrac{1}{2}$.

综上,知 a 的取值范围为 $\left[\dfrac{1}{2}, 1\right)$,故选 C.

辨析: 首先,我们看到此题在解答中的一个错误,即说 $f(x)$ 为减函数,这显然是错误的.

函数 $f(x) = \log_a(x^2 - 2x + 3)(0 < a < 1)$ 可看成 $F(u) = \log_a u(0 < a < 1)$ 与 $u = x^2 - 2x + 3$ 的复合函数.函数 $F(u) = \log_a u(0 < a < 1)$ 为 $(0, +\infty)$ 上的减函数,而函数 $u = x^2 - 2x + 3$ 在 $(-\infty, 1)$ 递减,在 $[1, +\infty)$ 递增.

因此,复合函数 $f(x) = \log_a(x^2 - 2x + 3)(0 < a < 1)$ 在 $(-\infty, 1)$ 递增,在 $[1, +\infty)$ 递减.即 $f(x)$ 在 R 上是非单调函数.估计原解答者的本意应是函数 $y = F(u) = \log_a u(0 < a < 1)$ 在 $(0, +\infty)$ 为关于 u 的递减函数.但在叙述时却错把函数 F 当成函数 f,而把自变量 x 当时中间变量 u 了,这也是学生们在解题叙述中常犯

①　王琪. 数学命题中常具的错误及其诱因分析[J]. 数学通报,2005(2):42—43 + 38.

的错误之一.

我们更为关注的是:是否对于任意一个 $a \in \left[\dfrac{1}{2}, 1\right)$,函数 $f(x) = \log_a(x^2 - 2x + 3)$ 的值域都是 $(-\infty, -1]$.

我们知道,对于任意的 $a \in \left[\dfrac{1}{2}, 1\right)$,由于 $u = x^2 - 2x + 3 = (x-1)^2 + 2 \geqslant 2$,且 $F(u) = \log_a u(0 < a < 1)$ 在 $(0, +\infty)$ 递减,因此有 $F(u) \leqslant F(2) = \log_a 2$,函数 $f(x)$ 的值域为 $(-\infty, \log_a 2]$,因此,问题转化为:对于任意的 $a \in \left[\dfrac{1}{2}, 1\right)$,是否都有 $\log_a 2 = -1$,这显然是不可能的,这是因为 $\log_a 2 = -1 \Longleftrightarrow a = \dfrac{1}{2}$,即只有 $a = \dfrac{1}{2}$ 时,函数 $f(x) = \log_a(x^2 - 2x + 3)$ 的值域才是 $(-\infty, -1]$.

否则,对于任意的 $a \in \left(\dfrac{1}{2}, 1\right)$,由于有 $\log_2 \dfrac{1}{2} < \log_2 a < \log_2 1$,即 $-1 < \log_2 a < 0$,知 $\log_a 2 = \dfrac{1}{\log_2 a} < -1$,故 $(-\infty, \log_2 2) \subset (+\infty, -1]$.

这就是说,对于任意的 $a \in \left(\dfrac{1}{2}, 1\right)$,函数 $f(x) = \log_a(x^2 - 2x + 3)$ 的值域 $(-\infty, \log_a 2]$ 都只是所给值域 $(-\infty, -1]$ 的一个真子集. 在区间 $(\log_a 2, -1]$ 内,根本不存在函数 $f(x)$ 的值.

由此看来,此例是一道错题. 那么,能否将此题修改为可求题呢? 我们的意见是:

(1)题设不变,将求 a 的范围改为求 a 的值. 此时我们可以得到答案:$a = \dfrac{1}{2}$.

(2)改变题设. 从上述分析可以看出:当 x 在 R 上变化,且 a 在 $\left[\dfrac{1}{2}, 1\right)$ 变化时,函数 $\log_a(x^2 - 2x + 3)$ 的值是可以取遍 $(+\infty, -1]$ 的. 因此,可将 $\log_a(x^2 - 2x + 3)$ 看成一个关于 x、a 的二元函数. 即将题设中的"$f(x)$"改为 $f(x, a)$,其他都不变,变为

例 1′ 已知函数 $f(x, a) = \log_a(x^2 - 2x + 3)$($a > 0$ 且 $a \neq 1$)的值域为 $(-\infty, -1]$,则 a 的取值范围是(   ).

A. $[2, +\infty)$ B. $(1, 2]$ C. $\left[\dfrac{1}{2}, 1\right)$ D. $\left(0, \dfrac{1}{2}\right]$

这时,由上述解答可得答案:选 C.

由于中学阶段没有提多元函数及多元函数的值域的概念,对上述修改,作为数学教师能够理解,也应该理解. 但作为学生来说,那就很难说了. 因此,我们应该换一个思考的角度,然后再作修改. 那就是,当参变量 a 在区间 $\left[\dfrac{1}{2}, 1\right)$ 变化时,所有的

一元函数 $f_a(x) = \log_a(x^2 - 2x + 3)$ 的取值都在 $(-\infty, -1]$ 这个范围内. 由此,我们可将此题修改为:

例 1″ 已知,当实数 a 的取值范围为 M 时,所有函数 $f(x) = \log_a(x^2 - 2x + 3)$ 的取值都在区间 $(-\infty, -1]$ 内,则 $M = ($ $)$.

A. $[2, +\infty)$ B. $(1, 2)$ C. $\left[\dfrac{1}{2}, 1\right)$ D. $\left(0, \dfrac{1}{2}\right]$

解: $\because u = x^2 - 2x + 3 = (x - 1)^2 + 2 \geqslant 2$,又由已知,当 $a \in M$ 时,$f(x) = \log_a(x^2 - 2x + 3)$ 的值都在 $(-\infty, -1]$ 内,故 $\log_a[(x-1)^2 + 2] \leqslant -1$ 对 $x \in R$ 恒成立,因此 $0 < a < 1$. 所以函数 $f(u)$ 是 $[2, +\infty)$ 上的减函数.

因此,只需 $\log_a 2 \leqslant -1$,故有 $a \geqslant \dfrac{1}{2}$.

综上,知 a 的取值范围为 $\left[\dfrac{1}{2}, 1\right)$,故选 C.

由上可见,编题者是把一个二元函数 $f(x, a) = \log_a(x^2 - 2x + 3)$($a$ 也是独立自变量)的值域 $(-\infty, -1]$ 当成一元函数 $f(x) = \log_a(x^2 - 2x + 3)$($a$ 为参数)的值域了;或者是:把 $a \in M$ 的无穷个一元函数 $f(x) = \log_a(x^2 - 2x + 3)$ 中每个函数的值域 F_a 的并集 $\bigcup\limits_a F_a = (-\infty, -1]$ 当成了单个函数的值域 F_a 了. 犯了"张冠李戴"或说"偷梁换柱"的错误.

2 不同的观点:函数的取值范围

对于例 1,文[1]也进行了下述分析.

题目分析:其实,这也是一道错题."范围"与"值域"是我们在学习函数中经常遇到的两个概念,许多同学常常将它们混为一谈,实际上这是两个不同的概念."值域"是函数所有取值的集合(即集合中每一个元素都是这个函数的取值),而"范围"则只是满足某个条件的一些值所在的集合(即集合中的元素不一定满足这个条件). 也就是说:"值域"是一个"范围",而"范围"却不一定是"值域". 本题 a 的值应是 $\dfrac{1}{2}$. 若将题中"值域"改为"范围",则就是答案 C 了.

按文[1]的说法,要答案是 C. 例 1 应改为函数 $f(x) = \log_a(x^2 - 2x + 3)$ 的范围为 $(-\infty, -1]$,则 a 的取值范围是($\qquad$).

A. $[2, +\infty)$ B. $(1, 2)$ C. $\left[\dfrac{1}{2}, 1\right)$ D. $\left(0, \dfrac{1}{2}\right]$

文[1]只说"值域"与"范围"是两个不同的概念. 未直接说"函数的值域"与"函数的取值范围"是两个不同的概念. 但"函数的取值范围"与"函数的范围"(注意:词语"函数的范围"是欠妥的,在此暂且理解为"函数值的范围")两者是同一概念,还是两个不同的概念? 笔者认为是同一概念,因为"函数的范围"就是"函数值的范围",也就是"函数的取值范围". 按照这样的理解,那么文[1]也认为"函数的

值域"与"函数的取值范围"是两个不同的概念. 那么,例1也就可以修改成:

函数 $f(x) = \log_a(x^2 - 2x + 3)$ 的取值范围为 $(-\infty, -1]$,则 a 的取值范围是

$$(\quad)$$

A. $[2, +\infty)$　　　　B. $(1,2)$　　　　C. $\left[\dfrac{1}{2}, 1\right)$　　　　D. $\left(0, \dfrac{1}{2}\right]$

这样就可以选 C 了!

认为"函数的值域"与"函数的取值范围"不是同一概念的文稿是不少的. 例题:文[2]①就这样认为:"取值范围"一词在数学中经常出现,但什么是"取值范围"并未在数学中下过精确的定义. 就我们平时在数学问题中所说的"取值范围"而言,通常指的是"必要条件",也就是必须在此范围内,但这其实是容易产生歧义的,因为"必要条件"往往不止一个……函数值域与函数值 y 的取值范围不一样,函数值 y 的取值范围只需要用演绎推理的方法推出 y 的取值范围,而函数值域中,还需要检验取值范围(值域)中的元素 y,要确保元素 y 都要原像 x 与之对应.

由此可见,持"函数的值域"与"函数的取值范围"是两个不同概念观念者认为:

值域的概念是具有充要性的概念——既要满足下列必要性(或完备性),又要满足下列充分性(或纯粹性). 设函数 $y = f(x), x \in D$,值域是集合 F.

必要性(或完备性):满足 $x \in D, y = f(x)$ 的所有的函数值 y,都有 $y \in F$. [强调的是"所有",满足 $x \in D$ 时 $y = f(x)$ 的"所有"数值 y 都一个不落地在 F 内,没有一个 y_0 使 $y_0 \notin F$ 的]

充分性(或纯粹性):对于任何一个 y 值,若 $y \in F$,则 y 必满足 $y = f(x), x \in D$. [强调的是"存在",对 F 中的任何一个元素(取值),都存在对应的函数值 y,满足 $y = f(x), x \in D$. "存在"就行,与存在多少个没有关系].

而对于函数 $y = f(x), x \in D$ 的取值范围 F' 来说,只需满足下列

必要性(或完备性):满足 $y = f(x), x \in D$ 的所有的函数值,都有 $y \in F'$.

至于"充分性(或纯粹性)"可以满足,也可以不满足. 也就是说,可以有 $y_0 \in F'$,使这个 y_0 不满足 $y_0 = f(x_0), x_0 \in D$,或 y_0 不是函数 $y = f(x), x \in D$ 的一个值. 也就是说,F 是"确定的"一个集合,而 F' 是一个"不确定的"集合[对于确定的函数 $y = f(x), x \in D$ 而言],只知道 $F' \supseteq F$.

对于这种观点,除了在"论述"中见到不少,在题例中还可见到很多. 如仅就"数列"题例来说,就有如:

例 2②　在等差数列 $\{a_n\}$ 中,S_n 表示其前 n 项和. 若 $S_n = \dfrac{n}{m}, S_m = \dfrac{m}{n}, m \neq n$,则 S_{n+m} 的取值范围是_____.

①　徐波. 关于高中数学若干问题的辨析[J]. 中国数学教育,2013(12):21—22.

②　濮阳康和. 一类"尴尬"的取值范围问题[J]. 中学数学教学参考,2014(1/2):56—57 + 60.

解:设 $\{a_n\}$ 的公差为 d,则

$$S_n = na_1 + \frac{n(n-1)}{2}d = \frac{n}{m}, a_1 + \frac{n-1}{2}d = \frac{1}{m}, \quad ①$$

$$S_m = ma_1 + \frac{m(m-1)}{2}d = \frac{m}{n}, a_1 + \frac{m-1}{2}d = \frac{1}{n}, \quad ②$$

联立①②,解得 $a_1 = \frac{1}{mn}$, $d = \frac{2}{mn}$

所以 $S_{n+m} = (n+m)a_1 + \frac{(n+m)(n+m-1)}{2}d = \frac{(m+n)^2}{mn}$

因为 $m \neq n$,所以 $(m+n)^2 > 4mn$,从而 $\frac{(m+n)^2}{mn} > 4$,即

S_{n+m} 的取值范围是 $(4, +\infty)$.

[笔者注:本题命题与解题者认定:$(4, +\infty)$ 就是二元函数 $S_{n+m} = \frac{(m+n)^2}{mn}$ $(m, n \in N^*)$ 的取值范围].

例 3[①] 设 $S_n = \frac{1}{n+1} + \frac{1}{n+2} + \cdots + \frac{1}{2n}$, $n \in N^*$,求 S_n 的取值范围.

解法 1:用放缩法可得

$$S_n = \frac{1}{n+1} + \frac{1}{n+2} + \cdots + \frac{1}{2n} \geqslant \frac{1}{2n} \times n = \frac{1}{2},$$

$$S_n = \frac{1}{n+1} + \frac{1}{n+2} + \cdots + \frac{1}{2n} \leqslant \frac{1}{n+1} \times n < 1$$

所以 S_n 的取值范围为 $\left[\frac{1}{2}, 1\right)$.

解法 2:因为 $S_{n+1} - S_n = \left(\frac{1}{n+2} + \frac{1}{n+3} + \cdots + \frac{1}{2n+2}\right) - \left(\frac{1}{n+1} + \frac{1}{n+2} + \cdots + \frac{1}{2n}\right)$

$$= \frac{1}{2n+1} + \frac{1}{2n+2} - \frac{1}{n+1} = \frac{1}{2n+1} - \frac{1}{2n+2} > 0,$$

所以 $S_{n+1} > S_n$,即 S_n 在 $n \in N^*$ 上单调递增.

所以 $S_n \geqslant S_1 = \frac{1}{2}$.

构造函数 $f(x) = \frac{1}{1+x}$,根据定积分的定义可求得下列极限:

$$\lim_{n \to \infty} S_n = \lim_{n \to \infty} \left(\frac{1}{n+1} + \frac{1}{n+2} + \cdots + \frac{1}{2n}\right)$$

$$= \lim_{n \to \infty} \frac{1}{n} \left(\frac{1}{1+\frac{1}{n}} + \frac{1}{1+\frac{2}{n}} + \cdots + \frac{1}{1+\frac{n}{n}}\right)$$

① 濮阳康和. 一类"尴尬"的取值范围问题[J]. 中学数学教学参考, 2014(1/2):56—57 +60.

$$= \int_0^1 \frac{1}{1+x} \mathrm{d}_x = \ln(1+x)\Big|_0^1 = \ln 2$$

所以 $S_n < \ln 2$.

从而 S_n 的取值范围为 $\left[\frac{1}{2}, \ln 2\right)$.

[笔者注：两位解题者分别用两种不同的方法解出了一元函数 $S_n = \frac{1}{n+1} + \frac{1}{n+2} + \cdots + \frac{1}{2n}, n \in N^*$ 的取值范围分别为 $\left[\frac{1}{2}, 1\right)$，$\left[\frac{1}{2}, \ln 2\right]$].

两例中函数的独立自变量的取值集合均是 N^*，因此，S_{n+m}, S_n 的取值都不可能充满所求出的实数区间集. 因此，这就是上述观点的实例 [只具备"必要性（或完备性）"，不具备"充分性（或纯粹性）"的实例].

与此相反，不少人持"函数的值域"与"函数的取值范围"是同一个概念的观点，即他们认为：函数的取值范围与函数的值域一样，既要满足"必要性（或完备性）"，又要满足"充分性（或纯粹性）". 我们把对此观点的论述放在第 4 部分，先将有关题例录数例于下.

例 4①　（北京师范大学版高中数学必修 5 第 105 页练习题），已知 x、y 满足

$$\begin{cases} 2 \leqslant x+y \leqslant 4 \\ -4 \leqslant x-y \leqslant -2 \end{cases}$$

则 $2x - y$ 的取值范围是（　　）.

A. $[-6, 0]$ 　　　　　　　　　B. $[-5, -1]$

C. $[-6, -1]$ 　　　　　　　　D. $[-5, 0]$

解：令 $2x - y = m(x+y) + n(x-y)$

则　$2x - y = (m+n)x + (m-n)y$.

比较系数得 $\begin{cases} m+n = 2 \\ m-n = -1 \end{cases}$ 得 $\begin{cases} m = \dfrac{1}{2} \\ n = \dfrac{3}{2} \end{cases}$

所以　$2x - y = \dfrac{1}{2}(x+y) + \dfrac{3}{2}(x-y)$

由已知 $\begin{cases} 2 \leqslant x+y \leqslant 4 \\ -4 \leqslant x-y \leqslant -2 \end{cases}$　得

$$\begin{cases} 1 \leqslant \dfrac{1}{2}(x+y) \leqslant 2 \\ -6 \leqslant \dfrac{3}{2}(x-y) \leqslant -3 \end{cases}$$

①　周天明. 对"关于高中数学若干问题的辨析"一文的商榷[J]. 数学教学研究,2015(9):41—43.

所以 $$-5 \leqslant \frac{1}{2}(x+y) + \frac{3}{2}(x-y) \leqslant -1$$

即 $$-5 \leqslant 2x - y \leqslant -1.$$

所以 $2x - y$ 的取值范围为 $[-5, -1]$,

故选 B.

例 5[1] (2010 年高考全国卷 I 理数 10),已知函数 $f(x) = |\lg x|$. 若 $0 < a < b$. 则 $f(a) = f(b)$,则 $a + 2b$ 的取值范围是(   ).

    A. $(2\sqrt{2}, +\infty)$ B. $[2\sqrt{2}, +\infty)$

    C. $(3, +\infty)$ D. $[3, +\infty]$

解:$\because f(a) = f(b)$, $\therefore |\lg a| = |\lg b|$

得 $\lg a = \lg b$ 或 $-\lg a = \lg b$

即 $a = b$ 或 $b = \frac{1}{a}$

又 $0 < a < b$,所以有 $b = \frac{1}{a}$ 且 $0 < a < 1 < b$,所以 $a + 2b = a + \frac{2}{a}$.

令 $$f(a) = a + \frac{2}{a} (0 < a < 1).$$

由于 $f(a)$ 是 $(0,1)$ 上的递减("双勾"函数的性质).

所以 $$f(a) > f(1)$$

即 $$a + \frac{2}{a} > 1 + \frac{2}{1} = 3$$

故所求 $a + 2b$ 的取值范围是 $(3, +\infty)$,故选 C.

例 6[2] (2012 年高考数学天津卷理科第 8 题). 设 $m, n \in R$,若直线 $(m+1)x + (n+1)y - 2 = 0$ 与圆 $(x-1)^2 + (y-1)^2 = 1$ 相切,则 $m + n$ 的取值范围是(   ).

    A. $[1 - \sqrt{3}, 1 + \sqrt{3}]$ B. $(-\infty, 1 - \sqrt{3}] \cup [1 + \sqrt{3}, +\infty)$

    C. $[2 - 2\sqrt{2}, 2 + 2\sqrt{2}]$ D. $(-\infty, 2 - 2\sqrt{2}] \cup [2 + 2\sqrt{2}, +\infty)$

解法 1:由于圆 $(x-1)^2 + (y-1)^2 = 1$ 的圆心坐标为 $C(1,1)$,半径 $r = 1$

又直线 $(m+1)x + (n+1)y - 2 = 0$ 与圆 C 相切,故圆心 $C(1,1)$ 到此直线的距离与 r 相等,因此得

$$\frac{|m+n|}{\sqrt{(m+1)^2 + (n+1)^2}} = 1$$

即得 $$(m+n)^2 = (m+1)^2 + (n+1)^2$$

整理得 $$m + n + 1 = mn.$$

令 $m + n = x$,则得

① 周天明. 对"关于高中数学若干问题的辨析"一文的商榷[J]. 数学教学研究,2015(9):41—43.

② 陈云烽. 一道值得商榷的高考试题[J]. 中学数学教学参考,2012(12):29—32.

$$x + 1 = mn \leqslant \left(\frac{m+n}{2} \right)^2 = \frac{x^2}{4}$$

故得 $x^2 - 4x - 4 \geqslant 0$

解得 $x \leqslant 2 - 2\sqrt{2}$，或 $x \geqslant 2 + 2\sqrt{2}$

所以 $m + n$ 的取值范围为 $(-\infty, 2 - 2\sqrt{2}] \cup [2 + 2\sqrt{2}, +\infty)$，故选 D.

回头再看例 4 至例 6

在例 4 中，函数 $f(x, y) = 2x - y$ 的取值集合 $F = [-5, -1]$，且 $F \subset [-6, -1]$. 如果按"函数的值域"与"函数的取值范围"不是同一概念的观点，即只考察"必要性（或完备性）"的观点，这个题既可以选 B，又可以选 C 作为函数 $f(x, y) = 2x - y$ 的取值范围，那么，例 4 就应该是一道错题. 编者将例 4 选为课本习题，解答者选 B. 显然他们是持有"函数的值域"和"函数的取值范围"是同一概念的观点的，即要考虑充分性（纯粹性）与必要性（完备性）两个方面（充要性）的.

在例 5 中，函数 $f(a) = a + \dfrac{2}{a} (0 < a < 1)$ 的取值集合为 $F = (3, +\infty)$，且 $F \subset [3, +\infty]$，$F \subset [2\sqrt{2}, +\infty]$，$F \subset [2\sqrt{2}, +\infty]$. 若按"函数的值域"与"函数的取值范围"是两个不同的概念的观点，不考虑充分性（或纯粹性），那么 A、B、C、D 都可作为函数 $f(a) = a + \dfrac{2}{a} (0 < a < 1)$ 的取值范围，即此题中的四个选项都可选，而试题编制者仅给选项为 B，说明例 5 的编制者也赞同"函数的取值范围"与"函数的值域"是同一概念的.

在例 6 中，函数 $f(m, n) = m + n$ 或者函数 $f(m) = m + \dfrac{m+1}{m-1} = m - 1 + \dfrac{2}{m-1} + 2$ $(m \neq 1)$ 的值的集合 $F = (-\infty, 2 - 2\sqrt{2}] \cup [2 + 2\sqrt{2}, +\infty)$. 同时还有 $F \subset (-\infty, 1 - \sqrt{3}] \cup [1 + \sqrt{3}, +\infty)$. 同样，若按"不同说"，应选 B、D；而按"同一说"只选 D. 例 6 的答案是选 D. 这也说明，这道试题的编制者也是按"函数的取值范围"与"函数的值域"为同一概念来编制和解答这一试题的.

笔者在撰写《高中数学教学问题辨析》第 1.1 篇时，开始是按文[2]的观点（"不同说"）撰写的，但在后来由于对类似于例 4 至例 6 等问题的研究和解答过程中发现，原写法是值得推敲的，但在决定改写时时间来不及了，书稿已出清样，不允许大的改动，只好将"取值范围"改成"所在范围". 现在看来，这与文[1]将"值域"改为"范围"一样，是"含混不清"的，也是错误的.

3　一场"争鸣"的导火索

还是回头看例题，若把例 1 算在内，6 例中出现过 5 个二元函数.

例 1′中的 $f(x, a) = \log_a(x^2 - 2x + 3) (x \in R, a > 0$ 且 $a \neq 1)$.

例 2 中的 $f(m, n) = \dfrac{(m+n)^2}{mn} (m \in N^*, n \in N^*)$.

例 4 中的 $f(x,y) = 2x - y, (x + y) \in [2,4], x - y \in [-4, -2])$.

例 5 中的 $f(a,b) = a + 2b(0 < a < 1, b > 1, ab = 1)$.

例 6 中的 $f(m,n) = m + n(m \neq 1, n \neq 1, m + n + 1 = mn)$.

前两例的两个变量(例 1 中的 x, a;例 2 中的 m, n),是各自取值范围内的独立变量,没有联系两者之间的任何关系式.

例 4 中的 x, y 之间虽有一定的约束条件,但也没有联系两者之间的直接关系式. 解这类题只需注意使所给约束条件中的两个量(例本例中的关系式 $x + y, x - y$)在解题过程不改变这种关系(如永远视 $x + y$ 为一个独立变量,把 $x - y$ 视为另一个独立变量),解题即不会出错.

后两例的两个变量(即例 5 中的 x, y;例 6 中的 m, n)间,都有直接关系式使之相互之间相互依赖,这两例中的两个变量都互为函数关系 $\left[\right.$例 5 中 $a = \dfrac{1}{b}(b > 1)$ 或 $b = \dfrac{1}{a}(0 < a < 1)$,例 2 中 $m = \dfrac{n+1}{n-1}(n \neq 1)$ 或 $n = \dfrac{m+1}{m-1}(m \neq 1)\left.\right]$. 因此,这两例都可化为一元函数式求解(例 5 即是这样求解的). 因此,例 6 也可以这样求解.

解法 2:同前解法,我们得 $m + n + 1 = mn$. ①,$m = 1$ 时,得 $n + 2 = n$ 为矛盾式,故 $m \neq 1$. 因此可得:$n = \dfrac{m+1}{m-1}(m \neq 1)$,从而得

$$m + n = m + \dfrac{m+1}{m-1} = m - 1 + \dfrac{2}{m-1} + 2. \qquad ②$$

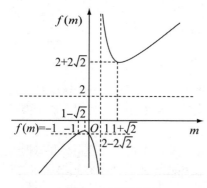

图 9 - 1　函数图象

令 $f(m) = (m-1) + \dfrac{2}{m-1} + 2$,利用"双勾"函数的性质(加图象平移),如图 9 - 1,我们得

$$f(m) \leqslant 2 - 2\sqrt{2}$$

或

$$f(m) \geqslant 2 + 2\sqrt{2}$$

因此,$m + n$ 的取值范围为 $(-\infty, 2 - 2\sqrt{2}] \cup [2 + 2\sqrt{2}, +\infty)$,故选 D.

在研究如例 5、例 6 这类两个变量互相关联的问题时,如果我们忽视这种"关联",仍把变量当成各自独立的两个变量,就会出现错误,文 [5]① 恰是在这个问题上出错而对例题 6 进行"商榷"的:

(1)文 [5] 举例:$m = 2, n = 4$ 时,不等式 $|m + n - 2| \geqslant 2\sqrt{2}$　① 成立,

而　$m + n + 1 = mn$　② 不成立.

因此判定:不等式①只是直线 $l:(m+1)x + (n+1)x - 2 = 0$ 与圆 $C:(x-1)^2 +$

① 陈云烽. 一道值得商榷的高考试题[J]. 中学数学教学参考,2012(12):29—32.

$(y-1)^2=1$ 相切的必要条件,而非充分条件,从而

命题:直线 $(m+1)x+(n+1)y-2=0$ 与圆 $(x-1)^2+(y-1)^2=1$ 相切的充要条件是 $|m+n-2|\geq 2\sqrt{2}.$ 是一个假命题.

(2)文[5]指出,设 $t\in R$,若取 $m=1,n=t-1$,则 $m+n=t$,且对应直线 l 的方程为 $2x+ty-2=0$,圆心 $C(1,1)$ 到 l 的距离 $d=\dfrac{|t|}{\sqrt{4+t^2}}<1$,即 l 是圆 C 的割线,不是切线.

由 t 的任意性,得对于任意实数集 m,都有 $m+n\in M$ 不是 l 与 C 相切的充分条件. 从而,$m+n\in M$ 也不是 l 与 C 相切的充要条件,所以,任何一个实数集都不是例6的答案. 也就是说,使 l 与 C 相切的 $m+n$ 的取值范围不存在,因此,"不存在"应成为例6的一个选项. 不过,用这样的方法修正例6,虽然逻辑上说得过去,但所得的题目显得十分难看,不可取. 例题6作为高考试题,且以 D 选项为答案,反映了例题6有错用述语"取值范围"之嫌.

(3)文[5]在给出了3道思考题后,又给出了7道"问题",并对问题7给出了两种"经典"的解法. 这里,我们只选刊其中两个问题.

问题4　设 $t\in R$,直线族 $(m+1)x+(n+1)y-2=0(m+n=t,m、n\in R$ 且 $m\neq -1,n\neq -1)$ 中有圆 $(x-1)^2+(y-1)^2=1$ 的切线,则 t 的取值范围是(　　).

A. $(2-2\sqrt{2},2+2\sqrt{2})$　　B. $(-\infty,2-2\sqrt{2}]\cup[2+2\sqrt{2},+\infty)$

C. $[2-2\sqrt{2},2+2\sqrt{2}]$　　D. $(-\infty,2-2\sqrt{2})\cup(2+2\sqrt{2},+\infty)$

答案:B.

问题7　设 $m、n\in R$,如果函数 $n=f(m)-m$ 由直线 $(m+1)x+(n+1)y-2=0$ 与圆 $(x-1)^2+(y-1)^2=1$ 相切定义,那么,其中的函数 $f(m)$ 的值域是(　　).

A. $(2-2\sqrt{2},2+2\sqrt{2})$　　B. $(-\infty,2-2\sqrt{2}]\cup[2+2\sqrt{2},+\infty)$

C. $[2-2\sqrt{2},2+2\sqrt{2}]$　　D. $(-\infty,2-2\sqrt{2})\cup(2+2\sqrt{2},+\infty)$

答案:B.

(问题7的解法这里从略).

我们看到:文[5]的上述"商榷"(1)与(2)都是没有注意到 $m、n$ 本非各自独立的变量,也就是对关联式②有了错误的理解. 为了弄清问题(1),我们先给出例6第3种解法.

解法3:同解法2得 $f(m)=m+\dfrac{m+1}{m-1},(m\neq 1)$ 令 $t=f(m)$,即 $t=m+\dfrac{m+1}{m-1}$,我们得

$$m^2-tm+(t+1)=0 \qquad ⊛$$

要方程⊛在 $m\in\{m|m\in R$ 且 $m\neq 1\}$ 有解.

则方程的判别式

$\Delta=t^2-4(t+1)\geq 0$,即 $(t-2)^2\geq 8$

所以 $\qquad |t-2| \geq 2\sqrt{2}$ ③

得 $\qquad t \leq 2-2\sqrt{2}$ 或 $t \geq 2+2\sqrt{2}$

所以 $m+n$ 的取值范围为

$$(-\infty, 2-2\sqrt{2}] \cup [2+2\sqrt{2}, +\infty).$$

因为②式的成立是直线 l 与圆 C 相切的充要条件. 因此要得到正确的结果：即 $f(m,n)=m+n$ 的取值范围 F，就必须重视②式，理解②式由②式作为新的出发点进行推演. 否则，不考虑②式，就会得出错误的结果. 我们上述对例 6 的三种解法，都是在紧扣②式的基础上得到正确的结果的. 同样紧扣这个②式，我们得到了方程 ⊛，而从这个方程⊛的根（$\Delta \geq 0$ 时）是 $m_{1,2}=\dfrac{t \pm \sqrt{(t-2)^2-8}}{2}$ ④ 又 $t=m+n$，又

可得相应的 $n_{1,2}=\dfrac{t \mp \sqrt{(t-2)^2-8}}{2}$ ⑤.

我们所讲的充分性（或纯粹性），指的就是，当 $m+n=t \in F(-\infty, 2-2\sqrt{2}] \cup [2+2\sqrt{2}, +\infty)$，即①式（或③式）成立时，一定存在一个实数对 (m_t, n_t)，其中 $m_t+n_t=t$，使②式成立（即 l 与圆 C 相切）：$m_t+n_t+1=m_t n_t$. 由上可知，这个实数对就是上述 $(m_{1,2}, n_{1,2})$. 当 $t=2-2\sqrt{2}$（或 $t=2+2\sqrt{2}$）时，这样的数对是唯一的，即 $(1-\sqrt{2}, 1-\sqrt{2})$ [或 $(1+\sqrt{2}, 1+\sqrt{2})$]；而当 $t \in (-\infty, 2-2\sqrt{2}] \cup [2+2\sqrt{2}, +\infty)$ 时，这样的实数对有两对，即 $\left(\dfrac{t+\sqrt{t^2-4t-4}}{2}, \dfrac{t-\sqrt{t^2-4t-4}}{2}\right)$ 和

$\left(\dfrac{t-\sqrt{t^2-4t-4}}{2}, \dfrac{t+\sqrt{t^2-4t-4}}{2}\right)$.

例如：$t=6$ 时，这两个实数对就是：

$$(3+\sqrt{2}, 3-\sqrt{2}), (3-\sqrt{2}, 3+\sqrt{2}).$$

把 $m=\dfrac{t+\sqrt{t^2-4t-4}}{2}, n=\dfrac{t-\sqrt{t^2-4t-4}}{2}$（或 $m=\dfrac{t-\sqrt{t^2-4t-4}}{2}, n=\dfrac{t+\sqrt{t^2-4t-4}}{2}$）

同时代入②式两边，②式两边是相等的，都等于 $t+1$（$t=6$ 时是 7，$t=2+2\sqrt{2}$ 时是 $3+2\sqrt{2}$，$t=2-2\sqrt{2}$ 时是 $3-2\sqrt{2}$）. 这就充分说明：$t=m+n \in F$ 即①式（亦即③式）成立是直线 l 与圆 C 相切的必要且充分的条件，即充要条件.

在例 6 中，我们所讨论的是在②式（即直线 l 与圆 C 相切）的条件制约下的函数 $f(m,n)=m+n$ 这个"整体"的取值范围问题，而不是讨论无任何约束条件的实变数 m, n "单个"的什么什么问题. 作为无任何约束条件下的"个体"，可以有 $m=2$ 时再取 $n=4$. 但作为前者，$m=2$ 时，只能有 $n=3$，这时 $t=5$，而不是 $t=6$. 而 $t=6$ 时，即无 $m=2$ 又无 $m=4$（即 $m \neq 2$ 且 $m \neq 4$），只能是 $m=3+\sqrt{2}, n=3-\sqrt{2}$ 或 $m=3-\sqrt{2}, n=3+\sqrt{2}$. 对于满足①或③的 $t=m+n=6$，有两数对 (m,n) 使②式成立. 文

[5]在(1)中,是把问题搞混淆了,因此错举了所谓的"反例"$m=2,n=4$. 这是一个失效的反例.

同样,若不考虑②式(即不考虑直线 l 与圆 C 相切),那么,设 $t=m+n$,我们可以取 $m=1$,因而 $n=t-1,t$ 为任意的实数($t \in R$). 但若要直线 l 与圆 C 相切,就必然有②式成立,就不得不考虑②式,此时,$m=1$ 时,②式变成了矛盾式 $n+2=0$ 或 $2=0$,因此说:直线系 l 中与圆 C 相切的直线:$(m+1)x+(n+1)y-2=0$,就必须有 $m \neq 1$,同样,也必须有 $n \neq 1$. 这点,我们作出图 $9-2$ 即可明显看出:圆 $C:(x-1)^2+(y-1)^2=1$ 与 x 轴切于 $A(1,0)$,与 y 轴切于 $B(0,1)$. 又直线系 $l:(m+1)x+(n+1)y-2=0$ 不过原点 $O(0,0)$(当 $x=0$ 且 $y=0$ 时,出现矛盾 $-2=0$). 但当 $m=1$ 时,得到直线系 l 的一个子系方程变为 $2(x-1)+(n+1)y=0(x \neq 0)$,这个子系

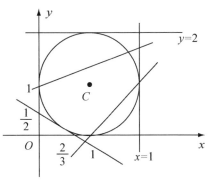

图 $9-2$ 圆 C 与直线

恰过点 A,要这个子系中有直线 l 与圆相切,则直线是 x 轴:$y=0$,但 x 轴过原点,并非直线系 l 中的直线,当然不属于它的任何一个子系. 剩下的,这个子系中的任何一条直线只能与圆 C 相交了. 同样,$n=1$ 时,直线系 l 的子系 $(m+1)x+2(y-1)=0(y \neq 0)$ 内的直线也只能与圆 C 相交了(y 轴:$x=0$ 不在这个子系内).

因此,从表面上看,文[5]在(2)中是给出了一个直线系 l 与圆 C 不可能相切的条件:$m=1$,来"证明":"直线 l 与圆 C 对于任意的实数 $t=m+n$ 都不可能相切",即"使 l 与 C 相切的 $m+n$ 的取值范围不存在",因而也就"证明"了"例6有错用术语'取值范围'之嫌"了. 似乎是一种"以假证假",即似乎是一个"前提错误造成结论错误"的问题. 但仔细推敲后可看出,这是一个逻辑性的错误. 文[5]在推理中出现了逻辑性漏洞:由"$m=1$ 时的取值范围不存在"难道能得到"$m \neq 1$ 时的取值范围也不存在"吗? 正是文[5]不考虑②式,错认为对任意的能使①式成立的数对 (m,n) 都是直线 l 与圆 C 相切,所以才取特值 $m=1$(此时,对任意的 n 直线 l 与圆 C 都不相切)来否定 $m+n=t$ 的取值范围的存在性,得出"对任何实数集 M 中的 m、n,$m+n=t$ 的取值范围都不存在"的结论,实际上,这种"逻辑漏洞"是很容易堵住的. 比如只需举一例,而这个例在文[5]"商榷"中有现成的 $m=2,n=3$,直线 $l:3x+4y-2=0$ 与圆 C 是相切的:圆 C 到 l 的距离 $d=\dfrac{|3+4-2|}{\sqrt{3^2+4^2}}=\dfrac{5}{5}=1=r$. 如图 $9-2$. 另一个例子更为简单:例如取:$\begin{cases} m=0 \\ n=-1 \end{cases}$,$\begin{cases} m=1 \\ n=0 \end{cases}$,易知直线 $x=2$ 和 $y=2$ 分别与圆 C 切于 $(2,1)$、$(1,2)$ 两点. 前例 $t=5$,后例 $t=-1$. 至少有两个值 $t=5$,$t=-1$ 是 $m+n=t$ 的取值集合内的元素,怎么能说这种取值集合不存在?

在直线系 $l:(m+1)x+(n+1)y-2=0$ 中,对 m、n 来说,它们是不能同时等于 -1 的,即 $m=-1$ 与 $n=-1$ 不能同时成立.因此,当 $m\neq-1$ 时,可以有 $n=-1$;当 $n\neq-1$ 时,可以有 $m=-1$.因此,直线系 $l':(m+1)x+(n+1)y-2=0(m\neq-1,n\neq-1)$ 中的直线,比直线系 l 的直线少了两个子系:$(m+1)x=2(m\neq-1)$ 与 $(n+1)y=2(n\neq-1)$.

文[5]的问题 4 中,给出了"$m\neq-1,n\neq-1$",得到 $f(m,n)=m+n$ 的"取值范围"为 $F=(-\infty,2-2\sqrt{2}]\cup[2+2\sqrt{2},+\infty)$,而在问题 7 中没有这种对 m、n 的限制,则称 F 为"值域".这说明:文[5]也是认为"函数的值域"与"函数的取值范围"不是同一概念,而是两个不同概念的.从充分性上看就是:

当 $t=m+n=-1$ 时,由②式我们得到:$m+\dfrac{m+1}{m-1}=-1$,即 $m(m+1)=0$,得到 $m=0$ 或 $m=-1$,而 $n\neq-1$ 时,$m=\dfrac{n+1}{n-1}\neq0$.因此 $m\neq-1$ 且 $n\neq-1$ 时,$m\neq-1$ 且 $m\neq0$,从而 $t\neq-1$.[从例 6 解法 2 的图 9-1 可以看出:图上除两点 $(0,-1)$、$(-1,-1)$ 外,再无 m 值使 (m,t) 的纵坐标 $t=-1$ 了].因此,问题 4 中的 $f(m,n)=m+n$ 的取值集合应是 $F':F'=\{t\mid t\in F,t\neq-1\}$.就是说:$F$ 中存在元素 $t=-1$(注意 $-1<2-2\sqrt{2},-1\in F$).而在问题 4 中的函数 $f(m,n)=m+n$ 的值域中,不存在这个元素:$t=-1$.结合前面的讨论知:问题 4 只满足"必要性(完备性)"而不满足"充分性(纯粹性)".

由此可见,文[5]的(3)也是与大多数人的认识相悖的.正是文[5]的以(1)、(2)、(3)为主的错误认识引爆了以后的讨论和争鸣.遗憾的是:自 2013 年 1 月笔者离兰州回张家界长住至 2015 年 2 月,其中有 14 个多月未居住在家,加上返家后又忙于积累下的工作,因此一直未读文[5],也就未能参加这次"争鸣",现只能将"争鸣"中有关"取值范围"内容的主要论点摘录一部分附于后.

4 争鸣:认识逐趋统一

《中学数学教学参考》2013 年 3 月开辟"问题争鸣"栏目.编者按说:2012 年第 12 期刊登了陈云烽老师的《一道值得商榷的高考题》,该文对 2012 年高考数学天津卷理科第 8 题提出商榷:所求的答案 D 是否是题设中的直线与圆相切的充分必要条件;原高考题有错用术语"取值范围"之嫌.最近,有一些读者来稿,对此问题提出不同看法,本期选发其中三篇文章供大家讨论.

编者按所指三篇文章即以下文[6]①、文[7]②和文[8]③.

---

① 刘国平. 怎样理解"范围"[J]. 中学数学教学参考,2013(3):64—65.
② 岳建良. 也说取值范围的理解[J]. 中学数学教学参考,2013(3):66—68.
③ 张洁. 警惕,"$m=1$"不能取读《一道值得商榷的高考试题》随想[J]. 中学数学教学参考,2013(3):69.

文[6]肯定了例 6 的取值范围为 D. 但在取值范围问题上,却指出"在有些问题中,通过一定的条件求出另外一个变量的范围,这个范围和已知条件可以不具有充要条件关系". 文[6]的这个论点否定了"充要性".

文[7]指出:"'百度'上的解释是:包含在特定要求范围内的所有数值的集合被称作取值范围.""文献[17]①在解释何为取值范围时指出:'求满足给定条件的某个参变量的取值范围包含了两层意思:①参变量满足该条件就必落在这个范围内;②参变量落入这个范围就必满足该条件,用数学符号表示:a 满足条件 $A \Rightarrow a \in I$;$a \in I \Rightarrow a$ 满足条件 A. '因此,'取值范围'带有充要性. "

文[7]在这里已从正面说清了"取值范围"的含义,强调了"取值范围"有充要性. 文[7]还为例 6 的解答作了"有道理"的辩护,但没有点中要害,同时其最后结论——"取值范围"的新理解:"综上,笔者认为,对取值范围应有新的理解:(分情形)①求一元变量的取值范围,要'充要性';②当已知变量(二元的)先满足约束条件,再求与该二元变量相关的新变量的取值范围,也需'充要性',但由于其有约束条件在先,故在'返回'时,还需考虑约束条件才能找到对应的二元变量. "这里的一个"但是"可能会使读者犯糊涂,笔者理解:这个"但是"可能是针对文[5]不根据约束条件即关联式②而任意举 $m = 2$,$n = 6$ 而"发". 其实,该文(文[7])的结束语没有必要分一元函数、二元函数来阐述. 这样写显得其对"取值范围"的理解不够明确,只需再次强调"充要性"就足够了.

文[8]仅肯定了例 6 的取值范围应为 D(给出了解法)并着重指出 $m = 1$ 时不满足直线 l 与圆 C 相切的充要条件,但没有真正看出文[5]的逻辑漏洞:由"$m = 1$ 的取值范围不存在",并不能得出"$m \neq 1$ 时的取值范围也不存在".

与这三篇文献刊登的同时,《中学数学》2013 年 3 期也刊登了文[9]②. 文[9]的例 1 就是文[5]的问题. 文[9]肯定例 6 的答案是 D,但认为文[5]的错误原因在于:"误把'取值范围'当成了'充要条件'",文[9]也把"取值范围"与"充要条件"割裂开来了!

《中学数学教学参考》"问题争鸣"栏 2013 年 4 期又发表了文[10]③、文[11]④两文.

文[10]从教材的"命题""充分条件与必要条件"的定义出发,解释了命题与充要条件之间的关系,并论证了例 6 的取值范围"选项 D 正确". 该文谈道:一方面,当直线 l 与 $\odot C$ 相切时,可以推出 $m + n \in (-\infty, 2 - 2\sqrt{2}] \cup [2 + 2\sqrt{2}, +\infty)$(必要性实现);另一方面,对任意的 $p \in (-\infty, 2 - 2\sqrt{2}] \cup [2 + 2\sqrt{2}, +\infty) \Leftrightarrow p^2 - 4p - 4 \geq 0$ 时,存在

①　罗时健. 关于求"取值范围"的一些问题[J]. 数学教学,2005(2):22—23.

②　甘志国. 为几道 2012 年高考选择题"正身"[J]. 中学数学(高中版),2013(3):90—92.

③　许晓天.《一道值得商榷的高考试题》一文引发的思考[J]. 中学数学教学参考,2013(4):67—68.

④　郑良. "取值范围"界定的再思考[J]. 中学数学教学参考,2013(4):68—70.

$$
\begin{cases}
m_1 = \dfrac{p + \sqrt{p^2 - 4p - 4}}{2} \\[2mm]
n_1 = \dfrac{p - \sqrt{p^2 - 4p - 4}}{2}
\end{cases}
\text{或}
\begin{cases}
m_2 = \dfrac{p - \sqrt{p^2 - 4p - 4}}{2} \\[2mm]
n_2 = \dfrac{p + \sqrt{p^2 - 4p - 4}}{2}
\end{cases}
$$

使相应的直线 l 与 $\odot C$ 相切(存在性实现).

文[10]还解释了 $m = 1$,即 $\dfrac{p \pm \sqrt{p^2 - 4p - 4}}{2} = 1$,会得出 $8 = 0$ 的矛盾,故 $m = 1$ 不成立.

本来,文[10]上面的论述中,存在性即充分性. 因此,问题的必要性、充分性都已"实现". 这已触及到文[5]的要害:即对"不等式①与等式(关联式)②的等价性"的理解问题,对此问题,只需加上一个"存在量词",问题就解决了. 但不知何故,文[10]在这里话锋一转,说出了这样一段结束语:"从上可以看出,取值范围的问题不是讨论充分条件和充要条件的问题,与'取值范围'的界定也无关,只要由条件等价变形到结论即可. "这也将"取值范围"与"充要条件"割裂开了.

文[11]给出了"取值范围"概念的界定. 指出:"取值范围就是某种条件限制下的取值的'集合'(最终结果一般写成集合形式或不等式形式,但不能混用). '求满足给定条件的某个参变量的取值范围'包含了两层含义:①参变量满足该条件就必须落在这个范围内;②参变量落入这个范围就必须满足该条件. 用数学符号表示:'a 满足条件 P,则 $a \in A$;$a \in A$,则 a 满足条件 P'. 因此,'取值范围'带有充要性,确保了 a 的取值的'纯粹性'和'完备性',即 a 的取值中既无'不法分子',也无'漏网之鱼',属于恰成立问题. "

文[11]还指出:"为什么会混淆'取值范围'呢? 因为还有'估值范围','估值范围'是对取值范围的估计,只要估计的范围包含'取值范围'即可,即'取值范围'一定是'估值范围'(最佳估值),但'估值范围'不一定是'取值范围',若用数集来标记,记变量 a 的'取值范围'为 A,变量 a 的'估值范围'为 B,则 A 是唯一确定的,B 是可变的,但始终满足 A 是 B 的子集. "并针对文[18][1]关于一道线性不等式题的三种解所说的"我们认为结果都是对的,只是在相加的过程中造成解集扩大的程度不同,结果(笔者注:指所求取值范围)精确度不同". 指出:"'取值范围'不存在精度问题,文章错把'取值范围'当成'估值范围'. "

在谈到文[5]对例6解答的"质疑"中文[11]指出:"试题的含义就是在②的条件下求 $m + n$ 的取值范围(即二元函数 $m + n$ 的值域),文献[5]质疑 $|m + n - 2| \geqslant 2\sqrt{2}$ 与②的等价性,实乃曲解题意. 根据题意,应为:对于 $(-\infty, 2 - 2\sqrt{2}] \cup [2 + 2\sqrt{2}, +\infty)$ 的任意一个值,至少存在一组满足 $m + n + 1 = mn$ 的 $(m、n)$ 即可,在 $m + n + 1 = mn$ 中能确保直线 $(m + 1)x + (n + 1)y - 2 = 0$ 的充要条件是 $m \neq -1$ 或

---

① 张晓梅,孙递椿. 解不等式的困惑[J]. 中学数学研究(广东),2012(7):18—19.

$n \neq -1$. 文献[5]取 $m = 1, t = m + n$ 判断直线 l 与圆 C 相切毫无意义,因为 $m = 1$ 不满足②".

以文[11]作者为第一作者的文[12]①(《中学数学教学参考》2013 年第 5 期)又重申:"一般地,'求满足给定条件的(参)变量的取值范围'具有充要性,其包含了两层意思:①(参)变量满足该条件就必须落在这个范围内;②(参)变量落入这个范围内就必须满足该条件,则恰好满足条件 B 的(参)变量 a 构成一个集合 A,则 a 满足条件 $B \Rightarrow a \in A$;反过来, $a \in A \Rightarrow a$ 满足条件 B,其确保了 a 取值的'纯粹性'和'完备性',即 a 的取值中既无'不法分子',也无'漏网之鱼',属于恰成立问题."

在多篇讨论文章发表的情况下,2013 年 8 期《中学数学教学参考》刊登了文[5]作者的文[13]②.该文对文[5]"发表后,得到大家的关注:批评和指正,不胜感激,谨此致以衷心的感谢".说"经过反思和学习,对有关取值范围的一些问题,有了新的认识,加深了理解,修正了一些糊涂观点".在该文中,作者明确地指出:"函数的取值范围,也就是函数的值域.由函数关系(式)和函数的定义域所唯一确定."并认同例6"是一道完全正确的试题",承认《商榷》对问题1(注:本文例6)的质疑错了,错在将该题的题意误解为:求数集 F,使 $m + n \in F$ 是直线 $(m + n)x + (n + 1)y - 2 = 0$ 与圆 $(x - 1)^2 + (y - 1)^2 = 1$ 相切的充要条件"."当着眼于取值范围的充要性时,对问题1的正确理解应该是:求数集 F,使 $t \in F$ 是存在实数组 (m, n),既满足 $m + n = t$ 又满足直线 $(m + 1)x + (n + 1)y - 2 = 0$ 与圆 $(x - 1)^2 + (y - 1)^2 = 1$ 相切的充要条件."

不过,文[13]在对 n 元函数的一个定理的论述中,又给人以错误的印象:似乎作为函数值域的'取值范围'存在多种可能:充分必要条件,充分而不必要条件,必要而不充分条件,既不充分也不必要条件.文[13]在这里是否使自己"错用术语'取值范围'"了!因为作为数学语言而非生活语言的"取值范围"不可能有这么多的含义!

作为上述争鸣的总结,《中学数学教学参考》分别在 2014 年 5—7 期发表了陕西师范大学解题学专家罗增儒教授的文章"关于'取值范围'讨论之我见"及其(续)、(再续),即文[14]③为:"'取值范围'讨论的综述";文[15]④为:"'取值范围'讨论的分析"中的"展开讨论的必要基础";文[16]⑤为:"'取值范围'讨论的分析"中"文献[5]'问题步骤'的剖析"(文[15]已有这一部分,这里继续)以及"例题

①　郑良,王博渊.方法服从题目——兼谈对"取值范围"的理解[J].中学数学教学参考,2013(5):68—70.
②　陈云烽.关于"取值范围"的一点注证[J].中学数学教学参考,2013(8):64—65.
③　罗增儒.关于"取值范围"讨论之我见[J].中学数学教学参考,2014(5):2—6.
④　罗增儒.关于"取值范围"讨论之我见(续)[J].中学数学教学参考,2014(6):6—10.
⑤　罗增儒.关于"取值范围"讨论之我见(再续)[J].中学数学教学参考,2014(7):59—63.

与等价性的改写". 这里仅摘文[15]中的部分内容, 其他问题请读者自行阅读.

文[15]提出了使用"取值范围"的必要性, 并说: "取值范围"可以理解为求"函数的值域", 这(值域)在数学上是有严格定义的, 那么, 为什么还要使用"取值范围"这个词呢? 文[15]给出了四点理由:

第一, 求"取值范围"常常涉及多字母的解析式, 但中学并未正式研究多元函数, 也就不便谈它的值域了(更不能谈多值函数).

第二, 有的题目从头到尾都只是一些关系式, 最后求某某字母或解析式的"取值范围"时突然冒出一个"函数"来很不自然, 有时会感到莫名其妙, 或很别扭.

第三, 有时, 题目中字母或解析式的认定有相对性. 比如例6既可以看成求一元函数 $t = m + n$ 的值域, 又可以看成求直线 $m + n = t$ 的截距 t 的取值范围, 没有必要限死为求"函数值域", 妨碍思维的发散.

第四, 还有更复杂的情况, 对于已知关系式, 或者根本就解不出所求的"字母或解析式", 或者是只推出一些不等式, 也就更难谈函数不函数了. 例如, 已知函数 $f(x) = ax^3 + 3x^2 - x - 1$ 在 R 上为减函数, 求 a 的取值范围. 由函数 $f(x)$ 在 R 上为减函数, 知 $f'(x) = 3ax^2 + 6x - 1 \leq 0$ 在 R 上恒成立, 显然 $a \geq 0$ 是不可能的. 故 $f'(x) \leq 0$ 在 R 上恒成立的充要条件是: 相应抛物线的开口向下且判别式不大于 0, 有

$$\begin{cases} 3a < 0 \\ 6^2 + 12a \leq 0 \end{cases} \quad 解得 \ a \leq -3.$$

这里主要是不等式的处理, 不便叫做"求 a 的值域". 若换一个视角, 把 $f'(x) \leq 0$ 在 R 上恒成立, 变为($x = 0$ 时, 显然 $a \in R$)

$$a \leq \frac{1 - 6x}{3x^2} = \frac{1}{3} \left(\frac{1}{x} \right)^2 + 2 \left(\frac{1}{x} \right) \quad (x \neq 0)$$

恒成立, 问题转化为求函数 $y = \frac{1}{3}t^2 + 2t (t \neq 0)$ 的最小值, 可以理解为找 y 的函数值域, 但还不是 a 的函数值域.

所以, 数学上的"取值范围"有自己的位置和存在价值, 并非总能被"函数值域"所替代, 更别说数学概念或数学规定中也常常提到"取值范围"了. 如果去掉"函数"的限制, 把"取值范围"理解为"值域"或"取值集合"也是可以的.

在谈及"取值范围"的数学含义时, 文[15]指出: 数学解题中"取值范围"的对象通常是指字母或解析式. 此外, 其实定义与概念也谈"取值范围", 这些概念与相关数式在一定条件下有所取值, 所取数值的全体组成的集合便是"取值范围"(或值域). 所以, 笔者赞同这个定义: 数学对象在一定条件下所取数值的集合叫做取值范围.

在这里, "取值范围"定义为集合(取值集合), 设数学对象 x 满足条件 $p(x)$, 则 x 的取值范围为 $\{x \mid x \in p(x)\}$.

取值范围作为集合(或值域)具有充要性:

(1)必要性(或完备性):满足条件的所有数值都在这个范围里.强调的是"所有",满足条件的"所有"数值都一个不落地在这个范围内,"所有"才行.

(2)充分性(或纯粹性):这个范围里的数值都满足条件.强调的是"存在",对于这个范围的每一个取值,都"存在"对应的数值满足条件,"存在"就行,与存在多少个没有关系.

所以,数学意义上的"取值范围"应该既完备又纯粹(就像"曲线的方程"与"方程的曲线"之间的等价那样),它与类似的生活语言是有区别的,诸如人民币面值的"取值范围"是"由 1 分到 100 元",椰子树的生长"范围"在"热带"等都不是数学语言(缺乏明确的充要性).数学上准确表示人民币的"取值范围"宜用列举法(集合).

文[15]对"取值范围"的数学含义的论述,使我们对这一概念有了统一的认识.自此以后,认同"取值范围"具备充要性,它就是字母或解析式的"值域"的文章多起来了.例如,我们前面引述的文[4]就是基于此认识指出文[2]的错误的.

5　几个相关话题

(1)由以上"争鸣"我们进一步感受到:正如《中学数学教学参考》2013 年 3 月的编者按所说的那样,"求取值范围问题是中学数学中常见的一类问题,也是易出错的一类问题",因此,对这类问题应该引起中学数学教育工作者的高度关注和重视,要通过自己的深入学习与理解、通过与他人的讨论与切磋,使这类问题的本质得到进一步的揭示.我们就是在不断地学习、讨论、争鸣中逐步达成共识,揭示出"取值范围"的本质的.由此及它,我们在中学数学教学中会遇到众多数学概念,我们都是否真正地认清了它们的本质或说本质特征? 对于这一点,笔者自己是不敢打"保票",那么其他教师,所有的人都能打"保票"吗?! 因此,在我们的教学中,在我们的文论中,对所涉及的有关数学概念,是应该多问几个为什么的:为什么数学中要提出这一概念? 为什么要这样而不是那样对概念下定义? 为什么要作出这样的规定和约定? 为什么要提出这样的准则,作如此的安排? 等等,以做到"知其然"也"知其所以然",这样才能避免犯错或少犯错误.

(2)有了"取值范围"的数学含义,就可以对例 6 的题意和解法都说清楚,在第 3 节,我们实际上已涉及对题意的说明.这里我们把文[15]的说明附后,供读者阅读.

1)例 6 的条件是给出一条与 m、n 有关的动直线 l(直线系)和一个定圆 C,并且它们的位置关系为相切,由于直线 l 与圆 C 并非总能相切,所以,字母 m、n 不能任意取值[即点(m、n)不能取遍全平面],需要满足等式 $m + n + 1 = mn$(为双曲线).就是说,题目中"设 m、$n \in R$,若⋯⋯",其实是"存在实数 m、n,使⋯⋯",这里的"存在"两个字被习惯(或约定俗成)所省略了.

说明:由于动直线 l 不经过原点,所以与圆 C 相切的直线也可以不包含在 l 中,比如两坐标轴 $y=0,x=0$ 与圆 C 相切但不在直线系 l 上,这可以直观说明 $m=1$ 或 $n=1$ 时,动直线 l 与圆 C 不相切(参见图 9-2).

2)例 6 的结论是求"$m+n$"的取值范围,说的是 m 与 n 之"和"的取值范围,是求 $m+n=t$ 中的 t,这里的"和"字被习惯(或约定俗成)所省略了.

3)把题目的条件和题目的结论合起来. 代数上就是求一个二元函数 $t(m,n)=m+n$ 的值域,而它的定义域由几何条件"直线 l 与圆 C 相切"隐蔽给出;几何上就是求动直线 $m+n=t$ 截距 t 的值域,而直线上的点 (m,n) 由几何条件"直线 l 与圆 Q 相切"所约束. 如果把所省略的"存在"及"和"字都补上,例 6 就是这样一道题目:

题目 1 若存在实数 m、n,使直线 $(m+1)x+(n+1)y-2=0$ 与圆 $(x-1)^2+(y-1)^2=1$ 相切,则 m 与 n 之和的取值范围是( ).

A. $[1-\sqrt{3},1+\sqrt{3}]$ B. $(-\infty,1-\sqrt{3}]\cup[1+\sqrt{3},+\infty)$

C. $[2-2\sqrt{2},2+2\sqrt{2}]$ D. $(-\infty,2-2\sqrt{2}]\cup[2+2\sqrt{2},+\infty)$

题目 2 记 $t=m+n$,则存在实数 m、n,使直线 $(m+1)x+(n+1)y-2=0$ 与圆 $(x-1)^2+(y-1)^2=1$ 相切的充要条件是:$|t-2|\geqslant 2\sqrt{2}$.

〔文[15]还给出了题目 2 的 6 种解法. 其中,4 种解法作为解答(证明)题的解答,后两种是将后面的条件改为选项(给出四个)的解答. 前 4 法注意既要"充分"又要"必要"或注意"等价转换",后 2 法则可用"排除"法〕

【习题】
给出例 1 至例 3 一种不涉及"值域""取值范围"的修改.
【参考答案或提示】
例 1 已知函数 $f(x)=\log_a(x^2-2x+3)$. 若 $f(x)\leqslant -1$ 恒成立,则 a 的取值范围为( ).

A. $[2,+\infty)$ B. $(1,2)$ C. $\left[\frac{1}{2},1\right)$ D. $\left(0,\frac{1}{2}\right]$

答案:选 C.

例 2 在等差数列 $\{a_n\}$ 中,S_n 表示其前 n 项和,若 $S_n=\frac{n}{m}$,$S_m=\frac{m}{n}$,$m\neq n$,则 S_{m+n} 与 4 的大小关系一定是_____.

答案:$S_{m+n}>4$

说明:按原题,其取值范围或取值集合应是 $\left\{x\mid x=\frac{(m+n)^2}{mn},m\in N^* \text{且} n\in N^*\right\}$.

例 3 设 $S_n=\frac{1}{n+1}+\frac{1}{n+2}+\cdots+\frac{1}{2n}$,$n\in N^*$,则 S_n 的最精确的估值范围应是:_____.

答案: $\left[\dfrac{1}{2}, \ln 2\right)$.

说明:因为 S_n 的最小值易知是 $S_n = \dfrac{1}{2}$,故此题可改为求证 $\dfrac{1}{2} \leqslant S_n < \ln 2$.

例 2 也可改为:求证 $S_{m+n} > 4$.

第10篇 一个久留"痼疾"

——复合函数反编制问题再综述

我们在《高中数学教学问题辨析》(简称《辨析》)第1.2节写过复合函数反编制问题. 这里再写,原因有三:其一,问题的普遍性和难以根治性,这个问题在中数教学、考试、赛题、教师文论中反复出现,直到现在各教辅资料仍普遍存在这样的问题,形成"东刊西载错犹在"的局面. 需继续努力阻止它的蔓延;其二,在《辨析》中,限于篇幅,举例较少,读者难以看到问题的普遍性和严重性,更难看到这个问题的产生、发展和多方争论的全过程,我们想在此展开谈论这一问题,以说明这一问题产生的根源与其顽固性及纠错的艰难性;其三,我们在《辨析》中没有给出这类错题的"统一"更正方法. 教育工作者编制了大量的"复合函数的反编制问题",虽然是错题,但我们也应从错误中看到人们为什么要这样编题的"合理内核",从合理"资源"不应"浪费"的角度考虑,我们试图给出一种"统一"的修改办法,以做到"废物的利用".

1 问题普遍性、广泛性

在教学上,如门德荣老师在《关于复合函数的教学》[1](简称文[1])中提出"已知复合函数定义域,求原函数(外层函数)的定义域"和"正知复合函数求原函数"的教学方法. 如

例1[1]　已知函数 $y = f\left(\dfrac{1}{x+1}\right)$ 的定义域为 $\left[-\dfrac{2}{3}, -\dfrac{1}{2}\right]$,求函数 $y = f(x)$ 的定义域.

解:∵ $\quad -\dfrac{2}{3} \leqslant x \leqslant -\dfrac{1}{2}$

∴ $\quad \dfrac{1}{3} \leqslant x+1 \leqslant \dfrac{1}{2}$

∴ $\quad 3 \geqslant \dfrac{1}{x+1} \geqslant 2$

∴ 函数 $y = f(x)$ 的定义域为 $[2,3]$.

注:解此类问题,只要根据 x 的范围确定出复合函数中,中间变量的范围即可.

---

① 门德荣. 关于复合函数的教学[J]. 数学通报,1995(9):12—14.

文[2]①也指出怎样由 $f[g(x)]$ 的定义域来求 $f(x)$ 的定义域. 如

例2①　若函数 $f(-2x^2+1)$ 的定义域是 $(-1,1)$, 求函数 $y=f(x)$ 的定义域.

解:∵　$-1 \leqslant x < 1$

∴　$-1 < -2x^2+1 \leqslant 1$

∴　函数 $y=f(x)$ 的定义域为 $(-1,1]$.

文[1]的作者还与另一作者写了《求 $f(x)$ 的若干方法》(简称文[3]②), 如

例3②　已知 $f(\sin x-1)=\cos^2 x+2$, 求 $f(x)$.

解:(用换元法)　设 $\sin x-1=t$

∴　$\sin x=t+1(-2 \leqslant t \leqslant 0)$, 则 $\cos^2 x=1-\sin^2 x=1-(t+1)^2$,

∴　$f(t)=1-(t+1)^2+2$　$(-2 \leqslant t \leqslant 0)$

∴　$f(x)=-x^2-2x+2$　$(-2 \leqslant x \leqslant 0)$.

注:换元时, 如 $\sin x$、$\cos x$ 换为 $s(t)$, 要注意到 $\sin x$, $\cos x$ 的有界性.

例4②　已知 $f(x)$ 满足 $af(x)+bf\left(\dfrac{1}{x}\right)=cx(a,b,c$ 是不为零的常数, 且 $a \neq b$, 求 $f(x)$.

解:将原方程中的 x 换为 $\dfrac{1}{x}$ 得

$af\left(\dfrac{1}{x}\right)+bf(x)=\dfrac{c}{x}$, 因此 $f(x)$ 满足方程:

$$\begin{cases} af(x)+bf\left(\dfrac{1}{x}\right)=cx & ① \\ af\left(\dfrac{1}{x}\right)+bf(x)=\dfrac{c}{x} & ② \end{cases}$$

①$\cdot a-$②$\cdot b$ 得

$$(a^2-b^2)f(x)=acx-\dfrac{bc}{x},$$

∴　$f(x)=\dfrac{c(ax^2-b)}{(a^2-b^2)x}$

注:因为 $f(x)$ 与 $f\left(\dfrac{1}{x}\right)$ 的自变量具有互为倒数关系, 故可以用 $\dfrac{1}{x}$ 代换 x 得到新方程, 再与原方程组成方程组解之即得.

例5②　已知 $f(x)$ 满足 $af(\sin x)+bf(-\sin x)=c\sin x\cos x\left(-\dfrac{\pi}{2} \leqslant x \leqslant \dfrac{\pi}{2}\right)$, $a^2-b^2 \neq 0)$, 求 $f(x)$.

解:以 $-x$ 代 x 组成下面方程组

---

①　张克良. 怎样由 $f[g(x)]$ 的定义域来求 $f(x)$ 的定义域[J]. 数理天地, 1992(5):1—2.

②　门德荣, 李艳芳. 求 $f(x)$ 的若干方法[J]. 数学通报, 1999(1):16—17.

$$b f(\sin x) + a f(-\sin x) = -c \sin x \cos x$$
$$a f(\sin x) + b f(-\sin x) = c \sin x \cos x$$

消去 $f(-\sin x)$ 得

$$f(\sin x) = \frac{c \sin x \cos x}{a-b} = \frac{c \sin x \sqrt{1-\sin^2 x}}{a-b}$$

$$\therefore \quad f(x) = \frac{cx \sqrt{1-x^2}}{a-b} \quad (-1 \leqslant x \leqslant 1)$$

注:该文除了上三个例题和其他例题共 7 例外,还配有 9 道练习题.

文[4]①也谈"已知复合函数 $f[g(x)]$,求函数 $f(x)$ 的常用方法". 如

例 6① 已知 $f\left(\dfrac{x+1}{x}\right) = \dfrac{x^2+1}{x} + \dfrac{1}{x}$,求 $f(x)$.

分析:$f\left(\dfrac{x+1}{x}\right)$ 是以 $\dfrac{x+1}{x}$ 为自变量的函数,欲求 $f(x)$ 的函数关系式,将已知条件的右边通过拆项、添项配成关于 $\dfrac{x+1}{x}$ 的多项式,即得所求.

解(定义法):因为 $\quad f(x) = \left(\dfrac{x+1}{x}\right)^2 - \dfrac{1}{x} = \left(\dfrac{x+1}{x}\right)^2 - \dfrac{x+1}{x} + 1$

所以 $\quad f(x) = x^2 - x + 1 \, (x \neq 1)$.

例 7① 已知 $f\left(\dfrac{x+2}{x}\right) = \lg(4x+1)$,求 $f(x)$.

解(换元法):设 $\dfrac{x+2}{x} = t \, (t \neq 1)$,则 $x = \dfrac{2}{t-1}$

所以 $\quad f(x) = \lg\left(4 \dfrac{2}{t-1} + 1\right) = \lg\left(\dfrac{t+7}{t-1}\right)$

所以 $\quad f(x) = \lg\left(\dfrac{x+7}{x-1}\right) \quad (x \neq 1)$.

在高考方面,如 1986 年广东省高考题(见文[5]②):

例 8② 若 $f\left(1 + \dfrac{1}{x}\right) = \dfrac{1}{x^2} - 1$,则 $f(x) = $ _____.

解:设 $t = 1 + \dfrac{1}{x}$,则 $\quad \dfrac{1}{x} = t - 1$

$$\therefore \quad f(t) = (t-1)^2 - 1 = t^2 - 2t$$

$$\therefore \quad f(x) = x^2 - 2x.$$

在其他考试方面,题例更多,这里不再枚举.

---

① 魏常俊,彭明忠. 已知复合函数 $f[g(x)]$ 求函数 $f(x)$ 的常用方法[J]. 数学教学通讯,1999(1):9 +14.

② 乔家瑞. 名师导考(数学)[M]. 北京:中国少年儿童出版社,2001.

在数学竞赛方面,如 1991 年的四川高中联赛试题:

例 9　设函数 $f\left(\dfrac{1-x^2}{1+x^2}\right) = x$,则 $f\left(\dfrac{2x}{1+x^2}\right)$ 为(　　).

A. $\dfrac{1-x}{1+x}$　　　B. $\dfrac{1+x}{1-x}$　　　C. $\dfrac{x-1}{x+1}$　　　D. $\dfrac{x+1}{x-1}$

解:令 $x = \tan\theta$,由万能公式

$$f(\cos 2\theta) = \tan\theta$$

则　$f(\sin 2\theta) = f\left[\cos\left(\dfrac{\pi}{2} - 2\theta\right)\right] = \tan\left(\dfrac{\pi}{4} - \theta\right)$

$$= \dfrac{1 - \tan\theta}{1 + \tan\theta} = \dfrac{1-x}{1+x}　\text{选 A.}$$

在数学竞赛培训方面,如第四届"希望杯"全国数学邀请赛高一年级培训题(4)(见文[6]①):

例 10①　设函数 $f(x)$ 满足 $2f(x) + x^2 f\left(\dfrac{1}{x}\right) = \dfrac{3x^3 - x^2 + 4x + 3}{x+1}$,$g(x) = \dfrac{5}{x+1}$,则 $f(x) + g(x)$ 的最小值是_____.

解:令 $\dfrac{1}{x} = t$,则有

$$2f\left(\dfrac{1}{t}\right) + \dfrac{1}{t^2} f(t) = \dfrac{3\left(\dfrac{1}{t}\right)^3 - \left(\dfrac{1}{t}\right)^2 + 4\left(\dfrac{1}{t}\right) + 3}{\dfrac{1}{t} + 1}$$

整理得　　　　$f(t) + 2t^2 f\left(\dfrac{1}{t}\right) = \dfrac{3t^3 + 4t^2 - t + 3}{t+1}$

即　　　　　　$f(x) + 2x^2 f\left(\dfrac{1}{x}\right) = \dfrac{3x^3 + 4x^2 - x + 3}{x+1}$　　　　　①

由题设条件乘以 2,减去上式得

$$3f(x) = \dfrac{3x^3 - 6x^2 + 9x + 3}{x+1}$$

即　　　　　　$f(x) = \dfrac{x^3 - 2x^2 + 3x + 1}{x+1}$

于是　$f(x) + g(x) = x^2 - 3x + 6 = \left(x - \dfrac{3}{2}\right)^2 + \dfrac{15}{4}$

因此当 $x = \dfrac{3}{2}$ 时,$f(x) + g(x)$ 的最小值为 $\dfrac{15}{4}$.

在教辅资料方面,如

---

①　"希望杯"全国数学邀请赛组委会编.第一至四届希望杯全国数学邀请赛试题培训题及解答(高中一年级)[M].北京:气象出版社,1994:144—159.

例 11[1][2] 已知函数 $f(x^2-3)=\lg\dfrac{x^2}{x^2-6}$，求 $f(x)$ 并判断 $f(x)$ 的奇偶性(见文 [7][1]文[8][2]).

文[7][1]的答案是 $f(x)=\lg\dfrac{x+3}{x-3}$ $(x>0)$，它是非奇非偶函数.

文[8][2]的答案是 $f(x)=\lg\dfrac{x+3}{x-3}$，它是奇函数.

文[9][3]则将此题改为:

例 12[3] 已知函数 $f(x^2-3)=\lg\dfrac{x^2}{x^2-4}$，求 $f(x)$ 的定义域.

解:先求 $f(x)$ 的表达式.

令 $x^2-3=t$， $\because$ $\dfrac{x^2}{x^2-4}>0$

$\therefore$ $x<-2$ 或 $x>2$

则 $x^2=t+3$，此时由抛物线的性质知 $t>1$

$\therefore$ $f(t)=\lg\dfrac{t+3}{t-1}$即 $f(x)=\lg\dfrac{x+3}{x-1}$

此时 $f(x)$ 的定义域就是 t 的取值范围. 故 $f(x)$ 的定义域为 $\{x\mid x>1\}$. 文 [10][4]上有:

例 13[4] 已知 $f\left(1+\dfrac{1}{x}\right)=\dfrac{x}{1-x^2}$，求 $f(x)$ 的表达式.

解:令 $1+\dfrac{1}{x}=t$， 则 $x=\dfrac{1}{t-1}$且 $t\neq1$，

$\therefore$ $f(x)=\dfrac{\dfrac{1}{t-1}}{1-\left(\dfrac{1}{t-1}\right)^2}=\dfrac{t-1}{t^2-2t}$，就是

$f(x)=\dfrac{x-1}{x^2-2x}$ $(x\neq1)$.

几乎每本教辅资料都有上述题例出现,较近的如《志鸿优化设计·数学高一(上)》,2009 年版第 97 页的例题.

例 14 设 $f(2^x)$ 的定义域为 $[1,2]$，求 $f(\log_2 x)$ 的定义域. (解略)答案 $[4,6]$

《高考全解第二教科书·数学》2008 年版上的.

---

① 孙丰良,李胜利. 新编高中总复习教与学丛书·数学[M].天津教育出版社,1997.
② 赵大悌等. 名师帮你学数学·高三复习[M].北京:中国青年出版社,1994.
③ 全国三十八所重点中学教师编. 数学基础知识手册(高中)[M].长春:吉林人民出版社,1997.
④ 苏州大学编写. 高三数学教学与测试[M].(1996 年高考用书),9.

例 15 已知 $f\left(x+\dfrac{1}{x}\right)=x^2+\dfrac{1}{x^2}$,(1)求 $f(x)$,(2)求 $f(2\sin x)$.(解略)答案

(1) $f(x)=x^2-2$,(2) $f(2\sin x)=4\sin^2 x-2$.

多如牛毛,不胜枚举.

在教师论文中如文[11]①的:

例 16① 已知函数 $f(2^x)$ 的定义域为 $[-1,1]$,求 $f(\log_2 x)$ 的定义域.

错解:∵ 函数 $f(2^x)$ 的定义域为 $[-1,1]$,即自变量满足 $-1\leqslant x\leqslant 1$

∴ $-1\leqslant\log_2 x\leqslant 1$,解得 $\dfrac{1}{2}\leqslant x\leqslant 2$.

所以函数 $f(\log_2 x)$ 的定义域为 $\left[\dfrac{1}{2},2\right]$.

剖析:若已知函数 $f(x)$ 的定义域为 A,求函数 $f[g(x)]$ 的定义域,实际上是给出了中间变量 $u=g(x)$ 的取值范围,即 $g(x)\in A$,求自变量 x 的取值集合;若已知函数 $f[g(x)]$ 的定义域为 A,求函数 $f[h(x)]$ 的定义域,实际上是已知 $f[g(x)]$ 中的自变量 $x\in A$,应先求出 $g(x)$ 的值域 B,再由 $h(x)\in B$ 求得 $f[h(x)]$ 的定义域.

正解:因为函数 $f(2^x)$ 的定义域为 $[-1,1]$,即自变量 x 满足 $-1\leqslant x\leqslant 1$,所以 $\dfrac{1}{2}\leqslant 2^x\leqslant 2$,求函数 $f(\log_x)$ 的定义域,即求满足 $\dfrac{1}{2}\leqslant\log_2 x\leqslant 2$ 的 x 的取值集合,由 $\dfrac{1}{2}\leqslant\log_2 x\leqslant 2$ 解得 $\sqrt{2}\leqslant x\leqslant 4$,故函数 $f(\log_2 x)$ 的定义域为 $[\sqrt{2},4]$.

以上期刊上的文章都属教师论文,在以下的讨论中,我们还将再看到一些例证,这里不再赘述.

2 复合函数反编制问题的类型

由上述各例可以看出,复合函数反编制问题可分为如下两类 4 个基本题型. 即

(Ⅰ)已知复合函数 $f[g(x)]=F(x)$ (解析式已给出),$x\in E^*$,求 $f(x)$ 的解析式.

如例 3、例 4、例 5、例 6、例 7、例 8、例 10、例 11、例 12、例 13、例 15(1).

(Ⅱ)已知复合函数 $f[g(x)]$ (解析式未给出)的定义域 E^*,求 $f(x)$ 的定义域 D.

如例 1、例 2.

(Ⅲ)已知复合函数 $f[g(x)]=F(x)$ (解析式已给出),$x\in E^*$,求 $f[h(x)]$ 的解析式.

如例 5、例 15(2).

(Ⅳ)已知复合函数 $f[g(x)]$ 的定义域 E^* (解析式未给出),求 $f[h(x)]$ 的定义域 F^*.

---

① 康义武,陈淑敏. 复合函数中常见的错误剖析[J]. 中学数学,2006(1):33—34.

如例 14、例 16.

这四类问题的关键,都在于如何看待 $f(x)$ 的定义域 D.

3 复合函数反编制问题争论三阶段

由 1 中各例可以看到,这类问题随着 1980 年代教辅资料的逐年增多而大量流行,逐步走进课堂、考场、期刊而成为习题、试题、文论题例. 有了问题,就会有争论. 至今,这种争论持续经过三个阶段.

第一个阶段"公婆论现"阶段. 这种争论从问题(Ⅰ)开始,核心问题是在求出函数 $f(x)$ 的解析式后,要不要添加它的"定义域 U^* ". 如上述 1 中例 3 加 $U^* = [-2,0]$,例 5 加 $U^*[-1,1]$,例 11 文[8]的答案加 $U^*(0,+\infty)$,例 12 求的就是 $U^* = (1,+\infty)$;而例 14(1),例 11 文[9]、例 10、例 9、例 8 等就没有加 U^*. 同时例 7 加的是 $U\{x|x\in R$ 且 $x\neq 1\}$,例 13 加的是 $U = \{x|x\in R$ 且 $x\neq 1\}$ 都不是 U^* ;而例 7 的 $U^* = (-\infty,-7)\cup(1,+\infty)$,例 13 的 $U^* = \{x|x\in R$ 且 $x\neq 0,1,2\}$.

我们指的"公婆论理"阶段可以说是纯"公婆论理"阶段,时间为 1980 年代初至 1998 年初. 这时的主要书刊文稿除上述文[5]至文[11]外,还有不少其他文稿参与到编写或讨论此问题之中. 例如这一阶段还编有如下"希望杯"培训题,就不加" $x\in U^*$ ".

例 17 已知 $f\left(1+\dfrac{1}{x}\right) = \dfrac{1}{x^2} - \dfrac{2}{x} + 1$,求 $f(x)$.

解:由 $f\left(1+\dfrac{1}{x}\right) = \dfrac{1}{x^2} - \dfrac{2}{x} + 1 = \dfrac{1}{x^2} + \dfrac{2}{x} + 1 - \dfrac{4}{x} - 4 + 4 = \left(1+\dfrac{1}{x}\right)^2 - 4\left(1+\dfrac{1}{x}\right) + 2^2 = \left[\left(1+\dfrac{1}{x}\right) - 2\right]^2$,知

$$f(x) = (x-2)^2$$

文[12]①马上指出:答案不对,应在 $f(x) = (x-2)^2$ 后加上" $x\neq 1$ ".

而文[13]②则将例 13 的 U 纠正为 U^* :"笔者认为这个解答中 x 的取值仅限制 $x\neq 1$ 是不完善的,还应限制 $x\neq 0,x\neq 2$,产生错误的原因在于令 $1+\dfrac{1}{x} = t$ 后,仅由这个式子. 本身求出 t 的范围是 $t\in R$ 但 $t\neq 1$,并以此作为 $f(x)$ 中 x 的条件. 应该注意 $f\left(1+\dfrac{1}{x}\right) = \dfrac{1}{1-x^2}$ 中 x 的取值范围是 $x\in R$ 且 $x\neq 0,x\neq \pm 1$,所以 $t = 1+\dfrac{1}{x}$ 中的 x 不仅有 $x\neq 0$,还有 $x\neq \pm 1$. 因此 t 的范围应是 $t\in R$ 且 $t\neq 0$、$t\neq 1$、$t\neq 2$. 就是说由 $f[g(x)]$ 的解析式求出 $f(x)$ 的解析式时,$f(x)$ 中 x 的取值范围不能仅由 $g(x)$ 本身的值域确定,而应由 $g(x)$ 在 $f[g(x)]$ 的定义域上确定的值域来确定. 因此前面

---

① 刘和邦. 对一道培训题的看法[J]. 数理天地(高中),1997(7):6—7.

② 胡格林. 一个纰漏的纠正[J]. 中学数学,1997(11):36.

所给题的正确解答应是:∵ $f\left(1+\dfrac{1}{x}\right)=\dfrac{x}{1-x^2}$ 的定义域是 $\{x\mid x\in R,x\neq 0,x\neq\pm 1\}$,

∴　令 $1+\dfrac{1}{x}=t$ 得 $x=\dfrac{1}{t-1}$ 且 $t\neq 0,t\neq 1$　$t\neq 2$,∴ $f(t)=\dfrac{t-1}{t^2-2t}$,即 $f(x)=\dfrac{x-1}{x^2-2x}$

$(x\neq 0,1,2)$". 这仅是在求 U^* 时是否正确的争论. 总的来说,文[13]、文[12]都是主张加 U^* 的.

这种制约(加条件 $x\in U^*$)与反制约(不加条件)的争论是交替进行的. 由于这种"公说公有理,婆说婆有理"的争论未能触及问题的本质,不得要领,谁也说服不了谁.

第二阶段　制约与反制约、可求与不可求混合争论阶段.

1998 年 1 月,笔者父子俩在《数理天地》发表短文[14][①]就文[12]的观点指出:"'看法'的实质是:复合函数 $f[\varphi(x)]$ 的内层函数 $\varphi(x)$ 的值域即是外层函数 $f(u)$ 的定义域."这是"不符合复合函数的一般定义的""一般地,若函数 $y=f(u)$ 的定义域为 D_1,函数 $u=\varphi(x)$ 的定义域为 D_2,值域为 W_2,如 $D_1\cap W_2\neq\phi$,记 $D=\{x\mid x\in D_2,\varphi(x)\in D_1\cap W_2\}\subseteq D_2$,那么对于每个数值 $x\in D$,有确定的 $u\in D_1\cap W_2$ 与之对应. 这个值 u 也属于函数 $y=f(u)$ 的定义域,因此,有确定的值 y 与值 u 对应,由此得到一个以 x 为自变量、y 为因变量的函数,称为由函数 $y=f(u)$ 及 $u=\varphi(x)$ 复合而成的复合函数,记作 $y=f[\varphi(x)]$,其定义域为 D,值域为 $f(D_1\cap W_2)$,显然并不要求 $D_1=W_2$! 因此,不能用内层函数的值域去推知外层函数的定义域","我们认为:不仅文[12]中补充 $x\neq 1$ 是画蛇添足,而且不少文章里诸如'已知复合函数的定义域,求原函数 $f(x)$ 的定义域'的提法都是不合适的".

而真正论证这种"不合适"的是 1998 年第 8 期《数学通报》李昌平老师的《复合函数中外函数的确定》(文[15][②]),现录于下:

已知两个函数 $y=f(u),u\in D,u=g(x),x\in E$,若 $E^*=\{x\mid g(x)\in D,x\in E\}\neq\phi$,则对于每一个 $x\in E^*$,可以通过 g 对应 D 的唯一一个值 u,而 u 通过 f 对应唯一一个值 y,这样就确定一个定义在 E^* 上以 x 为自变量、y 为因变量的函数,记为

$y=f[g(x)],x\in E^*$ 或 $y=(fog)(x)$, $x\in E^*$,如右下图.

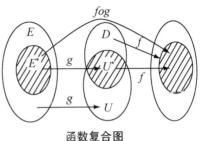

由复合函数的定义,我们得到如下结论:

(1)复合函数 $f[g(x)]$ 的定义域 E^*,是由 $f(x)$ 的定义域及 $g(x)$ 共同确定的,且 $E^*\subseteq E$;

(2)若记 $U^*=\{u\mid u=g(x),x\in E^*\}$,则

函数复合图

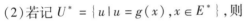

①　汤敬鹏,汤先键. 错误的"看法"[J]. 数理天地(高中),1998(1):24.
②　李昌平. 复合函数中外函数的确定[J]. 数学通报,1998(8):22—23+27.

U^* 是外函数 $f(x)$ 定义域 D 的子集,即 $U^* \subseteq D$;

(3)记 $U = \{u \mid u = g(x), x \in E\}$,显然 $U^* \subseteq U$,若 $\complement_U U^* \neq \phi$,那么外函数 $f(x)$ 必在 $\complement_U U^*$ 无定义,即 $D \cap (\complement_U U^*) = \varnothing$.

因此,若已知复合函数 $f[g(x)]$ 和内函数 $g(x)$,而外函数未知,则只可求得 E, U, E^*, U^*,对于外函数 $f(x)$ 的定义域 D,仅能得到 $D \supseteq U^*$,$D \cap (\complement_U U^*) = \varnothing$,而不能确定出 D(除非 $U^* = R$ 或 $U = R$). 所以,外函数 $f(x)$ 也就不能确定,这时只能求得 $f(x)$ 在 U^* 上的表达式.

如例 11 中,即已知复合函数 $f(x^2 - 3) = \lg \dfrac{x^2}{x^2 - 6}$,内函数 $g(x) = x^2 - 3$,易知 $E = (-\infty, +\infty)$,$U = [-3, +\infty)$,$E^* = (-\infty, -\sqrt{6}) \cup (\sqrt{6}, +\infty)$,$U^* = (3, +\infty)$,并可求得 $f(x)$ 在 U^* 上的表达式为 $f(x) = \lg \dfrac{x+3}{x-3}$,$f(x)$ 在 $\complement_U U^*$ $= [-3, 3]$ 上必无定义,而在 $(-\infty, -3)$ 上的情形则无法判断,例如,不难验证:

$$f(x) = \begin{cases} \lg \dfrac{x+3}{x-3} & x \in (3, +\infty), \\ \varphi(x) & x \in (-\infty, -3) \end{cases}$$

[其中, $\varphi(x)$ 为定义在 $(-\infty, -3)$ 上的任一函数]都满足题设条件,即 $f(x)$ 不能被唯一确定,当然判断它有没有奇偶性也就无从谈起. 答案一(文[7]的答案)的错误就在于把 U^* 当成了外函数的定义域,而答案二(文[8]的答案)的错误则在于把 $f(x)$ 在 U^* 上的表达式当成了 $f(x)$ 在 D 上的表达式.

文[15]还给出了对几个例题的评注.

对例 1 的评注:区间 $[2, 3]$ 是内函数 $g(x) = \dfrac{1}{x+1}$ 在复合函数 $f[g(x)]$ 定义域 $E^* = \left[-\dfrac{2}{3}, -\dfrac{1}{2} \right]$ 上的值域,即 $U^* = [2, 3]$,而外函数 $f(x)$ 定义域 $D \supseteq U^*$,题设中并无条件可确定 $D = U^* = [2, 3]$,因此,不能作" $f(x)$ 的定义域为 $[2, 3]$ "的结论.

例 18 设 $f(x^2 + 1) = x^4 + 5x^2 + 3$,则 $f(x^2 - 1)$ 等于( ).

A. $x^4 + 5x^2 + 1$ B. $x^4 + x^2 - 3$

C. $x^2 - 5x^2 + 1$ D. $x^4 + x^2 + 3$

解:设 $x^2 + 1 = t$,则 $x^2 = t - 1$

$\therefore$ $f(t) = (t-1)^2 + 5(t-1) + 3$

            $= t^2 + 3t - 1$

$f(x^2 - 1) = (x^2 - 1)^2 + 3(x^2 - 1) - 1$

               $= x^4 + x^2 - 3$

故应选 B.

(引自《中学生数理化》高中版 1997 年第 10 期 P15).

评注：所求得 $f(t) = t^2 + 3t - 1$ 仅是 f 在 $[1, +\infty)$ 上的表达式，而 $x^2 - 1 \in [-1, +\infty)$，当 $x \in (-\sqrt{2}, \sqrt{2})$ 时，$x^2 - 1 \in [-1, 1)$，$f(x^2 - 1)$ 就不能确定. 若所求为 $f(x^2 + 2)$，因为 $x^2 + 2 \in [2, +\infty) \subset [1, +\infty)$，则可确定若表达式为 $f(x^2 + 2) = (x^2 + 2)^2 + 3(x^2 + 2) - 1 = x^4 + 7x^2 + 9$.

　　例 10 的评注：其解答①式和题设中都隐含 $x \neq 0$，因而②式中应有 $x \neq 0$，$f(x)$ 在 $x = 0$ 的取值情况不能确定. 事实上

$$f(x) = \begin{cases} \dfrac{x^3 - 2x^2 + 3x + 1}{x + 1} & (x \neq 0, -1) \\ m & (x = 0) \end{cases}$$

（其中，m 为任意常数）也都满足题设，而这时 $f(x) + g(x)$ 的最小值应取 $\min\left\{\dfrac{15}{4}, m + 5\right\}$，因 m 不能确定，故其最小值也不能确定.

　　文[15]的结论是：前述各例都属病题，由其题设不能确定其结论. 一般地，对于"已知 $f[g(x)]$ 和 $g(x)$，求 $f(x)$"类问题，应有确定外函数 $f(x)$ 定义域的条件.

　　(1) 若 $U^* = R$，由 $U^* \subseteq D \subseteq R$ 知 $D = R$，即此时外函数 $f(x)$ 定义域能确定，且为 R，其在 R 上的表达式也可确定. 例如"已知 $f(2x+1) = x^4 + 3x + 4$，求 $f(x)$"，就是一个正确命题.

　　(2) 若 $U^* \subset R$ 且 $U = R$，因为 $D \cap \complement_U U^* = D \cap \complement_R U^* = \varnothing$ 且 $U^* \subseteq D$，$U^* \cup \complement_R U^* = R$，所以 $D = U^*$，即此时外函数 $f(x)$ 定义域能确定为 U^*. 其在 U^* 上的表达式也可确定. 例如"已知 $f(x+3) = \lg x$，求 $f(x)$"，其解是唯一确定的：$f(x) = \lg(x-3)$，$(x > 3)$.

　　(3) 若 $U^* \subset R$ 且 $U \subset R$，此时应附加条件确定外函数 $f(x)$ 的定义域 D，否则 $f(x)$ 不能确定，如前述各例，且一般应给出 $D = U^*$（若 $D \supset U^*$，则在 $\complement_D U^*$ 上 $f(x)$ 的表达式不能求出）. 如例 11 中附加条件" $f(x)$ 的定义域为 $(3, +\infty)$"，例 10 中附加条件" $f(x)$ 的定义域为 $\{x \mid x \in R$ 且 $x \neq 0, -1\}$"，即成为正确命题.

　　若解题过程中仅需应用 $f(x)$ 在 U^* 上的表达式，则无须另加条件. 如例 18 中，若将所求改为"求 $f(x^2 + 2)$"（选择支作相应改变），也成为一正确命题.

　　文[15]已明确指出：$U \neq R$ 时，D 不确定，$f(x)$ 也不确定. 这类问题属不可求解的错题. 但遗憾的是，不少读者、作者并没有注意到这一结论，权威的《数学通报》在先后刊登有错的文[1]和正确的文[15]之后，又仅在文[15]刊出 5 个月后的 1999 年第 1 期上刊登有错的文[3]（以文[1]的作者为第一作者），这月的《数学教学通讯》也刊出了有错的文[4]. 文[3]、文[4]两文共刊登这类不可求问题达 9 例之多，都主张加"制约条件"$x \in U^*$. 与此同时，"反制约"的文稿也多次出现.

　　如：2000 年第 6 期《数学通报》上的《对两种观点正误分析》文[16]①就坚持认

①　金钟植. 对两种观点正误分析[J]数学通报,2000(6):31.

为例 11 文[7]的观点(加 $x>0$). 例 1 文[1]的观点($x \in [2,3]$)是不正确的,而例 8(文[5])不加"$x \neq 1$"的观点是正确的,并认为:复合之前 D 制约 U^*;复合之后必然要由 U^* 制约 D. 所给问题是恢复到复合之前的问题,不应再受复合之后那些制约. 如例 12,得 $f(x) = \lg \dfrac{x+3}{x-1}(x>1)$ 后应修正为 $f(x) = \lg \dfrac{x+3}{x-1}(x<-3$ 或 $x>1)$,例 1 的答案则应修正为 $D \supseteq [2,3]$. 从不应"制约"这点上来说明了例 1 属不可求问题.

又如 2000 年第 11 期《中学数学》的文[17]①与文[13]一样将例 13 的 U 纠正为 U^* 外,则提出了如下"解决方案":为使答案唯一确定,建议选取 D 的所有可能集合中元素最多的一个,如

例 19 若 $f(1-x^2) = x^4 - 2x^2(-1 \leqslant x \leqslant 1)$,则 $f(x)$ 的定义域 D 可能是 $[0,1]$,$[0,1+c)(c>0)$,$[0,+\infty)$ 等,应取 $[0,+\infty)$,答案是:$f(x) = x^2 - 1(x \geqslant 0)$.

文[16]、文[17]是两个具有进步的"反制约"文献,因为他们都认识到 D 不一定就是 U^*,而不少"反制约"的文献并未认识到这一点.

"制约"与"反制约"的拉锯战并未结束.

2001 年第 4 期《中学数学》的文[18]②,以读文[17]"有感"来强调"制约"是"普遍共识","并不违背复合函数的定义! 正是因为紧扣定义",同时还说"在中学实际教学中根本无须拿出复合函数的严格定义". 为说明"普遍共识",文[18]举出下例:

例 20 若 $y = f\left(\dfrac{1}{x}\right)$ 的定义域是 $\left[\dfrac{1}{3}, \dfrac{1}{2}\right]$,求 $y = f(\sqrt{x})$ 的定义域.

解:$\dfrac{1}{3} \leqslant x \leqslant \dfrac{1}{2}$,则 $2 \leqslant \dfrac{1}{x} \leqslant 3$

故 $2 \leqslant \sqrt{x} \leqslant 3$ $\therefore$ $4 \leqslant x \leqslant 9$

$y = f\left(\dfrac{1}{x}\right)$ 与 $y = f(\sqrt{x})$ 虽是两个不同的函数,但对应法则是一致的. 由 $\dfrac{1}{x} \in [2,3]$ 知 f 作用在 $[2,3]$ 上有意义,这一点,相信文[17]的作者必无异议,这也就是说,同一对应法则在同一问题上作用的许可值范围是一致的.

为说明例 19 的答案是错误的,文[18]说:"题目中 f 作为对应法规则,只说明了 f 作用在 $\varphi(x)$ 整体上的情况,从而把($f[\varphi(x)]$ 中的)$\varphi(x)$ 的值域就可等同于 $f(x)$ 的定义域. 这与复合函数的定义并不矛盾! 否则,答案根本无法统一." 从而例 19 中的"定义域应为 $x \in [0,1]$". 同样,在解答例 13 中说:"令 $1+\dfrac{1}{x} = t$,t 的取值就是 $f(x)$ 的定义域,故 $t \neq 1$,又 $x \neq \pm 1$,$\therefore t \neq 0$ 且 $t \neq 2$,…,$\therefore f(x) = \dfrac{x-1}{x^2-2x}$

① 王正弟. 一个值得商榷的问题[J]. 中学数学,2000(11):16—17.
② 向国华. 读《一个值得商榷的问题》有感[J]. 中学数学,2001(4):48.

$(x \in R, x \neq 0$ 且 $x \neq 1$ 且 $x \neq 2)$"并说"按笔者的观点,从题意 $1 + \dfrac{1}{x} \neq 1$ 知 $f(x)$ 在 $x = 1$ 处没有定义,既然没有定义,又何必强行给出 $f(1)$ 的值?况且可以随意定义 $f(1)$ 的值,这与题意相符且与复合函数的定义并不矛盾!""按本文的理解,在中学实际教学中根本无须拿出复合函数的严格定义". 文[18]就这样同时否定了文[16]、文[17]的"反制约"的观点.

同时,2001 年第 5 期《数学通讯》上的文[20]则认为如文[16]、文[17]"反制约"的观点是一种"误区"并加以"浅析". 文[18]、文[19]①在叙述中实际上提出了这样一种观点:无论 $f(u)$ 原来的定义域如何,但只要一经"复合"成 $f[g(x)], x \in E^*$,那么 $f(u)$ 的定义域就只能是 $g(x), x \in E^*$ 的值域 U^*,在 $\complement_R U$ 上一定"没有定义".

无论是"反制约"还是"制约"的观点,都是 $D(f(x))$ 可求的观点.

与此同时,支持文[14]、文[15]观点(不可求)的文稿也陆续刊登. 如 1999 年第 4 期《数学教学通讯》上的文[20]②指出,提出如"已知 $f(x^2) = x^4$,求 $f(x)$"这样的问题,如同提出"已知 $f(5) = 10$,求 $f(x)$"一样"十分可笑",因为这类问题从实质上讲,就是"已知 $f(x)$ 的局部性质,求 $f(x)$". 在这种"局部性质"内,$f(x)$ 是已知的,而在其外,$f(x)$ 不得而知. 因此,"已知 $f[\varphi(x)] = g(x)$,如果 $\varphi(x)$ 的值域不是实数集 R,那么 $f(x)$ 是不确定的(无论定义域或者解析式)".

2000 年第 6 期(上)《中学生数学》上的文[21]③也指出:如已知 $f(\sqrt{x} + 1) = x + 2\sqrt{x}$,求 $f(x)$①,题中暗含的信息只是 $x \geq 1$ 时,$f(x) = x^2 - 1$,至于 $x < 1$ 时 $f(x)$ 的解析式如何,则无从知道. 根本无法确定 $f(x)$ 的定义域.

文[20]、文[21]都主张:编制这类问题应避开对所给局部性质以外的问题的讨论. 例如,将问题①改为:如已知 $f(\sqrt{x}) = x + \dfrac{1}{x}$,求 $f(x^2)$;已知 $f(\sin x) = \sin 3x$,求 $f(\cos x)$,等等.

2001 年第 9 期《数学教学研究》刊登笔者父子的文[22]④,即"关于求 $f(x)$ 的争论综述". 我们将"制约"与"反制约"分别称为"小范围定义"观点和"大范围定义"观点,在对上述争论进行详细分析后给出了如下几点拙见.

(1)函数的类型是多样的,特别是高中已学习分段函数. 若取小范围定义,在小范围(U^*)外 $f(x)$ 有定义怎么办?若取大范围定义,在小范围(U^*)外 $f(x)$ 无定义,或虽有定义但函数的解析式有别于 U^* 上的解析式又当如何?因此,这两种观点都是站不住脚的.

①　曾小鸿. 浅析函数方程的几个误区[J]. 数学通讯,2001(5):15—16.
②　康九花,邹德全. 公婆论理新说——一类求函数解析式试题辨析[J]. 数学教学通讯,1999(4):19.
③　罗能平. 一类急需商榷权珠问题[J]. 中学生数学,2000(11):13.
④　汤敬鹏,汤先键. 关于求 $f(x)$ 的争论综述[J]. 数学教学研究,2001(9):33—35.

（2）因为 $U^* = R$ 时，由 $U^* \subseteq U \subseteq R$ 得 $U = R$；而 $U = R$ 时，$U^* = U \cap D = R \cap D = D$. 因此，文[16]的两个"除非"只需一个，即"除非 $U = R$". 当 $U = R$ 时，D 可求，故 $f(x)$ 可求，从而 $f[h(x)]$ 及其定义域均可求.

（3）当 $\varphi \subset U \subset R$ 时，因 D 不确定，故 $f(x)$ 也不确定. 即（Ⅰ）、（Ⅱ）为不可求问题. 对（Ⅲ）、（Ⅳ）两个问题可灵活处理：设 $h(x)$ 的值域为 V，则当 $V \subseteq U$ 时，避开了函数 $f(x)$ 的定义域 D 在 $\complement_D U^*$ 部分的讨论（从而避开了在 $\complement_R U$ 内的讨论），故 $f[h(x)]$ 及其定义域 F^* 可求. $V \nsubseteq U$ 时，$f[h(x)]$ 及其定义域 F^* 均不可求.

（4）复合函数虽是高考选择题、填空题中高难度命题热点，但对上述内容，除广东省高考（例8）外，全国统考及其他地区高考并未涉及，利用"反编制"题，无非是考查换元、配凑等方法，这完全可用别的内容替代. 复合函数所考重点应是文[23][1]所列内容（不含"复合函数反编制"问题）. 教辅资料的编写者没有必要在复合函数"反编制"问题上做文章.

第三阶段：错例—辨析—再错例—再辨析的拉锯战阶段.

2001 年至今，"制约"与"反制约"的争论少见了，但对文[14]特别是对文[15]的结论和文[22]的建议却很少有人去关注. 特别是对于一些不良书商而言，他们不可能去关注问题的对错. 因此，至今的教辅资料中，几乎每本涉及有相关函数内容的资料中都有这类问题出现，一些对他人研究成果缺乏应有关注的文论者必然将这些错例带到刊物上来. 这样就形成了本文开头所说的"东刊西载错犹在"的状况. 即"出错—辨析""出错—辨析"的循环. 近 10 年来，仅《中学生数学》（月上）就发表这方面的辨析文章至少三篇（抄摘论述要点）.

2008 年第 1 期的文[24][2]说：它的错误就在于如果 $g(x)$ 的值域不是 R，那么实际上就是利用 $f(x)$ 的局部性质求 $f(x)$，这显然是不可求的. 该刊的"编后"说：各种资料和课堂都出现这样的错误，希望本文讨论的问题能引起广大数学教师的注意.

2012 年第 4 期的文[25][3]则得"结论：对于复合函数 $f[g(x)]$ 来说，函数 $g(x)$ $(x \in A)$ 的值域是函数 $f(x)$ 的定义的子集……不一定刚好就是函数 $f(x)$ 的定义域！"并呼吁："已知 $f[g(x)]$ 的定义域 A，求函数 $f(x)$ 的定义域"——再不要出这样的题了！

2012 年第 11 期的文[26][4]也说：仅由复合函数定义域并不一定能唯一确定外函数的定义域.

其他刊物上，如：

2008 年第 7 期（4 月）《数学通讯》的文[27][5]（争鸣结论）：若函数 $f[g(x)]$ 的

---

①　徐亮. 高中数学中的复合函数[J]. 数学通报，1998(12)：13—14.

②　汤敬鹏. 已知 $f[g(x)]$ 能确定 $f(x)$ 的解析式吗？[J]. 中学生数学(上)，2008(1)：3.

③　申祝平. 关于复合函数的一个错误命题[J]. 中学生数学(上)，2012(4)：8.

④　付朝华，朱贤良. 复合函数定义域问题的再思考[J]. 中学生数学(上)，2012(11)：5.

⑤　(未署名)争鸣问题148 评析选登1[J]. 数学通讯，2008(7)：33.

定义域是 M,则函数 $g(x)$ 在 M 上的值域 D 不一定是函数 $f(x)$ 的定义域.

2013 年第 1 期《中学数学教学》的文[28][①]举例说:"$f(2^x)$ 的定义域为 $[1,2]$,但 $f(x)$ 的定义域不唯一".

对于这一类错例没完没了地争论下去,是对教育资源的极大浪费. 因此,不少有影响力的期刊,已停止刊登这类文稿.《数学教学研究》也令笔者写了文[29][②],宣布:对于这类文稿,"无论其观点如何正确,质量多么高,我们均不再选登,敬请谅解".

4　细节讨论和"统一修改"

(1)对于 1991 年四川高中联赛试题,即例 9,笔者是 1999 年上半年从这年的一本期刊上见到的. 正好这年 8 月笔者在甘肃省数学骨干教师学习班的《关于编写〈高中数学课堂设计〉中的几个问题》报告中用上了. 在报告中笔者指出:有文章认为这个题的解答"可谓构思巧妙,竞赛味道浓",同时还给出了所谓"更简捷的赋值检验法":令 $x=0$,得 $f(1)=0$,将 $x=1$ 代入各选项,排除 B、D;再令 $x=1$,得 $f(0)=1$,将 $x=0$ 代入 A、C 项又排除 C,故应选 A.

两种解答似乎没有问题,但我们注意到:$\cos(-\alpha)=\cos\alpha$. 在原解答中又有:

$$f(\sin2\theta)=f\left[\cos\left(2\theta-\frac{\pi}{2}\right)\right]=\tan\left(\theta-\frac{\pi}{4}\right)=\frac{\tan\theta-1}{1+\tan\theta}=\frac{x-1}{1+x},$$ 又可选 C.

而在"赋值法"中,在排除 B、D 后,我们取 $x=-1$ 得 $f(0)=-1$,将 $x=0$ 代入 A、C 项,则是排除 A,也是选 C.

可见此题是一道错题,错在哪里?"赋值法"已清楚告诉我们,$f(0)=\pm1$,说明 $f(x)$ 并非函数式. (注:笔者已将此分析写成文[30][③]的例题 1 在 2000 年 11 期《数理天地》上刊登). 这是第一个问题.

第二个问题则是:$\dfrac{1-x^2}{1+x^2}\in(-1,1]$,而 $\dfrac{2x}{1+x^2}\in[-1,1]$. 由 $f\left(\dfrac{1-x^2}{1+x^2}\right)=x$ 无法判明函数 $f(x)$ 在 $x=-1$ 时的值 $f(-1)$ 到底是什么? 因此,无法判明 $f\left(\dfrac{2x}{1+x^2}\right)$ 在 $[-1,1]$ 的解析式到底是什么? (如果认为它为函数的话).

从这两个方面任何一方面都可断定这是一道错题. 笔者至今尚未见到有对这道竞赛题的辨析文稿(笔者的文稿除外),故将此题收入本篇(第二个问题属本篇涉及的问题).

(2)例 7 与例 13 的原解答一样,即都与"制约"(加限制条件 $x\in U^*$)观点的解

①　胡如松. 几类有关函数定义域的错误[J].中学数学教学,2013(1):20.

②　本刊编辑部. 争论早就有结论,莫让错例长期留——关于复合函数反编制问题的部分争鸣资料[J].数学教学研究,2014(7):2—6+13.

③　汤先键. 辨错悟真知[J].数理天地(高中),2000(11):13—14.

答不同,加的是 $x \in U$. 这是没有注意到 E^* 的缘故.

在例 7 中,函数 $u = g(x) = \dfrac{x+2}{x}$,其定义域 $E = \{x \mid x \in R \text{ 且 } x \neq 0\}$,值域 $U = \left\{ u \mid u = \dfrac{x+2}{x}, x \neq 0 \right\} = \{u \mid u \in R \text{ 且 } u \neq 1\}$,复合函数 $f\left(\dfrac{x+2}{x}\right) = \lg(4x+1)$ 的定义域是:$E^* = \{x \mid 4x+1 > 0 \text{ 且 } x \neq 0\} = \left\{ x \mid x > -\dfrac{1}{4} \text{ 且 } x \neq 0 \right\} = \left(-\dfrac{1}{4}, 0 \right) \cup (0, +\infty)$,因此,$U^* = \left\{ u \mid u = \dfrac{x+2}{x}, x \in E^* \right\} = \{u \mid u < -7 \text{ 或 } u > 1\} = (-\infty, -7) \cup (1, +\infty)$.

按照一般"制约"观点,应是 $x \in (-\infty, -7) \cup (1, +\infty)$,而不是 $x \in \{x \mid x \in R, x \neq 1\}$. 这点,我们从例 7 的解题结果:$f(x) = \lg \dfrac{x+7}{x-1}$(解析式)中也可证实:

$$\frac{x+7}{x-1} > 0 \Rightarrow x < -7 \text{ 或 } x > 1$$

$U^* = (-\infty, -7) \cup (1, +\infty)$,$x \in U^*$.

这里 $\complement_R U = \{1\}$,$\complement_R U^* = [-7, 1]$,且 $\complement_U U^* = [-7, 1)$. 因此,函数 $f(x)$ 的定义域可以是 $D = U^* = (-\infty, -7) \cup (1, +\infty)$,也可以是 $D = (-\infty, -7) \cup [1, +\infty)$. 但无论是哪种情况,都有 $D \cap \complement_U U^* = \varnothing$,即函数 $f(x)$ 在 $\complement_U U^*$ 上无定义. 这就再一次从实例上证实了我们能从"函数复合图"上看得十分清楚的那个事实. 而对于 $\complement_R U = \{1\}$,函数 $f(x)$ 在 $x = 1$ 是否有定义,这是一个不确定的事情,因此,从"函数的复合图"也就很难看出来了.

对于例 13,文[13]实际上已经做了上述对例 7 的同样分析,只是最后不承认在 $x = 1$,函数 $f(x)$ 可能有定义. 从文[14]的分析已得 $E^* = \{x \mid x \in R, x \neq 0 \text{ 且 } x \neq \pm 1\}$,$E = \{x \mid x \in R \text{ 且 } x \neq 0\}$. 因此有 $U = \left\{ u \mid u = 1 + \dfrac{1}{x}, x \neq 0 \right\} = \{u \mid u \in R, u \neq 1\}$,$U^* = \left\{ u \mid u = 1 + \dfrac{1}{x}, x \neq 0 \text{ 且 } x \neq \pm 1 \right\} = \{u \mid u \in R, u \neq 1 \text{ 且 } u \neq 2 \text{ 且 } u \neq 0\}$,$\complement_R U = \{1\}$,$\complement_R U^* = \{0, 1, 2\}$,$\complement_U U^* = \{0, 2\}$. $f(x)$ 只是在集合 $\{0, 2\}$ 上无定义. 而在 $x = 1$ 时是否有定义同样是不确定. 例 13 原解中增加的"有定义"的集合 $\complement_U U^* = \{0, 2\}$ 同样可以从所求函数的解析式 $f(x) = \dfrac{x-1}{x^2 - 2x}$ 中看出是多余的,从而可以在最后将其删除.

因为例 7、例 13 中 $f[g(x)]$ 的定义域 E^* 是由 $f[g(x)]$ 和 $g(x)$ 的解析式"自然"得出,因而其错解中产生的 $f(x)$ 的无定义的多余自变量构成的多余数集 $\complement_U U^*$ 可以在所求 $f(x)$ 的解析式中看出为"多余"从而"自然"删除. 但若 E^* 为"人为"给出,就不可能做到这点. 因此,我们在解答中必须注意对 E^* 的使用.

(3)举反例. 对于上述各例,实际上我们只要举出各自的"反例"即可说明它们都是错题. 文[15]就举出了例 11 的反例 $f(x) = \begin{cases} \lg \dfrac{x+3}{x-3} & x \in (3, +\infty) \\ \varphi(x) & x \in (-\infty, -3), \end{cases}$ （其中，$\varphi(x)$ 为定义在

$(-\infty, -3)$ 上的任意函数）.

例 10 的反例 $f(x) = \begin{cases} \dfrac{x^3 - 2x^2 + 3x + 1}{x+1} & (x \neq 0, -1) \\ m & (x = 0) \end{cases}$ （其中，m 为任意常

数）.

这是一种复合函数 $f[g(x)]$ 的解析式 $F(x)$ 已给出的错例的反例的"编写"方法，设 U^* 上函数 $f(x)$ 的解析式已解出为 $f(x) = f_0(x)$，$x \in U^*$. 则反例为

$f(x) = \begin{cases} f_0(x) & x \in U^* \\ \varphi(x) & x \in \complement_R U. \end{cases}$ （其中，$\varphi(x)$ 为定义在 $\complement_R U$ 上的任意一个函数，当然可以

是常数，当 $\complement_R U$ 为孤立的点集时，给出任意常数）. 这时的"反例"只能用"分段函数". 这种编写反例的方法，是假定函数 $f(x)$ 在 $\complement_R U$ 上都有定义. 之所以说是"反例"（不仅对"制约"观点是反例——在 $\complement_R U$ 上有定义且可给出在 $\complement_R U$ 上的任意一个函数解析式），是因为指出 $\varphi(x)$ 是"任意"的，$\varphi(x)$ 可以是 $f_0(x)$ 也可以不是 $f_0(x)$. 不是 $f_0(x)$ 时，说明"反制约"观点也是错误的. 这里可将 $\varphi(x)$ 具体化，即 $\varphi(x)$ 变成不同于 $f_0(x)$ 的一个具体函数，或不满足 $f_0(x)$ 的一个具体数值.

若 $\complement_R U$ 非孤立点集时，也可举出在 $\complement_R U$ 的某些子集上有定义，另一些子集上无定义的反例，如笔者在文[29]中对 2011 年第 3 期（高中）《数理天地》"抽象函数的定义域"的例 2（下例例 21）的反例.

例 21 已知函数 $f(x^2 - 3) = \sqrt{\dfrac{x^2}{x^2 - 6}}$，求 $f(x)$ 的定义域. 答案：$\{x \mid x > 3$ 或 $x = -3\}$.

反例：令 $M = \{t \mid t \leqslant -3$ 或 $t > 3\}$，$U = \{t \mid t \geqslant -3\}$，$U^* = M \cap U = \{t \mid t > 3$ 或 $t = -3\}$.

1) $f(x) = \sqrt{\dfrac{x+3}{x-3}}$，$x \in U^*$ （原解答，制约观点）.

2) $f(x) = \sqrt{\dfrac{x+3}{x-3}}$，$x \in M$ （符合"反制约"观点的例）

3) $f(x) = \begin{cases} \sqrt{\dfrac{x+3}{x-3}}, & x \in U^* \\ 1, & x \in (-\infty, -3) \end{cases}$ （在 $\complement_R U$ 都有定义的例）

4) $f(x) = \begin{cases} \sqrt{\dfrac{x+3}{x-3}}, & x \in U^* \cup [a, -3) \\ 1, & x \in (b, a) \quad b < a < -3 \end{cases}$ （在 $(b, -3)$ 有定义且其中在

$[a, -3)$ 的解析式与 U^* 上的解析式相同,而在 (b, a) 上解析式不同,在 $(-\infty, a]$ 无定义的例).

可见,对这类题举反例必须是"分段函数"之外,其他方面是相当灵活的. 而对于 $f[g(x)]$ 的解析式未给出的"反例编制"就更为灵活. 可用"分段函数",也可不用分段函数,函数解析式也不太受限制. 如笔者在文[29]对例 14 举的反例如下:

1)　$f(x) = \sqrt{(x-2)(4-x)}$　（符合制约观点）

2)　$f(x) = \sqrt{x(x-2)(4-x)}$

3)　$f(x) = \sqrt{(x+1)x(x-2)(4-x)}$

4)　$f(x) = \sqrt{(x+2)(x+1)x(x-2)(4-x)}$

5)　$f(x) = \sqrt{(x+3)(x+2)(x+1)x(x-2)(4-x)}$

......

设 $f(x)$、$f(2^x)$、$f(\log_2 x)$ 的定义域分别为 D、E^*、F^*. 我们易得,各题中均有 $E^* = [1, 2]$. 但 D、F^* 却各不相同.

1)　$D = [2, 4]$，$F^* = [4, 16]$

2)　$D = (-\infty, 0] \cup [2, 4]$

　　$F^* = (0, 1] \cup [4, 16]$

3)　$D = [-1, 0] \cup [2, 4]$

　　$F^* = \left[\dfrac{1}{4}, 1\right] \cup [4, 16]$

4)　$D = (-\infty, -2] \cup [-1, 0] \cup [2, 4]$

　　$F^* = \left(0, \dfrac{1}{4}\right] \cup \left[\dfrac{1}{2}, 1\right] \cup [4, 16]$

5)　$D = [-3, -2] \cup [-1, 0] \cup [2, 4]$

　　$F^* = \left(\dfrac{1}{8}, \dfrac{1}{4}\right] \cup \left[\dfrac{1}{2}, 1\right] \cup [4, 16]$.

除①之外,其他都构成例 14 的反例. 而从我们构造函数的方式来看,这样的反例有无穷多个.

(4)教师应不应该弄清"复合函数的严格定义"？ 文[18]说:"在中学实际教学中根本无须拿出复合函数的严格定义 ."

是的,在中学教学中是没有必要给出复合函数的定义的. 但不给出这种定义,学生不见得都不认识这种函数(虽不知名称),不给出这种定义,学生也不见得不能发现"反编制问题"的错误. 数学基础好又爱动脑子的学生完全可以由函数代值来悟出这种错误. 例如:

函数　$f(x) = \begin{cases} \sqrt{x-3} & (x \geqslant 3) \\ \sqrt{1-x} & (x \leqslant 1) \end{cases}$　的定义域 $D = (-\infty, 1] \cup [3, +\infty)$.

学生知道,$x = 5$ 时 $f(5) = \sqrt{5-3} = \sqrt{2}$；$x = -1$ 时,$f(-1) = \sqrt{1-(-1)} = $

$\sqrt{2}, x = 2$ 时, $f(2)$ 无意义. 而用字母 u 代替这些实数, 学生也会知道: 当 $u \geqslant 3$ 时, 将 $x = u$ 代入得到 $f(u) = \sqrt{u-3}$; 当 $u \leqslant 1$ 时, 将 $x = u$ 代入得到 $f(u) = \sqrt{1-u}$. 而当 $1 < u < 3$ 时, $x = u$ 代入 $f(x)$ 得 $f(u)$ 无意义. 因此, 学生也会清楚: 当 u 为 x 的函数, $u = x^2 + 4$ 时, 因为 $u \geqslant 4 > 3$. 故 u 应代入 $f(u) = \sqrt{u-3}$, 得到

　　1)　$f(x^2 + 4) = \sqrt{x^2 + 1}$

当 $u = x^2 + 3$ 时, 也应代入 $f(u) = \sqrt{u-3}$, 得

　　2)　$f(x^2 + 3) = \sqrt{x^2}$

而当 $u = 1 - x^2$ 或 $u = -x^2$ 时, 都只能代入 $f(u) = \sqrt{1-u}$ 分别得

　　3)　$f(1 - x^2) = \sqrt{x^2}$

　　4)　$f(-x^2) = \sqrt{1 + x^2}$

而当 $u = x^2 + 2$ 或 $u = 2 - x^2$ 时, 前者的 $u \in [2, 3)$ 即 $x \in (-1, 1)$, 后者的 $u \in (1, 2]$ 亦即 $x \in (-1, 1)$ 时, 不能代入任一式子, 只能将前者的 $u \in [3, +\infty)$ 后者的 $u \in (-\infty, 1]$ 分别代入 $f(u) = \sqrt{u-3}$、$f(u) = \sqrt{1-u}$ 得

　　5)　$f(x^2 + 2) = \sqrt{x^2 - 1}, (x \leqslant -1 \ 或 \ x \geqslant 1)$

　　6)　$f(2 - x^2) = \sqrt{x^2 - 1} \quad (x \leqslant -1 \ 或 \ x \geqslant 1)$

如果有人将这六个复合函数拿出来, 让你求函数 $f(x)$ 的定义域 D. 持"制约"观点的会得到

　　1)　$D = [4, +\infty)$

　　2)　$D = [3, +\infty)$

　　3)　$D = (-\infty, 1]$

　　4)　$D = (-\infty, 0]$

　　5)　$D = [3, +\infty)$

　　6)　$D = (-\infty, 1]$

持反"制约"观点的可能会得到(取最大集)

　　①$D = R$, ②$D = R$, ③$D = R$, ④$D = R$, ⑤$D = (-\infty, 2) \cup [3, +\infty)$, ⑥$(-\infty, 1] \cup (2, +\infty)$.

　　学生会说: 我给出的 $f(x)$ 的定义域明明是 $D = (-\infty, 1] \cup [3, +\infty)$, 怎么老师们一代入函数后都变了! 老师们会变戏法吧? 面对学生的这种质疑, 我们又能作何解释?!

　　因此说, 在教学中"根本无须拿出复合函数的严格定义", 不等于数学教师无须弄清复合函数的严格定义, 更不等于在出现复合函数"反编制"问题后, 我们"无须拿出复合函数的严格定义"来辨明是非、澄清问题. 正是我们在文[15]中"拿出复合函数的严格定义"对有关问题进行辨析后, 认为本文上述问题为不可求问题的作者、读者才越来越多. 而在这之前, 问题已泛滥成灾, 却几乎无人真正看出这类问

题的错误来,因而把这类错题原原本本塞给学生,已经把"垃圾知识"交给学生,自己却全然不知. 因此,作为数学教育工作者来说,弄清与自己所教内容有关的知识(如教函数之前弄清包括复合函数在内的一切数学概念)是十分必要的. 这就是"一桶水与一碗水"的关系.

5 如何作"统一的修正"

有人认为下列"数学教师解题基本功技能大赛试题"的这道题(例22)也是一道错题.

例 22[①] 若使得函数 $f(2^x)$ 有意义的 x 的取值范围为 $[0,2]$,则使得函数 $f(\log_2 x)$ 有意义的 x 的取值范围为_____.

解:因为使函数 $f(2^x)$ 有意的 x 的取值范围为 $[0,2]$,即 $0 \leqslant x \leqslant 2$,所以 $1 \leqslant 2^x \leqslant 4$,即使函数 $f(x)$ 有意义的 x 的取值范围是 $[1,4]$. 故要求使函数 $f(\log_2 x)$ 有意义的 x 的取值范围,只需 $1 \leqslant \log_2 x \leqslant 4$,解得 $2 \leqslant x \leqslant 16$. 因此,所求使函数 $f(\log_2 x)$ 有意义的 x 的集合为 $[2,16]$.

笔者并不认为这个题有什么大的问题. 这是因为,此题是求"使函数 $f[h(x)]$ 有意义的 x 的集合",不是求 $f[h(x)]$ 的定义域 F. 定义域 F 中任意一个非空子集都是使函数 $f[h(x)]$ 有意义的 x 的集合,这是毫无疑问的.

在本题中,由于 $[0,2]$ 是使 $f(2^x)$ 有意义的 x 的集合,即定义域 E^*,因此 $u = 2^x, x \in E^*$ 的值域 $U^* = [1,4]$,设 $f(x)$ 的定义域是 D,由于 $U^* \subseteq D$,因此,$U^* = [1,4]$ 是使 $f(x)$ 有意义的集合,从而由 $\log_2 x \in U^*$,使 $F^* = [2,16]$,则 $F^* \subseteq F$(F 是 $f(\log_2 x)$ 的定义域),因此,F^* 也是使 $f(\log_2 x)$ 有意义的集合,这是顺理成章的.

要说本题有什么不足的话,我倒觉得还不太严密. 即有人会从其陈述中做文章,因为定义域 F 本身也是"有意义的 x 的集合",那么,这不就同求定义域一样,使 $f(\log_2 x)$ 有意义的集合不一定就是 F^* 了? 为避免这一疑问的出现,笔者建议在陈述上更严一点:改为"求使 $f(\log_2 x)$ 一定有意义的所有 x 组成的集合". 由此,我们可对前述"复合函数反编制问题"统一修改如下.

(Ⅰ)已知复合函数 $f[g(x)] = F(x)$(解析式给出)$x \in E^*$,求使在 $f(x)$ 一定有意义的所有 x 组成的集合上 $f(x)$ 的解析式.

(Ⅱ)已知复合函数 $f[g(x)]$(解析式 $F(x)$ 未给出)的定义域 E^*,求使 $f(x)$ 一定有意义的所有 x 组成的集合.

(Ⅲ)已知复合函数 $f[g(x)] = F(x)$(解析式已给出),$x \in E^*$,求使在 $f[h(x)]$ 一定有意义的所有 x 的集合上 $f[h(x)]$ 的解析式.

(Ⅳ)已知复合函数 $f[g(x)]$(解析式 $F(x)$ 未给出)的定义域 E^*,求使

---

① 大赛试题组. 2007 年高中数学教师解题基本功技能大赛试题[J]. 中学数学教学参考,2007(9):60—61.

$f[h(x)]$一定有意义的所有 x 组成的集合.

如例 1 已知函数 $y = f\left(\dfrac{1}{x}\right)$ 的定义域为 $\left[-\dfrac{2}{3}, \dfrac{1}{2}\right]$,求使函数 $y = f(x)$ 一定有意义的所有 x 组成的集合. 答案:$[2,3]$.

例 15 已知函数 $f\left(x+\dfrac{1}{x}\right) = x^2 + \dfrac{1}{x^2}$.(1)求使在 $f(x)$ 一定有意义的所有 x 组成的集合上 $f(x)$ 的解析式;(2)求使 $f(2\sin x)$ 一定有意义的所有 x 组成的集合上 $f(2\sin x)$ 的解析式.

解:(1)令 $u = x + \dfrac{1}{x}(x \neq 0)$,则 $u \in (-\infty, -2] \cup [2, +\infty)$

又 $f\left(x+\dfrac{1}{x}\right) = x^2 + \dfrac{1}{x^2} = \left(x+\dfrac{1}{x}\right)^2 - 2$,所以 $f(x) = x^2 - 2(x \leqslant -2$ 或 $x \geqslant 2)$ 为所求.

(2)由 $2\sin x \leqslant -2$ 或 $2\sin x \geqslant 2$,我们得 $\sin x = -1$ 或 $\sin x = 1$. 故所求 $f(2\sin x) = 4\sin^2 x - 2\left(x = k\pi + \dfrac{\pi}{2}, k \in Z\right)$,即 $f(2\sin x) = 2\left(x = k\pi + \dfrac{\pi}{2}\right)$.

两问如果只求函数有意义的所有 x 的集合,则答案是:(1)$(-\infty, -2] \cup [2, +\infty)$,(2)$\left\{x \mid x = k\pi + \dfrac{\pi}{2}, k \in Z\right\}$.

与例 22 的命题相比较,这里的提法是在例 22 提法的基础上明确了两点:

(1)"一定有意义"或写成"必有意义". 这就彻底地排除了 $f(x)$ 在 $\complement_R U$ 上的讨论. 因为在 $\complement_R U$ 或其子集上,$f(x)$ 是否有意义是不确定的,即"不一定有意义".

(2)"所有 x 组成的"或写成"全部 x 组成的"集合. 因为 $f(x)$ 在 U^* 上是一定有意义的,从而 $f(x)$ 在 U^* 的任何一个非空子集上也一定有意义. 而明确"所有""全部"就排除了所求集合为 U^* 的真子集的可能性,也就是排除了所求答案的另一种"不确定性". 所求是确定的,使 $f(x)$ 一定有意义的所有 x 组成的集合一定是 U^*,从而由 $h(x) \in U^*$ 解出的集合 F^*,就一定是使 $f[h(x)]$ 有意义的所有 x 组成的集合.

6 顺便指出

文[15]的结论分 3 条讨论 $f(x)$ 及其定义域在具体解题中似乎不太适用,因为内中出现的"$D = U^*$""$D \supset U^*$""$\complement_D U^*$",等等. 由于 $U \subset R$ 时,D 为一个不能确定的集合而使这些关系式不明确. 因此,笔者还是建议按文[23]的意见进行讨论,即"两个除非"只需考虑一个,即考虑"除非 $R = U$". 这样,文[15]的结论可改成两条:

(1)$U = R$ 时,D 可确定,$f(x)$ 也确定,从而 $f[h(x)]$ 及其定义域 F 均可确定.

(2)$\varnothing \subset U \subset R$ 时,$f(x)$、D 都不确定,要能确定,则需给出附加条件……

【习题】

1. 将文[21]所给例题:"已知 $f(5)=10$,求 $f(x)$"写成"已知 $f[g(x)]=F(x)$,求 $f(x)$"的一种"形式",并按"制约""反制约"两种观点进行解答.

2. 在本文未具体剖析的例题中选 1—2 道,进行剖析或举出反例.

【参考解答或提示】

1. 例如:已知 $f(\sqrt{x-1}\sqrt{1-x}+5)=2x-x^2+10\sqrt{x-1}\sqrt{1-x}+9$,求 $f(x)$.

解:因为 $f(\sqrt{x-1}\sqrt{1-x}+5)=2x-x^2+10\sqrt{x-1}\sqrt{1-x}+9=(x-1)(1-x)+10\sqrt{x-1}\sqrt{1-x}+25-15=(\sqrt{x-1}\sqrt{1-x}+5)^2-15$

∴ $f(x)=x^2-15$("反制约"答案).

又 $u=\sqrt{x-1}\sqrt{1-x}+5(x=1)$ 的值域是 $\{5\}$,故所求 $f(x)$ 应为 $f(x)=x^2-15(x=5)$ 即 $f(x)=10.(x=5)$("制约"答案)

2. (略).

参考文献

[1]汤敬鹏,谢立亚,汤先键.高中数学教学问题辨析[M].兰州:兰州大学出版社,2015.

[2]罗增儒.数学解题学引论[M].(第二版).西安:陕西师范大学出版社,2008.

[3]汤先键.中国传统数学教学真的就那么"落后""陈旧"吗?[J].数学教学研究,2013(2):15—18.

[4]李美玲.浅议用不动点知识求递推数列的通项公式[J].数学通讯,2008(15):30—32.

[5]包志秀.妙求 $a_n = \dfrac{ca_{n-1}+d}{a \cdot a_{n-1}+b}$ 的通项[J].数学通讯,2008(15):19—20.

[6]刘永明,赵小平.分式递推式 $a_{n+1} = \dfrac{aa_n + b}{ca_n + d}$ 通项公式的几种求法[J].数学教学,2013(9):22—24.

[7]章建跃,陈向兰.数学教育之取势明道优术[J].数学通报,2014(10):1—7 + 封底.

[8]蒋世信.浅谈概念教学——对周期函数概念教学的体会[J].数学通报,1995(3):7—10.

[9]郑毓信.数学教育的理论建设[J].数学教学,2014(7):1—5.

[10]洪双义,杨世明,王光明.一种新型的数学教育方式:GH[M].北京:中国教育出版社,2006.

[11]张奠宙.张奠宙数学教育随想录[M].上海:华东师范大学出版社,2013.

[12]汤先键.本刊回应[J].数学教学研究,2010(11):33—35.

[13]冯玉香.2005年高考数学福建卷理科第12题商榷的再商榷[J].中学数学教学参考(高中),2006(12):28 + 30.

[14]单正才.例谈"错例分析"文章的两大看点[J].中学数学教学参考,2011(11):32—33.

[15]汤先键.对1994年高考22题一种证法的推敲[J].数学通报,1995(11):10—11.

[16]汤先键,汤敬鹏.关于一类恒成立问题的结论——兼谈两种解法的等效性[J].数学教学,2014(4):23—25.

[17]苏劼.含绝对值不等式的"转化"错了吗?———一类恒成立问题之剖析[J].数学通报,2013(1):40—42.

[18]汤先键. $|a - f(x)| > g(x)$ 恒成立问题的统一解法——从一个不严密的错因分析谈起[J].数学教学研究,2015(6):44—49.

[19]马洪超.类含绝对值不等式的解法探究[J].中学数学教学参考,2012(6/上旬):40—42.

[20]陆习晓.恒成立错解的逻辑剖析[J].数学教学,2008(9):33—34.

[21]汤先键.("我晒我,因为潮"的)本刊回应[J].数学教学研究,2010(5):13—15.

[22]钱江.再谈 $|f(x)| < g(x)$ 和 $|f(x)| > g(x)$ 型不等式解法及推广[J].中学数学教学参考,2014(12/上旬):26—28.

[23]顾宇婷,查开正.一类数学试题的错因分析[J].中学生数学,2015(6/上半月):46—47.

[24]孙浩盛. 一道月考错题引起的思考[J]. 中学数学教学参考,2014(4/上旬):27—28.

[25]刘招川,何一骏. 函数命题中易忽视的几个问题[J]. 数学教学,2015(10):34—35.

[26]张广民. 关于《一个问题的求解历程》一文的思考[J]. 中学数学教学参考,2009(9/上旬):62.

[27]王兴东,顾新辉. 二次函数迭代的一个问题[J]. 数学通讯,2005(13):24—26.

[28]汤先键,汤敬鹏. 错例分析:应防止新错误的出现[J]. 中学数学教学参考,2012(11/上旬):38—40.

[29]陈云烽. 一类判断大小关系的问题[J]. 中学数学教学参考,2013(6/上旬):40—43;(续)2013(7/上旬):27—30.

[30]汤先键,汤敬鹏. 一类"创新解法"之辨[J]. 中学生数学,2010(9):4.

[31]蒋浩. 对"$y = f(x)$与$x_{n+1} = f(x_n)$"一文的一点看法[J]. 数学通报,1990(6):20—22.

[32]李克正. 英国中学数学人才培养考察报告[J]. 数学通报,2012(10):1—2+31.

[33]罗增儒. 关于"取值范围"讨论之我见[J]. 中学数学教学参考,2014(5/上旬):2—6;(续),2014(6):6—10;(再续),2014(7):59—63.

[34]郑良. "取值范围"界定的再思考[J]. 中学数学教学参考,2013(4/上旬):68—70.

[35]刘国平. 怎样理解"范围"[J]. 中学数学教学参考,2013(12/上旬):29—32.

[36]岳建良. 也说取值范围的理解[J]. 中学数学教学参考,2013(3/上旬):66—68.

[37]李昌平. 复合函数中外函数的确定[J]. 数学通报,1998(8):22—23+27.

[38]本刊编辑部(汤先键执笔). 争论早就有结论,莫让错例长期留——关于复合函数反编制问题的部分争鸣资料[J]. 数学教学研究,2014(7):2—6+13.

后　记

　　笔者开始"辨错悟真"研究时，就得到数学教育家、西北师范大学教授、《数学教学研究》主编王仲春先生的关注和指导，送给他的每一篇复印书稿，他都亲自过目或提出指导性建议；笔者以第三作者名义出版《高中数学教学问题辨析》后，他又建议笔者整理期刊发表论文，出版个人的"论文选集"；当告诉他笔者又写了《高中数学辨错悟真》时，病后刚恢复的他又及时提供了其弟子们成立数学教师教育丛书编委会的信息，表示愿意推荐笔者参加编委会，并将已出版书籍给我作参考。在本书付梓之际，笔者首先要衷心感谢的，就是王教授的长期信任、关心和指导。

　　再要感谢西北师范大学数学教育研究所所长、教育学院副院长、研究生导师张定强教授。在王教授尚未推荐之前，笔者就打电话给他表示愿加入编委会，张教授没有任何犹豫地表示欢迎，且亲自为本书作序，后来与出版社联系、寄收书稿、打印清样，张教授全都代笔者完成，给了笔者以极大的帮助和方便，在此仅向张教授表示最诚挚的谢意！

　　还要感谢的是甘肃省宝迪投资有限责任公司周立新董事长。没有他的建议和资助，笔者是想不到要再写一本书的；正是他的建议和支持，才有了这本书的诞生。这里也要向立新董事长表示诚挚的谢意！

　　最后要感谢的是中国科学技术出版社的领导，编审老师和各位工作人员，是他们的大力支持和后勤工作，才使得本书顺利出版；同时还要感谢"数学教师教育丛书"学术探究与争鸣，以拓展数学教育工作者的学术视野与编委会各位同仁，是他们在前面铺路才有本书从写作到出版，仅用半年时间就得以完成。在此向各位领导、老师、工作人员一并表示诚挚的感谢！

笔者

2016 年 5 月于兰州寓所